权威·前沿·原创

皮书系列为
"十二五""十三五""十四五"时期国家重点出版物出版专项规划项目

BLUE BOOK

智库成果出版与传播平台

"十四五"国家重点图书出版规划项目

河南经济蓝皮书
BLUE BOOK OF HENAN'S ECONOMY

2024年河南经济形势分析与预测

ANALYSIS AND FORECAST OF HENAN'S
ECONOMIC SITUATION (2024)

主　编/李迎伟
副主编/李　鑫　童叶萍

社会科学文献出版社
SOCIAL SCIENCES ACADEMIC PRESS (CHINA)

图书在版编目(CIP)数据

2024年河南经济形势分析与预测/李迎伟主编；李鑫，童叶萍副主编． -- 北京：社会科学文献出版社，2024.2
（河南经济蓝皮书）
ISBN 978-7-5228-3309-5

Ⅰ.①2… Ⅱ.①李… ②李… ③童… Ⅲ.①区域经济-经济分析-河南-2024 ②区域经济-经济预测-河南-2024 Ⅳ.①F127.61

中国国家版本馆CIP数据核字（2024）第018533号

河南经济蓝皮书
2024年河南经济形势分析与预测

主　　编／李迎伟
副 主 编／李　鑫　童叶萍

出 版 人／冀祥德
组稿编辑／任文武
责任编辑／刘如东
责任印制／王京美

出　　版／社会科学文献出版社·城市和绿色发展分社（010）59367143
　　　　　地址：北京市北三环中路甲29号院华龙大厦　邮编：100029
　　　　　网址：www.ssap.com.cn
发　　行／社会科学文献出版社（010）59367028
印　　装／天津千鹤文化传播有限公司
规　　格／开　本：787mm×1092mm　1/16
　　　　　印　张：29.25　字　数：441千字
版　　次／2024年2月第1版　2024年2月第1次印刷
书　　号／ISBN 978-7-5228-3309-5
定　　价／128.00元

读者服务电话：4008918866

版权所有 翻印必究

"河南经济蓝皮书"编委会

主　编　李迎伟

副主编　李　鑫　童叶萍

委　员　（以姓氏笔画为序）

　　　　王　茜　王　略　王一嫔　王文莉　王梦轩
　　　　朱丽玲　杨朝晖　邱　倩　张　静　陈　哲
　　　　范　磊　郑　方　孟凡玲　赵清贤　赵新民
　　　　贺　方　徐委乔　郭宏震　薛　原　穆　穆

"河南经济蓝皮书"编辑部

主　任　童叶萍

副主任　邓　珂

编　辑　（以姓氏笔画为序）

　　　　马艳波　刘晨阳　李　沙　李嘉梁　杨　博
　　　　吴　沛　蒋文琪　谢　军　臧周磊

摘 要

2024年"河南经济蓝皮书"全方位、多角度总结了2023年河南坚持以习近平新时代中国特色社会主义思想和党的二十大精神为指导，深入贯彻落实中央和省委省政府决策部署，推动河南经济社会稳中向好、稳中提质、稳中蓄势，提出了新形势下河南紧抓构建新发展格局战略机遇，全面推进中国式现代化建设河南实践的对策建议。全书内容分为主报告、分析预测篇、战略措施篇和专题研究篇四大板块。

主报告由2篇文章构成。《2023～2024年河南省经济形势分析与展望》认为，2023年全省上下经济运行持续恢复向好，实现了质的有效提升、量的合理增长、势的蓄积壮大；2024年虽面临更趋严峻复杂的外部环境，但新机遇、新优势、新动能正在加速集聚，要坚持稳中求进、以进促稳、先立后破，全面推进中国式现代化建设河南实践。《加快新旧动能转换　推进河南高质量发展》认为，当前河南经济已由高速增长阶段转向高质量发展阶段，正处于由大到强的转型攻坚期，全省致力于抓重点、打基础、带全局、增后劲的一揽子政策措施效应已接续显现并将在未来有力释放。

分析预测篇由10篇文章构成，分别对河南省农业、工业、服务业、固定资产投资、消费品市场、财政、金融、房地产、能源、生态环境等重点行业运行态势进行了分析，客观阐述了过去一年新形势下各行业发展现状格局、取得的成绩、出现的亮点和发展中存在的问题，并对2024年发展趋势进行了展望与预测。

战略措施篇由12篇文章构成，重点对全省"十大战略"、郑洛新国家自主创新示范区、实现碳达峰碳中和等中央和省委省政府重大战略推进情况等内容进行深入研究，并提出了新形势下如何加快推进战略实施的对策建议。

专题研究篇由18篇文章构成，紧盯政府重点工作，关注河南经济运行中的重点、热点、难点问题，通过专题调研成果分析，结合政策理论进行问题的深入剖析和研究，为相关政策制定提供参考。

关键词： 经济运行　经济结构　现代化　河南

Abstract

The 2024 Blue Book of Henan's Economy comprehensively and from multiple perspectives summarizes that in 2023, Henan has insisted on taking Xi Jinping Thought on Socialism with Chinese Characteristics for a New Era and the spirit of the 20th National Congress of the Communist Party of China as guidance, thoroughly implemented the decisions and plans of the CPC Central Committee, the CPC Henan Provincial Committee and the People's Government of Henan Province, promoted the steady improvement, growth, upgrading and potential of its economy and society. It also proposes the countermeasures and suggestions for Henan to grasp the strategic opportunity of building a new development pattern under the new situation, and comprehensively promoting the construction of Chinese path to modernization in Henan Province. The Book is divided into such four sections as Main Report, Analysis and Forecast, Strategic Measures and Special Research.

The Main Report consists of two articles. The Main Report 1-Analysis and Outlook on the Economic Situation of Henan Province from 2023 to 2024 believes that the economic operation of the whole province has continued to recover and improve in 2023, achieving effective quality improvement, reasonable quantity growth, and potential accumulation and growth; in 2024, despite the increasingly severe and complex external environment, new opportunities, advantages and growth drivers are gathering at an accelerated pace, and we are going to continue to act on the principle of pursuing progress while ensuring stability, promoting stability through progress, and establishing the new before abolishing the old, and comprehensively promote the construction of Chinese path to modernization in Henan Province. The Main Report 2-Speeding Up the Replacement of Old Growth Drivers with New Ones to Promote the High Quality Development of Henan believes that the current economy of Henan has shifted from a stage of rapid growth to a stage of high-quality development, and is in the critical period of transformation from major to strong with the continuous emerged effect of a package of policies and measures that the whole province is committed to focusing on key points, laying the foundation, driving the overall situation, and enhancing the aftereffect and its vigorously release in the future.

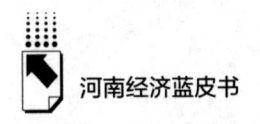

The Analysis and Forecast is composed of ten articles, which respectively analyzes the operation situation of key industries in Henan Province, such as agriculture, industry, service industry, fixed asset investment, consumer goods market, finance, financial industry, energy, ecological environment, real estate and so on. It objectively describes the current situation, achievements, highlights and problems in the development of each industry under the new situation in the past year, and makes a forecast and outlook on the development trend in 2024.

The Strategic Measures is composed of twelve articles, which focuses on in-depth research on the promotion of major strategies made by the CPC Central Committee, the CPC Henan Provincial Committee and the People's Government of Henan Province, such as "Ten Strategies", Zhengzhou-Luoyang-Xinxiang National Independent Innovation Demonstration Zone, and realization of Emission Peak and Carbon Neutrality, and puts forward countermeasures and suggestions on how to accelerate the implementation of the strategies under the new situation.

The Special Research is composed of eighteen articles, which focuses on the key work of the government, attaches importance to the key, hot and difficult issues in the economic operation of Henan Province, analyzes the results of special research, and conducts in-depth analysis and research on issues combined with policy theories, and provides reference for relevant policy formulation.

Keywords: Economic Operation; Economic Structure; Modernization; Henan

目 录

Ⅰ 主报告

B.1 2023~2024年河南省经济形势分析与展望
　　…………………………………… 河南省统计局课题组 / 001

B.2 加快新旧动能转换　推进河南高质量发展
　　——河南新旧动能转换情况研究……… 河南省统计局课题组 / 013

Ⅱ 分析预测篇

B.3 2023~2024年河南省农业农村经济形势分析与展望
　　………………………………………… 邱　倩　吴　娜 / 028

B.4 2023~2024年河南省工业形势分析与展望
　　………………………………… 赵清贤　张高峰　解　晗 / 037

B.5 2023~2024年河南省服务业形势分析与展望
　　………………… 朱丽玲　张　旭　景永静　杜晓宁 / 046

B.6 2023~2024年河南省固定资产投资形势分析与展望
　　………………………………………… 陈　琛　呼晓飞 / 056

B.7 2023~2024年河南省消费品市场形势分析与展望
　　………………………………… 张　静　李　伟　施　薇 / 068

001

B.8 2023~2024年河南省财政形势分析与展望
　　…………………………………… 郭宏震　赵艳青　司银哲 / 077
B.9 2023~2024年河南省金融业形势分析与展望
　　………………………… 任远星　袁彦娟　张　悦　李惠心 / 086
B.10 2023~2024年河南省房地产开发业形势分析与展望
　　………………………………………………… 贾云静　周翠萍 / 093
B.11 2023~2024年河南省能源形势分析与展望
　　………………………… 刘金娜　郭俊锋　刘芦苇　孙　昊 / 105
B.12 河南省生态环境形势分析与预测
　　………………………………………………… 张清敏　袁彩凤 / 115

Ⅲ　战略措施篇

B.13 河南实施创新驱动战略对策研究 ………… 高亚宾　王超亚 / 124
B.14 基于交通运输视角的河南枢纽经济研究 …… 朱丽玲　张　旭 / 134
B.15 河南高耗能行业绿色低碳转型问题研究
　　………………………… 秦红涛　刘金娜　郭俊锋　汪艳丽 / 146
B.16 河南新型工业化发展研究 ………………… 张高峰　张　静 / 156
B.17 河南省深入实施创新驱动、科教兴省、人才强省战略
　　研究和展望 ………… 单新民　贾　梁　李　璐　仇国义 / 169
B.18 基于索洛余值法和DEA-Malmquist法的河南全要素
　　生产率测算研究 ……… 季红梅　张喜峥　雷茜茜　张　艺
　　　　　　　　　　　　　刘蒙单　纪晓斐　訾孟儒 / 180
B.19 河南交通运输引领经济社会发展研究
　　………… 杨朝晖　马奎杰　刘照恒　吴　旭　杨静毅　曹光辉 / 194
B.20 郑洛新国家自主创新示范区创新发展研究
　　……………………………………… 靳伟莉　朱　娜　张　朋 / 204
B.21 河南省培育壮大枢纽经济发展战略研究
　　………… 杨朝晖　梁永兵　张仲鼎　吴　旭　武小英　付孝银 / 214

B.22 新时代共建"一带一路"高质量发展的河南实践
.... 曹 雷 童叶萍 邓 珂 / 225

B.23 河南巩固拓展脱贫攻坚成果同乡村振兴
有效衔接的实践与思考 .... 郑 方 高 攀 / 236

B.24 2022年河南人口发展报告 .... 谷永祥 / 247

Ⅳ 专题研究篇

B.25 河南省基层农技推广体系研究
.... 赵 杨 王一嫔 李 玉 武明光 魏 巍 / 255

B.26 河南省城乡居民收入差距问题研究
.... 海向阳 郑 霞 田 钧 张佳瑞 / 266

B.27 河南省畜牧业高质量发展路径研究
.... 王承启 张全勇 张小玲 王彦华 / 276

B.28 河南省"专精特新"企业创新发展研究
...... 赵 杨 赵祖亮 王一嫔 李 玉 武明光 魏 巍 / 287

B.29 河南省"万人助万企"活动成效、期盼及问题研究
.... 郑泽香 韩 玮 王庆先 司 雯 王 帅 / 295

B.30 河南预制菜产业发展研究报告
.... 赵 杨 王一嫔 李 玉 武明光 魏 巍 / 308

B.31 河南省科技金融发展现状及对策研究
.... 张云定 薛 原 赵建晔 张凯英 郝宇萌 / 319

B.32 河南种粮主体利益保障情况调研报告
.... 陈建设 樊福顺 郑 凯 朱松涛 洪曼绮 石 磊 / 329

B.33 推进河南省新型储能产业链高质量发展研究
.... 范 磊 王 宁 范 翔 陈 玲 孟恩超 / 341

003

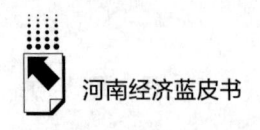

B.34 深化与RCEP国家合作　推动河南融入共建
　　 "一带一路"高质量发展研究 …… 穆　穆　王宗凯　孟晓慧
　　　　　　　　　　　　　　　　王利飞　张　勇　张　霄 / 351

B.35 乡村振兴视域下河南农村地区劳动力就业问题研究
　　 …………………… 陈建设　赵　宝　张燕杰　宗瑞生
　　　　　　　　　　　　　任焱丽　孙少卿　张琳颖 / 361

B.36 河南高校毕业生就业及流向分析研究
　　 …………………… 陈建设　赵　宝　张燕杰　宗瑞生
　　　　　　　　　　　　　任焱丽　孙少卿　张琳颖 / 371

B.37 河南迎峰度夏大负荷期间负荷检视与管理研究
　　 ……… 赵新民　杨　雷　倪　凡　李　旭　倪琳哲　李俊楠 / 380

B.38 提升河南装备制造业行业整体竞争力的对策研究
　　 ………………… 陈建设　石晓芳　卫艳青　张怡方　肖康康 / 391

B.39 河南高速公路高质量投资问题研究
　　 …………………………………… 顾俊龙　姜兴国　周翠萍 / 403

B.40 河南省城乡融合发展水平测度研究
　　 …………………………… 海向阳　常伟杰　蔡雪月　董佳彬 / 412

B.41 问需纾困解难题　精准施策助发展
　　 ——促进河南省个体工商户发展研究报告 ………… 王燕青 / 425

B.42 以信用监管为基础积极推进信用河南建设研究 ……… 靳清仁 / 433

皮书数据库阅读使用指南

CONTENTS

I Main Reports

B.1 Analysis and Outlook on the Economic Situation of Henan Province from 2023 to 2024
Research Group of Henan Province Bureau of Statistics / 001

B.2 Speeding up the Replacement of Old Growth Drivers with New Ones to Promote the High Quality Development of Henan: Study on the Conversion of Old and New Kinetic Energy in Henan Province
Research Group of Henan Province Bureau of Statistics / 013

II Analysis and Forecast Part

B.3 Analysis and Outlook on the Rural and Agricultural Economic Situation of Henan Province from 2023 to 2024
Qiu Qian, Wu Na / 028

B.4 Analysis and Outlook on the Industrial Situation of Henan Province from 2023 to 2024 *Zhao Qingxian, Zhang Gaofeng and Xie Han* / 037

河南经济蓝皮书

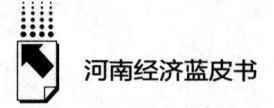

B.5 Analysis and Outlook on the Service Industry Situation of Henan
Province from 2023 to 2024
Zhu Liling, Zhang Xu, Jing Yongjing and Du Xiaoning / 046

B.6 Analysis and Outlook on the Fixed Asset Investment Situation of
Henan Province from 2023 to 2024 *Chen Chen, Hu Xiaofei* / 056

B.7 Analysis and Outlook on the Consumer Goods Market Situation of
Henan Province from 2023 to 2024 *Zhang Jing, Li Wei and Shi Wei* / 068

B.8 Analysis and Outlook on the Financial Situation of Henan Province
from 2023 to 2024 *Guo Hongzhen, Zhao Yanqing and Si Yinzhe* / 077

B.9 Analysis and Outlook on the Financial Industry Situation of
Henan Province from 2023 to 2024
Ren Yuanxing, Yuan Yanjuan, Zhang Yue and Li Huixin / 086

B.10 Analysis and Outlook on the Real Estate Situation of Henan Province
from 2023 to 2024 *Jia Yunjing, Zhou Cuiping* / 093

B.11 Analysis and Outlook on the Energy Situation of Henan Province
from 2023 to 2024 *Liu Jinna, Guo Junfeng, Liu Luwei and Sun Hao* / 105

B.12 Analysis and Outlook on the Ecological Environment of Henan
Province from 2023 to 2024 *Zhang Qingmin, Yuan Caifeng* / 115

Ⅲ Strategic Measures Part

B.13 Research on the Implementation of Innovation-driven Strategy in
Henan Province *Gao Yabin, Wang Chaoya* / 124

B.14 Research on Henan Hub Economy from the Perspective of
Transportation *Zhu Liling, Zhang Xu* / 134

B.15 Research on the Green and Low Carbon Transformation of High
Energy Consuming Industries in Henan Province
Qin Hongtao, Liu Jinna, Guo Junfeng and Wang Yanli / 146

CONTENTS

B.16　Research on the Development of New Industrialization in Henan Province
　　　　　　　　　　　　　　　　　　　Zhang Gaofeng, Zhang Jing / 156

B.17　Research and Outlook on the In-depth Implementation of the Strategy of Innovation-driven, Revitalizing the Province through Science and Education, and Reinvigorating the Province through Talents in Henan Province　　*Shan Xinmin, Jia Liang, Li Lu and Qiu Guoyi* / 169

B.18　Research on Calculating the Total Factor Productivity of Henan Based on Solow Residual Method and DEA-Malmquist Method
　　　　　　　　Ji Hongmei, Zhang Xizheng, Lei Qianqian, Zhang Yi,
　　　　　　　　　　Liu Mengdan, Ji Xiaofei and Zi Mengru / 180

B.19　Research on the Economic and Social Development Led by Henan Transportation
　　Yang Zhaohui, Ma Kuijie, Liu Zhaoheng, Wu Xu, Yang Jingyi and Cao Guanghui / 194

B.20　Research on Innovation Development of Zhengzhou-Luoyang-Xinxiang National Independent Innovation Demonstration Zone
　　　　　　　　　　　　　　　　　Jin Weili, Zhu Na and Zhang Peng / 204

B.21　Research on the Development Strategy of Cultivating and Strengthening Hub Economy in Henan Province
　　　　　　　Yang Zhaohui, Liang Yongbing, Zhang Zhongding, Wu Xu,
　　　　　　　　　　　　　　　　Wu Xiaoying and Fu Xiaoyin / 214

B.22　Henan's Practice of Jointly Building "the Belt and Road" with High Quality Development in the New Era
　　　　　　　　　　　　　　　Cao Lei, Tong Yeping and Deng Ke / 225

B.23　Practice and Reflection on the Effective Connection between Consolidating and Expanding the Achievements of Poverty Alleviation and Rural Revitalization in Henan　　*Zheng Fang, Gao Pan* / 236

B.24　The Population Development Report of Henan Province in 2022
　　　　　　　　　　　　　　　　　　　　　　　Gu Yongxiang / 247

河南经济蓝皮书

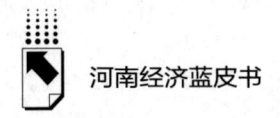

Ⅳ Monographic Study Part

B.25 Research on the Grassroots Agricultural Technology Extension System in Henan Province
Zhao Yang, Wang Yipin, Li Yu, Wu Mingguang and Wei Wei / 255

B.26 Research on the Income Gap between Urban and Rural Residents in Henan Province *Hai Xiangyang, Zheng Xia, Tian Jun and Zhang Jiarui* / 266

B.27 Research on the High Quality Development Path of Animal Husbandry in Henan Province
Wang Chengqi, Zhang Quanyong, Zhang Xiaoling and Wang Yanhua / 276

B.28 Research on the Innovative Development of "Specialized, Refined, Special and Innovative" Enterprises in Henan Province
Zhao Yang, Zhao Zuliang, Wang Yipin, Li Yu, Wu Mingguang and Wei Wei / 287

B.29 Research on the Effectiveness, Expectations, and Issues of the "Ten Thousand People Helping Ten Thousand Enterprises" Activity in Henan Province *Zheng Zexiang, Han Wei, Wang Qingxian, Si Wen and Wang Shuai* / 295

B.30 Report on the Development of Prefabricated Vegetable Industry in Henan Province
Zhao Yang, Wang Yipin, Li Yu, Wu Mingguang, Wei Wei / 308

B.31 Research on the Current Situation and Countermeasures of Science and Technology Finance Development in Henan Province
Zhang Yunding, Xue Yuan, Zhao Jianye, Zhang Kaiying and Hao Yumeng / 319

B.32 Research Report on the Protection of the Interests of Grain Growing Entities in Henan *Chen Jianshe, Fan Fushun, Zheng Kai, Zhu Songtao, Hong Manqi and Shi Lei* / 329

B.33 Research on Promoting the High Quality Development of the New Energy Storage Industry Chain in Henan Province
Fan Lei, Wang Ning, Fan Xiang, Chen Ling and Meng Enchao / 341

CONTENTS

B.34 Research on Making Deepening Cooperation with RCEP Countries to Promote Henan's Integration into the High Quality Development of Jointly Building the "the Belt and Road"
Mu Mu, Wang Zongkai, Meng Xiaohui, Wang Lifei, Zhang Yong and Zhang Xiao / 351

B.35 Research on the Employment of Labor Force in Rural Areas of Henan Province from the Perspective of Rural Revitalization
Chen Jianshe, Zhao Bao, Zhang Yanjie, Zong Ruisheng, Ren yanli,
Sun Shaoqing and Zhang Linying / 361

B.36 Analysis and Research on Employment and Destinations of Graduates from Henan Universities
Chen Jianshe, Zhao Bao, Zhang Yanjie, Zong Ruisheng, Ren yanli,
Sun Shaoqing and Zhang Linying / 371

B.37 Research on Load Inspection and Management during Summer Peak Load Period
Zhao Xinmin, Yang Lei, Ni Fan, Li Xu, Ni Linzhe and Li Junnan / 380

B.38 Research on Strategies to Improve the Overall Competitiveness of Henan Equipment Manufacturing Industry
Chen Jianshe, Shi Xiaofang, Wei Yanqing, Zhang Yifang and Xiao Kangkang / 391

B.39 Research on the High Quality Investment and Construction of Henan Expressway *Gu Junlong, Jiang Xingguo and Zhou Cuiping* / 403

B.40 Research on Measuring the Level of Integrated Urban-Rural Development in Henan Province
Hai Xiangyang, Chang Weijie, Cai Xueyue and Dong Jiabin / 412

B.41 Inquiring about the Need for Providing Financial Relief and Making Problem-solving-Precise Implementation of Policies to Support Development: Research Report on Promoting the Development of Individual Businesses in Henan Province
Wang Yanqing / 425

B.42 Research on Actively Promoting the Construction of Credit Henan Based on Credit Supervision *Jin Qingren* / 433

主 报 告

B.1 2023~2024年河南省经济形势分析与展望

河南省统计局课题组*

摘　要： 2023年，全省上下深入贯彻党的二十大和习近平总书记视察河南重要讲话重要指示精神，全力以赴拼经济促发展，经济运行持续恢复向好，实现了质的有效提升、量的合理增长、势的蓄积壮大。展望2024年，外部环境的复杂性、严峻性、不确定性上升，国内环境总体恢复向好，河南发展优势逐渐凸显。要着力推动高质量发展，锚定"两个确保"，持续实施"十大战略"、推进"十大建设"，全面推进中国式现代化建设河南实践，在强国建设、民族复兴新征程上奋勇争先、更加出彩。

关键词： 经济运行　经济形势　十大战略　新旧动能转换　河南

---

* 课题组成员：李迎伟，河南省统计局局长；李鑫，河南省统计局总统计师；徐委乔，河南省统计局综合处处长；李丽，河南省统计局综合处副处长、高级统计师；李湛，河南省统计局综合处；王韶光，河南省统计局综合处。执笔人：李丽、李湛、王韶光。

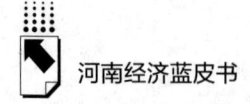

2023年是全面贯彻党的二十大精神的开局之年，是三年疫情防控转段后经济恢复发展的一年，全省上下深入贯彻党的二十大和习近平总书记视察河南重要讲话重要指示精神，坚持稳中求进工作总基调，完整、准确、全面贯彻新发展理念，紧抓构建新发展格局战略机遇，着力推动高质量发展，锚定"两个确保"，深入实施"十大战略"，全力以赴拼经济，纲举目张抓工作，铆足干劲促发展，在顶住压力、攻坚克难中实现了经济发展质的有效提升、量的合理增长、势的蓄积壮大，中国式现代化建设河南实践迈出坚实步伐。根据地区生产总值统一核算结果，2023年，全省地区生产总值（GDP）59132.39亿元，同比增长4.1%。分产业看，第一产业增加值5360.15亿元，增长1.8%；第二产业增加值22175.27亿元，增长4.7%；第三产业增加值31596.98亿元，增长4.0%。

一 2023年全省经济运行的基本特点

（一）供需两端持续恢复，经济发展总体向好

农业生产总体稳定。把高标准农田建设作为落实"藏粮于地、藏粮于技"战略的重要举措，累计建成高标准农田8585万亩，占全省耕地总面积的76%，居全国第2位。粮食生产再获丰收。有力有效应对严重"烂场雨""华西秋雨"等不利影响，努力打好"三夏"攻坚战，深入开展秋粮增产夺丰收行动，全年全省粮食产量达到1324.9亿斤，连续7年稳定在1300亿斤以上，其中秋粮产量614.8亿斤，增长3.3%，增速居全国粮食主产省第1位，有效实现了"以秋补夏"。油料蔬菜生产平稳增长。全年全省油料产量增长2.8%，蔬菜及食用菌产量增长2.6%。畜牧业生产基本稳定。全年全省生猪出栏6102.31万头，同比增长3.1%；牛出栏245.92万头，同比增长1.0%。

工业生产较快恢复。谋划推进7个先进制造业集群28个重点产业链，加快建设制造业强省。全年全省规上工业增加值同比增长5.0%，高于全国

0.4个百分点。六成以上行业实现增长。全年全省规上工业40个行业大类中有25个行业增加值同比实现增长，增长面62.5%。制造业支撑作用显著发挥。全年全省规上制造业增加值增长6.1%，高于全国1.1个百分点，拉动全省规上工业增长4.8个百分点，对规上工业增长的贡献率达95.8%。汽车、电子等产业表现抢眼。全年全省汽车及零部件产业、电子信息产业增加值分别增长45.2%、13.6%，合计拉动全省规上工业增长2.6个百分点。

服务业恢复向好。构建优质高效的服务业新体系，加快发展现代服务业、提升现代服务业发展能级。规上服务业营业收入较快增长。1~11月，规上服务业企业营业收入同比增长10.6%；10大行业门类中有8个营业收入实现增长，增长面80.0%，其中文化、体育和娱乐业增长31.5%。交通物流持续恢复。全年全省旅客运输量、周转量分别增长119.2%、138.4%，货物运输量、周转量分别增长8.9%、4.3%。金融支撑有力。12月末，本外币贷款余额83596.7亿元，增长9.5%，其中企（事）业单位贷款、住户经营贷款、一般消费贷款分别增长10.6%、17.4%、22.8%。

重点领域投资稳定增长。滚动开展"三个一批"项目建设活动，累计签约项目4819个，开工项目7525个，投产项目3358个，形成一批新的增长点。全年全省固定资产投资同比增长2.1%。重大项目支撑作用凸显。全年全省亿元及以上项目完成投资同比增长11.2%，其中10亿元及以上项目完成投资增长24.9%。工业投资快速增长。全年全省工业投资增长8.9%，增速自6月起连续7个月加快。技改投资增长17.4%。基础设施投资平稳增长。全年全省基础设施投资增长4.6%，其中道路运输业投资增长27.0%。济郑高铁全线贯通，率先在全国建成"米"字形高铁网，高铁运营里程达到2215公里，高速公路通车里程突破8300公里。社会领域投资增长较快。全年全省社会领域投资增长8.7%，其中教育、卫生投资分别增长23.1%、16.0%。

消费市场稳定恢复。针对性出台促进消费12条、持续扩大消费10条等系列政策，开展汽车、餐饮等促消费活动，着力引导消费预期，不断释放内需潜力。全年全省社会消费品零售总额26004.45亿元，同比增长6.5%，其

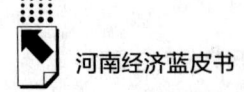

中限额以上单位消费品零售额增长9.2%。餐饮收入和商品零售较快恢复。全年全省限额以上单位餐饮收入、商品零售分别增长8.1%、9.2%。出行类商品快速增长。全年全省限额以上单位汽车类、石油及制品类商品零售额分别增长13.4%、22.2%。网上零售持续活跃。全年全省限额以上单位通过公共网络实现的商品零售额增长10.7%。

进出口保持韧性。接续出台多项稳外贸政策,组织外贸经营主体全力拓展新市场,外贸企业抗风险韧劲增强。全年全省外贸进出口总值8107.9亿元,连续12年位列中部第1,其中出口5280.0亿元,进口2827.9亿元。跨境电商进出口增长7.3%。重点出口产品快速增长。全年全省汽车、人发制品、农产品出口分别增长106.5%、16.8%、8.3%,电动汽车、锂电池、太阳能电池"新三样"合计出口增长22.9%。外贸企业规模持续壮大。全年全省有进出口实绩的外贸企业数量达11844家,增长10.9%。经贸合作空间有效拓展。全年全省与共建"一带一路"国家进出口占全省进出口的44.0%,同比提高2.8个百分点。对RCEP成员国进出口占全省进出口的30.3%,比协定生效前的2021年提高3.3个百分点。郑州机场全货机航线拓展至49条,中欧班列累计突破1万列。

(二)新兴产业加速壮大,发展动能持续增强

新质生产力蓬勃兴起。坚持把创新驱动、科教兴省、人才强省作为"首要战略",加快形成新质生产力。全年全省规上工业战略性新兴产业、高技术制造业增加值分别同比增长10.3%、11.7%,分别拉动全省规上工业增长2.5个、1.6个百分点,其中新一代信息技术产业增加值增长16.5%。液晶显示模组、光学仪器、锂离子电池产量分别增长412.2%、104.0%、45.6%。数字经济快速发展。5G基站总数达到18.7万个,互联网网内平均时延、网间平均时延分别居全国第1位和第3位。全年全省计算机通信和其他电子设备制造业增加值增长13.6%,计算机工作站、笔记本电脑产量分别增长362.7%、192.8%。

创新格局全面起势。以中原科技城、中原医学科学城、中原农谷为支柱

的"三足鼎立"科技创新大格局全面起势。截至2023年底，全省拥有国家级创新平台172家，建设省实验室16家、产业研究院40家、中试基地36家、创新联合体28家。高新技术企业达1.2万家，科技型中小企业2.6万家。技术合同成交额达1367.6亿元，增长33.4%。新产业投资快速增长。全年全省高技术制造业投资增长22.6%，高于工业投资增速13.7个百分点，其中电子及通信设备制造业投资增长38.8%。市场活力持续增强。截至2023年底，实有经营主体1094.0万户，增长5.8%，总量居全国第4位，其中实有企业299.9万户，增长10.8%。一套表调查单位比2022年底增加5960个，新增规上工业企业2785家。

（三）经济结构优化升级，质量效益稳步提升

产业结构调整升级，需求结构持续优化，新旧动能转换的步伐正在全方位加快。产业结构方面，全年全省高技术制造业增加值占规上工业的比重为14.7%，同比提高1.8个百分点；电子信息产业增加值占规上工业的比重为11.4%，同比提高2.9个百分点；优质花生产值占农林牧渔业总产值的比重为4.4%，同比提高1.1个百分点。投资结构方面，工业投资结构持续优化，全年全省高技术制造业投资、工业技改投资占工业投资的比重分别为15.5%、24.7%，同比分别提高1.7个、1.8个百分点。消费结构方面，线上消费活跃度逐步提升，全年全省通过公共网络实现的商品零售额占限额以上单位消费品零售额的比重为7.4%，同比提高1.7个百分点；品质消费需求持续扩大，在限额以上批发和零售业中，品牌专卖店零售额的比重为28.7%，同比提高0.7个百分点；绿色消费不断提升，限额以上单位新能源汽车零售额占汽车类商品零售额的比重达24.6%，同比提高12.6个百分点。能源结构方面，新型能源、可再生能源发电量占比不断提高，全年全省规模以上工业发电量中，新型能源发电量占比16.4%，同比提高1.9个百分点；可再生能源发电量占比18.0%，同比提高1.4个百分点。

更加注重经济发展的质量效益，发展绿色低碳产业，倡导绿色消费，加快发展方式绿色化转型，坚持以保障和改善民生为重点，不断增进人民福

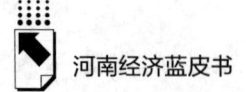

祉。绿色低碳扎实推进。全年全省规上节能环保产业增加值同比增长15.6%，高于规上工业增加值增速10.6个百分点。绿色升级类产品产销两旺，全年全省充电桩产量增长50.2%，限额以上单位新能源汽车零售额增长64.2%。千方百计稳住就业。高质量推进"人人持证、技能河南"建设，全年全省城镇新增就业119.32万人，失业人员再就业28.36万人，就业困难人员再就业9.89万人。居民收入稳步增长。全年全省居民人均可支配收入29932.9元，同比名义增长6.1%。其中，城镇居民人均可支配收入40234.5元，增长4.5%；农村居民人均可支配收入20052.9元，增长7.3%。城乡居民可支配收入比为2.01，同比缩小0.05。着力保障重点民生。全年全省一般公共预算支出中，农村综合改革、就业补助、住房保障等民生领域支出分别增长19.0%、15.0%、14.4%，人民群众获得感幸福感安全感不断增强。

总的来看，2023年河南经济总体处在疫后的恢复期、修复期、调整期，经济增长的态势趋势持续稳定向好，虽然一些规模、速度的数据有所波动，但动能之变、结构之变、质量之变的成效日益显现，新兴支柱产业成为拉动增长的主导力量，新质生产力加速成长。取得这样的成绩，是在国际环境变化不利影响加大、外部需求走弱、周期性问题与结构性矛盾交织叠加的情况下取得的，是在实事求是修正基期、做实当期，着力提升统计数据质量的背景下实现的，殊为不易，充分体现了河南作为经济大省的充足回旋余地和强大经济韧性，充分彰显了近年来省委省政府致力于谋长远、打基础、抓重点、增后劲的一揽子政策是正确有效的，是符合经济发展客观规律的。

二 2024年河南面临的形势研判

当前，世界百年未有之大变局加速演进，外部环境的复杂性、严峻性、不确定性上升。全球经济复苏乏力、需求不足、地缘政治紧张加剧危机风险等问题依然突出，但也要看到，随着产业转型深入推进，创新动能持续增强，优势潜力日益凸显，河南新机遇、新优势、新动能正在加速集聚。

（一）国际环境更趋复杂严峻，机遇挑战并存

从机遇看，经济全球化仍是大势所趋，共建"一带一路"向高质量发展迈进，区域全面经济伙伴关系协定（RCEP）生效实施，国际经贸合作不断深化；新一轮科技革命和产业变革不断深化，新产业、新业态、新模式不断涌现，数字经济、绿色经济等加快发展，为全省突破传统产业固有格局、实现换道领跑带来新机遇。开放红利将持续释放。区域全面经济伙伴关系协定（RCEP）的全面生效，将为各成员国带来更大的市场、更低的成本和更多的投资。RCEP红利持续释放，将成为我国稳住外资外贸基本盘的重要积极力量，河南也已并将持续从中受益。数字经济为经济增长提供新的动力。数字经济成为促进经济增长的重要动力，将推动传统产业转型升级，为社会发展开拓新领域、新赛道，赋予新动能、新优势。河南持续实施数字化转型战略部署，以重大新型基础设施建设为引领，培育壮大数字经济核心产业，加快传统产业数字化转型，推动数字经济与实体经济融合发展，数字经济已成为河南稳增长的重要力量，作用将日益凸显。

从挑战看，世界之变、时代之变、历史之变正以前所未有的方式展开，外部环境依然复杂严峻。全球经济恢复乏力。国际主要经济组织对2023年和2024年世界经济增速持偏悲观预测，其中国际货币基金组织（IMF）预计全球经济增速将从2022年的3.5%降至2023年的3.0%和2024年的2.9%，远低于疫情前20年（2000~2019年）3.8%的平均水平。全球经济增长乏力导致外需不振对河南外贸增长形成明显制约。地缘政治紧张加剧危机风险。俄乌冲突、巴以冲突等地缘政治因素对全球粮食市场、原油市场供给造成冲击，影响我国粮食安全和能源安全。作为粮食主产省，国际粮价持续走高，对河南"扛稳粮食安全责任"提出更高要求；作为能源原材料大省，原油等大宗商品价格大幅波动，制约企业生产效益稳定增长。1~11月，全省规模以上原材料制造业企业每百元营业收入中的成本同比增加0.27元，营业收入利润率同比下降0.29个百分点。

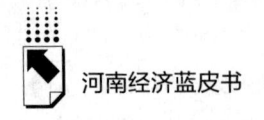

（二）国内环境总体恢复向好，制约依然存在

从有利条件看，全国上下坚决贯彻落实党中央、国务院决策部署，一系列积极的宏观政策协调配合，形成共促高质量发展合力。国民经济稳步回升营造良好的经济发展大环境。生产供给稳定增加，2023年全国粮食总产量13908亿斤，再创历史新高；规模以上工业增加值增长4.6%。扩内需成效逐步显现，市场需求持续恢复，全年全国社会消费品零售总额增长7.2%，服务零售额增长20.0%。科学精准的宏观政策将推动我国经济持续向好。2023年中央经济工作会议提出，将继续实施积极的财政政策和稳健的货币政策，加强政策工具创新和协调配合。同时，财政、货币、就业、产业、区域、科技、环保等政策协调配合，将形成更大的政策合力。加快推进新型工业化助力经济高质量发展。我国处于工业大国向工业强国迈进的重要关口期，将以智能制造为主攻方向，推进信息化和工业化深度融合，加快建设现代化工业体系，夯实新发展格局的产业基础，加快关键核心技术攻关，推动产业体系优化升级。

从制约因素看，我国面临有效需求不足、部分行业产能过剩、社会预期偏弱、风险隐患仍然较多等问题，国内大循环存在堵点，经济回升向好的基础仍需巩固。投资下行压力较大。2023年以来，全国固定资产投资增速放缓，全年增长3.0%，比前三季度回落0.1个百分点，表明企业信心和市场信心不足，需求收缩问题依然凸显。居民预期仍偏谨慎。居民储蓄存款尤其是定期存款增速大幅提高，12月末，全国住户人民币定期存款余额增长19.5%，定期存款占比达71.4%，同比提高3.5个百分点，表明居民对未来经济和收入预期偏谨慎，消费支出可能放缓。对外贸易面临巨大挑战。全球经济增长趋向低迷，近期世界贸易组织（WTO）、国际货币基金组织（IMF）等均对全球贸易碎片化表示了担忧，WTO把2023年全球商品贸易量增速由此前预测的1.7%下调至0.8%；全年全国货物和服务净出口对经济增长的贡献率为-11.4%，下拉GDP增速0.6个百分点。

（三）河南发展优势逐渐凸显，部分领域存在短板

从优势潜力看，河南锚定"两个确保"、深入实施"十大战略"，全省经济呈现稳中向好、稳中提质、稳中蓄势的发展态势。产业转型深入推进将构筑河南制造核心竞争优势。出台28个重点产业链行动方案，聚焦7个万亿级先进制造业集群、28个千亿级产业链，聚力形成新材料、电子信息、先进装备、新能源汽车、现代医药、现代食品、现代轻纺等先进制造业集群，将形成河南制造核心竞争优势。创新生态将形成新的发展动能。以中原科技城、中原医学科技城、中原农谷为支柱平台的"三足鼎立"科技创新大格局正在加快形成，省科学院重建重振与中原科技城、国家技术转移郑州中心"三合一"融合发展，"专精特新"企业培育加速实施，已累计建成252家省重点实验室、16家省实验室，创新动能持续增强。新旧动能接续转换不断加快将显著提升经济发展的质量效益。河南新旧动能转换已进入冲刺阶段。新技术新产业新业态新模式不断涌现，新兴产业在国民经济中的比重不断提高。同时传统动能加快提质发展，夯实河南经济高质量发展支撑。城乡发展新优势加快形成。《郑州都市圈发展规划》正式获国家发展改革委复函，成为全国第10个获得复函的都市圈规划，将在带动全省基础设施建设、产业结构调整、构建全方位开放合作新格局等方面形成新优势。

从短板弱项看，河南经济持续回升向好的基础仍不牢固，部分领域问题依然突出。产业转型任务艰巨制约工业加速恢复。全省传统产业占比高、增速偏慢，新兴产业虽增速较快，但占比小、带动有限。2023年，占规上工业50.1%的传统支柱产业增加值仅增长1.5%，高技术制造业、战略性新兴产业增加值虽然分别增长11.7%、10.3%，但分别仅占规上工业的14.7%、25.5%，拉动全省规上工业增长1.6个、2.5个百分点，特别是技术含量高、产业带动能力强的高端装备制造业仅占规上工业的2.1%，规模明显偏小。投资受多重因素影响增长乏力。全省房地产市场低迷态势尚未有效改善，全省房地产开发投资已连续18个月下降，全年下降9.3%，下拉全省投资增速2.6个百分点。民间投资意愿仍待恢复，全年全省民间投资降幅虽比前三季

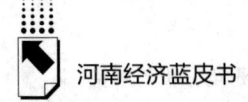

度有所收窄，但仍下降3.9%，下拉全省投资2.4个百分点。消费内在动能偏弱。居民收入水平偏低。全年全省居民人均可支配收入29932.9元，仅相当于全国平均水平的76.3%。网上零售等新业态发展仍不够充分。全年全省实物商品网上零售额占社会消费品零售总额的比重仅为14.7%，低于全国平均水平12.9个百分点。第四季度，全省消费者信心指数为76.7，低于100的临界点，尚未恢复至乐观区间。市场信心依然不足。2023年，全省制造业采购经理指数仅有4个月处于临界点及以上，其余月份均低于临界点。全年全省居民消费价格（CPI）、工业生产者出厂价格（PPI）、工业生产者购进价格（IPI）分别同比下降0.2%、2.6%、4.7%，也反映出市场供需两端信心仍然偏弱。部分企业经营存在困难。截至11月末，全省仍有5496家规上工业企业存在亏损，占全省规上工业企业总数的22.6%；规上小微工业企业利润总额同比下降4.0%，低于大中型企业15.4个百分点。1~11月，全省规上工业企业每百元营业收入中的成本为88.73元，高于全国3.81元。1~11月，全省规上服务业中，教育业、房地产业利润总额分别同比下降24.3%、15.0%。

三　做好全省2024年经济工作的几点建议

2024年是中华人民共和国成立75周年，是实现"十四五"规划目标任务的关键一年。面对依然严峻复杂的经济形势，必须坚持稳中求进、以进促稳、先立后破，锚定"两个确保"，持续实施"十大战略"、推进"十大建设"，保持定力、系统施策、兜牢底线，保持全省经济合理的发展速度，充分释放发展潜力，充分发挥优势，抢抓发展机遇，全力巩固和增强经济回升向好态势，全面推进中国式现代化建设河南实践，在强国建设、民族复兴新征程上奋勇争先、更加出彩。

加快推动新旧动能转换，壮大发展实力。加快培育新动能新优势，大力发展新质生产力。聚焦7个万亿级先进制造业集群、28个千亿级产业链，推动重点产业链高质量发展，提升产业能级，加快传统产业延链升链、新兴产业补链强链、未来产业建链成链。加快推动新旧动能转换，发挥产业联盟作用，促进各类企业优势互补，加快建设制造业强省。深入推进"万人助万企"活动，加大对困难行业、企业的支持力度，提升政务服务效能，为各类企业解决实际困难，切实减轻企业负担，持续提振经营主体信心，打造营商环境"强磁场"。大力实施数字化转型引领、高端制造突破、智能制造提升等行动，建设数字基础设施体系，全力打造算力高地，做强数字核心产业，加速数字应用赋能，优化数字生态体系，全方位建设数字经济强省。

着力恢复和扩大需求，增强发展动力。更好统筹消费和投资，形成相互促进良性循环。充分发挥投资的关键作用。发挥好政府投资的带动放大效应，加强科技创新、绿色发展、基本民生等领域补短板；加大建设资金的保障力度，拓宽实体企业融资渠道，加速释放民间投资发展动能；围绕重点产业链延链补链强链招引一批标志性产业项目，增强投资增长后劲。重视发挥消费的基础作用。在稳定和扩大传统消费的基础上，培育壮大新型消费、改善性消费、升级性消费。拓宽居民劳动收入渠道，保持促消费的政策措施力度，合理增加消费信贷，发放零售、文旅等专项消费券，营造良好的消费环境。进一步拓展高水平对外开放新空间。持续实施制度型开放战略，高质量参与"一带一路"建设，做大做强航空经济、口岸经济、临港经济、枢纽经济，积极推进"丝路海运"港航贸一体化发展，加快陆海新通道、空中丝绸之路建设，加快推动"豫货出海"。

强化创新驱动，激发发展活力。持续实施创新驱动、科教兴省、人才强省战略，巩固提升"三足鼎立"科技创新大格局。强化企业创新主体地位，制定更多激励企业创新的普惠性政策，促进创新要素向企业集聚；支持大企业牵头组建创新联合体，打造共性技术平台。深化科技体制改革，强化创新平台建设，高水平推进省科学院重建重振，启动运行一批研究机构，与中科院等加强科技合作；加强财政支持，大幅增加基础研究经费，通过税收激励等引导企业和社会资本加大投入，降低创新主体研发风险。大力引育科技创新人才，加快培育一批富有创新精神、科学头脑和国际视野的创新型企业家，充分发挥企业家和科技人才创新热情。

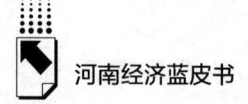

切实保障和改善民生，汇聚发展合力。扎实践行以人民为中心的发展思想，聚焦"一老一小一青壮"，解决好群众急难愁盼问题，让人民群众有更多实实在在的获得感。加大养老服务设施建设力度，深化公办养老机构改革，积极发展社区嵌入式养老和互助性养老，大力发展医养结合机构，培育康养联合体等新业态。加快优质医疗资源扩容下沉和均衡布局，深化公立医院改革，提高医保基金使用效能，减轻群众就医费用负担，推动中医药传承创新发展。加大财政教育投入和机构编制保障力度，推进学前教育普及普惠安全优质发展、义务教育优质均衡发展，鼓励高中阶段学校多样化特色发展，加大"双一流"高校建设支持力度。着力提升就业保障水平，做好高校毕业生、农民工、退役军人等重点群体就业工作，积极发展新就业形态。

兜牢安全底线，提升发展安全力。更好统筹发展和安全，主动有效防范化解各类风险。继续坚持推动藏粮于地藏粮于技，坚决守住耕地红线，持续打造高标准农田"升级版"；加快把中原农谷打造成为现代农业科技创新高地。加快提升能源安全韧性，研究进一步有效降低工业电价的政策措施，助力企业降低生产成本，加快已纳规清洁煤电项目建设，有序发展分布式光伏，稳妥推进风电规模化开发。防范化解财政金融风险，抓实市县财政运行定期调度，建立地方政府债务风险动态监测预警机制，做好地方政府债务风险缓释，加强地方政府融资平台公司综合治理。

B.2 加快新旧动能转换 推进河南高质量发展

——河南新旧动能转换情况研究

河南省统计局课题组*

摘　要： 加快新旧动能转换，对于河南经济结构转型升级、推进高质量发展具有重要意义。本研究总结概括了新旧动能转换的概念与内涵，结合理论研究和经济发展实际，对河南新旧动能转换阶段进行论证研究，并在此基础上提出加快新旧动能转换的相关建议：以健全体制机制为基础，全面深化改革；以创新驱动发展为主导，大力实施创新驱动战略；以产业提质升级为支撑，加快经济结构优化升级；以开放优势为依托，加快枢纽经济发展；以数字经济为助力，打造新旧动能转换新引擎；以乡村振兴、中心城市能级提升为带动，统筹城乡区域协同发展。

关键词： 动力结构　新旧动能转换　新动能　河南

加快培育壮大新动能、改造提升传统动能、实现新旧动能转换是促进经济结构转型升级的重要途径，是推动经济高质量发展的重要着力点。当前，河南经济已由高速增长阶段转向高质量发展阶段，正处于由大到强的转型攻坚期，研究全省新旧动能转换情况，对推动中国式现代化河南实践具有重要的理论和实践意义。研究结果表明，2020年河南新旧动能转换由蓄势期进

---

* 课题组成员：李迎伟，河南省统计局局长；李鑫，河南省统计局总统计师；王一嫔，河南省地方经济社会调查队快速调查室主任；雷茜茜，河南省统计局核算处副处长；张高峰，河南省统计局工业处副处长；陈琛，河南省统计局投资处副处长；张旭，河南省统计局服务业处副处长。执笔人：王一嫔、雷茜茜、张高峰、陈琛、张旭。

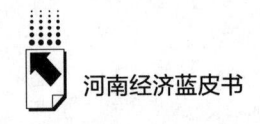

入冲刺期,特别是2021年以来,创新引领发展成为现代化河南建设的鲜明主旋律,新动能积厚成势,动力结构发生积极变化,河南新旧动能转换进入全面加速的快车道。

一 新旧动能转换的概念与内涵

新旧动能转换是经济发展的客观规律,是突破旧有发展模式、培育新的经济增长点,实现经济结构转型升级的必然要求。

(一)新旧动能转换的提出

2014年11月,习近平主席在亚太经合组织工商领导人峰会上指出"新旧增长点转换任务艰巨",需要"不断发掘经济增长新动力"。之后,"动能""新动能""新旧动能转换"等开始出现在中央和地方政府主要领导讲话和文件中。2017年1月,国务院办公厅颁布了《关于创新管理优化服务培养壮大经济发展新动能加快新旧动能接续转换的意见》,这是我国首次以"新旧动能转换"为主题的文件,为培育壮大经济发展新动能、加快新旧动能转换提供了制度保障。经过多年的发展实践,2020年10月,习近平总书记在深圳经济特区建立40周年庆祝大会上指出,"我国经济正处在转变发展方式、优化经济结构、转换增长动力的攻关期"。

河南省委省政府主动适应经济发展新常态,着力推进供给侧结构性改革,深刻把握新发展阶段特征,锚定"两个确保",深入实施"十大战略",以战略之变引领动力之变,以创新之变引领产业之变,配套推动一大批变革性、牵引性、标志性举措来育先机、开新局,在加快新旧动能转换、推进高质量发展上迈出了新步伐。

(二)新旧动能转换的概念和内涵

关于新旧动能转换,国外经济界主要侧重于研究经济发展的动力,认为创新、技术进步、制度改革等是经济发展的源泉或关键因素。国内研究普遍集中于通过应用新技术、发展新产业、创造新业态、探索新模式等改造提升传统动能、培育壮大新兴产业，依托技术创新、经济体制改革等实现产业结构转型升级、经济增长方式转变和发展质量效益提升。

结合国内外研究和我国的政策实践，我们认为新旧动能转换是通过新一轮的科技革命和产业变革，加快培育壮大新动能形成经济发展新引擎，改造提升传统动能焕发新活力，依托改革创新推动增长动力转换，从而实现新旧动能协同发力，资源配置效率和产业链价值链水平大幅提升，经济发展质量和核心竞争力显著提高。其内涵可以从以下四个方面理解。

一是培育新动能形成新引擎。把握全球科技革命和产业变革趋势，加快推动新技术新产业新业态新模式蓬勃涌现，通过新动能的增量对冲传统动能的减弱，积极培育新的经济增长点，形成引领经济发展的新动能主导力量。

二是改造传统动能焕发新活力。积极化解过剩产能，优化存量资源配置，置换形成新动能，加速新技术新产业新业态新模式向传统领域融合渗透，全面改造提升传统动能，转化培育传统动能形成支撑经济的新动能基础力量。

三是依托改革创新转换新动力。将深化改革、创新驱动作为新旧动能转换的根本动力。突出改革引领，激发市场活力，形成适应新产业新业态发展规律、满足新动能集聚需要的体制机制。强化创新驱动，摆脱跟随发展的路径依赖，着力原始创新和颠覆性创新，加快塑造更多依靠创新驱动、更多发挥先发优势的引领型发展新格局。

四是新旧动能协同发力促发展。新旧动能转换不是新动能代替旧动能，而是培育壮大新动能，提升新动能对传统动能的带动作用，改造升级传统动能，实现新旧动能平稳接续、协同发力，形成新的经济结构和增长格局。

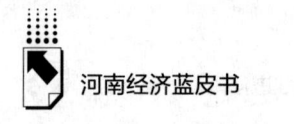

（三）新旧动能转换的四个阶段

新旧动能转换是随着经济社会发展不断接续、动态发展的过程。参照发展经济学对经济增长阶段的划分模式，可将新旧动能转换划分为四个阶段，分别为蓄势期、冲刺期、显效期和再造期。

蓄势期即新旧动能转换初级阶段，其显著特征为传统动能减弱但仍占主导地位，新兴产业尚在孕育，新技术新产业新业态新模式处于起步或跟跑阶段，经济发展不平衡不充分问题较为突出，经济发展的质量效益有待提高，经济增长格局有待突破。

冲刺期即新旧动能转换加速阶段，其显著特征为新技术新产业新业态新模式快速涌现，新动能加速发展，传统动能加快改造升级，经济发展的质量效益显著提升，新的经济增长格局打开。

显效期即新旧动能转换初步完成阶段，其显著特征为基本形成新动能主导经济发展的新态势，传统动能加快全面改造升级，经济发展的质量效益持续优化，新的经济增长格局初步形成。

再造期即新旧动能高效转换、协同发力阶段，其显著特征为新动能成为引领经济发展的主导力量，传统动能焕发新活力，转化形成支撑经济的新动能基础力量。新旧动能形成自我革新、高效转换、优势再造的良性循环，新的经济增长格局形成。

二 新旧动能转换指标体系的构建

构建新旧动能转换指标体系，要以习近平新时代中国特色社会主义思想为指导，牢牢把握新旧动能转换的科学内涵，客观准确反映新旧动能转换发展情况，充分发挥统计指标体系对经济社会发展的引领导向作用。

（一）构建原则

1. 对标对表、反映规律

指标体系构建应以中央对新旧动能转换的有关要求为根本依据，站位新发展阶段，充分体现新旧动能转换的内涵；以新旧动能转换阶段为基础，根据新旧动能转换与经济发展的互动影响选取相关指标，客观反映经济社会发展规律。

2. 科学引领、全面考量

新旧动能转换是一个系统工程，涉及经济发展各方面和经济循环全过程，指标体系应体现系统性、全面性、普遍性和引领性，切实起到推动经济高质量发展的作用。

3. 重点突出、合理实用

指标体系构建应突出重点，选取核心、关键、代表性强的指标，充分发挥分领域指标对具体工作的引导和促进作用。具体指标选取要凸显反映新旧动能转换的结构、速度、成效等，构建可度量、可监测、可评价的新旧动能转换指标体系。

（二）体系构建

1. 指标选取

结合理论研究和经济发展实际，建立新旧动能转换总指数，从势能和效能两方面选取统计指标，构建指标体系。新旧动能转换势能主要反映新旧动能转换过程，包括新动能培育、传统动能改造、结构调整、创新驱动等方面；新旧动能转换效能主要反映新旧动能转换的质量成效，包括量的增长、质的提升、协调发展、开放共享等方面。综合考虑数据的可得性和可比性，选取第三产业增加值占 GDP 比重、战略性新兴服务业营业收入占规模以上服务业比重等 10 个指标来反映势能，选取 GDP 增速、R&D 经费投入强度等 6 个指标来反映效能。因测度时期和范围不同，为了便于对比分析，把新旧动能转换总指数分为新旧动能转换时序（时间序列）总指数和新旧动能转换比较（省际对比）总指数。

2. 体系框架

新旧动能转换指标体系如表 1 所示。

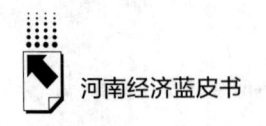

表1 新旧动能转换指标体系

一级指标	二级指标	三级指标	计量单位
总指数	势能指数（10个）	第三产业增加值占GDP比重	%
		高技术制造业增加值占规模以上工业比重	%
		战略性新兴服务业营业收入占规模以上服务业比重	%
		网上零售额占社会消费品零售总额比重	%
		改建与技术改造投资占固定资产投资比重	%
		高技术产品出口额占出口总额比重	%
		工业投资增速	%
		新建项目投资增速	%
		高技术投资增速	%
		R&D经费支出增速	%
	效能指数（6个）	GDP增速	%
		R&D经费投入强度	%
		进出口总额	亿元
		城镇化率	%
		省会城市首位度	%
		城乡居民收入比	—

3.测度方法

目前国内外并没有统一的新旧动能转换测度衡量标准。本研究在上述指标体系的基础上，采用聚类分析和熵值法两种方法开展量化测度。

三 河南新旧动能转换阶段论证

本研究采用表1所示的新旧动能转换指标体系，运用聚类分析与熵值法开展研究，测度了2015~2022年河南新旧动能转换时序总指数和2022年全国各省（自治区、直辖市）新旧动能转换比较总指数，分别从纵向和横向角度对河南新旧动能转换阶段进行论证。

（一）从河南发展历程看，当前河南处于新旧动能转换冲刺期

从测算结果看，"十三五"以来河南新旧动能转换总体上可以划分为两个阶段：第一个阶段（2015~2020年）基本处于蓄势期，第二个阶段（2020年至今）主要处于冲刺期。如图1所示，2015年以来河南新旧动能转换时序总指数持续上升，其中2015~2020年时序总指数由0.25分缓慢爬升至0.55分，年均爬升0.06分；2020年之后进入快速提升期，时序总指数上升速度加快，年均爬升0.11分，明显快于前一阶段的上升速度。

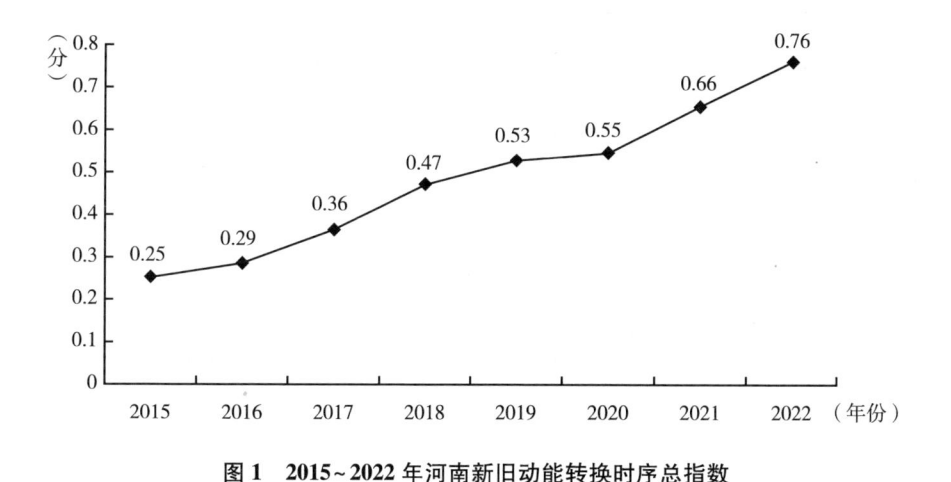

图1　2015~2022年河南新旧动能转换时序总指数

2015~2020年，河南新旧动能转换处于蓄势期。经济进入新常态以来，全省经济增速逐步回落，出现了增速换挡和结构调整特征，新旧动能转换进入初级转换阶段。

这一时期，一方面支撑河南发展的传统动能开始减弱，冶金、建材、化工、煤炭等传统支柱产业产能过剩问题突出，发展乏力；另一方面新生动力正在孕育成长，但仍不足以对冲传统增长动力下拉的影响，如重点培育的电子信息、汽车等产业虽有了较快的增长，但这些产业尚在发展壮大之中，比重依然偏低，结构性矛盾与深层次问题仍较突出。

随着供给侧结构性改革深入推进，到了蓄势期后期，过剩产能逐渐淘

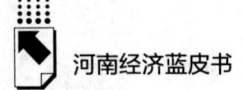

汰，网上零售、跨境电商等新业态、新模式逐渐兴起，高成长性制造业和高技术产业快速发展、占比提高，国家级研发中心、国家重点实验室数量增加，可见光通信、客车智能驾驶等核心关键技术取得突破，以创新为驱动的新动能快速成长，为加快新旧动能转换步伐积蓄能量。

2020年至今，河南新旧动能转换处于冲刺期，尤其是2021年以来，创新引领发展成为现代化河南建设的鲜明主旋律，新动能日益积厚成势，动力结构发生积极变化，河南新旧动能转换进入全面加速的快车道。

2021年以来，河南站位新发展阶段，贯彻新发展理念，紧抓构建新发展格局的战略机遇，全面深化改革，创新提出并深入实施"十大战略"，持续开展"万人助万企"活动，滚动推进"三个一批"项目建设，强化"四个拉动"，一系列政策措施打出了新旧动能转换的"组合拳"，新旧动能转换进入全面加速的快车道。创新要素加速汇聚，2022年全省高新技术企业突破1万家，技术成交额突破千亿元，规模以上工业企业研发活动覆盖面持续扩大。新动能快速累积，2022年全省高技术制造业投资增长32.2%，战略性新兴产业、高技术制造业增加值占规模以上工业的比重分别达到25.9%、12.9%。全省持续开展以高端化、智能化、绿色化和服务化为重点任务的制造业专项改造行动，传统动能改造升级按下"快进键"，工业技改项目个数大幅增加，2022年在建工业技改项目3266个，比2021年增加1003个，工业技改投资增长34.4%。

随着全省重大战略举措向纵深推进，2023年在总量增长的基础上，产业结构、投资结构、消费结构继续优化，新兴产业不断壮大，创新发展动能持续增强，发展质量有效提升，河南新旧动能转换全面加速。

（二）从全国发展大局看，当前河南处在新旧动能转换冲刺期

以2022年全国各省（自治区、直辖市）数据测度计算，全国各省（自治区、直辖市）新旧动能转换可以分为四组（见表2），其表现特征分别对应新旧动能转换的四个阶段，即第一组对应再造期，第二组对应显效期，第三组对应冲刺期，第四组对应蓄势期。河南位于第三组，新旧动能转换处于冲刺期。

表 2　聚类分析与熵值法分析结果

聚类分析结果	熵值法结果(分)	所处阶段	主要指标取值区间(%,亿元)
第一组	[0.44,0.61]	再造期	第三产业增加值占GDP比重[50.5,83.9] 装备制造业增加值占规模以上工业比重[34.0,52.6] 网上零售额占社会消费品零售总额比重[28.6,80.9] R&D经费支出增速[-1.0,12.0] 进出口总额[8448.5,83102.9]等
第二组	[0.27,0.35]	显效期	第三产业增加值占GDP比重[47.0,52.9] 装备制造业增加值占规模以上工业比重[23.7,59.4] 网上零售额占社会消费品零售总额比重[9.7,36.8] R&D经费支出增速[8.1,14.6] 进出口总额[6170.8,33324.9]等
第三组(含河南)	[0.17,0.27]	冲刺期	第三产业增加值占GDP比重[40.8,52.2] 装备制造业增加值占规模以上工业比重[10.5,35.7] 网上零售额占社会消费品零售总额比重[11.2,30.6] R&D经费支出增速[0.0,13.9] 进出口总额[1845.6,10076.7]等
第四组	[0.10,0.17]	蓄势期	第三产业增加值占GDP比重[45.5,51.3] 装备制造业增加值占规模以上工业比重[7.4,9.8] 网上零售额占社会消费品零售总额比重[6.6,10.6] R&D经费支出增速[7.5,11.3] 进出口总额[43.0,3342.3]等

注：[***，***]代表数据范围区间。

处于蓄势期的省份新旧动能转换比较总指数平均得分 0.13，其中势能指数平均得分 0.09，效能指数平均得分 0.04，三个指数均为四组最低，这些省份呈现传统主导产业增长乏力、新兴产业尚在孕育、经济结构转型相对缓慢且发展质量不高的特征。

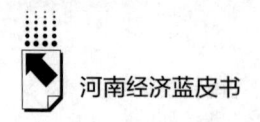

处于冲刺期的省份总指数平均得分0.24，其中势能指数平均得分0.13，效能指数平均得分0.12，这些省份呈现新兴产业加速发展与传统产业加快转型突破，经济发展的质量效益明显提升的特征。

处于显效期的省份总指数平均得分0.32，其中势能指数平均得分0.18，效能指数平均得分0.15，这些省份呈现新动能规模继续扩大、效益提高，发展速度达到较高水平，新旧动能转换明显见效的特征。

处于再造期的省份总指数平均得分0.51，其中势能指数平均得分0.25，效能指数平均得分0.26，这些省份培育的新动能已经成为经济发展的引领，发展速度稳定在较高水平，新旧动能协同发力，处于高水平优势再造期。

（三）河南新旧动能转换冲刺期的主要特征

1. 供给动力转向结构调整

河南坚持把产业结构调整作为经济发展战略重点，大力发展第三产业，转型升级加快推进。2017年全省第一产业增加值占GDP比重首次降至10%以下；2018年第三产业增加值占GDP比重超过第二产业，实现了"三二一"产业结构的历史性转变；2022年三次产业增加值占比分别为9.5%、41.5%、49.0%，其中第三产业增加值比重比2017年提高5.0个百分点。第三产业在国民经济中比重提高，并且与其他产业协调发展是产业结构高级化的重要标志，这为河南经济持续稳定增长提供了坚实基础。

2. 需求动力转向主要依靠消费

河南坚持需求结构与供给结构有效匹配、消费升级和有效投资良性互动，着力发挥消费的基础性作用和投资的关键性作用，消费对经济增长的贡献率不断提升，需求结构更趋合理。2021年，全省最终消费对经济增长的贡献率超过60%，全省以消费为主驱动经济增长的态势逐步形成，内需潜力持续释放。

3. 产业动力转向新动能

河南集中优势资源，加强新兴产业重点培育，不断打造新的经济增长点，加快培育壮大新动能。工业战略性新兴产业较快增长，2023年前三季度全省新一代信息技术产业、高端装备制造业增加值分别增长15.6%、10.2%。数字经济快速发展，全省计算机通信和其他电子设备制造业增加值增长11.0%，笔记本电脑产量增长553.4%。新兴服务业高速增长，全省互联网游戏服务、互联网科技创新平台等新兴服务业营业收入分别增长114.1%、48.9%。

4. 空间动力转向城乡区域协调发展

河南着力推进以人为核心的新型城镇化，坚持分类指导，推动各地向心发展、错位发展、互动发展，促进城乡区域统筹协调发展。2017年末全省城镇化率达到50.6%，首次突破50%，实现了由"城乡二元"向"城乡一体"的历史性转变，2022年末全省城镇化率达到57.1%，城乡融合发展稳步推进。郑州国家中心城市，洛阳、南阳副中心城市加快建设，2022年经济总量分别超过12000亿元、5600亿元、4500亿元，区域带动能力显著增强。漯河、济源努力壮大城市规模和综合实力；平顶山、濮阳等资源型城市加速转型升级；周口、信阳等传统农业大市争相跨越发展，全省区域格局优化重塑，逐步形成多点支撑带动全面发展的良好局面。

5. 开放动力转向内陆开放新高地

河南大力实施制度型开放战略，加快构建全面开放新格局，逐步形成对外开放新优势。外贸规模高速增长。全省货物进出口总额从2018年的5512.71亿元增加到2022年的8524.14亿元，年均增长11.5%。"四条丝绸之路"筑起对外开放新高地。以国际化机场货运航线为依托，打造郑州—卢森堡"空中丝绸之路"，2022年货邮吞吐量62.47万吨，居全国第6位；"陆上丝绸之路"中欧班列（郑州）综合运营能力居全国前列；自贸区、跨境电商建设如火如荼，构建起"买全球、卖全球"的"网上丝绸之路"；发展铁海联运建设"无水港"，推进内河水运与沿海港口无缝对接，"海上丝绸之路"越行越远。

近年来河南省委省政府以前瞻30年的眼光想问题、作决策、抓发展，出台了内容丰富、含金量高、涉及面广的政策举措，为加快新旧动能转换、优化经济结构、推动河南高质量发展蓄能起势。未来几年，这些政策红利将

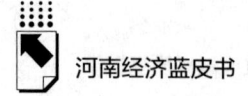

以乘数效应集中扩大释放。按照当前河南冲刺发展态势，展望"十四五"末，河南绝大部分指标2025年预测值可以达到显效期指标区间，这意味着2025年有望成为下一个新旧动能转换拐点，即由新旧动能转换冲刺期进入显效期，届时新动能将形成优势、占据主体、成为支撑，经济发展的质量和效益进一步显现，经济发展的韧性和活力进一步增强，全省将以更加强劲的步伐迈向高质量发展。

（四）河南新旧动能转换启示

1. 尊重客观规律

经济发展是一个螺旋式上升的过程，量的积累到一定阶段必然转向质的提高，否则会陷入停滞。要实现河南经济发展质量更高、效益更好、速度更快，就要遵循经济发展的客观规律，推动新旧动能转换，实现经济结构优化升级。近年来，河南省委省政府深刻把握河南经济发展新阶段特征和演进规律，锚定"两个确保"，实施"十大战略"，有效应对了多重风险挑战，经受住了多种压力考验，经济运行稳中向好，新动能加速发展累积，新技术新产业新业态新模式不断涌现，传统动能加快改造升级，经济发展的质量效益显著提升。这充分说明，近年来河南省委省政府的决策部署是正确有效的，符合经济发展的客观规律。

2. 突出工作重点

没有重点就没有全局。要加快河南新旧动能转换、推进经济转型升级、实现经济发展方式转变，最关键的就是突出工作重点，以重点突破带动全局整体跃升。省委省政府把创新摆在发展的逻辑起点、现代化建设的核心位置，全力建设国家创新高地，为推动全省经济高质量发展提供不竭动力。坚持项目为王，深入开展"三个一批"活动，从项目切入、以项目推动、用项目支撑，加大在未来产业上谋篇布局，不断催生新动能生长点、调结构突破点。培育壮大市场主体、创新主体，扎实推进"万人助万企"活动，围绕支柱产业和战略性新兴产业攻难点、通堵点、除痛点，打造一流产业链群，推动支柱产业优势再造、新兴产业培育壮大。从河南新旧动能转换阶段可以看出，全省致力于抓重点、打基础、带全局、增后劲的一揽子政策措施效应已接续显现并将在未来有力释放。

3. 保持战略定力

进入新常态以来，河南省委省政府准确把握发展大势，主动捕捉发展机遇，正确实施战略举措，新旧动能转换实现了从蓄势期到冲刺期的成功跃升。当前，河南经济正在向分工更复杂、结构更合理、形态更高级的阶段演进，人口规模庞大、区位交通优势明显、产业基础雄厚、发展战略叠加等是全省发展的有利条件，短期看经济增长有所波动，但增速仍在合理区间，长期看经济发展的新动能凭借有利条件正在蓄积，发展的优势和条件正在重塑。要继续保持战略定力，胸怀"两个大局"，锚定"两个确保"，持续深入实施"十大战略"，不断推动传统动能焕发新活力，逐渐形成新动能主导经济发展的新格局，未来河南发展必能行稳致远。

四 河南加快新旧动能转换的相关建议

加快新旧动能转换是河南未来谋求更大发展、提高综合实力的关键。要立足目前河南新旧动能转换所处的阶段方位，加快打造经济增长新引擎，加速推动新旧动能转换，为中国式现代化建设河南实践注入强劲动力。

（一）以健全体制机制为基础，全面深化改革

坚持体制机制改革。尊重市场作用和企业主体地位，全面畅通市场主体准入通道，不断深化"放管服效"改革，优化监管理念、管理模式和政策体系，营造一流营商环境。突出战略引领。深入实施"十大战略"，突出战略重点、明晰战略路径，加强制度设计、系统谋划和协同推动，通过实施一大批对应性举措为新旧动能转换保驾护航。提高要素配置效率。以要素市场化配置为重点，健全要素价格形成机制，促进知识、技术、信息、数据等生产要素市场化流动，充分发挥其放大社会生产力的乘数效应。

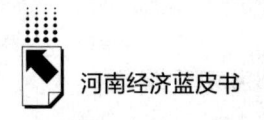

（二）以创新驱动发展为主导，大力实施创新驱动战略

激发创新活力。在体制机制创新中激发科技创新的动力活力，在推动"五链"耦合、"六新"突破上不断取得新进展，让更多的产业产品进入中高端、关键环节。健全完善创新平台。积极争取国家级重大科技基础设施和国家级平台布局，支持企业建设国家级、省级高端研发机构，加快建设支撑全省、服务全国的国家区域科技创新中心。促进创新成果转化。支持中小企业联合省内外高校院所承担重大科技创新工程任务，开展协同攻关，推动科技成果转化。

（三）以产业提质升级为支撑，加快经济结构优化升级

培育壮大新兴产业。聚焦新能源、新材料、高端装备等新兴产业，加快关键核心技术创新应用，培育更多能够引领产业升级、抢占产业竞争制高点的新兴支柱产业。推动传统产业提质发展。推动食品、有色金属、化工、建材等传统优势产业加快延伸产业链条，着力在增值环节、瓶颈环节、关键环节、配套环节上寻求突破，加快拓展新赛道、培育新优势。谋划布局未来产业。运用新技术，依托新市场需求，加快培育衍生一大批引发产业体系重大变革的未来高新产业，实现高新产业的颠覆式、爆发式增长。

（四）以开放优势为依托，加快枢纽经济发展

加快制度型开放。主动对标RCEP经贸规则，加快出台政务、监管、金融、法律和多式联运五大服务体系升级实施方案，积极申建河南自贸试验区扩展区。坚持打造综合立体交通运输体系。提高公路、铁路、航空、水运等多式联运衔接能力设施建设，加快构建直连长三角、环渤海等主要经济区域的"米+井+人"综合运输通道。大力培育枢纽偏好型产业。强化郑州航空港龙头带动作用，依托全国性综合交通枢纽等平台，培育壮大空港陆港偏好型产业和现代服务业产业。

（五）以数字经济为助力，打造新旧动能转换新引擎

加强新型数字基础设施建设。加快全省全域布局5G基站、光纤网络及IPv6改造，扩大新型基础设施覆盖范围，加快省级数字化创新平台建设，并推动其向国家级迈进。全面推进数字产业化和产业数字化转型。推动数字经济和实体经济融合发展，以数字化、网络化、智能化为方向，推动农业、制造业、服务业等产业融合发展。培育壮大数字经济新业态。发展信息消费新业态，重点开发智能化家居、电动智能网联汽车等新消费模式，积极搭建共享平台，开辟河南数字消费市场新业态。

（六）以乡村振兴、中心城市能级提升为带动，统筹城乡区域协同发展

大力推进乡村振兴战略。全面推进"五大振兴"，加快建设供给保障有力、绿色高质高效、产业链条完备、竞争优势明显的农业强省。强力推进县域经济发展。把县城打造成为城乡公共服务均等化的载体，吸引农村劳动力就地城镇化，引导县域经济特色化发展，推动县域经济"成高原"。加快中心城市能级提升。推进郑州国家中心城市、洛阳和南阳副中心城市建设，提升中心城市规模能级；加快豫西转型创新发展示范区等四大示范区建设，推进区域协同联动发展。

分析预测篇

B.3
2023~2024年河南省农业农村经济形势分析与展望

邱倩 吴娜*

摘 要： 2023年，河南以习近平新时代中国特色社会主义思想为指导，深入贯彻落实党的二十大精神和党中央、国务院关于"三农"工作的决策部署，始终坚持农业农村优先发展，扎实实施乡村振兴战略，持续深化农业供给侧结构性改革，农业农村经济平稳运行。展望2024年，河南将继续深入学习贯彻党的二十大精神，坚持农业农村优先发展，坚决扛稳扛牢粮食安全重任，持续抓好菜篮子产品供应，继续发展优势特色农业，全省农业农村经济将呈现稳中加固、稳中向好态势。

关键词： 农业农村 经济形势 乡村振兴 河南

2023年，全省上下以习近平新时代中国特色社会主义思想为指导，深

---

* 邱倩，河南省统计局农业农村统计处处长；吴娜，河南省统计局农业农村统计处副处长。

入贯彻落实党的二十大精神和党中央、国务院关于"三农"工作的决策部署，始终坚持农业农村优先发展，努力克服"烂场雨"等重重困难，坚决守牢粮食安全底线，不断夯实农业农村现代化基础，全省农业农村经济平稳增长。2023年，全省农林牧渔业增加值增长2.1%，对全省GDP增长的贡献率为5.6%。农业农村"稳定器""压舱石"作用更加凸显，为稳定经济社会发展提供了有力支撑。

一 全省农业经济运行总体平稳

（一）全省农业经济总量平稳增长

2023年，全省实现农林牧渔业总产值10304.58亿元，同比增长2.2%。分行业看，农业产值6471.19亿元，增长2.1%；林业产值162.24亿元，增长9.7%；牧业产值2595.99亿元，增长0.8%；渔业产值141.51亿元，增长5.1%；农林牧渔专业及辅助性活动产值933.65亿元，增长7.2%。

（二）粮食生产再获丰收

2023年，河南有力有效应对"烂场雨""华西秋雨"等不利影响，努力打好"三夏"攻坚战，深入开展秋粮增产夺丰收行动，坚决扛稳粮食安全重任，把不良气候对粮食生产的影响降至最低，夏粮减产有限，秋粮产量实现新突破，全年粮食产量达到1324.9亿斤，连续7年稳定在1300亿斤以上（见图1），继续稳居全国第2位。全省粮食产量比上年减产33.0亿斤，下降2.4%。其中，夏粮产量710.0亿斤，比上年减产52.6亿斤，下降6.9%。为最大限度实现"以秋补夏"，全省积极开展大面积单产提升行动，秋粮产量达到614.8亿斤，比上年增产19.6亿斤，增长3.3%，秋粮单产达到402.0公斤/亩，比上年增产12.6公斤/亩，增长3.2%，比全国秋粮平均单产高出1.4%。

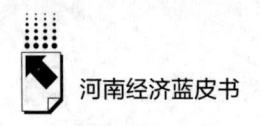

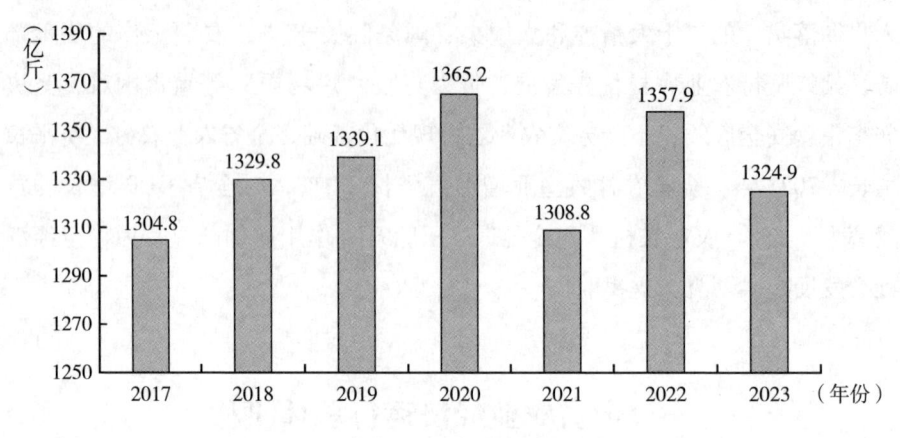

图1 2017~2023年河南粮食总产量

（三）经济作物平稳增长

全省持续推进种植结构调整，继续抓好蔬菜及食用菌等作物的育苗、移栽、管理等工作，稳步推进油料扩种，主要经济作物保持平稳增长。蔬菜水果平稳增长。2023年，全省蔬菜及食用菌产量8045.56万吨，同比增长2.6%；园林水果产量1058.92万吨，增长2.3%。油料扩种稳步推进。全省油料播种面积2415.37万亩，增长1.1%，产量703.04万吨，增长2.8%。中草药材、盆栽观赏植物、景观苗木等较快增长。全省中草药材播种面积增长2.8%，产量增长3.3%；盆栽观赏植物、景观苗木产量分别增长15.3%和24.6%。

（四）畜牧业产能总体稳定

2023年，面对养殖成本增高、主要畜禽价格下行等不利因素，全省上下努力抓好畜禽产品有效供给，特别是针对前三季度全省畜牧业全面下行的严峻形势，省政府高度重视，高位推动，多次召开专题会议研究畜牧业高质量发展工作，结合实际出台《河南省推进畜牧业高质量发展若干措施》，推动第四季度主要畜禽生产实现由负转正，全省畜牧业产能保持稳定。生猪生产保持稳定。2023年，全省生猪出栏6102.31万头，增长3.1%；猪肉产量

465.33万吨，增长7.0%。年末全省生猪存栏4038.97万头，下降5.2%，其中，能繁母猪存栏370.74万头，下降6.8%。牛产量增速放缓。2023年，全省牛出栏245.92万头，增长1.0%，比上年增速低2.2个百分点；牛肉产量37.99万吨，增长3.5%。羊禽产量波动下降。羊、禽出栏量分别为2207.57万只、100805.18万只，分别下降6.9%和13.0%，羊肉和禽肉产量分别为27.30万吨和142.57万吨，分别下降6.0%和7.8%，禽蛋产量441.19万吨，下降3.3%。牛奶产量快速增长，产量达到237.47万吨，增长11.4%。

（五）优势特色农业稳定发展

2023年，河南依托乡村特色优势资源，强龙头、补链条、兴业态、树品牌，加快建设优势特色农产品生产基地，推动十大优势特色产业链式发展。2023年，全省十大优势特色农业产值5573.24亿元，占全省农林牧渔业总产值的54.1%，其中优质花生产值达到456.13亿元，占全省农林牧渔业总产值的4.4%，与上年同期相比提高1.1个百分点。

二　全省乡村振兴稳步推进

（一）乡村产业获得新发展

河南依托农业大省丰富的农产品资源，做足做活"土特产"这篇大文章，强化农业产业园建设，大力推进农产品加工业转型升级，加快农业全产业链发展。截至2023年上半年，全省累计创建7个国家级优势特色产业集群，构建12个国家级、100个省级、274个市级、278个县级现代农业产业园，被认定全国名特优新农产品632个，居全国第2位。持续巩固了农产品加工业作为全省两个万亿级产业之一的支柱地位，植物工厂、认养农业、AI农业等新业态百花齐放，预制菜产业蓬勃发展，方便酸辣粉市场份额占全国80%以上。农村电商、休闲农业和乡村旅游等新业态迅速发展。

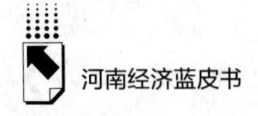

2022年，全省开展休闲农业和乡村旅游接待村达到2043个，占全省行政村总数的4.2%。

（二）乡村人才活力不断增强

2023年前三季度，全省新增返乡入乡创业人员持续增加，全省新增返乡入乡创业人员16.38万人，完成年度目标任务的117.6%，带动就业99.47万人；开展返乡农民工创业培训4.92万人次，完成年度目标任务的70.3%；开展返乡农民工创业辅导11.19万人次，完成年度目标任务的111.9%。

（三）乡村人居环境持续改善

河南深入实施农村人居环境常态化整治提升行动，乡村人居环境持续改善。2023年，全省农村生活垃圾收运处置体系覆盖所有行政村和97%的自然村，初步建立了"扫干净、转运走、处理好、保持住"的农村生活垃圾治理体系，农村自来水普及率提升至92%，农村无害化卫生厕所普及率达70.5%，农村生活垃圾收运处置体系已覆盖所有行政村和97%的自然村，农村生活污水治理率达37.7%，乡镇和农村热点区域实现5G网络全覆盖。

（四）农民收入和生活质量不断提高

2023年，河南持续强化农民技能增收、经营增收、财产增收、转移增收、实施"田园增收"等十大行动，全省农村居民收入稳定增长，消费支出快速增长，生活质量不断提高。全省农村居民人均可支配收入20052.9元，增长7.3%，高出城镇居民2.8个百分点，城乡居民收入比由上年同期的2.06缩小为2.01，缩小0.05。全省农村居民人均生活消费支出16638.2元，增长12.2%。随着消费市场有序恢复，农村居民在外就餐、购物等消费意愿不断提升，相关消费支出较快增长，其中，食品烟酒支出增长19.0%，衣着支出增长15.8%，教育文化娱乐支出增长12.0%。

三 全省农业农村经济存在的主要问题

（一）农业比较效益偏低

近年来，农资价格高位运行、人工成本不断攀升，2023年下半年以来，农资价格虽有所下降，但仍处高位，农业经营成本总体呈现上升态势，农产品价格增长乏力或波动下降。2023年1~12月，农业农村厅监测市场价格显示，小麦、玉米、大豆等主要原粮价格以跌为主，白菜、西红柿、黄瓜、青椒、土豆等主要蔬菜，除土豆价格有所上涨外，白菜、西红柿、黄瓜、青椒销售价格全年12个月中分别有6个月、10个月、9个月和11个月呈下降态势，且降幅不小。生产成本提升，销售价格下降或缓慢增长，导致农业比较效益偏低，影响农户对土地投入的积极性，也不利于耕地生产力提升和农民收入增加。

（二）生猪养殖普遍亏损

2023年，饲料价格偏高拉升养殖成本，但猪价持续低迷，营运资金压力增大，生猪养殖普遍处于亏损状态。按照我国相关规定，猪粮比值在6.0∶1基本处于盈亏平衡点，但2023年1~9月全省养殖猪粮比持续徘徊在4.84∶1~5.73∶1低位区间（见图2）。初步测算，外购仔猪育肥猪出栏头均亏损285元，自繁自养头均亏损233元。养殖户普遍存在悲观情绪，补栏意愿不强，不利于生猪产能稳定。

（三）设施蔬菜发展不足

河南是蔬菜生产大省，蔬菜播种面积常年稳定在2600万亩左右，居全国第1位，产量居全国第2位，但单产居全国第9位，与蔬菜第一大省山东相比低24.7%。主要原因在于河南设施蔬菜发展不足，设施蔬菜产量占蔬菜总产量的比重长期低于全国平均水平，仅为山东的1/4左右。设施蔬菜发

图 2　2023 年河南猪粮比

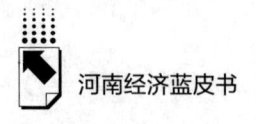

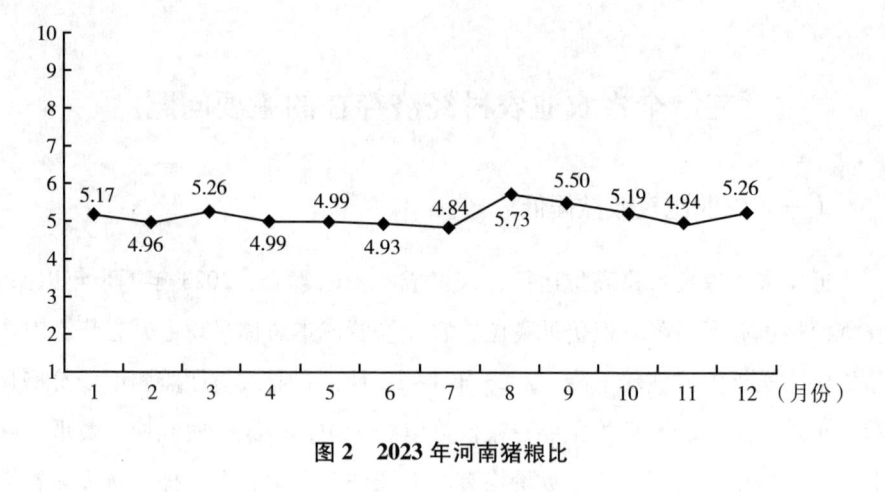

展不足，不仅制约产量的快速提升，也不利于传统农业向现代农业转型升级。

（四）农业防灾减灾能力仍需提升

近年来极端天气事件增多，特别是2021年"7·20"特大洪涝灾害，2022年遭遇干旱，2023年夏收期间遭遇"烂场雨"，造成河南夏粮减产，7月底8月初，受台风影响，河南出现大范围强降雨天气，造成豫北地区部分农田积水，鹤壁、安阳、新乡部分农田受灾，部分秋作物减产甚至绝收。农业生产受自然条件影响依然较大，作为农业大省，农业防灾减灾形势依然严峻，农业防灾减灾能力仍需提升。

（五）农业农村投入不足

自2021年下半年以来，全省农林牧渔业投资持续呈现负增长态势，2021年下降7.9%，2022年下降7.0%，2023年降幅持续加深，前三季度降幅达20.9%，创下近三年的最低点，分别低于全省固定资产投资、第二产业投资、第三产业投资22.7个、29.1个和20.8个百分点，低于全国农林牧渔业投资平均增速21.4个百分点。河南农林牧渔业投资持续负增长，严重影响农业农村发展后劲，也不利于全面推进乡村振兴和加快建设农业强省的进程。

四　推进全省农业农村经济稳定发展的对策建议

（一）多措并举推进，不断提高农业比较收益

一要进一步调整农业结构，大力发展高效种养业。在确保粮食生产的同时，围绕市场需求，立足各地农业特色资源，持续推进农业供给侧结构性改革，大力发展经济效益好的特色种养业。二要进一步推进农业规模化经营，增强农业综合效益和竞争力。在大力培育和提升新型农业经营主体的同时，不断完善新型农业经营主体与农户利益联结机制，持续延伸产业链条，不断降低成本，提高农产品附加值和综合收益。三要进一步健全完善价格、补贴、保险政策体系，最大限度降低农业风险。继续增加粮食直补、良种补贴、农资补贴等优惠政策；持续发展小麦、玉米、水稻等农作物完全成本保险，不断扩大农作物和畜禽保险覆盖范围、保险种类，降低农户种养风险。

（二）强化监测预警，进一步稳定畜禽产能

一要进一步加强畜禽生产监测调度工作，及时掌握全省生猪等主要畜禽生产形势以及存在的困难和问题。二要进一步健全完善主要畜禽价格预警机制，适时开展猪肉储备调节，积极引导养殖场户合理安排生产经营。三要结合各地畜禽生产实际，及时采取应对措施，确保全省畜禽生产大局稳定，为全省农业经济稳定发展奠定坚实基础。

（三）树牢大食物观，进一步推动设施农业发展

习近平总书记在党的二十大报告中指出，"树立大食物观，发展设施农业，构建多元化食物供给体系"。设施农业有助于克服传统农业靠天吃饭、抗自然灾害能力差的不确定性，有效提高土地生产率、劳动生产率以及农业全要素生产率。一要进一步强化总体谋划与分区布局，高标准规划设计全省设施农业发展战略，分区合理布局设施类型、种植品种、种植模式和产业业态。

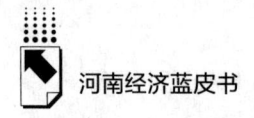

二要加大对设施农业用地的支持力度，给予适当政策倾斜，提高农业综合生产力，保证土地产出率。三要提升设施装备与科技研发水平，重点发展节地型、节能型、钢骨架、大空间新型棚室，增强设施基地综合生产和应急保障能力。

（四）提高防灾减灾能力，最大限度减小自然灾害影响

一要进一步加大农田水利设施建设投入，加快扩大高标准农田覆盖面，持续夯实农田基础。二要进一步加强基层防灾减灾服务意识和能力建设，完善气象、水利、应急、农业等部门信息共享机制，加大宣传力度，及时向农户提供分作物、分灾种的精细化气象监测预警服务。三要进一步完善政策性农业保险，并结合商业性农业保险，不断完善农业风险分担机制，努力增强农业经营主体和农户种植农作物的信心和底气。

（五）加大农业农村投入，助力乡村振兴和农业强省建设

农业农村投资是提升农业产业能级和核心竞争力的重要环节，加大农业农村投入力度，对助力全面推进乡村振兴和加快建设农业强省具有重要意义。一要立足河南实际，紧紧围绕乡村振兴和农业强省目标，进一步加大并优化财政资金在农业农村领域的投入，结合各地特色农业资源，科学合理确定建设重点和投资方向。二要进一步加大政策支持力度，增强农业农村领域投资吸引力，不断激发社会资本投资农业农村的积极性。

展望2024年，河南农业农村发展仍将面临复杂的宏观经济环境和各种困难挑战，影响农业经济运行的不利因素依然不容忽视。作为农业大省，河南将继续深入学习贯彻党的二十大精神，坚定不移贯彻落实党中央关于"三农"工作的决策部署，牢记习近平总书记对河南提出的"在乡村振兴中实现农业强省目标"的殷殷嘱托，努力克服各种困难和挑战，继续坚持农业农村优先发展，深入推进全面乡村振兴，锚定农业强省建设目标，坚决扛稳粮食安全重任，切实保障菜篮子产品供应，继续发展优势特色农业，为加快实现农业农村现代化提供河南实践，河南农业农村发展将呈现稳中加固、稳中向好态势。

B.4
2023~2024年河南省工业形势分析与展望

赵清贤　张高峰　解晗*

摘　要： 2023年，全省规模以上工业增加值同比增长5.0%，总体保持稳步回升、稳中向好态势，产业结构不断优化，新兴产业加速发展，推动新旧动能加速转换，质量效益稳步提升。展望2024年，在宏观经济回升向好的背景下，全省抢抓新型工业化战略机遇，锚定"两个确保"，持续实施"十大战略"、推进"十大建设"，工业经济有望奋力开拓稳中有进、以立促进、进中提质的发展新局面。

关键词： 工业经济　工业形势　新型工业化　河南

2023年，是全面贯彻党的二十大精神的开局之年，是新冠疫情防控转段后经济恢复发展的一年，全省上下以习近平新时代中国特色社会主义思想为指导，深入贯彻落实习近平总书记关于新型工业化的重要论述精神，认真落实党中央决策部署和省委省政府工作安排，坚定不移把制造业高质量发展作为主攻方向，以加快建设制造强省为目标，以培育壮大重点产业链群为抓手，全力推进新型工业化，全省工业经济实现平稳增长，为中国式现代化河南实践提供了坚强的物质技术保障。

---

* 赵清贤，河南省统计局工业处处长，一级调研员；张高峰，河南省统计局工业处副处长；解晗，河南省统计局工业处四级主任科员。

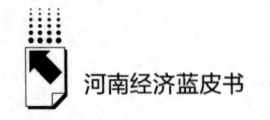

一　2023年河南工业经济运行态势分析

2023年，随着锚定"两个确保"、实施"十大战略"的持续深入推进，全省工业领域抢抓市场机遇，前瞻布局制造强省行动方案，科学谋划7大产业集群28个重点产业链，全省工业经济上半年曲折前行，下半年稳步提升，全年保持稳步回升、稳中向好的态势。

（一）河南工业经济实现平稳增长

总体增速略高于全国。2023年，全省规模以上工业增加值同比增长5.0%，高于全国0.4个百分点。从各季度来看，第一季度、上半年、前三季度、全年规模以上工业增加值分别同比增长4.2%、3.3%、4.0%、5.0%，从上半年的略低于全国，到前三季度的与全国持平，再到全年略高于全国，全省工业下半年增速明显加快，反映出省委省政府一系列支持重点产业链的政策措施逐步落地显效，助推全省工业经济稳扎稳打，后劲十足（见图1）。

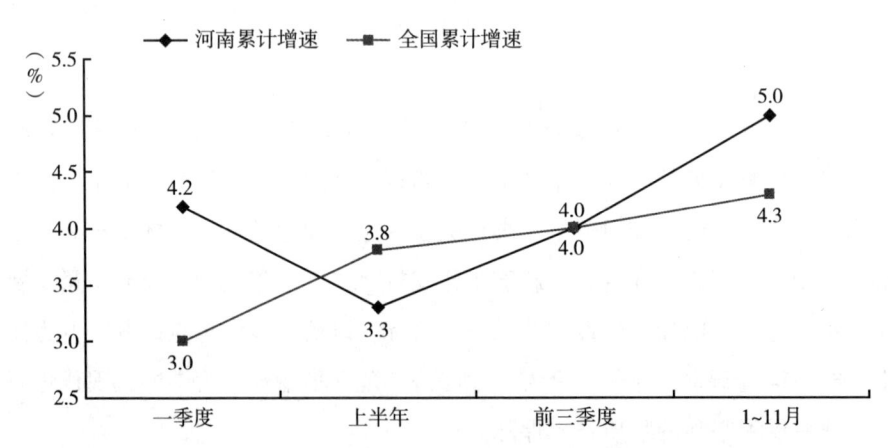

图1　2023年1~11月河南与全国规模以上工业增加值累计增速

制造业高质量发展成为增长主引擎。从工业三大门类来看，1~12月，采矿业、制造业、电热气水的生产和供应业规模以上工业增加值分别同比增长4.0%、6.1%、-1.8%，制造业增加值增速高于全部规模以上工业增加值增速1.0个百分点，制造业对全部规模以上工业的贡献率达95.8%。

多数行业实现正增长。从各行业大类来看，1~12月，全省40个工业行业大类中有25个实现了正增长，增长面达62.5%，正增长的25个行业中有19个行业增速高于全国行业平均水平。部分行业保持了快速增长，如汽车制造业、废弃资源综合利用业、金属制品机械和设备修理业、铁路船舶航空航天和其他运输设备制造业、电气机械和器材制造业、计算机通信和其他电子设备制造业、化学纤维制造业等8个行业增加值增速达到了10%以上。

（二）新旧动能加速转换，新质生产力加快形成

产业结构不断优化。近年来，以装备制造业为代表的先进制造业抢滩占先的成效逐步展现，全省工业产业结构正在迈向高端化、智能化、绿色化的高质量发展之路。一方面，主导产业不断发展壮大，增速持续高于传统产业。2023年，全省五大主导产业规模以上工业增加值同比增长10.9%，高于全部规模以上工业5.9个百分点，占规模以上工业的比重为46.8%，较2022年提高1.5个百分点，对规模以上工业的贡献率达到95.8%。另一方面，装备制造业高速增长，新能源汽车异军突起。2023年，装备制造业、原材料制造业、消费品制造业和其他制造业规模以上工业增加值分别同比增长15.2%、2.4%、0.3%和9.3%，其中装备制造业增速远超其他三大板块，且对全部规模以上工业的贡献率高达75.3%，已成为全省制造业的最强增长动能。特别是在比亚迪郑州工厂顺利投产后，全省汽车制造业1~12月增加值同比增长45.2%，高于全部规模以上工业40.2个百分点，成为40个行业大类中增速最高的行业。

新兴产业加速发展。随着全省科技创新格局的逐步形成，研发投入的持续提高，创新驱动正成为推动全省产业发展的重要因素，全省战略性新兴产业、高技术产业等"新"产业发展加速，全省工业产业结构展现"新"面貌。2023年，战略性新兴产业、高技术产业规模以上工业增加值分别同比增长10.3%、11.7%，分别高于全部规模以上工业5.3个、6.7个百分点。值得注意的是，全省战略性新兴产业对规模以上工业的贡献率已达到

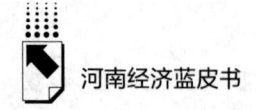

49.9%，新兴产业对全省工业经济增长的贡献超过传统产业，成为工业增长的主要动力，是全省新质生产力加快形成的关键所在。

"三新"产品产量高速增长。随着全省制造业产业链的日趋完善，新产业的发展带来新能源、新材料、高新技术产品的不断涌现，展现河南制造新优势。2023年，全省489种工业产品中，247种产量实现增长，增长面50.5%。其中，新能源产品较快增长，1~12月，新能源汽车、锂离子电池、充电桩分别同比增长17.8%、45.6%、50.2%；新材料产品生产高速增长，1~12月，太阳能工业用超白玻璃、稀土化合物分别同比增长81.9%、219.2%；高新技术产品加快增长，1~12月，液晶显示模组、医疗仪器设备及器械、光学仪器分别增长412.2%、242.7%、104.0%。

（三）工业企业效益逐步改善，市场活力不断激发

工业企业主要财务指标持续好转。2023年以来，随着经济恢复向好，供求关系逐步改善，工业产销衔接水平明显提升，推动规上工业企业营收改善，盈利水平持续好转。1~12月，全省规模以上工业企业营业收入较1~9月降幅较窄2.3个百分点，营收改善进一步带动工业企业利润的持续恢复，累计利润降幅持续收窄，并实现由降转增，1~12月全省规上工业企业利润总额同比增长11.3%。

主导产业利润实现高速增长。全省主导产业利润总额同比增长24.3%，利润增速高于全部规上工业13.0个百分点。其中，汽车及零部件产业利润总额同比增长257.4%，食品产业利润总额同比增长7.3%，装备制造业利润总额同比增长20.3%，新材料产业利润总额同比增长15.9%，电子信息产业利润总额同比增长6.7%。

企业单位成本下降，盈利空间扩大。1~12月，全省规上工业企业每百元营业收入中的成本为88.47元，同比下降0.43元，单位成本费用为95.51元，同比下降0.29元，营业收入利润率为3.80%，同比提高0.41个百分点，资产利润率为3.16%，同比提高0.24个百分点，成本费用利润率为3.98%，同比提高0.44个百分点。

二 2024年河南工业经济面临的机遇与挑战

当前，世界正处于百年未有之大变局，科技革命、产业革命、气候变化、地缘政治等正在深刻改变经济社会发展模式，机遇和挑战都在不断发展变化。在建设社会主义现代化强国的新征程上，河南作为工业大省之一，必须要增强机遇意识和风险意识，善于在危机中育新机、于变局中开新局，抓住机遇，应对挑战，奋进新征程，实现新发展。

（一）宏观经济回升向好、长期向好的趋势没有改变

2023年12月召开的中央经济工作会议深刻分析了当前经济形势，明确了2024年经济工作方向和宏观政策思路，会议指出，要坚持"稳中求进、以进促稳、先立后破"，要强化宏观政策逆周期和跨周期调节，积极的财政政策要适度有力、提质增效，稳健的货币政策要灵活适度、精准有效，要增强宏观政策取向一致性。2024年，随着中央经济工作会议精神的贯彻落实，预计会出台更大力度的宏观政策，叠加前期稳增长政策的进一步发力，2024年宏观经济"进"的态势会进一步增强，房地产市场预计逐步企稳，就业率、居民收入也有望得到提升，投资信心的增强形成"有效益的投资"，消费者收入的提高形成"有潜能的消费"，都将为制造业提供更多的机遇和更广阔的发展空间。

（二）新型工业化带来新机遇

2023年，习近平总书记就推进新型工业化作出重要指示指出，新时代新征程，以中国式现代化全面推进强国建设、民族复兴伟业，实现新型工业化是关键任务。新型工业化是在新发展理念指导下工业经济发展的新模式，是经济高质量发展的必然要求，新型工业化对产业链供应链韧性和安全水平、产业创新能力、产业结构优化升级、数智化融合、绿色化转型等方面都提出了新要求，带来了新机遇。一是产业创新，将有助于解决产

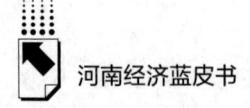

业"卡脖子"问题，也将有助于降低生产成本，提高产品质量和生产效率，从而增强产业竞争力。二是产业结构升级，将推动现代服务业与先进制造业深入融合，为传统产业转型升级提供重要支撑，为加快培育战略性新兴产业、前瞻布局未来产业都带来十分巨大的发展空间和潜力。三是绿色化转型及"双碳"目标引领，促使环保投入的加大，将对更环保的材料、产品和工艺有更大的需求，绿色制造和可持续发展将成为制造业的重要趋势。

（三）"十大战略""十大建设"加快培育新动能新优势

省委十一届六次全会暨省委经济工作会议对2024年全省经济工作进行了安排部署，会议指出，要锚定"两个确保"，持续实施"十大战略"、推进"十大建设"，把着力点放在加快培育新动能新优势、实现新旧动能转换质的突破上来。在持续实施优势再造战略方面，省委省政府先后出台《河南省建设制造强省三年行动计划（2023~2025年）》《加快构建现代化产业体系着力培育重点产业链工作推进方案》《河南省加快数字化转型推动制造业高端化智能化绿色化发展行动计划》等多项针对制造业高质量发展的文件，这些政策红利将在2024年进一步发力显效，有望助推全省工业经济"大突破""大跃升"。

（四）全省工业经济问题和短板不容忽视

产业集群优势尚未充分发挥。截至2022年11月，工信部公布了45个国家先进制造业集群名单，涉及19个省（自治区、直辖市）、3个计划单列市，其中中部地区8个，而河南作为中部地区最大的工业省份，没有一个先进制造业集群入选，凸显了全省工业大而不强，缺乏有影响力的集群品牌这一短板。在全省7大产业集群28个重点产业链大力培育过程中，创建国家级先进制造业集群势在必行。

传统产业转型升级步伐较慢。2023年，全省五大传统产业规模以上工业增加值同比仅增长1.5%，低于全部规模以上工业增加值增速3.5个百分点，一定程度上成为全省工业的拖累。全省五大传统产业主要分布在原材料制造业和消费品制造业，而这些行业普遍低于全国平均水平，特别是7大产业集群之一的轻纺产业，1~12月增加值增速仅为-5.9%。对当前全省工业经济而言，传统产业依旧占据"半壁江山"，改造提升传统产业既是新型工业化的内在要求，也是全省工业经济平稳运行的重要因素。

工业企业盈利能力较弱。虽然2023年以来全省工业企业效益状况有所改善，但整体盈利能力依然偏低，1~12月，全省规上工业企业营业收入利润率为3.80%，低于全国平均水平1.96个百分点，人均营业收入160.6万元，较全国平均水平少20.9万元，而百元营业收入中的成本为88.47元，高于全国平均水平3.71元。

三 推动河南工业经济高质量发展的政策建议

2024年是新中国成立75周年，是实现"十四五"规划目标任务的关键一年，也是全面落实新型工业化的重要一年，要深入贯彻落实党的二十大及中央经济工作会议精神，落实省委十一届六次全会暨省委经济工作会议精神，紧盯新型工业化这一重大战略部署，锚定"两个确保"，坚定持续实施"十大战略"、推进"十大建设"，加快培育新动能新优势，聚焦7大产业集群28个重点产业链，通过强链延链补链升链，推动全省制造业转型升级和高质量发展，奋力开拓全省工业经济稳中有进、以立促进、进中提质的发展新局面，为全面推进中国式现代化河南实践，为在强国建设、民族复兴新征程上奋勇争先更加出彩提供坚强的物质技术保障。

（一）稳中求进，保持工业经济持续向好

要把工业经济稳增长作为首要任务，肩负工业大省重任，抓好中央、省委省政府稳增长政策落地见效，全力以赴拼经济。深入推进"三个一批"，千方百计扩大投资，发挥政府投资的带动放大作用，推动项目早落地、早开

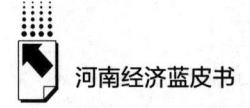

工、早见效。持续落实省委省政府扩大内需战略三年行动计划，着力提振新能源汽车、电子产品等大宗商品消费需求，推动消费品更新换代促进消费品工业新增长。注重政策协调配合，充分发挥"组合拳"效果，形成共促工业经济高质量发展的强大合力。

（二）以立促进，推动产业链群成势显效

要加快7大产业集群28个重点产业链培育，促进产业链群横向集聚、纵向协作，塑造集群融合发展新动能新优势，让万亿产业集群、千亿产业链为全省新旧动能转换实现质的突破提供强大动力，为全省工业经济的"先立"提供坚强支撑。要统筹推进国家级先进制造业集群创建、先进制造业和现代服务业融合，充分发挥产业集聚"吸引力""凝聚力""竞争力"，强化龙头链主企业带动作用，引导更多中小微企业聚链成群，不断增强制造业转型升级的内生动力。要推动以电子信息、新能源汽车集群为代表的战略性新兴产业高端化智能化转型，大力实施技术改造工程，加快传统支柱产业转型升级，积极稳妥推进工业领域节能减排，以绿色工厂、绿色车间、绿色供应链建设为主体推动制造业绿色化转型。

（三）创新赋能，全力促进数字化转型

要持续深入实施创新驱动战略，巩固提升全省"三足鼎立"科技创新大格局，进一步建设一流创新平台、培育一流创新主体、构建一流创新生态，加快建设国家创新高地和重要人才中心。要贯彻落实全省数字化转型"七大行动"，推进数字技术与实体经济深度融合，培育壮大数字核心产业，加快人工智能、工业互联网等新一代信息技术在工业全行业全链条普及应用，特别是以数字化变革引领制造业系统性提升，真正实现制造业"一转带三化"。要注重科技创新与产业创新的贯通推进，面向全省新型工业化和重点产业链培育所需的技术创新需求，开展核心关键技术攻关，为全省产业发展提供科技赋能，提升产业创新能力，锻造新质生产力。

（四）优化营商环境，激发市场主体活力

要持续深入推进"万人助万企"，当好政策落实与企业期盼之间的沟通桥梁，以廉洁高效的政务环境、开放公平的市场环境、公正透明的法治环境、诚信包容的社会环境切实为工业企业松绑减负，助力工业企业提质增效。要全力支持市场主体做大做优做强，以重点产业链培育带动链主企业、"头雁"企业发展壮大，以开发区高质量发展带动"专精特新"工业企业和一流生产性服务企业培育，不断提升全省工业企业现代化治理能力和创新能力。要提升对外开放层次水平，发挥河南内陆开放高地优势，鼓励支持省内企业把握建设全国统一大市场发展契机，利用好省内省外、国内国际两个市场、两种资源，更多参与全球产业链分工协作，不断增强市场竞争力。

B.5
2023~2024年河南省服务业形势分析与展望

朱丽玲 张旭 景永静 杜晓宁*

摘 要： 2023年，全省坚持以习近平新时代中国特色社会主义思想为指导，深入落实党中央、国务院决策部署和省委省政府工作要求，服务业总体生产经营状况延续恢复增长，新动能不断积蓄增强，高质量发展态势良好。展望2024年，全省服务业发展面临的内外部环境更趋严峻复杂，推动服务业保持较快增长的压力依然较大，但总体看有利因素始终多于不利因素，回升向好的态势有望延续。

关键词： 服务业 新业态 生产性服务业 河南

2023年是全面贯彻党的二十大精神的开局之年。一年来，全省坚持以习近平新时代中国特色社会主义思想为指导，深入落实党中央、国务院决策部署和省委省政府工作要求，随着各项稳经济促消费政策发力显效和服务需求加快释放，服务业经济稳定恢复，新动能积蓄增强，高质量发展态势良好。展望2024年，全省服务业发展机遇与挑战共存，但总体看机遇大于挑战，有利因素多于不利因素，回升向好的态势有望延续。

---

* 朱丽玲，河南省统计局服务业统计处处长；张旭，河南省统计局服务业统计处副处长；景永静，河南省统计局服务业统计处一级主任科员；杜晓宁，河南省统计局服务业统计处三级主任科员。

一 2023年河南省服务业运行总体情况及特点

2023年以来，全省服务业活力加速迸发和服务业经济持续恢复，服务业对经济增长的拉动力越来越大。初步核算，2023年前三季度全省第三产业增加值23622.70亿元，同比增长4.1%，高于全省地区生产总值增速0.3个百分点，对经济增长的贡献率为53.6%。

（一）规模以上服务业延续恢复

企业营收能力总体回升。1~10月，全省规上服务业企业实现营业收入6048.07亿元，同比增长9.5%，比第一季度、上半年、前三季度分别加快2.2个、3.8个、4.2个百分点，比全国高1.8个百分点，为2023年以来最高增速；增速在中部六省中居第2位，为2023年以来最好位次。从分行业看，有8个行业门类营业收入实现增长，占比80%，其中4个行业增速高于全省，分别为文化、体育和娱乐业（33.2%），水利、环境和公共设施管理业（16.0%），租赁和商务服务业（13.6%），交通运输、仓储和邮政业（12.9%）。

企业盈利能力全部好转。1~10月，全省规上服务业企业实现利润总额489.35亿元，同比增长104.8%，比上年同期高132.8个百分点；10个行业门类全部实现盈利。

（二）批零住餐业持续回暖

前三季度，全省批发和零售业、住宿和餐饮业分别实现增加值3407.84亿元、789.38亿元，分别同比增长4.9%、2.9%，分别比上年同期提高5.6个、5.0个百分点，总体保持了自2023年以来持续回暖的态势。分行业看，全省限额以上批发业、零售业、住宿业、餐饮业销售额（营业额）增速存在分化，恢复发展情况不一致，前三季度批发业企业商品销售额下降1.7%，零售业企业商品销售额增长8.7%，住宿业企业营业额增长13.0%，餐饮业企业营业额下降4.4%。

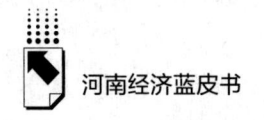

（三）邮政电信业保持较快增长

邮政业增长较快。1~11月，全省邮政行业业务总量640.78亿元，同比增长22.5%，比第一季度、上半年、前三季度分别加快13.9个、6.1个、5.4个百分点，增速逐月加快；伴随着业务量的增加，邮政行业业务收入也快速增长，共完成570.11亿元，增长22.9%，高于邮政行业业务总量增速0.4个百分点。

电信行业增长态势向好。1~11月，全省完成电信业务总量946.28亿元，同比增长18.7%，2023年以来呈现先小幅回落再逐步抬升的态势，全年保持在较高水平。其中，完成宽带接入业务总量182.09亿元，占电信业务总量的比重为19.2%，增长34.6%；完成移动互联网业务总量430.58亿元，占电信业务总量的比重为45.5%，增长15.2%。1~11月，全省完成电信业务收入746.77亿元，同比增长3.9%。其中，完成互联网宽带接入业务收入119.68亿元，占电信业务收入的比重为16.0%，增长14.4%。

（四）金融业稳定运行

前三季度，全省金融业实现增加值2740.60亿元，同比增长6.7%，增速比第一季度提高1.5个百分点，比上半年略降，总体增速较为平稳，势头向好。存贷款保持平稳较快增长。11月末，全省本外币各项存款余额为101089.9亿元，同比增长8.7%，其中人民币各项存款余额为100622.1亿元，增长8.9%，高于本外币各项存款余额增速0.2个百分点。11月末，全省本外币各项贷款余额为82816.4亿元，增长9%，其中人民币各项贷款余额为82354.5亿元，增长9.2%，高于本外币各项贷款余额增速0.2个百分点。

（五）房地产业平稳回落

前三季度，全省房地产业实现增加值2818.24亿元，同比增长1.4%，增速比上年同期回升2.2个百分点，比第一季度提高0.7个百分点，比上半年回落 1.5 个百分点，保持了 2023 年以来的增长态势。房地产投资降幅总体收窄，商品房销售面积和销售额增速由正转负。1~11 月，全省房地产开发投资同比下降 9.2%，自 4 月以来总体呈现降幅收窄趋势；商品房销售面积自 8 月以来增速出现由正转负，1~11 月下降 3.6%，降幅扩大，受此影响商品房销售额下降 2.0%。

从相关指标看，1~11 月全省全部服务业税收收入、用电量分别同比增长 22.4%、12.9%；铁路、公路客货运输总周转量分别增长 19.5%、7.9%，机场旅客吞吐量增长 158.2%，均保持较高增速，充分彰显了全省服务业恢复情况、发展活力。

总的来看，2023 年以来全省服务业虽主要指标数据"形"有波动，但发展"势"头较好，总体生产经营状况延续恢复增长，回升向好的趋势没有改变。

二　2023 年河南省服务业发展成效及存在的问题

2023 年，全省服务业经济运行情况整体好于上年，运行中积攒着不少新动能积极因素，发展成效较为显著，但也面临着市场预期转弱、行业恢复不均衡、小规模服务业企业发展困难较大等问题需要加以解决，以确保服务业经济行稳致远、稳中向好。

（一）发展成效

服务业新业态快速发展。数字技术创新消费场景，促进市场销售增长。1~11 月，全省限额以上单位通过公共网络实现的商品零售额同比增长 11.7%，高于全省限额以上单位消费品零售额增速 2.3 个百分点。移动互联网流量快速增长。1~11 月，全省移动互联网累计接入流量达 176.18 亿 GB，增长 15.1%。快递市场规模继续扩大。1~11 月，全省邮政行业寄递业务量突破 60 亿件，其中快递业务量突破 50 亿件，达到 53.90 亿件，增长 32.8%。

服务业新兴领域增势良好。1~10 月，全省规上科技服务业营业收入同比增长9.9%，高于全部规上服务业营收增速0.4个百分点，对全省规上服务业有较强的拉动作用，服务业新动能加速释放。同时，全省积极培育"互联网+社会服务"新模式，互联网相关行业增长较快，1~10月全省规上互联网游戏服务、互联网科技创新平台、互联网搜索服务等服务业营业收入分别同比增长90.8%、61.5%、42.3%，分别高于全省规上服务业营收增速81.3个、52.0个、32.8个百分点。

生产性服务业扩量增效。前三季度，全省规模以上生产性服务业（不含金融业）企业数达14584家，较2022年末增加859家，占全省规模以上第三产业①单位数的37.0%，较2022年末提高1.1个百分点。尽管前三季度全省规模以上生产性服务业实现营业收入同比略降，仅下降1.1%，但实现利润总额455.51亿元，同比增长19.5%，占全省规模以上第三产业利润总额的48.8%，较2022年末提高0.8个百分点。

（二）存在的问题

市场预期转弱，退库企业多于入库企业。从投资看，全省第三产业投资持续低迷，增速下降且低于全部投资，1~11月全省第三产业投资同比下降0.1%，低于全省全部投资增速2.1个百分点，尤其是服务业民间投资已连续20个月负增长，服务业企业市场信心不足；从第三季度规上服务业生产经营景气调查结果看，有37.2%的企业表示市场竞争激烈是当前企业面临的突出问题，有36.9%的企业选择市场需求不足，分别比年初第一季度提高16.9个、18.8个百分点，选择行业竞争激烈与市场需求不足的企业占比增幅上升较多，综合反映出当前全省服务业所面临的市场预期转弱是影响发展的主要障碍。服务业市场变动情况也影响着企业入退库，2~11月全省规上服务业企业"退库多、入库少"，月度退库企业累计达到732家，其中停歇业432家，占退库企业总数的59.0%；入库企业仅有316家，其中新开业

---

① 根据现行开展的统计调查，本文所指的规模以上第三产业包含规模以上服务业、限额以上批发零售业、限额以上住宿和餐饮业、有开发经营活动的房地产开发经营业，不包括金融业。

61家，占新入库企业总数的19.3%。

行业恢复不均衡，行业结构不优。1~10月，全省规模以上服务业10个行业门类中仍有2个行业门类营业收入维持负增长，分别为居民服务、修理和其他服务业，教育业，分别同比下降9.4%、3.3%；有5个行业门类营业收入增速低于全国，占比50%。同时，全省服务业以交通运输等传统行业为主，金融业，信息传输、软件和信息技术服务业，租赁和商务服务业及科学研究和技术服务业等现代服务业则发展不足，规模小、增速低。前三季度，全省交通运输、仓储和邮政业增加值占第三产业比重为13.3%，高于全国5.1个百分点，而信息传输软件和信息技术服务业以及金融业增加值占比分别为2.8%、5.7%，分别低于全国1.6个、3.0个百分点；信息传输软件和信息技术服务业，租赁和商务服务业，金融业增加值分别增长8.2%、5.3%和6.7%，分别低于全国3.9个、4.2个、0.3个百分点。从规上服务业企业营收规模看，1~10月，全省信息传输、软件和信息技术服务业，租赁和商务服务业，科学研究和技术服务业3个门类营业收入占比45.3%，不仅低于先进省份及全国平均水平，在中部六省中也仅高于山西，低于其他省份。

小规模服务业企业发展困难，用工人数减少。2023年以来，全省不同规模企业营收效益差异较大，分化较为明显，1~10月占全省规上服务业企业数7.7%的亿元及以上企业营业收入同比增长22.9%，其中10亿元及以上的企业营收增速高达36.1%，分别上拉全省规上服务业营收增速15.7个、13.8个百分点；而占规上服务业企业数92.3%的亿元以下企业营业收入下降19.6%，下拉全省规上服务业营收增速6.2个百分点。1~10月全省规上服务业企业营业利润率为7.9%，较2019年同期下降4.4个百分点，其中亿元以下企业营业利润率为-0.5%，低于全省平均水平8.4个百分点。全省规上服务业多数为小规模企业，营收规模下降，盈利能力减弱，抵御外界风险的力量有限，当前发展面临困难较多。作为吸收就业人数主力军的小规模服务业企业，因部分经营状况不佳、业务量减少，为缩减成本而减少一定用工量。10月末，全省规上服务业企业共吸纳社会用工141.99万人，比2022年10月末减少7.37万人，同比下降4.8%，比全国平均水平低3.6个百分点。

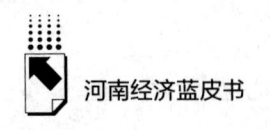

三 2024年河南省服务业面临的形势和展望

2024年，服务业发展面临的内外部环境更趋严峻复杂，推动全省服务业保持较快增长的压力依然较大，但有利因素始终多于不利因素，全年服务业经济有望继续向好。

（一）形势分析

1. 有利因素

一是宏观环境继续向好。虽然世界主要经济组织预测2024年全球经济进一步放缓，但对中国经济增长的预期继续看好，认为中国仍将是亚太和全球经济增长的主要动力。特别是2023年12月中央政治局会议提出"巩固和增强经济回升向好态势""明年要坚持稳中求进、以进促稳、先立后破，强化宏观政策逆周期和跨周期调节"，释放了稳增长的积极信号。

二是宏观政策会对经济恢复持续提供支撑。2023年以来，国家陆续出台促进民营经济发展、促进消费、稳定楼市等专项政策以及增发1万亿元国债，政策效应将在2024年持续释放，预计还将出台新措施，增量政策和存量政策形成叠加，将有力推动经济恢复向好，增强服务业发展动力。

三是市场优势明显。河南人口众多，城镇化率在全国偏低，2022年城镇化率仅为57.06%，低于全国8.16个百分点，城镇化潜力大有可挖。随着城镇化率的提高、社会预期逐步改善，超大规模市场优势将支撑河南服务业发展。

四是服务业新动能强劲。2023年1~10月，全省规上科技服务业、高技术服务业企业营业收入同比较快增长，且占全部规上服务业的比重分别为35.9%、31.5%，分别高于上年同期1.2个、0.9个百分点，服务业新动能不断积蓄、增长空间逐步扩大，将有力支撑全省服务业进一步稳定发展。

2. 不利因素

一是市场预期转弱将直接影响产业增长。2023年，全省服务业市场出现预期转弱现象，投资低迷影响服务业供给提高，市场竞争加剧、需求不足等制约企业盈利能力上升进而影响扩大再生产，同时居民人均收入偏低制约服务业需求扩大，2023年1~9月全省居民人均可支配收入为21344元，仅为全国的72.6%。

二是市场主体信心不足影响中长期发展后劲。第三季度规上服务业企业生产经营景气调查显示，企业经营信心、行业信心、宏观经济信心指数分别为59.3%、60.4%、62.3%，较上季度分别回落0.6个、0.4个和0.4个百分点。

三是区域竞争激烈加剧虹吸效应。河南经济总量长期排名全国第5，但人均经济总量排名较靠后，经济发展不充分且科教资源短板相对突出，尽管近年来不断补齐短板，但依然与北京、上海、广东、江苏、浙江、四川、湖北、陕西等兄弟省份差距较大，兄弟省份对河南人口、资金、消费市场虹吸效应较大。

（二）趋势展望

2024年，国内经济有望继续回升向好，全省经济也将同步延续恢复增长态势，服务业企业经营信心会持续增强；宏观经济形势保持稳定，就业压力不断缓解，居民收入稳步提高等，使受到疫情压制的出行旅游需求将延续2023年以来的爆发释放态势，人员流动仍然充满活力，会带动交通运输、住宿餐饮、文化体育娱乐等相关服务业发展；2023年10月，全省金融机构人民币各项存款余额增速首次低于贷款，改变了自2022年以来存款增速高于贷款的局面，高储蓄有望逐渐转化为消费、投资。综合以上分析，预计2024年全省服务业将延续稳定增长态势。

四 促进河南省服务业经济持续稳定增长的建议

服务业的发展不仅能够满足人民日益增长的美好生活需要，而且对于优化经济结构、畅通经济内外循环均发挥着重要作用，做好2024年全省服务

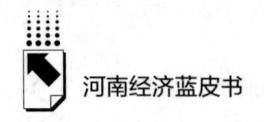

业经济工作至关重要。下一步，要从以下几个方面打通服务业发展"堵点"、补上"断点"、解决"痛点"，不断提升服务业对全省经济高质量发展的支撑和拉动作用。

（一）积极助企纾困，提振市场信心

积极贯彻落实国家及全省出台的相关政策，继续实施"万人助万企"活动，不断助企纾困，及时给予政策上的扶持和财税金融上的倾斜，切实为中小企业减轻负担，让中小规模服务业企业发展壮大，真正成为服务业经济新的拉动点和带动就业的主力军。同时，要持续优化营商环境，完善市场准入制度，切实减轻企业负担、激发市场活力、提振服务业企业发展信心，特别是要为民营企业和民营企业家排忧解难，让其放开手脚、轻装上阵，专心致志谋发展。

（二）持续推动政策措施落地，扩大服务业市场需求

持续推动全省《持续扩大消费若干政策措施》《河南省实施扩大内需战略三年行动方案（2023~2025年）》等政策措施落实落地，更好发挥内需拉动作用，不断巩固服务业市场恢复势头；要多措并举稳定大宗商品消费，促进住房消费健康发展，大力发展服务消费，拓展新型消费，完善消费基础设施，不断提高居民消费能力及消费意愿，促进全省服务业市场加速回暖。

（三）加快业态融合发展，打造优质高效的服务业供给新体系

深入实施河南省服务业新供给培育工程，积极融入全省建设制造强省三年行动计划（2023~2025年），加快发展现代服务业，提升现代服务业发展能级，推动现代服务业同先进制造业深度融合，大力发展研发设计、文化创意、技术交易、科技金融、科技服务外包、科技咨询、数字化转型服务等服务业，推动生产性服务业向专业化和价值链高端延伸，让生产性服务业在经济循环、价值链分工中发挥重要作用；积极发展旅游及相关产业、文化及相关产业、体育产业、健康产业、养老产业、教育培训及相关产业等六大幸福

产业，适应居民消费升级需求，推动生活性服务业向高品质和多样化发展，更好满足全省人民高品质生活的需要。进一步明确主管行业部门责任，持续推动行业主管部门统筹、相关部门积极参与的工作联动机制，加快推动全省生产性、生活性服务业发展。

（四）做好促进就业相关工作，增强企业就业吸纳能力

就业是民生之本，收入是扩大消费之基，特别要重视就业工作对居民未来收入的预期和对当期消费的影响。充分发挥服务业就业容量大的优势，各级政府要不断完善人力资源平台，多渠道、广覆盖收集就业需求信息，并在基层公共服务点配备相应的设备和人员，广泛宣传，解决招工和就业信息不匹配的问题；要重视鼓励和支持服务业企业转型升级，引导企业向具有就业优势、就业潜力大的产业或行业发展。

B.6
2023~2024年河南省固定资产投资形势分析与展望

陈琛 呼晓飞*

摘 要： 2023年，面对严峻复杂的国内外宏观经济环境，全省上下坚持以习近平新时代中国特色社会主义思想为指导，全面贯彻落实党的二十大精神和省委省政府关于经济工作的各项部署要求，全力以赴拼经济、促发展，把抓项目稳投资作为培育新优势提升新动能的重要抓手，一批重点项目先后开工建设，全省固定资产投资持续恢复性增长。同时，也应看到当前经济恢复基础尚不稳固，内生动力还不强，需求恢复放缓，全省固定资产投资持续稳定恢复受到多重制约。2024年是贯彻党的二十大精神的关键之年，是推动"十四五"规划目标任务全面落地的攻坚之年，也是河南"十大战略"蝶变成势的突破之年，要深入学习贯彻中央关于经济工作的决策部署，锚定"两个确保"，持续实施"十大战略"，积极谋划实施一批产业链延链补链强链标志性项目，推动全省固定资产投资稳定增长。

关键词： 固定资产投资 重点项目建设 民间投资 河南

2023年，全省持续推进"三个一批"项目建设活动，各地坚持项目为王，抓项目、强投资、增动能，不断强化重点项目建设，全省固定资产投资延续恢复态势。同时，受房地产开发投资持续下降、新开工项目不足以及民

---

* 陈琛，河南省统计局固定资产投资统计处副处长；呼晓飞，河南省统计局固定资产投资统计处。

间投资低迷影响，稳投资压力仍然较大，保持投资增速持续回升还需付出更加艰辛的努力。

一 2023年全省固定资产投资运行基本情况

（一）固定资产投资延续恢复态势，增速低于全国平均水平

2023年，全省固定资产投资（不含农户，下同）同比增长2.1%，增速较上半年、前三季度分别加快3.3个、0.3个百分点，自6月份以来持续恢复性增长；低于全国平均水平0.9个百分点，居全国第19位。从中部六省看，河南投资增速在中部六省中排第3位，低于湖北省（5.0%）、安徽省（4.0%）。

从近5年看，全省固定资产投资增速整体呈现下行趋势：疫情发生前的2018~2019年，全省投资增速保持在8.0%左右；2020~2022年，受疫情影响，全省投资增速出现明显下滑，三年增速分别为4.3%、4.5%、6.7%。进入2023年，虽然疫情结束，但促进投资恢复性增长的动能并不足，同时受有效需求不足、部分行业产能过剩、社会预期偏弱、风险隐患仍然较多以及外部环境的复杂性、严峻性、不确定性上升影响，特别是房地产开发投资持续下行，2023年全省投资增速处于近年低点（见图1）。

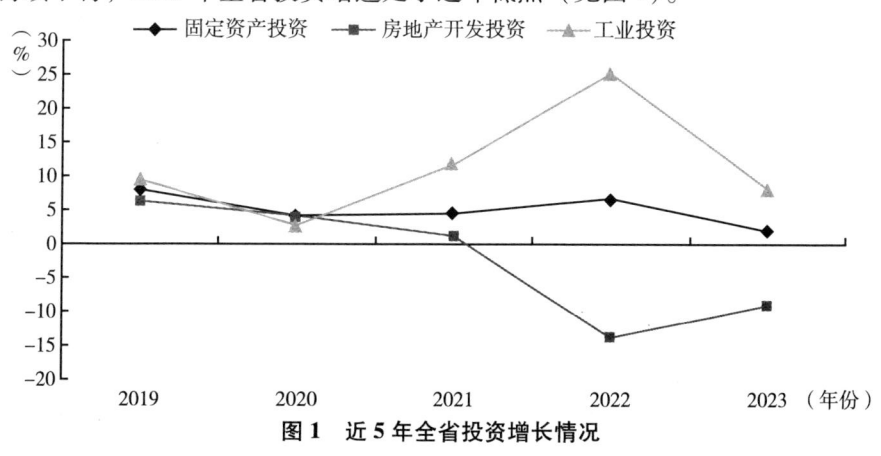

图1 近5年全省投资增长情况

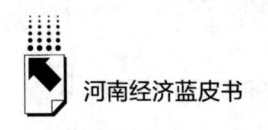

（二）工业投资保持较快增长，投资结构不断优化

2023年以来，省委省政府坚定不移地把制造业高质量发展作为主攻方向，研究出台一系列政策文件，培育壮大先进超硬材料等28个重点产业链，支持重点工业项目建设，全省工业投资在2021年和2022年连续两年实现两位数增长的基础上，依然保持较快增长。2023年，全省工业投资同比增长8.99%，高于全部投资增速6.8个百分点，拉动固定资产投资增长2.7个百分点。

1. 超半数行业投资实现正增长

全省40个工业行业大类中，23个行业完成投资同比增长，其中14个行业投资实现两位数增长，直接拉动全省工业投资增长12.3个百分点（见表1）。

表1 2023年拉动较大的工业行业投资情况

单位：%，个百分点

行业	完成投资同比增长	拉动工业投资增长	占工业投资比重
电气机械和器材制造业	86.6	3.1	6.2
电力热力生产和供应业	19.4	1.9	11.0
汽车制造业	23.9	1.2	5.7
煤炭开采与洗选业	98.5	1.1	2.0
专用设备制造业	18.3	0.9	5.2
非金属矿物制品业	9.4	0.9	9.3
化学原料和化学制品制造业	13.6	0.8	6.4
水的生产和供应业	18.7	0.7	4.2
食品制造业	19.5	0.7	4.0
计算机通信和其他电子设备制造业	10.3	0.6	6.4

2. 产业链标志性项目拉动作用明显

随着产业链培育工作的深入展开，全省上下扎实推进新型工业化、打造重点产业链、构建现代化产业体系，一批产业链延链补链强链标志性项目开工建设，拉动全省工业投资增长。以比亚迪及其关联企业为例，2023年，郑州比亚迪汽车有限公司及郑州弗迪电池有限公司在建项目共15个，完成投资205.72亿元，直接拉动全省工业投资增长4.1个百分点。

3. 与制造业高质量发展相关的工业技改投资和高技术制造业投资快速增长，投资结构持续优化

2023年，全省工业技改投资同比增长17.4%，高于工业投资增速8.5个百分点，占工业投资的比重为24.7%，高于上年同期1.8个百分点。全省高技术制造业投资同比增长22.6%，占工业投资的比重为15.5%，占比高于上年同期1.7个百分点，拉动工业投资增长3.1个百分点；其中电子及通信设备制造业投资增长38.8%，占高技术制造业投资的比重达61.9%，占比高于上年同期7.2个百分点。

（三）重点项目拉动作用明显

2023年，全省亿元及以上项目计划总投资同比增长1.3%，项目个数增加40个，完成投资增长11.2%，高于全部投资增速9.1个百分点，拉动全部投资增长6.6个百分点。全省10303个亿元及以上在建项目中，7561个项目完成投资比上年同期增加，其中郑州比亚迪新能源汽车核心零部件项目、郑州至南阳高速郑州至许昌段、郑州弗迪电池有限公司新型动力电池生产线建设项目、南邓高速公路等411个项目完成投资比上年同期均增加超过3亿元，直接拉动全省投资增长16.3个百分点。中原农谷、中原科技城相关重点项目开工建设，完成投资66.72亿元，拉动全省投资增长0.3个百分点。

（四）使用预算内资金的项目投资高速增长

2023年，全省使用预算内资金的项目共3014个，完成投资同比增长14.2%，直接拉动全省投资增长1.5个百分点。三门峡市退城入园多金属综合利用提升改造项目、沿大别山高速鸡公山至商城（豫皖省界）段项目、郑州新区污水处理厂二期工程、郑州（西部）环保能源工程等310个项目完成投资比上年同期均增加超过1亿元，拉动全省投资增长。

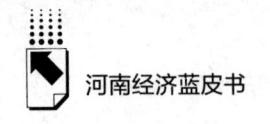

（五）社会民生领域投资快速增长

2023年，全省社会领域投资同比增长8.7%，高于全部投资增速6.6个百分点，占比提高0.5个百分点；其中卫生和社会工作投资增长15.9%，占比提高0.3个百分点；教育投资增长23.1%，占比提高0.6个百分点。郑州热力集团有限公司华润登封电厂引热入郑长输供热管网工程、南阳市白河左岸区域集中供热工程一期工程、洛阳伊川—郑州薛店天然气输气管道工程等一批与民生相关的热力、燃气项目开工建设，拉动全省电力、热力的生产和供应业投资同比增长19.4%，燃气生产和供应业投资增长3.4%。

（六）一批大项目建成投产使用，增加了新的供给能力，带动了高质量发展

2023年，全省建成投产的亿元及以上项目共1877个，其中建成投产的亿元及以上工业项目897个。河南安钢周口钢铁有限责任公司钢铁产能置换项目一期一步工程、洛阳银隆新能源产业园、河南神马尼龙化工有限责任公司尼龙化工产业配套氢氨项目、信阳钢铁金港能源有限公司年产159万吨焦化节能技改工程项目、多氟多新材料股份有限公司年产3万吨高纯晶体六氟磷酸锂项目等一批重点产业项目建成投产，为产业转型升级、实现高质量发展提供了有力支撑。

二 全省固定资产投资恢复中的结构性问题突出

（一）新开工项目个数减少、规模下降，投资增长依靠续建项目拉动

2023年第二季度以来，全省新开工项目计划总投资持续下降，全年同比下降22.2%，完成投资下降16.8%，直接下拉全部投资增速5.4个

百分点。全省投资增长主要依靠往年续建项目拉动，全省续建项目完成投资同比增长11.1%，高于全部投资增速9.0个百分点。从新开工大项目看，全省新开工亿元及以上项目、10亿元及以上项目、30亿元及以上项目、50亿元及以上项目、100亿元及以上项目分别为3721个、230个、48个、18个、3个，比上年同期分别减少971个、73个、10个、8个、0个。

（二）房地产开发投资持续下降，下拉全部投资增速

从开发端看，2023年以来，尽管稳定房地产市场政策频出，保交楼力度加大，但受市场信心不足、内需不足双重压力，全省房地产开发投资同比下降9.3%，自2022年6月以来连续19个月下降，直接下拉全部投资增速2.6个百分点。2023年12月，房地产开发景气指数（简称"国房景气指数"）为93.36，2023年4月份以来环比持续回落，目前处于历史低点。从销售端看，第二季度以来，全省销售增速逐月下滑，与全国形势基本一致。全省商品房销售面积同比下降5.5%，降幅较前三季度扩大3.5个百分点；比全国平均水平（-8.5%）高3.0个百分点，居全国第16位。全省商品房销售额同比下降3.1%，降幅较前三季度扩大1.8个百分点；比全国平均水平（-6.5%）高3.4个百分点，居全国第15位。

（三）交通强、水利弱，后续增长压力大

2023年，全省基础设施投资同比增长4.6%，增速较前三季度回落1.7个百分点。全省基础设施投资增速在第二季度和第三季度逐月加快后，进入第四季度出现连续回落的态势。分领域看，占基础设施投资比重达47.0%的交通运输业和邮政业投资同比增长29.2%，拉动基础设施投资增长11.1个百分点，发挥了"压舱石"作用；占比2.2%的信息传输业投资下降7.8%，下拉0.2个百分点，对基础设施投资增速影响较小；占比50.8%的水利环境和公共设施管理业投资下降10.7%，下拉6.3个百分点，是下拉全省基础设施投资增速的主要因素。

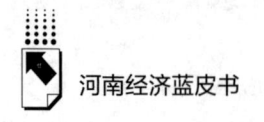

（四）民间投资仍然低迷，工业民间投资年内回升态势明显

2023年，全省民间投资同比下降3.9%，降幅较上半年、前三季度分别收窄2.7个、0.9个百分点，虽然降幅收窄，但增速依然低迷。从内部结构看，工业民间投资占比高、增速快，是民间投资增长的主要支撑。2023年以来，全省工业民间投资增速呈现"V"型反转趋势，在1~5月触底后，增速逐月回升至3.2%，占民间投资的比重为39.9%，比上年提高2.8个百分点，拉动全部民间投资增长1.2个百分点。从工业三大行业看，民间投资主要集中在制造业，制造业投资占工业民间投资的比重为89.9%，电力热力燃气及水的生产和供应业民间投资占比7.9%，采矿业民间投资占比较小。40个工业行业大类中，有17个行业大类民间投资实现正增长，其中煤炭开采与洗选业、烟草制品业、金属制品机械和设备修理业、电气机械和器材制造业、其他制造业、皮革毛皮羽毛及其制品和制鞋业、电力热力生产和供应业、汽车制造业、专用设备制造业、有色金属矿采选业、水的生产和供应业、食品制造业民间投资实现两位数增长。同时，民营房地产企业投资能力减弱、投资增量不足。随着房地产民间投资增速持续下降，占比降至37.8%，是导致全省民间投资负增长的最主要因素。全省民间房地产业投资同比下降12.4%，降幅大于全部房地产业投资增速3.1个百分点，下拉全省民间投资增速5.1个百分点。剔除房地产业投资影响后，全省民间投资同比增长1.2%。

三　2023年固定资产投资形势展望

2023年以来，积极的财政政策加力提效，稳健的货币政策精准有力，加快专项债券发行使用，两次降息和降准，在扩大民间投资等方面持续出台政策，河南也制定了一系列提振市场信心促进经济稳定向好的政策措施，有助于稳定社会预期、提升投资信心。

（一）2024年全省投资发展面临的有利机遇

1. 高质量发展背景下扩大有效投资的潜力仍然很大

中央经济工作会议指出，"要激发有潜能的消费，扩大有效益的投资，形成消费和投资相互促进的良性循环。发挥好政府投资的带动放大效应，重点支持关键核心技术攻关、新型基础设施、节能减排降碳，培育发展新动能"。当前，河南正处于工业化、城镇化持续推进阶段，从供给端看，传统产业提质发展、新兴产业培育壮大、未来产业抢滩布局、城乡基础设施建设，都孕育着新的投资增长点；从需求端看，河南拥有1亿人口大市场，无论是满足消费，还是扩大有效投资，都蕴含着巨大的投资需求。特别是省委省政府锚定"两个确保"、深入实施"十大战略"，抢抓疫后经济恢复与加快发展的重要窗口期，滚动推进"三个一批"项目建设，把强化投资、消费、出口、物流"四个拉动"作为稳经济大盘的重要举措。从中部六省看，全省固定资产投资增速居中部六省第3位，较2022年全年提高1个位次。但是，与先进省份对比，广东、江苏、山东、浙江等省固定资产投资增速均高于河南。

2. 推动投资增长的政策空间较大

为应对各类风险挑战和经济下行压力，近年来国家持续实施积极的财政政策和稳健的货币政策，积极引导和稳定市场预期。2022年底，中央政府和地方债务余额分别为25.9万亿元、35.1万亿元，合计占当年GDP的50.3%，相较其他主流国家债务水平仍然较低。预计2024年国家将进一步优化宏观政策组合，加大财政政策力度，通过增加政府债务规模、安排新增中央投资等方式帮助地方化解债务、支持重点领域项目建设等。此外，9月中美双方商定成立经济领域工作组，经贸摩擦出现缓和迹象，也为宏观经济恢复创造更有利的条件。

3. 重点项目储备为投资增长提供支撑

各地各部门结合国家政策、发展规划、本地实际，持续谋划储备重大项目。产业项目方面，10期"三个一批"活动签约项目4068个，总投资约3.4万亿元，开工项目6730个，总投资约5.5万亿元。基础设施方面，10月以来省发改部门组织各地梳理2024年计划实施的8587个项目，总投资29527亿元。此外，目前已被纳入国家"十四五"规划102项重大工程项目335个，总投资8726亿元，被纳入省"十四五"规划51项重大工程清单项目294个，总投资7041亿元。近年来，全省上下围绕抓项目促投资，建立了一系列有效的工作机制，部门联合、集中办公、联审联批，项目推进效率显著提升。随着这些项目加快落地，将对明年投资增长形成较好支撑。

（二）投资持续增长面临着较多的不确定性

1.部分重大产业项目建设受阻、重大产业项目数量不足和质量不高等问题仍然存在

2023年以来，受经济恢复不及预期、下游市场需求不振、市场主体信心不足等因素综合影响，一些项目停建或缓建。2023年省重点项目中期调整共调出项目79个，总投资1963.3亿元，其中产业项目50个，总投资995.9亿元，分别占调出项目的63.3%、50.7%。同时，河南缺乏战略性、示范性、引领性的重大制造业项目，部分项目智能化、绿色化水平不高，全省重点制造业项目中，总投资超过50亿元、100亿元的项目占比分别为8.2%、4.0%。这些问题在短期内难以改善，将会对全省2024年投资增长产生不利影响。

2.房地产市场低迷的态势短期内难以扭转

2023年7月24日中央政治局会议指出，要适应我国房地产市场供求关系发生重大变化的新形势，适时调整优化房地产政策。从需求端看，伴随河南人口红利逐渐减弱，经济增长进入高质量发展阶段，收入增长开始放缓，快速城镇化开始减速，加上近三年受疫情影响等因素，市场预期改变，房地产需求开始大幅回落，房地产市场已由供不应求的卖方市场过渡为供大于求的买方市场。从开发端看，过去两年河南房地产投资增速一直在负增长，这是面对房地产需求相对萎缩的必然反应。面对库存增加、利润降低、风险加剧等现实问题，房企在项目开发与拿地积极性上仍将处于低迷状态，进而降低未来新房供给水平，降低房地产投资预期，减缓房地产投资。短期内房地产供需两端低迷态势难以扭转，将继续拖累全省固定资产投资增长。

3. 要素保障制约项目建设

一是全省固定资产投资项目资金支持不足。以铁路投资为例，随着铁路投资主体由中央投入为主转向地方投资为主，国铁集团不再参与城际铁路建设，不断提高干线铁路地方出资比例，平漯周高铁总投资395.6亿元、南信合高铁总投资680亿元，均需河南先行出资建设。但当前项目融资困难，各级用于建设的财政资金保障不足。2023年1~9月，全省156个县区中41个县区的一般公共预算收入、58个县区的税收收入、76个县区的土地出让收入为负增长。

二是土地要素紧约束。受制于永久基本农田保护、生态保护红线以及群众集体利益赔付协调难度大、推进困难，一些项目难以落地。按照现行规定，新增占压基本农田的部分高速公路附属设施、省道、铁路专用线项目，难以办理用地预审手续。

三是国家政策发生变化。国家暂停审批、核准或备案PPP项目（含BOT+EPC等类型）。受此影响，2023年计划新开工的内黄至林州高速等5个、总投资341亿元项目前期工作推进缓慢；安阳至新乡高速鹤壁至新乡段等5个、总投资400亿元项目暂停立项。

四 做好2024年河南固定资产投资工作的政策建议

2024年是贯彻党的二十大精神的关键之年，是推动"十四五"规划目标任务全面落地的攻坚之年，也是河南"十大战略"蝶变成势的突破之年，全省要以习近平新时代中国特色社会主义思想为指导，深入学习贯彻中央经济工作会议和省委十一届六次全会暨省委经济工作会议精神，锚定"两个确保"，持续实施"十大战略"，以高质量发展为导向，注重投资的质量和效益，不断扩大有效投资。

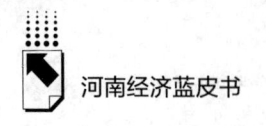

（一）突出质量和效益，抓好项目谋划储备

找准扩大有效投资与"十大战略"实施的结合点，项目化落实国家政策和省委省政府重大决策部署，持续加强谋划储备，为扩大有效投资、推动高质量发展提供不竭动力。继续加大力度招商引资。引进一批有质量有效益的大项目，与大企业、央企、港企、东部企业开展战略合作，力争落地一批项目，推动产业向高质量方向发展。

（二）突出协调服务，抓细项目要素保障工作

坚持"要素资源跟着项目走"，用足用好各类政策性资金，创新市场化融资模式，加大土地、能耗、环境容量等要素资源统筹力度，保障重大项目顺利实施。将符合条件的重点项目列入重点保障项目用地清单，计划指标应保尽保、用地报件随报随办。统筹引导各类产业基金、专项资金，加强对重大产业项目支持，会同有关部门完善重大产业项目融资保障机制。

（三）突出分类施策，稳定重点领域投资

分类完善重点领域支持政策，加强政策解读，做好协调服务，提振市场投资信心，更好发挥投资在优化供给结构，扩大内需方面的关键作用。以战略性新兴产业培育行动、传统产业转型升级行动、开发区改革提升行动为牵引，扩大制造业有效投资。保持政府投资力度，拓宽社会融资渠道，以加大资金保障力度为重点稳定基础设施投资。进一步做好"保交楼"工作，强化金融政策支持，积极化解问题楼盘。加快保障性住房、租赁住房和人才公寓等建设，稳定市场预期，支撑房地产投资恢复合理增长。

（四）突出政策传导，不断增强民营企业发展信心

全面落实国家和河南新出台的民间投资政策措施，打好政策"组合拳"，进一步优化投资环境、加大政策支持力度，支持民间投资健康有序发

展。梳理筛选符合国家产业政策、前期条件成熟、回报机制明确的重大建设项目和存量资产项目等，常态化向民间资本推介。通过项目对接会、推介会等方式，搭建有利于民间投资项目与金融机构沟通衔接的平台。对于符合条件的项目，积极争取中央预算内民间投资引导资金等支持。

B.7
2023~2024年河南省消费品市场形势分析与展望

张静 李伟 施薇*

摘　要： 2023年，全省上下认真贯彻落实党中央、国务院和省委省政府各项决策部署，随着稳经济、促消费各项政策效应的持续显现，居民消费需求稳步释放，市场活力持续复苏，全省消费品市场发展总体呈现稳中向好态势。展望2024年，全省消费品市场平稳发展的基础依然存在，随着宏观经济平稳运行、消费环境日趋完善、各项促消费政策效应日渐显现，夜间消费、文旅消费的持续刺激，绿色消费、环保消费、智能消费将持续发展，各种消费潜力将进一步释放，全省消费品市场有望延续稳中向好的发展态势。

关键词： 消费品市场　促消费政策　新型消费　河南

2023年，全省上下认真贯彻落实党中央、国务院和省委省政府各项决策部署，随着稳经济、促消费各项政策效应的持续显现，居民消费需求稳步释放，市场活力持续复苏，全省消费品市场恢复态势明显，传统支柱型消费表现亮眼，新型消费持续较快增长，全省消费品市场发展总体呈现稳中向好态势。

---

* 张静，河南省统计局贸易外经统计处处长；李伟，河南省统计局贸易外经统计处副处长；施薇，河南省统计局贸易外经统计处四级调研员。

一 2023年全省消费品市场运行情况

2023年，随着疫情后生产生活秩序逐步恢复，年初河南消费品市场加快复苏、4~6月短暂调整后，在各项稳经济、促消费政策的推动下，从7月开始，全省消费市场呈现稳中向好势头，前三季度总体保持平稳增长态势。10月、11月，随着促消费政策的持续发力显效，加之国庆假期出行旅游需求旺盛、"双十一"网络购物节以及上年同期低基数等因素带动，主要消费指标快速增长。2023年1~11月，全省社会消费品零售总额23558.12亿元，比上年同期增长6.5%（见图1）。其中限额以上零售额5612.50亿元，比上年同期增长9.4%。

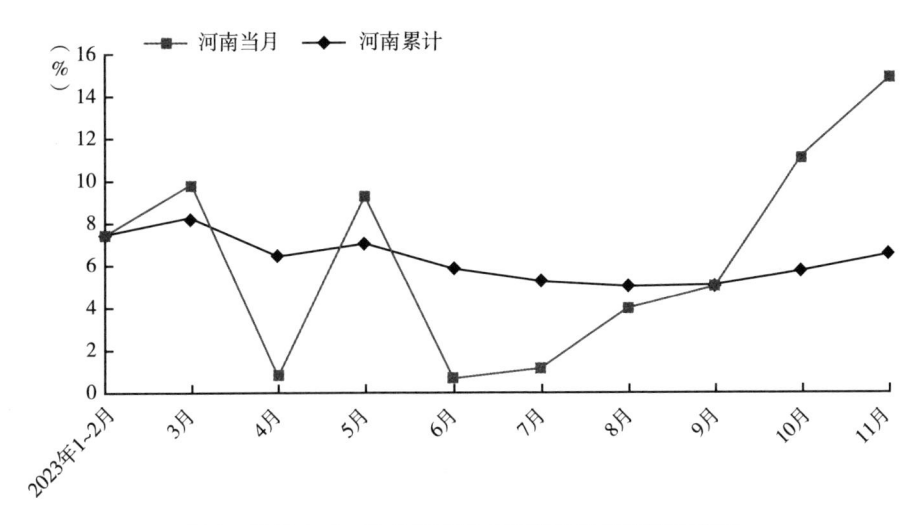

图1 2023年1~11月河南社会消费品零售额增速走势

分消费形态看，限额以上商品零售额增速高于餐饮收入。2023年1~11月，限额以上商品零售额同比增长9.5%，餐饮收入同比增长7.5%，商品零售额增速高于餐饮收入增速2.0个百分点。分地区看，过八成地区保持增长态势。17个省辖市和济源示范区中，15个地区限额以上零售额保持同比增长，增长面达83.3%，其中4个地区增速高于全省平均水平。其中，郑州

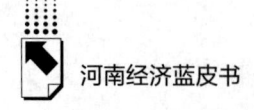

市受同期基数过低影响，1~11月实现限额以上零售额增长17.0%，对全省限额以上零售额增长的贡献率达62.8%。分商品类别看，过四成商品种类实现增长。23类限额以上批发和零售业商品零售额中，10类商品零售额实现同比增长，其中6类商品当月增速高于全省社零总额增速。与2022年相比，8类商品增速回升或降幅收窄。

（一）新增力量发挥正向带动

随着河南优化营商环境、深化"放管服"改革的不断推进，政务服务水平不断提升，河南消费品市场活力得到有效激发，市场经营主体迅速增加。2023年1~11月，全省月度和年度审批共入库限额以上批零住餐单位5286家，对全省限额以上消费品零售额增长的贡献率达60.9%，拉动全省限额以上消费品零售额增长5.7个百分点。

（二）石油市场稳步快速增长

成品油市场对全省消费品零售额贡献突出，受前期国际油价持续走高影响，国内成品油价格历经多次调整也同频上涨，限额以上单位石油及制品类商品零售额始终处于平稳较快增长态势。2023年以来，限额以上石油及制品类商品零售额均保持两位数的较高增速，且自4月起呈逐月提升态势，1~11月同比增长21.8%，高于全部限额以上零售额增速12.4个百分点，高于2022年8.0个百分点；对全省限额以上消费品零售额增长的贡献率达28.5%，拉动全省限额以上消费品零售额增长2.7个百分点。

（三）汽车类消费拉动作用明显

汽车类商品零售较快增长对全省消费品市场恢复有重大拉动作用。2023年以来，限额以上汽车类商品零售额持续保持高速增长，11月同比增长71.3%，高于限额以上零售额增速35.9个百分点；1~11月同比增长15.5%，高于限额以上零售额增速6.1个百分点，高于2022年18.4个百分点；对全省限额以上消费品零售额增长的贡献率达56.6%，拉动全省限额以上消费品零售额增长5.3个百分点。其中，新能源汽车在相关补贴政策和旺盛的市场需求带动下快速增长，1~11月零售额同比增长69.8%，高于全部限额以上零售额增速60.4个百分点。二手车市场飞速发展，同比增长115.2%，高于全部限额以上零售额增速105.8个百分点。

（四）新型消费保持较快增长

随着居民消费观念、生活方式的转变，商贸零售企业积极"触网"转型，创新消费场景，提升购物体验，网购主体更加多元，网购商品结构更加丰富，以网上零售为代表的新型消费蓬勃发展，成为消费增长新引擎，助推商贸经济新动能加快集聚。根据国家统计局反馈的数据，2023年前三季度，全省实物商品网上零售额同比增长18.3%，高于全省社会消费品零总售额13.3个百分点，高于2022年1.6个百分点；实物商品网上零售额占社会消费品零总售额的14.5%，比2022年提高1.8个百分点，占比呈逐年上升趋势。

二 当前消费品市场存在的问题

（一）住宿餐饮业尚未恢复到正常水平

疫情发生以来，接触性、聚集性消费受到很大限制，供应链和流通环节也受到不同程度的冲击，恢复明显慢于商品消费，目前住宿餐饮业尚未恢复到2019年水平。2023年以来，餐饮行业在疫情后出现较短时间的"报复性消费"后，经历了一个先是热度减退再到缓慢恢复的过程，但餐饮收入增速仍低于商品零售。2023年1~11月，全省餐饮收入同比增长7.5%，增速低于商品零售2.0个百分点，低于2019年3.2个百分点。从当前看，餐饮业消费潜能仍需再加劲释放，才可提振餐饮市场有序复苏。

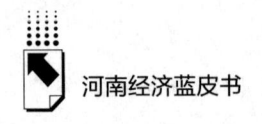

（二）部分升级类商品消费有所收缩

受世界经济复苏乏力，全球贸易增长持续低迷等因素影响，消费者出于对风险和未来预期的谨慎心理，消费习惯和行为趋于理性。2023年1~11月，消费升级类商品中，化妆品类限额以上零售额同比下降1.7%，低于限额以上零售额增速11.1个百分点；电子出版物及音像器材类、文化办公用品类、通信器材类限额以上零售额分别比上年同期下降26.3%、24.5%和0.9%，分别低于全部限额以上零售额增速35.7个、33.9个和10.3个百分点，与2022年相比分别回落40.6个、28.9个、8.7个百分点。

（三）房地产相关商品消费受到抑制

房地产市场恢复缓慢，制约住房相关消费增长。2023年下半年以来，多项楼市调控政策的出台进一步支持房地产市场健康恢复，但目前恢复速度较为缓慢，尚未对关联的居住消费行业类别产生积极影响。2023年1~11月，全省建筑及装潢材料类、家具类、五金电料类零售额分别下降18.0%、10.0%、17.7%，分别低于全部限额以上单位零售额27.4个、19.4个和27.1个百分点，与2020~2022年相比均处于回落态势，与2019年相比分别回落28.2个、21.9个和24.1个百分点。房地产上游相关大宗商品零售额降幅较大，煤炭及制品类、机电产品及设备类商品零售额分别下降40.8%和31.5%。

（四）对汽车、石油等重点行业依赖性过强

2023年1~11月，全省限额以上汽车类、石油类消费实现商品零售额占全省限额以上商品零售额的36.3%和13.7%，合计占比50.0%，对全省限额以上商品零售额增长的贡献率高达85.1%，汽车和石油消费对全省消费品市场发展具有举足轻重的作用。当前，全省各地都已出台各项购车补贴政策，努力加快充电基础设施建设，以推动汽车消费潜力、激发汽车市场活力，但汽车消费市场仍面临逐渐饱和、同质竞争加大等因素影响，石油供应

源头国家和地区的政治和经济环境也存在较大不稳定性，将对石油价格和消费产生重大影响，行业集中度过高将会导致全省消费市场回落风险增加。

三 2024年消费品市场展望

（一）消费品市场增长的有利因素

1. 政策层面对促消费作出有力部署，推动消费品市场平稳健康发展

2023年以来，河南省委省政府坚持把恢复和扩大消费摆在优先位置，强化政策支持、舆论引导，又先后出台《进一步促进消费若干政策措施》（12条）、《进一步促进文化和旅游消费若干政策措施》（8条）、《持续扩大消费若干政策措施》（10条）等多项措施。7月11日，河南省政府印发《河南省实施扩大内需战略三年行动方案（2023~2025年）》，提出全省实施扩大内需战略主要目标，明确主要路径和重点举措。各项促消费政策不断发力，优化消费供给，改善消费条件，优化消费环境，推动重点领域消费提振，深入挖掘消费潜能；全省各地根据当地市场特点，发布扩大消费政策措施，开展购物季、消费节活动，将有力助推全省消费品市场持续恢复。

2. 河南拥有庞大的消费市场容量和潜力

经过多年的积累和发展，河南经济总量已迈上6万亿元新台阶，成为一个体量庞大的综合经济体。同时，河南作为全国排名前3的人口大省，目前省域常住人口近1亿人，中等收入群体2200多万人，消费市场潜力巨大。加上河南农村人口规模大，后期消费潜力优势明显。

3. 城镇化持续推进有利于消费品市场继续扩大

当前河南城镇化水平仍处于持续追赶阶段。2022年末，全省常住人口城镇化率为57.07%，低于全国8.1个百分点，比2021年进一步缩小。按2022年城乡居民人均消费支出差距计算，城镇化率每提高1个百分点，全省就可以新增消费支出近87亿元，相当于2022年全省社会消费品零售总额的0.36%。

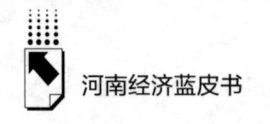

（二）消费品市场增长的制约因素

1.内需潜力释放受到抑制

随着经济恢复常态化，一系列扩内需促消费政策的出台对居民消费的增长形成正向利好，但由于疫情"疤痕效应"的负面影响，居民就业压力大，收入预期偏低，消费潜力的释放受到一定程度抑制。一是人均可支配收入水平仍处于低位。2023年前三季度，河南居民人均可支配收入为21344元，同比增长5.8%，低于全国平均水平0.5个百分点。二是居民消费意愿不高。第三季度河南省消费者信心问卷调查结果显示，河南消费者信心指数、消费者就业信心指数、消费者收入预期指数均低于临界值（100），环比处于回落态势；消费者对物价上涨的预期增强，普遍对房价抱有平稳甚至下跌的预期。

2.居民储蓄意愿较强

收入压力增大导致居民收入预期不稳、存款储蓄意识增强，2023年以来河南居民存款余额增速已连续三个季度超过15.0%，远超往期水平。河南省消费者信心问卷调查结果也显示，"没有余钱"成为制约消费的关键因素，受就业、收入预期不乐观以及资本市场波动加大等多重因素影响，更多消费者倾向于选择储蓄。

3.缺乏新的消费增长点

由于耐用消费品使用周期长，且产品同质化严重，高端高质产品开发不足，很难长期维持消费水平高增长，加之疫情冲击之后居民的收入预期降低，许多耐用品更新、更换的时间将会延长，导致部分耐用消费品市场饱和，需求不足。以汽车消费为例，目前国内中高端消费群体市场已趋于饱和，中低端消费群体受制于收入水平购买力下降，新能源汽车消费在短期内实现产销量的高爆发增长后，市场已逐渐进入平缓期。除受疫情影响的月份外，2022年全年新能源汽车零售额均保持高速增长。2023年以来，新能源汽车消费虽然仍是河南限上消费品市场的主要拉动力量，但增速已出现较大幅度回落。2023年1~11月，河南限上新能源汽车零售额增长69.8%，与2021年、2022年相比，增速分别回落23.1个和11.5个百分点。

（三）2024年全省消费品市场展望

虽然面临的外部不稳定不确定因素依然较多，消费恢复还不平衡，居民消费意愿仍显不足，消费能力尚需提升，经济回升向好基础仍需巩固，但是展望2024年，随着宏观经济平稳运行、消费环境日趋完善、各项促消费政策效应日渐显现，夜间消费、文旅消费的持续刺激，绿色消费、环保消费、智能消费将持续发展，各种消费潜力将进一步释放，2024年全省消费品市场有望延续稳中向好的发展态势。

四 政策建议

（一）改善居民消费能力和预期

进一步保障和促进就业，完善按要素分配的政策制度，多渠道增加居民收入，以收入增长带动消费增长，不断增强扩大消费的内生动力。鼓励企业创新发展，加强对困难企业的稳岗纾困帮扶，增加就业机会和职工收入。推进农业现代化，增加农民的农业收入；扭转资产价格下行预期，增加居民财产性收入；通过个人补贴和减税增加居民收入。进一步完善社会保障体系，加强教育、医疗、文化等公共服务，提高居民的素质和消费能力，创造良好的消费环境使居民能消费、敢消费、愿消费。

（二）优化消费结构

一是巩固传统消费，推动耐用消费品持续升级换代。汽车、家用电器、家居用品等耐用消费品的销售增速与商品房销售面积增速具有高度相关性。随着房地产政策的不断优化，未来房地产销售开发或将逐步回到合理水平，以此为契机，刺激推动耐用消费品消费。积极适应智能化、健康化、时尚化消费需求，加快智能可穿戴、智能家居等产品的研发推广，推动传统消费品产业升级和消费升级。落实购车优惠政策，鼓励各地出台支持汽车以旧换新

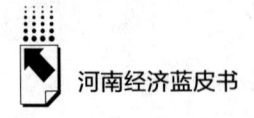

等政策，完善停车场、加氢站等设施，优化城市充电设施服务网络，持续推动新能源汽车下乡，全链条促进汽车消费。

二是发展新热点，培育壮大新型消费。将实施扩大内需战略同深化供给侧结构性改革有机结合起来，以消费升级引领供给创新、以供给提升创造消费新增长点。加快传统线下业态数字化改造和转型升级，支持行业龙头平台企业打造面向生活服务业的开放平台。加快培育本土平台企业，支持知名电商企业在河南设立区域性、功能性总部，建设一批综合性电商平台，引导消费流、现金流向省内回拢。

三是拓展传统消费新空间。推动商文旅融合，打造沉浸式、互动式、体验式消费场景。培育壮大夜购、夜食、夜游、夜娱、夜宿、夜行规模，打造多业态融合的夜经济场景，培育省级夜经济消费集聚区。积极推进一刻钟便民生活圈建设。加快建设郑州、洛阳国际消费中心城市，支持南阳建设区域性消费中心城市。打造"黄河之礼"文旅文创消费品牌，创新发展红色旅游、自驾游、康养旅游等业态。

四是挖掘培育地方特色消费。结合中原地域特色，出台消费支持政策，推出更多具有地方辨识度的产品和活动。大力推进豫菜振兴，推动信阳菜等产业化、品牌化发展。积极推动豫酒振兴，支持豫酒全国化发展。积极开发休闲运动类产品、功能类食品，推出一批融合中原文化与现代时尚审美的国货新品。大力发展直播电商、网络销售等新型消费，打造河南特色产品直播电商集聚区。

（三）营造良好的消费环境

针对消费市场面临新形势、新特点、新挑战，完善消费保障措施，切实营造或优化让消费者安心、放心、舒心的消费环境。一是强化市场秩序监管，维护公平竞争的市场环境。二是畅通消费者维权渠道，提升消费维权效能。三是制定和完善新型消费模式下产品和服务的安全与质量标准，满足新型消费提质扩容的需要。四是增加高质量消费供给，满足城乡居民多层次、多样化消费需求。五是加快新型信息基础设施建设，鼓励和支持消费新产品、新场景、新业态、新模式向农村市场拓展。

B.8
2023~2024年河南省财政形势分析与展望

郭宏震 赵艳青 司银哲*

摘　要： 2023年是全面贯彻党的二十大精神的开局之年，是实施"十四五"规划承上启下的关键之年，也是落实省第十一次党代会部署的攻坚之年。着力发挥财政职能作用，推动积极的财政政策加力提效、加速显效，对中国式现代化建设河南实践作出更大财政贡献意义重大。2023年1~8月，河南财政收入质量稳步回升，支出进度持续加快，全省财政运行总体保持平稳态势，但财政收支平衡压力仍然较大，完成全年目标需要付出艰苦努力。

关键词： 河南财政　财政收支　财政政策　财政运行

2023年以来，面对复杂严峻的国际环境和艰巨繁重的国内改革发展稳定任务，全省各级财政部门坚持以习近平新时代中国特色社会主义思想为指导，按照党中央、国务院决策部署，在省委省政府的坚强领导下，加力提效实施积极的财政政策，完善税费支持政策，切实提高精准性和有效性，依法加强和改进财政预算管理，财政运行稳中向好，大事要事保障有力，民生保障持续加强，财金联动全面起势，各项工作取得阶段性成效。但也要看到，河南财政收支矛盾依然比较突出，财政工作面临不少困难挑战，必须坚定信心、乘势而上，毫不动摇落实"紧日子保基本、调结构保战略"，推动积极的财政

---

* 郭宏震，河南省财政厅社会保险基金管理中心主任；赵艳青，河南省财政厅社会保险基金管理中心一级主任科员；司银哲，河南省财政厅社会保险基金管理中心四级主任科员。

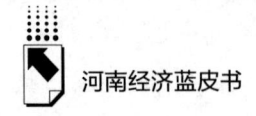

政策加力提效、加速显效，推动宝贵的财政资金握指成拳、集中发力，奋力完成全年财政收支目标，为中国式现代化建设河南实践作出更大的财政贡献。

一 2023年河南省财政运行情况分析

2023年1~8月，全省各级财政部门加力提效落实积极的财政政策，多措并举推动经济回升向好，全省财政运行在多重压力下保持总体平稳，收入质量稳步回升，支出进度持续加快。1~8月，全省一般公共预算收入增长9.5%，支出增长2.2%，重点支出保障较好，民生支出占比较高。全省财政运行情况主要有以下特点。

（一）财政运行总体平稳

随着疫情影响逐步消退和经济恢复性增长，财政运行总体上呈现回升向好态势。1~8月河南省财政总收入5033.5亿元，增长18%。一般公共预算收入（以下简称为"财政收入"）3272.2亿元，为年初预算4748.1亿元的68.9%，增长9.5%，表现出了稳定增长态势。分类别看，地方税收收入2054亿元，增长14.3%，税收收入占财政收入的比重为62.8%；非税收入增长2.3%，同比回落12.6个百分点。分级次看，省级收入91.2亿元，增长178.8%；市及市以下收入完成3181亿元，增长2.5%。分区域看，17个省辖市及济源示范区中14个省辖市为正增长，其中周口、鹤壁、南阳分别增长11.1%、10.6%、10.5%。

（二）工业和服务业税收平稳较快增长

全省经济持续恢复增长，叠加上年同期持续落实增值税留抵退税政策带来的低基数，带动全省工业、服务业增值税保持平稳较快增长。1~8月累计，全省工业税收增长23.9%，同比提高29.1个百分点，其中工业增值税增长85.7%，同比提高119个百分点，主要是上年同期制造业增值税留抵退税集中退付较多使得基数较低（-33.3%）。分行业看，传统产业税收增

26.8%，其中轻纺、建材、能源、化工、冶金分别增长 79.7%、45.8%、26.5%、13.3%、9.8%。主导产业中装备制造、汽车信息行业税收分别增长 108.9%、88.1%，食品、电子信息行业税收分别下降 0.8%、2.4%。

（三）重点领域保障有力

财政支出继续保持平稳增长，民生重点支出保障较好。1~8月，全省一般公共预算支出 7464.7 亿元，增长 2.2%。其中，教育、文化旅游体育与传媒、社会保障和就业、卫生健康、节能环保、城乡社区、农林水、交通运输、住房保障等民生支出合计 5311.3 亿元，占一般公共预算支出的比重为 71.9%。分级次看，省级支出 1175.8 亿元，增长 8.4%；市及市以下支出完成 6288.9 亿元，增长 1.1%。分科目看，科技、就业补助、农村综合改革等重点支出分别增长 13%、10.9%、22.5%；金融支出增长 219.5%，主要是省本级和信阳市金融发展支出增加 51.3 亿元带动。全省教育支出 1269.4 亿元，增长 6.2%，科技支出 259.2 亿元，增长 13%，全面推进创新驱动、科教兴省、人才强省战略实施。

（四）财政改革持续深化

围绕省直管县财政改革、地方债务管理和平台公司转型改革、国资国企系统性重塑性改革等方面，积极推进重点改革任务落地见效。一是纵深推进省直管县财政改革。加大财力支持力度，持续提升县（市）财政保障能力。截至 6 月底，下达 102 个县中央直达资金共 1090.8 亿元，占下达市县总量 1942 亿元的 56.2%，102 个县支出 558.6 亿元，占市县总支出 995.7 亿元的 56.1%。截至 6 月底，省财政直接调拨 102 个县（市）国库现金 1264.3 亿元，占调拨市县总量的 62.7%，极大地缓解了县（市）的资金保障压力。二是持续推进地方政府债务管理和平台公司转型改革。印发《融资平台公司债务风险和市场化转型情况统计监测工作方案》，稳步推进融资平台公司市场化转型。三是加快推进国资国企系统性重塑性改革。研究起草《省管金融企业重塑性改革实施方案》，提出推进省管金融企业国资国企改革的总

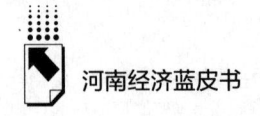

体思路、实施路径，促进省管金融企业高质量发展，为全省经济社会发展提供更加坚实的支撑。

（五）发展根基不断筑牢

强化财税政策供给，延续和优化部分税费政策，1~8月累计"退减免缓"税费343.5亿元，有力支持了经营主体特别是小微企业和个体工商户纾困发展；发行政府专项债券1714.7亿元，22只省级政府投资基金累计到位规模873.8亿元，实现7大产业集群28条重大产业链全覆盖，省管金融企业投放资金5453.9亿元，有力支持了"三个一批"等重大项目投产达效；"万人助万企"扎实推进，232项企业诉求和13批40个问题均得到妥善解决；延续实施财政奖励政策，探索财政资金直达企业运行机制，将第一季度满负荷生产财政奖励资金3.65亿元全部直接拨付至企业，2263户规模以上工业企业达到满负荷生产，同比增长26.1%。

（六）科技投入强势增长

深入实施创新驱动、科教兴省、人才强省战略，持续强化科技创新资金保障。近两年，省财政千方百计统筹财政资源，科技支出强势增长，在2021年、2022年先后跨越300亿元、400亿元支出台阶的基础上，1~8月，全省科技支出259.2.2亿元，增长13%，高于一般公共预算支出增幅11.8个百分点，继续保持高速增长。同时，注重科技创新和现代化产业体系建设融合发展，一方面抓科技攻关，落实好支持科技创新若干财政政策，保持投入强度；另一方面抓产业发展，谋划财政支持政策，通过省管金融企业、政府投资基金等引导金融资本、社会资本加大投入，为延链成群提供有力支撑，为河南构建一流创新生态、打造国家创新高地和重要人才中心提供了有力支撑。

二 2024年财政形势展望

当前，国内外经济形势依然严峻复杂，不确定性因素依然较多，经济持续稳定恢复增长仍面临较大困难和挑战，河南自身长期结构性矛盾依然存在，加之房地产市场恢复不及预期，财政收入保持稳定增长难度较大。而科技、教育、乡村振兴、"三保"等领域刚性支出仍然较大，预计2024年财政收支矛盾更加凸显，财政收支紧平衡进一步加剧。

从全国情况看，2023年以来，随着政策组合拳效应逐步显现，8月份经济运行持续恢复，多数指标边际改善，积极因素累积增多。比如，生产供给稳中有升，规模以上工业增加值、服务业生产指数增速比7月份分别加快了0.8个和1.1个百分点，制造业增速明显加快，旅游出行、文化娱乐等服务业增长态势良好。国内需求持续恢复，社会消费品零售总额增速比上月加快2.1个百分点，投资规模持续扩大，多地房地产市场随着"认房不认贷"等政策的落实出现了回暖迹象。结构调整稳步推进，前8个月，制造业、基础设施等投资增速比总体水平分别高2.7个、3.2个百分点，特别是高技术产业投资比整体水平高了8.1个百分点，在优化供给结构方面发挥了关键作用。但同时也要看到，在经历三年疫情后，我国经济运行仍会受到内外部多种因素影响，经济恢复必然是一个波浪式发展、曲折式前进的过程，当前，我国经济运行中的确还存在不少困难挑战，预计2023年全国GDP增长目标或在4.5%左右。

从河南省情况看，8月份，全省主要经济指标持续回升，经济运行稳中向好、稳中有进、稳中提质、稳中蓄势的良好态势不断巩固。比如，工业生产持续恢复，8月份，全省规上工业增加值同比增长5.5%，比上月加快1.4个百分点，高于全国1.0个百分点，增速连续4个月回升，其中六成行业保持增长。重大项目和社会领域投资加快，1~8月，全省亿元及以上项目完成投资同比增长10.6%，其中10亿元及以上项目完成投资增长26.9%；全省社会领域投资增长9.2%，比上月加快2.5个百分点，其中教育、卫生投资分别增长25.0%、13.0%。市场销售加快恢复，全省社会消费品零售总额同比增长4.0%，比上月加快2.9个百分点，其中限额以上单位消费品零售额同比增长6.5%，比上月加快3.6个百分点。从8月份主要经济指标情况看，河南经济运行回升态势明显，积极因素累积增多。但市场需求仍显不足，经济恢复向好基础仍需巩固，前期制约全省经济运行的一些不利因素依

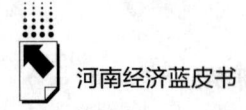

然存在,特别是房地产业持续下行、市场预期疲弱、个别省辖市恢复缓慢等问题需要高度关注,预计2024年河南省GDP增长目标或在5%左右。

从财政自身看,当前财政运行总体平稳,1~8月全国财政收入15.18万亿元,同比增长10%;全国一般公共预算支出17.14万亿元,同比增长3.8%。总的来看,1~8月预算执行情况较好,有力保障了党中央、国务院重大决策部署的贯彻落实。特别是专项债券发行使用提速,1~8月,各地发行用于项目建设等专项债券2.95万亿元,完成全年新增专项债券限额的77.5%,比序时进度快10.8个百分点,债券资金累计支持专项债券项目约2万个,有效发挥了政府投资"四两拨千斤"的撬动作用。但也要看到,目前河南一些地方经济发展后劲不足,财政收入存在较大不确定性,继续实施减税降费政策也减少了一部分财政收入,同时,重点支出刚性增长,基本民生短板需要继续加强保障,财政工作面临不少困难挑战。预计2024年财政运行依然处于紧平衡状态,全省财政收入增长目标或在4.5%左右。

三 2024年财政政策建议

2024年,河南将坚持以习近平新时代中国特色社会主义思想为指导,全面贯彻党的二十大和中央经济工作会议精神,深入贯彻习近平总书记视察河南重要讲话重要指示精神,锚定"两个确保"、深入实施"十大战略",突出做好稳增长、稳就业、稳物价工作,大力提振市场信心,持续改善民生。坚持"紧日子保基本、调结构保战略",健全现代预算制度,完善转移支付体系,继续加力提效落实积极的财政政策,加大资源整合力度,优化支出结构,保证支出强度,加快支出进度,强化法治理念,严肃财经纪律,兜牢基层"三保"底线,保障财政可持续和地方政府债务风险可控,为全省经济社会持续健康发展提供有力支撑。

(一)加强财源建设,增强财政实力

一是助企纾困增活力。落实好中央和河南减税降费政策,突出对中小微企业、个体工商户等的支持,增强企业发展后劲;持续优化营商环境,深入推进"万人助万企",支持"专精特新"企业培育建设,提升企业发展动力;深化政府采购制度改革,统筹运用中小微企业应急周转资金池等制度措施,缓解企业融资难融资贵。二是做强产业促发展。统筹各类资金资源,用好政府投资基金、政府专项债,激活省管金融企业资源,加强与重点产业项目对接,加快建设现代产业体系;着力培育主导产业,支持市县整合国有资源、资本、资产、资金等生产要素,强化产业链招商,带动更多社会资本支持产业升级。三是综合治税优征管。强化税源管控,积极排摸增减因素,加强重点税款征收;建立跨部门工作机制,深入开展综合治税专项治理,确保应收尽收;牢牢把握财税信息化建设发展方向,强化涉税信息共享,从源头上解决"跑、冒、滴、漏"现象。

（二）强化财政支撑,激发产业活力

一是坚持"项目为王",围绕支持"三个一批""四个拉动""十四五"重大项目等战略实施,继续保持适度支出强度,发挥好专项债券稳增长、稳投资作用,推动政府债券早发行、快使用,加快形成更多实物工作量。二是深化财政与金融的协同配合、同向发力,引导省管金融企业积极发挥功能作用,加大金融资源投放力度,吸引带动更多社会投资,进一步激发经济发展活力。三是继续保持财政科技投入高速增长,深入落实支持科技创新若干财政政策,全力推动省科学院、省实验室、中原科技城、中原医学科学城等高标准建设、创新性发展,助力河南打造全国创新高地取得新实效。四是加快建设现代产业体系,用足用好新兴产业投资引导基金、创业投资引导基金等22只政府投资基金,大力支持28个重点产业链发展,提升产业基础能力和产业链现代化水平。五是深入推进农业强省建设,坚持把农业农村作为财政保障优先领域,继续加大财政支农投入,切实促进农业高质量发展,支持扛稳粮食安全重任,巩固拓展脱贫攻坚成果,衔接推进乡村振兴,大力支持宜居宜业和美乡村建设。

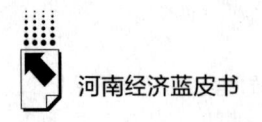

（三）紧盯财政安全，严守风险底线

一是推进过紧日子制度化常态化，坚持"紧日子保基本、调结构保战略"，大力推进节约型机关建设，强化预算安排同执行、评审、审计、绩效的挂钩机制，惩治浪费、激励节约，腾出宝贵资金用于支持稳住经济大盘。二是抓实市县财政运行定期调度机制，及时处置苗头性问题，保障财政安全稳定运行。加大财力下沉力度，落实好"三保"预算编制审核、预算执行监督和风险防控三项机制，加强动态监控、精准调度，督促市县全面落实保障责任，确保基层"三保"不出问题。三是严格实行政府债券"借、用、管、还"全链条、穿透式管控，完善新增专项债券偿还常态化合理机制，切实防范兑付风险。积极稳妥化解存量隐性债务，坚决遏制新增隐性债务，高压惩治违规举债行为。加强地方政府融资平台公司综合治理，逐步剥离政府融资功能，推动分类转型发展。四是发挥债券资金效能，研究扩大投向领域和用作项目资本金范围，持续加强专项债券项目储备和投后管理，提升专项债券资金使用效益，引导带动社会投资。五是防范金融风险，构建政府、金融机构和企业三方联合处置机制，做好利用专项债券补充中小银行资本金和化险工作，扎实推进融资平台公司市场化转型，严格防范融资平台风险，防范金融风险向财政领域传导，强化财经激励约束和财会监督，不断增强财政可持续性。

（四）兜牢民生保障，增进民生福祉

一是实施就业优先战略，用好社会保险补贴、职业培训补贴、创业担保贷款及贴息等政策，促进高校毕业生等青年就业创业，鼓励企业吸纳就业。二是支持教育高质量发展。按照"一个一般不低于，两个只增不减"要求，切实落实好生均拨款制度和义务教育经费保障机制，支持郑州大学、河南大学"双一流"建设和第二梯队培育，加快职业教育结构优化，推动义务教育优质均衡，促进学前教育、特殊教育普惠发展，加强农村学校教师条件保障，推动城乡义务教育一体化发展。三是促进提高医疗卫生服务能力。持续深化医药卫生体制改革，支持国家区域医疗中心和中医药强省建设。支持公立医院和紧密型医共体高质量发展，推动基本医疗保险省级统筹，推进基本公共卫生服务均等化。四是持续提升公共服务水平。针对民生短板弱项，加强重点民生实事资金保障，稳步提高公共服务均等化水平，增强人民群众获得感、幸福感、安全感。五是严格实施民生支出清单管理制度，健全民生政策和财政承受能力评估机制，切实保障民生支出的稳定性和可持续性。

（五）深化财政治理，巩固政策效能

一是加快推进省以下财政体制改革，持续推动省财政直管县行稳致远，充分释放改革红利，增强县域高质量发展动能。深入推进预算管理一体化改革，全面提高预算管理规范化、标准化和自动化水平。二是按照中央税制改革的部署和要求，逐步健全以房产税和消费税为主的地方税体系，结合新经济、新业态发展动向，合理培育新税源，增厚地方财政收入。三是持续深化预算绩效管理，加强新出台重大政策、项目事前绩效评估，抓实抓细重点绩效评价，有序推动部门整体支出绩效管理，推动预算绩效评价"三个全覆盖"提质增效、"四个挂钩"做深做实，切实做到"花钱必问效、无效必问责"。四是加快支出标准体系建设步伐，强化项目支出预算评审，增强标准体系建设的系统性、整体性，推动实现"花钱更规范、管钱更高效"。五是大力加强财会监督，健全财会监督体系和工作机制，突出监督重点，提升监督效能。健全内控内审制度，努力构建上下联动"一盘棋"的财政内控体系。六是进一步优化财政支出结构，加大科技攻关、生态环保、基本民生、区域协调等重点领域投入，支持补短板、强弱项、固底板、扬优势，更直接、更有效地发挥积极的财政政策作用。

B.9 2023~2024年河南省金融业形势分析与展望

任远星 袁彦娟 张悦 李惠心[*]

摘 要： 2023年，河南省金融系统在省委省政府的正确领导下，锚定"两个确保"，深入实施"十大战略"，贯彻实施稳健的货币政策，扎实落实一系列扩大内需、提振信心、防控风险政策措施，推动全省金融运行持续向好，贷款同比多增超千亿元，重大战略、重点领域和薄弱环节的优质金融服务有效加强，融资成本持续下降，金融发展总体稳健，更好满足经济社会发展和人民群众日益增长的金融需求。

关键词： 金融业 金融运行 金融服务 河南

一 金融运行持续向好

（一）金融总量平稳较快增长

1. 存款增长平稳

2023年末，全省本外币存款余额为100584.9亿元，较年初增加7411.8亿元，同比少增2305.1亿元。随着企业生产经营复苏、资金周转增多，居民储蓄逐步释放为消费动力，存款增速自3月份开始波动回落，12月末增

---

[*] 任远星，中国人民银行河南省分行调查统计处处长；袁彦娟，中国人民银行河南省分行调查统计处科长；张悦，中国人民银行河南省分行调查统计处副主任科员；李惠心，中国人民银行河南省分行调查统计处。

速为8%，同比下降3.6个百分点。其中，住户存款、非金融企业存款、机关团体存款余额分别为68406.2亿元、17281.3亿元、10370亿元，同比分别增长13.3%、-3%、2.9%，较上年同期分别回落3个、1.7个、7个百分点。

2. 贷款同比多增超千亿元

全省金融系统努力克服实体经济信贷需求不足、房地产市场调整、存贷款利差收窄等不利因素，有效推动贷款增势好转。全省本外币贷款余额3月份迈上8万亿元台阶，2023年末，余额达到83596.7亿元，较年初增加7236.4亿元，同比多增1668.7亿元。贷款增速由2022年7月末的6.9%，逐步回升至2023年12月末的9.5%，同比提高1.6个百分点。

3. 社会融资规模增加较多

2023年1~11月，全省社会融资规模增量为10258.6亿元，同比多702.9亿元。主要有以下特点：投向境内实体经济的贷款增加6500.6亿元，同比多增1446.7亿元；表外融资减少1153.3亿元，同比多减440.6亿元；非金融企业直接融资1619.7亿元，同比多327.9亿元；政府债券净融资2396.9亿元，同比少232.1亿元。

（二）重大战略、重点领域和薄弱环节的信贷支持力度持续加大

一是制造业贷款持续快速增长。2023年末，全省制造业中长期贷款余额2836.5亿元，同比增长19.4%，高于各项贷款增速9.9个百分点。其中，化学原料和化学制品制造业、有色金属冶炼和压延加工业、非金属矿物制品业中长期贷款规模较大、增长较快，余额分别为459.5亿元、368.9亿元、273.2亿元，同比分别增长30.2%、29.1%、16.9%。

二是支持科技型企业融资行动方案稳步有序落地。2023年11月末，全省高新技术企业贷款余额3718.4亿元，同比增长19.1%，高于各项贷款增速10.1个百分点；高新技术企业获贷率达到56.5%，同比提高2.6个百分点。高新技术企业贷款投向主动适应河南省产业转型升级需要，重点支持新材料（1165.3亿元）、新能源与节能（652.9亿元）、先进制造与自动化（720亿

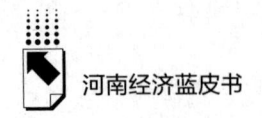

元）、资源与环境（500.7亿元）等领域。科技型中小企业贷款余额789.1亿元，同比增长22%，高于各项贷款增速13个百分点；科技型中小企业获贷率为41.6%，同比提高2.7个百分点。指导符合条件的科技型企业通过债券市场融资，2023年末，全省科技创新类债券余额164.4亿元，同比增长121%。

三是薄弱环节贷款增量扩面。用足用好支农支小再贷款、再贴现、普惠小微支持工具等，引导更多信贷资源流向经济社会发展薄弱环节。2023年末，全省普惠小微贷款余额10312.9亿元，同比增长21.6%，较上年同期提高7.4个百分点，高于各项贷款增速12.1个百分点。金融机构聚焦全省超千万市场主体，持续扩大信贷覆盖面，普惠小微授信户数达到219.3万户，同比增长18.4%。民营市场主体融资环境显著改善，全省民营贷款余额22696.4亿元，同比增长10%，增速回升至近10年来较高水平，同比大幅提高11.7个百分点。

四是绿色金融规模显著增加。充分发挥碳减排支持工具等结构性货币政策工具撬动作用，有力推动绿色贷款增长。截至2023年9月末，全省绿色贷款余额7013.4亿元，近三年规模实现"翻一番"，同比增长31.8%，高于各项贷款增速23.3个百分点；较年初增加1675亿元，同比多增602.3亿元。加大绿色债务融资工具宣介，指导企业发行碳中和债、绿色中期票据等，2023年末，全省绿色债券余额115.1亿元，同比增长32%。

五是数字技术加快赋能金融发展。金融业持续加大对数据要素、信息技术的深入应用，提高金融服务效率，扩大服务覆盖面，增强风险管理能力。2023年末，全省各类市场主体授信户数达到224.7万户，同比增长18.1%；授信覆盖率为20.5%，较年初提高2.1个百分点。多家银行推出全流程线上信贷产品，首贷户快速增长，信用贷款比例明显提升。1~11月新发放企业贷款中，首贷户共7万户，同比增长16.8%；信用/免担保贷款占比高达47.5%，同比提高2.1个百分点，更多长尾客户进入金融服务视野。

（三）融资成本稳中有降

2023年，人民银行引导公开市场操作逆回购和中期借贷便利中标利率分别累计下降20个和25个基点，1年期、5年期以上LPR分别下降0.2个、0.1个百分点，带动贷款利率稳中有降。一是存量贷款利率降至历史低位。2023年末，全省存量企业、个人贷款加权平均利率分别为4.66%、4.92%，同比分别下降0.36个、0.99个百分点，均处于有统计以来低位。二是新发放贷款利率稳中有降。12月份，新发放企业贷款加权平均利率为4.11%，同比下降0.3个百分点；新发放个人住房贷款利率为3.91%，同比下降0.26个百分点。三是存款利率有所下降。通过发挥存款利率市场化调整机制作用，增强企业居民投资消费动力，并为银行让利实体经济创造有利条件。11月份，金融机构新吸收单位存款加权平均利率为1.19%，较上年12月下降0.07个百分点；新吸收的个人定期存款加权平均利率为2.01%，较上年12月下降0.2个百分点。

（四）金融发展总体稳健

一是金融业总资产稳步扩张。2023年11月末，全省银行业总资产达到12.5万亿元，同比增长8.9%；银行业利润总额765.9亿元，同比增长11.3%。11月末，全省保险业总资产6816.47亿元，同比增长7.6%；3家法人证券期货总资产581.62亿元，同比增长5.5%。二是金融业对经济增长的贡献提高。前三季度，全省金融业增加值2740.6亿元，占GDP的5.7%，同比增长6.7%，较上年同期提高2.6个百分点。三是中小银行改革化险有序推进。全省农信社系统实施重塑性改革，河南省农商联合银行顺利揭牌开业。282亿元中小银行发展专项债券成功发行并完成资本补充。不良资产盘活清收稳步推进。

二 河南省金融运行中存在的主要问题

（一）实体经济有效需求不足，存长贷短特征突出

经济恢复发展的内生动力仍然较弱，2023年第二季度以来河南省GDP增速持续低于全国，前三季度GDP增速低于全国1.4个百分点。有效需求

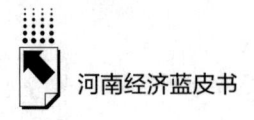

不足问题突出,1~11月,全省固定资产投资、社会消费品零售总额、进出口总额同比分别增长2%、6.5%、-4.5%,分别低于全国0.9个、0.7个、4.5个百分点。房地产相关行业仍未走出困境,房地产开发投资、商品房销售面积同比分别下降9.2%、3.6%,与地产相关的建筑与装潢材料等需求疲弱。需求不足还体现在物价上,1~11月,全省CPI、PPI同比分别下降0.2%、2.5%。社会预期整体仍然偏弱。第四季度河南省银行家、工业企业家问卷调查显示,宏观经济热度指数分别为31.5%、29.6%,环比分别回落1.4个、1.1个百分点。企业和居民进行中长期投资和消费的信心有所减弱,市场主体"存长贷短"特征明显。2023年全省活期存款减少603.6亿元,定期存款则增加8071.7亿元,存款增长定期化的同时,中长期资金需求下降,短期贷款及票据融资增加2956亿元,占各项贷款增量的40.8%,同比提高18.7个百分点;中长期贷款增加4284.9亿元,占各项贷款增量的59.2%,同比下降11.4个百分点。

(二)新旧动能接续不畅,融资结构有待优化

经济结构转型升级加快推进,经济增长动力更替,传统增长动能减弱。2023年末,全省基础设施、租赁和商务服务业中长期贷款余额合计1.7万亿元,占各项贷款的19.9%;较年初增加1506亿元,同比少增796亿元。在全国和发达省份,先进制造业、科创、绿色领域正成为拉动贷款增长的主要动力,而河南在这些领域的贷款增长不足,短期内还难以弥补传统领域贷款增长放慢的影响。9月末,全省绿色贷款、科技型中小企业贷款、制造业中长期贷款、私人控股企业贷款增速分别落后全国5个、1.8个、12.2个、4.2个百分点。

(三)房地产贷款增长仍然较慢

2018年之前河南省新增房地产贷款一度占到全部贷款增量的五成以上,随着住房需求中枢水平下移,房地产贷款需求下降。全年全省房地产贷款增加344.8亿元,占各项贷款增量的4.8%,仅为过去5年平均增量的1/5,

信托、银行承兑汇票、债券等其他融资渠道仍在收缩，民营房企融资受阻。居民购房意愿低迷，新发放个人住房贷款在9月份短暂好转后迅速回落并逐月降低，12月份发放额达年内低点。2023年末，全省个人住房贷款余额1.9万亿元，同比增长1.1%，较上年同期回落0.4个百分点。

三 2023年河南省金融业发展形势展望

（一）河南省金融业发展的有利因素

一是经济将持续复苏。当前中国经济持续恢复向好、总体回升的态势更趋明显，经济增长的内生动力不断增强。下半年以来全省经济增长逐月加快，三次产业生产形势稳中向好，"7+28"链群建设加速推进，投资、消费稳步改善，经济结构持续优化，新动能加快集聚成势，将成为拉动信贷增长的新动力。

二是宏观政策环境将更加适宜。随着主要经济体加息周期接近尾声，我国货币政策所受掣肘正在减弱。人民银行将保持货币政策稳健性，做好跨周期和逆周期调节，加强优质金融服务，更好支持扩大内需，促进稳外资稳外贸，为经济社会发展提供高质量服务。

三是河南省做好五篇大文章空间广阔。科技金融：11月末，全省高新技术企业、科技型中小企业贷款余额分别为3718.4亿元、789.1亿元，仅分别占全部企（事）业单位贷款的7.5%、1.6%，金融支持科技创新仍有较大空间。绿色金融：河南省产业结构绿色升级任务繁重，六大高耗能行业以近九成的能耗产生了四成的工业增加值，节能降碳改造金融需求旺盛。普惠金融：河南省市场主体总量超过1000万，普惠金融增量、扩面潜力巨大。养老金融：2022年末，河南省常住人口9872万人，其中60周岁及以上1862万人，占比18.9%，养老金融在人口大省大有可为。数字金融：部分中小金融机构数字化转型相对滞后，面临技术不强、人员力量不足等问题，在批量获客、自动审批、智能风控等方面，数字金融赋能仍有较大空间。

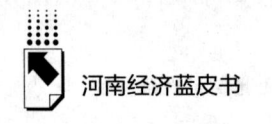

（二）河南省金融业发展的制约因素

一是外部环境复杂严峻。2023年10月国际货币基金组织发布的《世界经济展望》预计，全球经济增速的基线预测值将从2022年的3.5%降至2023年的3%和2024年的2.9%，远低于3.8%的历史（2000～2019年）平均水平。全球经济增长前景分化，普遍面临"高通胀、高利率、高债务"等挑战，美欧加息的累积效应将持续显现，外需不足、贸易增速放缓将对经济增长形成拖累。美欧持续升级"脱钩断链""小院高墙""实体清单"等围堵打压措施，对河南省产业转型升级带来一定的冲击和影响。

二是经济增长模式持续转变。当前中国的GDP总量已超过120万亿元人民币，庞大的基数决定了中国经济很难像此前那样维持每年8%～10%的高速增长。过度依赖基础设施和房地产投资的传统增长模式发生转变，相应领域规模大、期限长的贷款需求也将持续减弱，新的贷款增长点小且散，对贷款增长的拉动作用不足，对金融服务能力也提出更高要求。

下一步，人民银行河南省分行将在人民银行总行和河南省委省政府的领导下，深入贯彻落实中央经济工作会议、中央金融工作会议精神，始终保持货币政策的稳健性，发挥好货币政策工具的总量和结构双重功能，保持信贷合理增长、节奏平稳、结构优化，更好支持科技创新、民营小微、先进制造、绿色发展等重大战略、重点领域和薄弱环节，推动企业融资和居民信贷成本稳中有降，为经济回升向好营造良好的货币金融环境。

B.10
2023~2024年河南省房地产开发业形势分析与展望

贾云静 周翠萍*

摘 要： 近两年房地产市场进入深度调整阶段，本文深入分析了2023年河南省房地产开发市场运行特征，指出在当前调整阶段所面临的房企融资难、市场供给较为低迷、房地产市场总需求下降等突出问题，对未来发展趋势进行了初步判断，并提出了加强舆论引导，提振市场信心；精准投放，科学控制增量，稳妥化解存量；加大对民营房企信贷支持力度，适度缓解企业融资压力，积极妥善化解房地产风险；积极推进"三大工程"，加快构建房地产发展新模式等促进河南房地产市场平稳健康发展的相关建议，助力河南房地产市场软着陆。

关键词： 房地产市场 房地产开发 房地产风险

2023年，河南房地产市场在经历年初短暂回暖后转入下行态势，当前仍处于深度调整阶段。尽管各级政府部门从供需两端发力，密集出台了一系列楼市提振政策，支持力度空前，但房地产市场复苏是一个长期过程，当前受居民收入预期弱、房价偏高、市场总需求下降、房企资金压力大等因素影响，房地产开发投资低位运行，商品房销售面积降幅持续扩大。结合人口、收入、市场供求等因素整体来看，房地产市场调整还将持续一段时间，风险化解工作是当前房地产市场的重中之重。未来，随着城镇化的稳步推进和居

---

* 贾云静，河南省统计局固定资产投资统计处；周翠萍，河南省荥阳市统计局高级统计师。

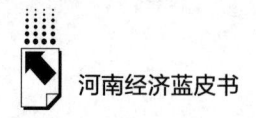

民收入的增长，房地产各项指标将回归合理区间，房地产市场仍将保持平稳发展态势。

一 2023年全省房地产市场运行特征

（一）房地产开发投资低速平稳运行

1~11月，全省房地产开发投资3868.75亿元，同比下降9.2%（按可比口径计算①），降幅较1~10月收窄0.1个百分点，但较前三季度扩大0.1个百分点；比全省固定资产投资增速（2.0%）低11.2个百分点；略高于全国房地产开发投资平均水平（-9.4%），居全国第13位（见图1）。

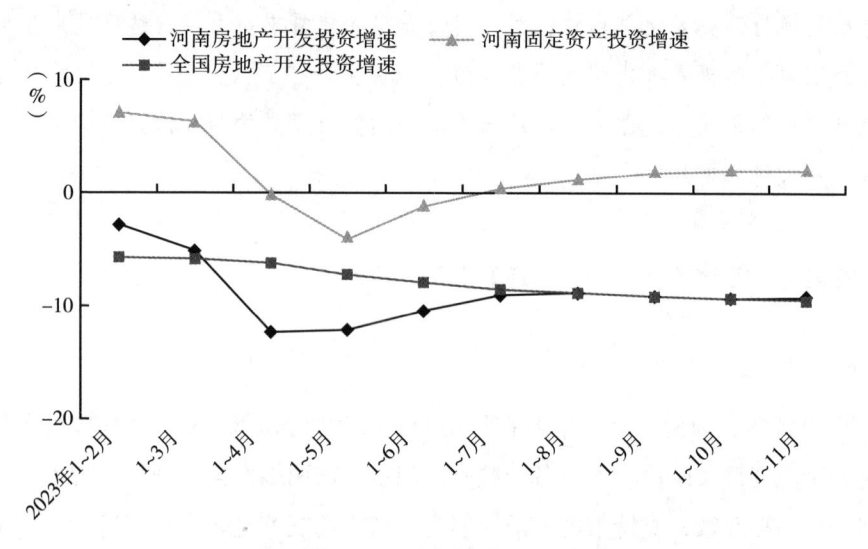

图1 2023年1~11月河南和全国投资增速对比

---

① 2023年房地产开发投资、商品房销售面积等指标的增速均按可比口径计算。与2022年已公布的同期数据之间存在不可比因素，不能直接相比计算增速。其主要原因，一是加强在库项目管理，对退房的商品房销售数据进行了修订；二是加强统计执法，对统计执法检查中发现的问题数据，按照相关规定进行了改正；三是加强数据质量管理，剔除非房地产开发性质的项目投资以及具有抵押性质的销售数据。

从关联指标看，新入库项目个数大幅减少，新开工面积、施工面积均大幅下降，与此同时，到位资金情况也不容乐观，关联指标的表现共同印证了房地产开发投资的低位运行态势。1~11月，全省新纳入房地产开发统计项目库的项目合计604个，同比下降38.3%；全省房屋施工面积、新开工面积分别同比下降8.5%、34.1%。全省房地产开发企业到位资金4041.96亿元，同比下降21.3%，远低于开发投资增速。

从房屋用途看，"保交楼"行动缓解了住宅投资的下行，非住宅投资持续低迷。1~11月，住宅投资3348.21亿元，同比下降8.5%，高于开发投资0.7个百分点；占全省开发投资的比重呈逐月增加的趋势，由年初的83.5%逐步提高至1~11月的86.5%。占比13.5%的非住宅投资520.54亿元，同比下降13.9%，下拉全省开发投资2.0个百分点。

（二）商品房销售经历年初"小阳春"后转入持续下行态势，当前仍在探底

2023年河南商品房销售市场与全国形势基本一致，呈现先扬后抑态势。年初，随着疫情防控政策的优化调整，以及各类促消费政策的出台，各地抓住时机积极举办房展会、购房节，楼盘访问量明显增长，前期积压的购房需求在第一季度集中释放，商品房销售市场出现短暂的"小阳春"。进入第二季度，随着积压需求逐步得到满足以及政策效应递减，销售增速开始逐月下滑，之后受收入预期下降、房价偏高、城市生活成本高、房地产市场预期不稳等多重因素影响，市场信心难以在短时间内提振，销售持续低迷。根据建业、永威等省内知名房企相关人士介绍，旗下新盘和续销项目来访量3月开始下探，6月之后到访、成交数据下降更为明显。

1~11月，全省商品房销售面积6324.15万平方米，同比下降3.6%，降幅较1~10月、前三季度分别扩大1.0个、1.6个百分点；比全国平均水平（-8.0）高4.4个百分点，居全国第14位。全省商品房销售额4131.37亿元，同比下降2.0%，降幅较1~10月、前三季度分别扩大1.0个、0.7个百分点；比全国平均水平（-5.2）高3.2个百分点，居全国第16位（见图2）。

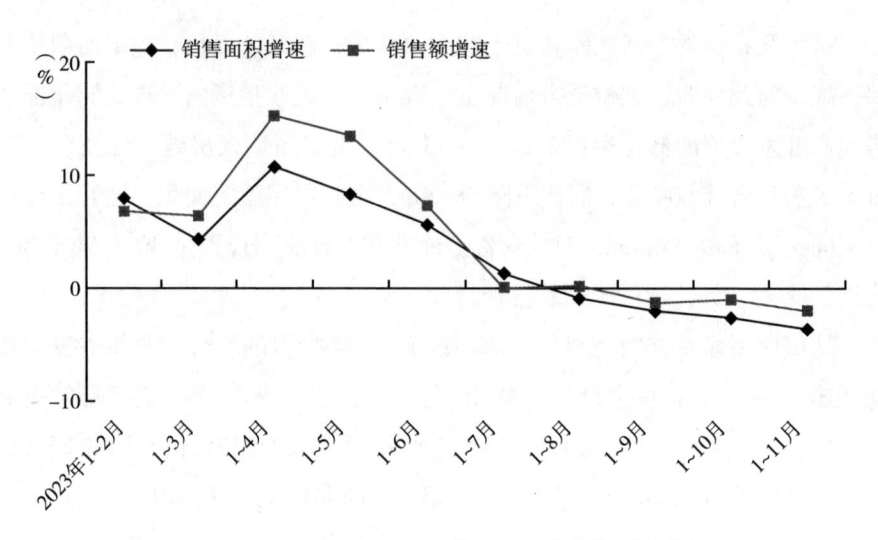

图2 2023年河南商品房销售面积与销售额增速走势

现房销售持续增长，期房销售降幅扩大。当前房地产市场期房违约、减配交付、品质下降等负面信息叠加，消费者对期房的避险心态明显，现房购买意愿增加。1~11月，现房销售面积增长4.7%，高于全省商品房销售面积8.3个百分点；拉动全省销售面积增长0.6个百分点。期房销售面积下降4.8%，低于全省商品房销售面积增速1.2个百分点；下拉全省销售面积增速4.2个百分点。

（三）保障性住房建设稳步推进

党的二十大报告指出，要建立多主体供给、多渠道保障、租购并举的住房制度。规划建设保障性住房是完善住房制度和供应体系、重构市场和保障关系的重大改革，有利于市场满足多层次住房需求，也有利于建立租购并举的住房制度。2023年7月，国务院印发《关于在超大特大城市积极稳步推进城中村改造的指导意见》，提出在超大特大城市积极稳步推进城中村改造，郑州被列入35个国家政策支持的试点城市之一。9月，河南印发《关于实施城市更新行动的指导意见》，指出郑州市、航空港区要认真落实国家关于超大特大城市积极稳步推进城中村改造工作的要求，针对不同类型城中村特点，合理确定改造方式。同时，河南将加大对城市更新项目的资金支持力度，引导房地产、建筑施工等企业参与城市更新项目。11月，郑州7个城中村改造项目举行集中开工仪式，12月，郑州多个城中村改造项目通过备案审批，郑州城中村改造工作的加速推进有力保障了全省保障性住房建设的进展，对于稳定市场发挥了重要作用。

据省住建部门反馈，截至11月底，全省棚改安置房基本建成21万套，新开工改造老旧小区38.98万户，分别完成工作目标的105%、103%，提前完成年度任务。统计数据显示，1~11月，全省房地产开发项目统计库中的保障性住房项目完成投资357.42亿元，同比下降4.1%，高于全省开发投资增速5.1个百分点；保障性住房施工面积5326.39万平方米，同比下降3.9%，高于全省房屋施工面积增速4.6个百分点；竣工面积361.43万平方米，同比增长50.8%，远高于全省房屋竣工面积增速（-5.5%）。

二 当前房地产市场面临的问题

（一）房企融资难、创收盈利能力下降，多数民营房企资产负债率偏高，行业信心不足

一是全省房地产开发企业到位资金降幅持续，房企融资难。房地产是资金密集型行业，到位资金的情况直接影响开发投资的走势。2016~2019年，全省房企到位资金持续保持正增长。2020年初，受突如其来的疫情影响，到位资金出现断崖式下降，之后随着疫情防控政策的调整，到位资金情况逐步好转。2021年，随着贷款集中度管理、"三线四档"融资管理规则等房地产金融审慎管理政策的实施，房地产企业融资遇到前所未有的困难，部分房地产企业开始出现债务违约风险，全省到位资金增速自年初的22.1%逐步回落至1.9%，但仍维持在同比增长态势。2022~2023年，商品房销售整体下行明显，企业回款能力下降，到位资金转为负增长且降幅逐步扩大，尽管中央和全省各地频繁释放资金利好政策，信贷、债券和股权融资政策"三箭齐发"助力房地产企业融资，但当前房企融资压力较大的局面并未得到

明显缓解。2023年1~11月，全省房地产开发企业到位资金4041.96亿元，同比下降21.3%，处于"十三五"以来的较低水平。调研发现，当前尤其是县城房地产项目，缺乏融资渠道，加上市场销售不好，企业流动性普遍紧张。比如，截至9月底，南阳市2023年以来房地产开发贷款余额36.35亿元，较年初仅增加0.28亿元，"保交楼"项目商业银行配套融资仅到位2.75亿元。

二是在整个房地产市场预期不稳、销售回款周期拉长的背景下，房地产企业创收盈利能力下降。2015~2019年，河南针对商品房销量下滑、库存增加的现状，制定实施了促进房地产市场健康发展16条、促进农民进城购房扩大住房消费9条等政策措施，商品住宅销售加快，库存减少，商品住宅去化周期①自2016年的3.0个月逐步缩短至2019年的1.6个月（见图3）。与此同时，房企销售回款、资金周转速度较快，创收盈利能力也较强，2016~2019年全省房地产开发企业主营业务收入、利润总额年均分别增长17.7%、23.4%。自2020年起，尤其是2021年恒大资金风险爆发、项目停工逾期交付频发以来，房地产市场预期开始下行。国家统计局数据显示，2022~2023年全国房地产开发景气指数持续走低，11月降至93.42，处于近年来最低水平，商品房尤其是期房销售困难，销售回款周期拉长，企业主营业务收入和利润总额逐年下降。2022年，全省房地产开发企业主营业务收入4713.20亿元，同比下降12.4%；利润总额仅269.64亿元，同比下降37.0%，降至近十年最低水平。

三是多数房企尤其是民营房地产企业资产负债率偏高，风险大。由于过去部分房企激进地举债扩张，加上跨行业多元化布局，为房企的财务边际恶化埋下了伏笔。房地产市场的下行，源自2021年"三条红线"政策的出台，部分房企出现资金流动性困难，从而爆发了密集性的债务违约。自2021年到现在，以中国恒大、世茂集团、阳光城等为代表的房地产企业相继出现债务违约。据中指研究院统计，2020~2022年债务违约房企共有61

---

① 这里的去化周期等于待售面积除以过去12个月月均销售面积。

图3 2016年以来河南省商品房与住宅去库存周期

家，2023年1~8月房地产行业再次发生38例债务违约事件，很多房企出现旧债未偿、新债又接连到期的情况。从诸葛数据研究中心监测的100家重点上市房企看，2023年上半年100家房企平均净负债率为162.1%，较2022年扩大19个百分点。资金问题在民营房企中更为突出，尽管中央一再强调要一视同仁满足不同所有制房地产企业的合理融资需求，但相较于国企，民企的贷前调查更加烦琐，金融机构不仅较难获取企业的信用信息，也较难确保信息的真实性。因此，部分金融机构仍存在重国企、轻民企倾向。从观点指数发布的前50强房企数据情况看，截至2023年10月底，除了邦泰、大华两家未上市公司难以获悉债务情况，48家房企中有1/4已构成实质违约，并均为民营及混改企业，剩余36家尚未出险的房企中，仅有2家混改企业以及11家民企，其余未出险的均为央企国企。

（二）市场供给较为低迷，土地供应和施工规模等先行指标下降至历年低位

一是土地供应和成交量均明显下降。受房地产市场销售低迷、房企资金压力大等因素影响，房企拿地越来越谨慎，多数土地均以底价成交。省自然资源统计公报显示，2018~2022年全省住宅用地供应量和成交价款均逐年下

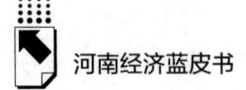

降，其中住宅用地供应量自2018年的1.04万公顷下降至2022年的0.51万公顷，年均下降16.3%；国有建设用地成交价款自2018年的3438.08亿元下降至2022年的2264.49亿元，年均下降9.9%。2023年，受行业信心仍在低位等因素影响，前三季度整体土地市场成交量同比仍显著下滑。

二是新开工面积和施工面积增速同时降至历史低位。2016~2019年，河南房地产市场处于鼎盛时期，每年新开工项目个数以年均9.1%的速度递增，2019年全年新纳入房地产项目统计库的数量高达1558个。2020~2021年，尽管受疫情等因素影响，房企拿地开发速度有所放缓，但每年新入库项目个数也维持在1400个以上。自2022年起，房地产企业资金问题愈发突出，企业开发新项目的意愿明显降低，销售回款不再盲目用于土地投资，更多还是集中在"保交楼"与减轻自身债务压力上，2022年新入库项目降为1047个，同比下降29.9%；2023年新入库项目仅636个，同比下降39.2%。与此同时，近两年的房屋施工面积和新开工面积也急剧下降。2022年和2023年1~11月，全省房屋新开工面积分别同比下降34.5%、34.1%。全省房屋施工面积方面，2022年第一季度首次转为负增长，改变了自2014年以来连续增长的局面，自此施工面积降幅持续扩大；2023年1~11月，全省房屋施工面积同比下降8.5%。施工面积和新开工面积增速均处于历史低位。

（三）人口、收入、房价等多重因素影响，房地产市场总需求下降

短期来看，利好政策传导、市场信心修复还需一定时间，虽然各地均出台契税补贴、人才购房等政策，但群众对"政策底"仍有期待，购房者仍然观望。从长期来看，伴随着人口红利逐渐减弱，房价偏高而居民收入增长放缓，城镇化速度开始放缓，房地产市场总需求下降，具体表现在以下两个方面。

一是城镇新增住房需求增长趋缓。一方面，当前城镇化进程放缓对住房需求增长的支撑力减弱。2016~2019年，河南省城镇化率年均提升1.8个百分点，但2020~2022年受疫情等因素影响，城镇化率年均仅提升1.0个百

分点。2016年以来全省新增城镇常住人口数量持续减少，2022年全省新增城镇人口降至54万人，表明城镇化速度减缓。另一方面，当前较高的城镇人口人均建筑面积对未来住房需求增长形成客观约束。2022年河南省城镇居民人均自有住房面积达到47平方米，比2001年房改之初提高了19平方米。央行调查数据显示，目前城镇居民家庭户均拥有住房1.5套，不少城镇家庭已拥有两套以上住房，住房空置现象比较明显，未来新增住房需求难以延续之前的增长态势。

二是收入预期下降、房价偏高，居民购房能力不足。一方面，城镇居民收入增速放缓、收入预期下降。居民的收入尤其是可支配收入，是决定家庭消费需求的最重要因素。但近年来城镇居民人均可支配收入速度放缓，人们收入预期下降。2016~2019年，河南省城镇人均可支配收入年均增长7.9%，但2020~2022年城镇人均可支配收入年均增幅仅为5.2%。另一方面，虽然近两年房价有所下降，但整体房价收入比仍高于合理区间，房价仍然偏高。从全省商品房销售混合单价来看，2016~2020年，商品房销售混合单价由4611元/米^{2}增长至6641元/米^2，2021~2023年房价有所下降，但当前全省仍维持在6500元/米^{2}左右，其中郑州市混合单价仍高达8600元/米^2。2022年全省城镇人均可支配收入为38484元，相当于3207元/月，相较于收入来讲当前房价仍偏高。按照国际惯例，住房消费占居民家庭收入的比重应低于30%，房价收入比合理区间为3~6倍。据住建部门测算，2022年全省房价收入比为6.82，高于合理区间，其中郑州市为11.71、洛阳市为10.33，在全省处于较高水平。

（四）"保交楼"攻坚推进难度大

一是银行等金融机构避险意识强，配套融资难落地。随着"保交楼"工作的推进，抵押物充足、房企信用较好的项目已获得配套融资，部分项目由于剩余货值不足、无抵押物、涉法涉诉、房企失信等原因，配资需求难以落地，导致这部分"保交楼"项目推进难。二是房企主体责任落实不到位。对于违规抽逃挪用预售资金房企的追讨打击还存在发力空间，震慑效应不

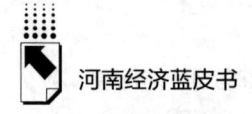

足，房企"躺平"靠政府兜底救助多，主动处置资产、筹集资金自救力度不够。

三 趋势预测与下一步建议

房地产行业发展长期看人口、中期看供应、短期看金融。总体来看，当前房地产市场仍处于调整阶段，市场逐渐修复，调整还将持续一段时间。从短期看，2023年12月召开的中央经济工作会议将化解房地产风险放在了防范化解重点领域风险的首位，体现了房地产风险化解工作是当前房地产市场的重中之重。今后一段时间内，房企的主要任务是"保交楼"和化解债务，无力进行过多的新项目投资，房地产开发市场下行的态势难以改变。从中期看，房地产企业将集中力量向新发展模式转型，预计5年左右部分优质房企将完成企业转型，房地产市场将会进入一个新的发展阶段。从长期看，河南经济长期向好的基本面没有改变，城镇化增长仍将带来相对稳定的市场需求潜力，在住房价格保持相对稳定的前提下，随着居民收入的增长，各项指标将回归合理区间，房地产市场仍将保持平稳发展态势。

（一）加强舆论引导，提振市场信心

一是扎实做好"保交楼"工作，推进"保交楼"政策落实，确保在建项目如期交付，同时强化政策宣传，修复市场观望情绪，增强购房者信心，加快释放潜在购房需求。二是提前谋划，做好营销宣传，鼓励企业做好线上线下营销，推广线上宣传、线上看房，为外出务工的刚需购房群体提供便利，营造良好的购房氛围，吸引刚需购房群体返乡置业。

（二）精准投放，科学控制增量，稳妥化解存量

一是相关部门要统筹规划，利用现有的不动产登记系统，结合大数据，有的放矢、因地制宜规划商品住房的市场供应，既要顺应市场，又要发挥调控功能，还要注意租赁市场和购买市场的协同联动，形成整体效应。二是针

对当前市场低迷、风险暴露的形势，应积极稳妥化解存量，重点解决开发烂尾停工问题。密切关注已拿地企业的经营状况和项目建设进度，重点解决项目在审批办件、疫情防控、融资周转、用工用材、市政配套建设等方面存在的困难，及时化解各种风险，确保项目如期建成并交付使用。三是政府出资购买问题楼盘转为建设保障性住房，化解部分存量房库存。

（三）加大对民营房企的信贷支持力度，适度缓解企业融资压力，积极妥善化解房地产风险

中央经济工作会议再次提出，要积极稳妥化解房地产风险，一视同仁满足不同所有制房地产企业的合理融资需求。部分金融机构仍存在重国企、轻民企倾向，为有效解决民营房地产企业因资金短缺导致的项目停缓建等问题，满足企业正常建设融资需求，应从政策调控上提高精准度，拓宽民营房地产企业融资渠道。一是加大金融机构对民营房地产企业的支持力度，积极开展银企对接，争取银行加大对信誉良好、在建项目规模较大民营房地产企业的资金支持力度，提供优惠利率放款或缩短项目贷款审批周期，有效提供资金保障，解决企业融资难题。二是完善民营企业征信系统和信用评级，加强涉企信用信息共享应用，引导金融机构对民营企业精准信用画像，解决金融机构"不愿贷""不敢贷"问题。三是搭建政银企对接平台，开发、宣传有针对性的融资产品，提升金融服务能力，同时，对于那些短期偿债压力较大的企业，鼓励金融机构予以展期或低息续贷，保持企业现金流能正常流转。

（四）积极推进"三大工程"，加快构建房地产发展新模式

构建房地产发展新模式是破解房地产发展难题、促进房地产市场平稳健康发展的治本之策。而保障性住房建设、城中村改造将会形成新的房地产市场需求和供给，在盘活各类闲置存量房产、保障居民尤其是新市民外来人口住房需求、提升居住品质和服务等方面将发挥重要作用，对稳定房地产投资、促进市场恢复和平稳运行、推动实现保障房和商品房双轨制等均有重要

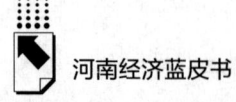

意义。因此，相关部门应积极推进保障性住房建设、"平急两用"公共基础设施建设、城中村改造"三大工程"，尽快完善相关基础性制度，统筹"三大工程"与租购并举解决新市民和青年人住房难题等有机结合，合理测算住房需求，科学编制规划计划，有序推进建设配售，构建房地产发展新模式。

B.11
2023~2024年河南省能源形势分析与展望

刘金娜 郭俊锋 刘芦苇 孙昊*

摘 要： 本文回顾总结了2023年河南规模以上工业能源生产、消费运行情况，分析制约能源生产、消费平稳运行的主要因素，并在此基础上对2024年河南能源生产、消费形势发展进行预判，提出推动河南能源生产、消费向好发展的政策建议：充分发挥煤炭兜底保障作用，推进煤炭高效清洁利用；加快建设新型能源体系，构建多元互补能源结构；加强节能降碳监管监察，确保"十四五"节能减排目标如期完成。

关键词： 能源生产 能源消费 节能降耗 河南

2023年，河南坚决贯彻落实党中央、国务院有关能源工作各项决策部署，全力做好能源保供各项工作，原煤生产平稳增长，电力供应保障能力进一步提升，能源生产结构持续优化；规模以上工业能源消费平稳增长，能耗强度持续下降，能源高质量发展扎实推进。2024年，全省能源生产供应有望更加平稳高效，能源消费有望持续平稳增长，节能形势有望继续向好发展。

一 2023年河南省能源生产、消费基本情况

2023年，经济恢复发展有效推动能源需求增长，河南原煤生产稳中有

---

* 刘金娜，河南省统计局能源和生态统计处副处长；郭俊锋，河南省统计局能源和生态统计处；刘芦苇，河南省统计局能源和生态统计处；孙昊，河南省统计局能源和生态统计处。

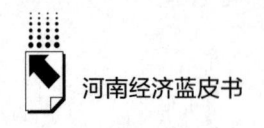

增,天然气生产快速增长,清洁可再生能源发电装机比重明显提高,电力调配能力进一步增强,工业能耗稳中微增,能源综合利用效率提高,单位工业增加值能耗平稳下降。

(一) 能源生产稳定增长,有力保障经济发展恢复向好

1. 原煤及主要煤炭制品生产稳中有增

2023年,全省煤炭稳产稳增,有效发挥了能源保供"压舱石"和"稳定器"的作用。1~11月全省规模以上工业原煤产量9350.64万吨,同比增长4.2%,增速比2023年上半年和前三季度分别提高1.0个、1.3个百分点,比全国平均水平高1.1个百分点。分省辖市看,全省12个产煤市中,9个市原煤产量保持增长,其中郑州、洛阳、鹤壁、焦作、许昌5市分别增长15.9%、16.1%、27.1%、19.2%、11.3%。

洗精煤(用于炼焦)、焦炭等主要煤制品产量继续延续2022年增长态势,1~11月产量分别为2760.31万吨、2048.83万吨,分别同比增长4.1%、11.0%。

2. 天然气生产快速增长,原油加工有所下降

2023年,河南煤层气产量在政策支持下快速增长,成为拉动天然气增长的主要因素。1~11月,全省规模以上工业天然气产量3.97亿立方米,同比增长12.0%;常规天然气产量2.90亿立方米,同比增长5.4%;非常规天然气(煤层气)产量1.08亿立方米,同比增长34.7%,拉动天然气增长7.8个百分点,对天然气增长的贡献率达65.2%。

受主要原油加工企业进入检修周期影响,全省上半年原油加工量下降较多,第三季度后生产快速恢复,累计降幅快速收窄。1~11月,全省规模以上工业原油加工723.18万吨,同比下降8.9%,降幅分别比2023年上半年、前三季度收窄0.9个、2.9个百分点。

3. 电力供应保障能力进一步提升

2023年,清洁可再生电力装机继续带动全省发电装机快速增长,电力调配能力持续加强。截至11月底,全省期末装机容量13695.73万千瓦,同比增长17.8%。其中清洁可再生能源发电装机6239.00万千瓦,同比增长

37.7%，增速比总装机高19.9个百分点；清洁可再生能源发电装机占总装机的比重为45.6%，比2022年提高6.5个百分点。

从发电情况看，1~11月，全省规模以上工业发电量2853.52亿千瓦时，小幅下降4.3%。其中清洁可再生能源发电量478.76亿千瓦时，占全部规模以上工业发电量的16.8%，比2022年提高1.7个百分点。

为保障经济社会用电，河南充分发挥外调电力补充调节作用，1~11月省外净调入电量604.86亿千瓦时，同比增长14.5%，比2022年提高33.7个百分点，安全保供能力进一步提升。

4. 能源生产结构持续优化，供给侧结构性改革成效继续显现

近年来，随着能源供给侧结构性改革不断深化，清洁能源生产占比进一步提高，高质量发展扎实推进。2022年全省一次电力及其他能源生产占全部一次能源产出的比重达26.6%，比"十三五"末提高10.2个百分点。2023年，河南继续大力支持抽水蓄能、生物质能、非粮生物液体燃料等新能源发展，全省规模以上工业抽水蓄能发电、生物质能供热、液态生物燃料分别同比增长47.7%、32.7%、25.5%，包括分布式光伏发电、风电在内的全口径风光电装机规模、发电量也持续快速增长，一次电力及其他能源占比将继续保持较高水平。

（二）能源消费小幅增长，工业节能形势向好

1. 工业能耗稳中微增

2023年，全省规模以上工业综合能源消费量由年中同比下降转变为年末略微增长，1~11月同比增长0.2%，增速比2022年降低5.0个百分点，比2023年上半年和前三季度分别提高2.3个、0.9个百分点（见图1）。

2023年，河南六大高耗能行业[①]用能总体稳定，1~11月综合能源消费量同比增长0.1%，增速低于全省规模以上工业0.1个百分点，比上半年、

---

① 文中六大高耗能行业是指石油、煤炭及其他燃料加工业，化学原料和化学制品制造业，非金属矿物制品业，黑色金属冶炼和压延加工业，有色金属冶炼和压延加工业，电力、热力生产和供应业。

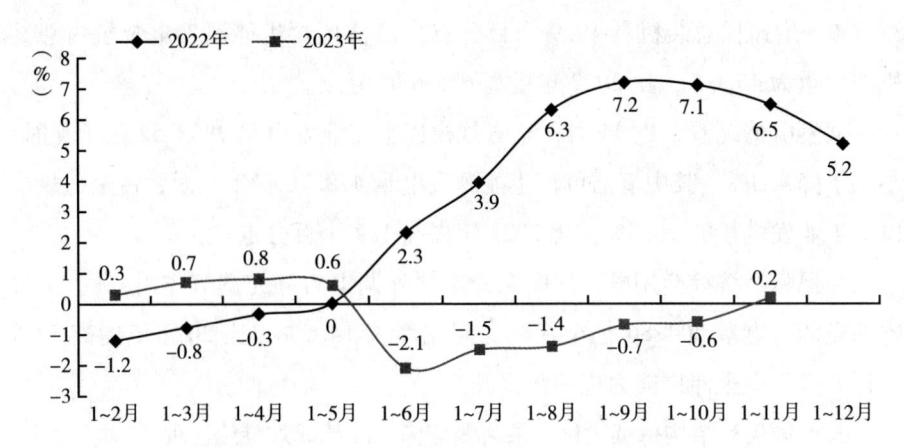

图1　2022年和2023年1~11月河南省规模以上工业综合能源消费量累计增速

资料来源：河南省统计局。

前三季度分别提高2.1个、0.8个百分点，拉动规模以上工业增长0.1个百分点。六大高耗能行业分化较为明显，综合能源消费量增速"三升三降"。石油、煤炭及其他燃料加工业综合能源消费量保持快速增长，1~11月同比增长18.3%；化学原料和化学制品制造业低位开局、逐月回升，1~11月同比增长3.6%；黑色金属冶炼压延业年初高速增长后逐月回落，1~11月同比增长2.4%；电力、热力生产和供应业，有色金属冶炼压延业，非金属矿物制品业持续低位运行，1~11月分别同比下降3.3%、1.3%、1.1%。

装备、汽车及零部件、食品、新材料等主导产业生产回升明显，能源需求较高，用能稳健增长。1~11月，全省五大主导产业综合能源消费量同比增长5.8%，增速超过规模以上工业5.6个百分点，比上半年、前三季度分别提高2.9个、0.8个百分点，拉动规模以上工业增长0.3个百分点。

2. 单位工业增加值能耗持续下降，工业节能形势良好

2023年，河南规模以上工业单位增加值能耗总体呈同比下降态势，特别是6月以来累计降幅稳定在4.5%~5.2%的区间内。1~11月，全省规模以上工业单位增加值能耗同比下降4.6%，比2022年降低4.7个百分点（见图2）。40个行业大类中，28个行业单位增加值能耗同比下降，下降面70.0%。分省

辖市看，13个市单位增加值能耗同比下降，下降面72.2%；其中，郑州、平顶山、漯河、南阳4市分别同比下降10.0%、10.7%、10.4%、10.2%。

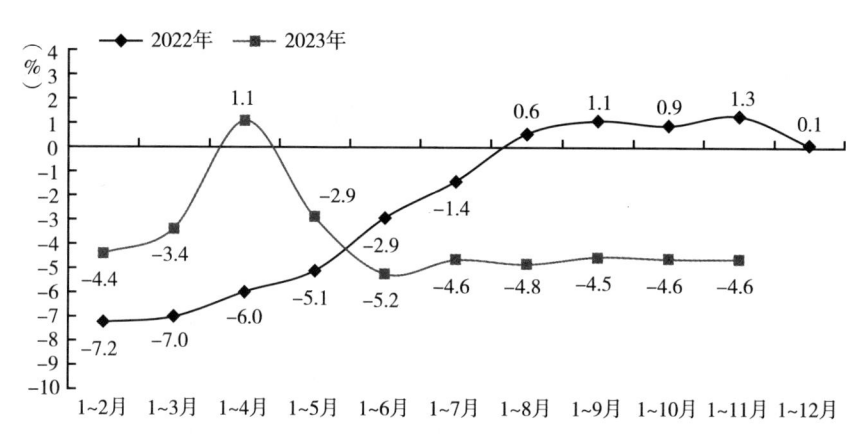

图2　2022年和2023年1~11月河南省规模以上工业单位增加值能耗降低率

资料来源：河南省统计局。

3. 能源资源综合利用水平提升

2023年，河南规模以上工业企业能源节约和资源综合利用规模不断扩大，利用领域逐步拓宽，技术水平日益提高，能源资源节约利用水平进一步提升。截至11月，全省回收利用余热余压，消费城市生活垃圾（用于燃料）、生物质能（用于燃料）、工业废料（用于燃料）、煤矸石（用于燃料）的企业共292家，比2022年末增加20余家。1~11月余热余压回收利用量、城市生活垃圾（用于燃料）消费量、生物质能（用于燃料）消费量、工业废料（用于燃料）消费量、煤矸石（用于燃料）消费量快速增长，分别同比增长12.4%、55.4%、9.9%、31.2%、32.6%。从能效水平看，2023年前三季度，重点耗能工业企业万米布混合数综合能耗同比下降35.8%，锰硅合金工序单位能耗下降32.8%，单位精锌（电锌）综合能耗下降12.5%，吨水泥综合能耗下降7.5%，吨水泥熟料综合能耗下降5.6%，单位合成氨生产综合能耗下降2.1%，每重量箱平板玻璃综合能耗下降1.4%，工业企业节能增效工作成效明显。

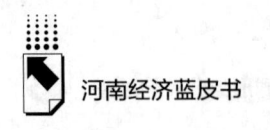

二 存在的主要问题

2023年，全省能源保障、节能降耗等各项工作取得了明显成效，但仍存在一些困难和问题制约能源高质量发展和节能降耗工作的深入推进，需引起关注。

（一）化石能源可开采资源逐年减少，能源保供困难长期存在

长期以来，以煤为主的传统能源在河南能源结构中占据重要地位，随着能源消费革命不断深化，能源利用方式不断变革，煤炭能源消费比重逐步下降，2022年降至62.7%，但仍高于全国6.6个百分点。受制于资源禀赋限制，煤炭、石油等传统能源资源储量有限，且经过多年大规模的工业化开采，当前开采条件复杂、成本提高、部分产区资源枯竭等问题日益凸显，全省六成以上的煤炭需要从外省调入，对外依存度较高。尽管河南在化石能源清洁高效利用和新型能源领域取得了较快发展，但近年来极端天气频发、外部政治经济形势日趋严峻等不利因素不断增多，河南能源安全保供仍会面临较多挑战，将在中长期内制约全省经济社会高质量发展。

（二）清洁电力、氢能等开发利用水平不高，新能源发展潜力仍需挖掘

近年来，随着河南新能源发电的快速发展，新能源装机占比不断提高，但消纳调峰能力不足、利用率不高等问题日益突出，逐渐成为制约能源转型发展的主要矛盾。1~11月，风电、太阳能发电平均利用小时分别为1880小时、1023小时，分别比全国2022年平均水平少341小时、314小时；1~10月，全省弃风、弃光率分别为2.9%、1.6%，均比2022年全年提高1.1个百分点[①]，风电、太阳能发电利用率在全国处于中下游水平。氢气生产企

---

① 资料来源于全国新能源消纳监测预警中心。

业产能规模普遍偏小且产量下降。2023年河南有氢气生产的规模以上工业企业21家，氢气产量8.43亿立方米，同比下降31.1%，降幅比2022年扩大42.5个百分点，平均到每个企业产量仅为0.40亿立方米，远小于经济大省浙江2022年平均4.4亿立方米的水平。根据可再生能源用电量估算，全省"绿氢"①比重仅占氢气产量的3.9%，比2022年下降0.1个百分点。

（三）煤炭消费量仍居高位，低碳利用水平有待进一步提升

河南规模以上工业煤炭消费量在经历"十三五"期间的快速下降后，2022年出现明显反弹，同比增长12.2%，消费量再次突破2亿吨。2023年规模以上工业煤炭消费量2.0万吨，与同期持平，继续处于高位水平。分行业看，煤炭开采和洗选业，石油、煤炭及其他燃料加工业等5个行业快速增长，同比增速均超过10%，合计拉动煤炭消费量增长3.0个百分点。从低碳化利用水平看，全省"高碳型"煤炭消费方式未能有效改善，煤炭低碳化利用水平有待进一步提升，原料煤用量未见明显增长，1~11月仅同比增长0.7%，远低于原料用能19.0%的增速。

（四）能源加工转换总效率继续回落，或将对工业节能降耗带来压力

2023年1~11月，全省规模以上工业企业加工转换总效率为69.2%，比2022年、2021年分别低0.3个、0.8个百分点。分加工转换类型看，火电、炼焦加工转换过程投入量大、效率连年下降，是拉低加工转换总效率的主要因素。河南煤电机组大部分初始设计煤耗较高，2023年在煤电市场份额缩小、电网调峰任务增多等因素影响下，机组满发时间有所减少，影响火力发电效率不断回落，1~11月火电效率降至39.4%，比2022年、2021年分别低1.0个、1.6个百分点。河南焦炭行业产能过剩，发展不平衡不充分等问

---

① 本文"绿氢"是指利用水力发电、风力发电、太阳能发电、生物质发电、地热能发电等可再生能源电力电解水制取的氢气。

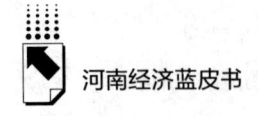

题仍然存在，1~11月炼焦效率为94.1%，比2022年、2021年分别低0.6个、0.9个百分点。

三 2024年河南能源生产、消费形势展望

2024年是贯彻党的二十大精神的关键之年，是实现"十四五"规划目标任务的关键一年，全省上下将贯彻落实好中央和省委经济工作会议系列决策部署，不断提高能源安全保障能力和能源高效利用水平，预计全年能源生产供应将继续高效平稳运行，能源消费需求将继续平稳增加，工业节能形势有望继续向好。

（一）全省能源生产供应将继续高效平稳运行

2023年以来，河南为做好能源保供工作，围绕提高煤炭生产能力、加大省际电力调配、加快新能源基础设施建设等中心工作，大力推动各项保供政策显效发力和多项新能源领域重大项目建设落地。2024年，随着能源生产供应体系不断完善，支持清洁可再生能源发展的各项政策持续显效，河南煤炭、电力生产供应将继续稳定向好发展，清洁低碳的新能源产业持续发展壮大，全年全省能源生产供应有望更为高效平稳。

（二）全省能源消费需求将继续平稳增加，工业节能形势有望继续向好

2023年以来，工业生产持续恢复增长，工业能耗稳中微增，能耗强度平稳下降，节能形势良好。2024年，在中央和省委经济工作会议部署的各项经济政策加持下，全省经济运行将继续恢复向好发展，能源消费大概率继续保持平稳增长态势。随着《工业重点领域能效标杆水平和基准水平（2023年版）》落地实施，河南会在更多工业领域开展能效对标工作，工业企业能效水平将进一步提升，全省节能降耗降碳工作将进一步深入推进，预计全年规模以上工业单位增加值能耗将延续下降走势，工业节能形势有望继续向好。

四 河南能源高质量发展的建议

2024年，河南要持续实施绿色低碳转型战略，推进煤炭高效清洁利用，加快建设新型能源体系，构建多元互补能源结构，加强节能降碳监管监察，不断促进能源高质量发展。

（一）充分发挥煤炭兜底保障作用，推进煤炭高效清洁利用

一是立足以煤为主的能源结构，深挖省内煤炭供应潜力。持续加大省内煤炭资源勘探力度，强化矿井采掘接替监管，严防接替紧张情况；加快建设中原大型煤炭储备基地，鼓励煤炭企业新建、改扩建储煤设施，利用输煤通道在煤炭生产地、消费地、铁路水路交通枢纽等地，因地制宜建设煤炭储备基地。二是深入开展煤炭高效清洁利用工程。加强煤层气（瓦斯）开发利用，推进煤炭洗选行业产业升级，鼓励开展煤炭分质分级分阶梯利用；提高煤炭作为原料的产业发展支持力度，加快推动煤炭由燃料向燃料与原料并重转变，进一步提高煤炭资源综合利用效率。三是通盘统筹煤炭消费，树立一盘棋的思维，将前期腾挪出的用煤量更多投向保民生保供应的新建发电机组和能效水平领先的优质企业。

（二）加快建设新型能源体系，构建多元互补能源结构

一是持续推动清洁可再生能源快速发展。加快推进分布式光伏发电应用，鼓励在工业园区、城市建筑、新农村示范区等建设屋顶分布式光伏发电系统；持续挖掘水电、风电发展潜力，提高水电、风电装机容量。二是推动氢能产业发展迈上新台阶，聚焦氢能重点领域，加快核心技术攻关，完善氢能供应网络建设，推进氢能在交通领域示范应用，加速郑汴洛濮氢走廊建设，打造国家级氢能产业集群。三是加快推进新型储能发展，引导新能源项目合理配置新型储能设施，鼓励电网侧和用户侧建设新型储能设施，建立健全独立储能容量共享租赁制度，进一步提升新能源并网消纳能力。

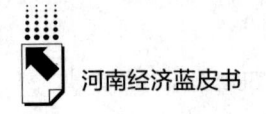

（三）加强节能降碳监管监察，确保"十四五"节能减排目标如期完成

一是加大节能监测力度，尤其对重点耗能企业、行业和地区的能效水平进行重点监测，切实加强对工业能源消费情况的预警和分析研判。二是加强政策支持保障，强化技术攻关，提高用能效率，推广清洁生产工业设备技术应用，着力推进高耗能行业绿色低碳转型发展。三是完善常态化节能监察机制，突出抓好重点领域、单位、项目的监督管理，不断加强节能监察工作，确保"十四五"节能减排目标如期完成。

B.12
河南省生态环境形势分析与预测

张清敏 袁彩凤[*]

摘 要： 2023年以来，河南省认真学习贯彻习近平生态文明思想，深入打好污染防治攻坚战，生态环境质量明显改善。但是，生态环境保护结构性、根源性、趋势性压力总体上尚未得到根本缓解，生态环境质量改善的基础还不牢固，持续改善压力仍然较大。必须以更高站位、更宽视野、更大力度，统筹推进生态环境保护与经济社会发展，推动全省生态环境质量稳定向好，奋力谱写人与自然和谐共生美丽河南建设新篇章。

关键词： 生态环境 污染防治 河南

2023年以来，在省委省政府的坚强领导下，全省上下深入学习贯彻党的二十大精神，践行习近平生态文明思想，全面贯彻全国、全省生态环境保护大会精神，以改善生态环境质量为目标，以推动绿色低碳转型为方向，深入打好污染防治攻坚战，协同推进降碳、减污、扩绿、增长，全省生态环境保护工作取得积极进展，生态环境质量持续改善。

一 生态环境保护取得积极成效

（一）大力实施绿色低碳转型战略

把结构优化调整作为促进绿色低碳转型的重点任务，不断加力推进。坚

---

[*] 张清敏，河南省生态环境技术中心环境规划室主任；袁彩凤，河南省生态环境技术中心副主任。

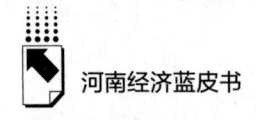

决遏制"两高"项目盲目发展，开展"两高"项目会商联审会15次，会商项目116个；巩固落后产能淘汰成效，完成41台（套）产能装备淘汰退出，9家重污染企业搬迁；推动清洁生产验收审核，带动改造资金投入17亿多元，实现经济效益近16亿元；培育壮大节能环保装备产业链，制定《河南省培育壮大节能环保装备产业链行动方案（2023~2025）》。开展200家企业碳排放核查，完成2021年及2022年碳排放配额发放，信阳成功申报国家气候投融资试点城市。协同有关部门推动"公转铁""公转水"项目建设，推动重点行业企业大宗物料清洁运输，全省钢铁行业大宗物料清洁运输比例达到55.8%，焦化行业达到62.4%。推动各地加快公共领域车辆新能源更新替代，全省城市建成区公交车新能源比例达到95.6%，出租车达到45.1%，环卫车达到44.7%。

（二）深入打好蓝天保卫战

始终把大气污染防治作为重中之重，推动转型、治企、减煤、控车、降尘"五管齐下"，集中精力抓源头减排，淘汰474台35蒸吨/小时及以下中型燃煤锅炉，基本实现35蒸吨/小时及以下燃煤锅炉清零。推动7家13台座工业炉窑实施清洁能源替代，全省玻璃、碳素、耐材、铸造、有色冶炼等工业炉窑基本实现清洁低碳能源替代。新建改造电能烟叶烤房8842座。完成15家钢铁、62家水泥企业超低排放改造，2138家企业分类改造升级。完成VOC_S原辅材料源头替代72家，VOC_S综合治理249家，臭氧污染形势较上年明显好转。整治各类扬尘问题29532个，约谈曝光270个。将2731个国家和省重点项目纳入重污染天气应急豁免清单，推行"一企一策"差异化管控。全省PM_{10}、$PM_{2.5}$、优良天数三项主要指标保持"两降一增"，改善幅度均位居全国前列，特别是4~9月份连续6个月$PM_{2.5}$实现环境空气质量二级达标。

（三）深入打好碧水保卫战

印发实施《河南省2023年碧水保卫战实施方案》《河南省深入打好长

江流域保护修复攻坚战工作方案》，统筹部署全省水污染防治工作。省辖市黑臭水体持续清零，县级城市黑臭水体排查整治加快推进。在国家下达的排查 24 条河流湖库入河排污口排查溯源任务的基础上，扩大到 119 条河流湖库，实现全省主要水体全覆盖。印发《南四湖流域水污染物综合排放标准》，编制《医疗机构污染物排放控制标准》《河南省水环境生态补偿暂行办法》。开展省级美丽河湖优秀案例评选，积极参与国家级美丽河湖优秀案例征集，洛阳伊洛河获评国家级美丽河湖优秀案例。1~10 月，全省 160 个国控断面中，Ⅰ~Ⅲ类水质断面 129 个，占比 80.6%，无劣Ⅴ类水质断面。

（四）深入打好净土保卫战

坚持预防为主、保护优先，推动土壤、地下水及农村领域问题解决。开展农用地土壤镉等重金属污染源头治理，整治重金属污染企业 231 家；完成 1337 个用途变更地块土壤污染状况调查。完成 194 个化工园区、垃圾填埋场、尾矿库等重点污染源地下水环境状况调查，郑州国家地下水污染防治试验区建设成效显著。新增建设乡镇政府驻地污水处理设施 82 个，周口、平顶山、漯河成功申报国家农村黑臭水体治理试点，332 条被纳入国家监管清单的农村黑臭水体得到整治，农业面源污染治理"南乐样板"、畜禽养殖污染防治"内乡模式"在全国推广。截至 10 月底，全省受污染耕地安全利用率达到 100%，重点建设用地安全利用得到有效保障。

（五）全面加强黄河流域生态保护

全面推动《黄河保护法》贯彻落实，颁布实施《河南省黄河流域水污染物排放标准》，完成 250 家涉水污染源提标改造。组织开展黄河流域环境问题和风险隐患排查整治，整治环境问题 1018 个。完成 4594 座历史遗留矿山（图斑）的现场查勘、采样检测和成果评价等工作。紧盯黄河花园口断面水质波动问题，通过综合施策，花园口断面水质近期稳定保持Ⅱ类。打造黄河沿线复合型生态廊道 1200 多公里，黄河流域濒危动植物种类明显增多，在三门峡栖息越冬的白天鹅达到 1.5 万只。目前，黄河流域 35 个国控断面

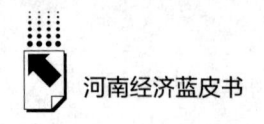

中，Ⅰ~Ⅲ类水质断面32个，占比91.4%；无劣Ⅴ类水质断面，黄河出省断面水质稳定达到Ⅱ类。

（六）全力保障南水北调水质安全

印发《河南省丹江口水库水质安全保障问题整改方案》《河南省南水北调中线工程饮用水水源保护区风险源排查整治实施方案》，全力保障南水北调中线工程饮用水水质安全。推进丹江口水库入河（库）排污口排查整治，已分类完成521个排口的溯源工作。妥善应对丹江陕西入豫交界荆紫关断面锑超标事件。科学开展饮用水水源保护区监管、评估、调整工作。南水北调中线工程水源地陶岔取水口水质2023年持续达到Ⅰ类，总干渠稳定保持在Ⅱ类及以上，被纳入国家考核的62个县级以上城市集中式饮用水水源地取水水质全部达到目标要求。

（七）持续增强生态系统服务功能

扎实开展"绿盾"自然保护地强化监督工作，对洛阳、三门峡、南阳、信阳等地市开展专项督导，河南2017~2022"绿盾"行动重点问题整改完成率由82.09%提升至88.73%。太行山、大别山和秦岭三大生物多样性保护优先区域外来入侵物种调查监测工作稳步推进，生物多样性基础更加扎实。

（八）牢守环境安全底线

建立"无废城市"建设协调推进机制，郑州、许昌、洛阳、南阳、三门峡、兰考"5+1"城市全部印发"无废城市"建设工作方案。探索建立危险废物分类分级管理模式、危险废物转移"白名单"制度和小微收集试点管理，全省五大区域全覆盖的危险废物集中处置格局初步形成。对全省尾矿库开展"拉网式"排查，排查发现存在环境风险隐患尾矿库73座，全部完成整改34座，部分完成整改39座。全年共发生一般突发环境事件3起，均得到妥善处置。严密组织突发环境事件风险隐患排查，检查各类企业8338

家，发现问题 1630 个，已完成整改 1623 个。积极推进突发环境事件应急处置"南阳实践"，举办跨省流域突发环境事件应急演练，持续提升突发环境事件应急应对能力。

二 生态环境保护面临新的形势

（一）绿色低碳发展成效显著，但结构调整任务依然艰巨

新时代十年，全省单位生产总值能耗累计降低 37.3%，以年均 1.3% 的能源消费增长保障了年均约 7% 的经济增长，污染排放量下降 30%，但是河南工业结构偏重、能源结构偏煤、运输结构偏公路、用地结构不优等问题还未根本改变。一是产业结构偏重。能源原材料行业和高耗能高污染行业占比偏高，冶金、化工、煤炭等重工业占比 60% 以上，六大高耗能行业能源消费占规模以上工业的比重超过 80%，尽管在重点区域、重点行业持续开展绿色化清洁生产改造，但总体排放量仍然偏高。二是能源结构偏煤。煤炭消费占全省一次能源消费总量高于全国平均水平，能源资源利用效率偏低，碳排放总量大。三是交通运输结构偏公路。全省机动车保有量大，高速过境车辆多，公路货运占比高于全国平均水平，铁运、水运及多式联运程度较低，运输设施设备标准化、清洁化水平有待提高。四是用地结构不尽合理。河南常住人口城镇化率低于全国平均水平，随着城镇化进程加快、产业快速发展，统筹耕地保护与生态用地、建设用地需求任务较重。

（二）环境空气质量持续改善，但完成目标压力依然很大

"十三五"以来，全省空气质量优良天数比率显著提升，$PM_{2.5}$、PM_{10} 年均浓度显著下降，重度及以上污染天数明显下降，环境空气质量明显改善，但是与国家下达目标和河南明确的提升进位目标相比，仍存在较大差距。一是完成国家下达目标压力大。对标 2023 年度目标，河南重污染天数距离国家下达目标仅剩 0.4 天余量，$PM_{2.5}$、优良天数两项指标虽同比有所

好转，但完成年度目标仍有较大压力。二是完成省政府明确的市县提升进位目标压力大。预测年底可能会有6个城市进入168城市后20位，分别为鹤壁、安阳、新乡、焦作、郑州、濮阳。2023年需要巩固达标的15个县中，预计息县、罗山县、平舆县、泌阳县持续达标存在风险。三是部分重点治理任务进展较慢。截至2023年9月底，2023年推进的重点治理任务中，产业集群集中处置设施建设（完成率16.7%）、煤电机组升级改造（完成率30.0%）、垃圾焚烧企业提标治理（完成率33.3%）等方面重点任务整体进展缓慢。全省需在2023年完成23.8万户农村清洁取暖改造任务，截至9月底，共完成1.67万户，按时完成任务难度极大。

（三）水生态环境质量明显改善，但污染治理短板依然突出

"十三五"以来，地表水达到或好于Ⅲ类水体比例大幅提升，劣Ⅴ类水质国控断面比例持续下降，南水北调中线水质持续稳定达到Ⅱ类，水环境质量明显改善，但是水环境治理的短板依然突出。一是部分断面不能稳定达标或同比下滑。2023年1~9月，共有8个国考断面超标，特别是黄河花园口断面水质由上年同期Ⅱ类下滑至Ⅲ类。二是城市黑臭水体治理成效有待提升。部分区域污水处理能力不足，雨污分流不彻底，黑臭水体治理成效不稳固，济源示范区桑榆河、商丘市蔡河、信阳市青龙河等出现返黑返臭现象。县级城市建成区黑臭水体完成率还未达到60%要求。三是城市污水溢流污染问题日益凸显。部分老城区、城郊结合部等区域，污水收集处理能力明显不足，污水管网未能全覆盖、雨污不分，汛期降雨后水质恶化严重。四是城镇污水处理厂运行管理不规范。部分污水处理厂设备损坏维修不及时，存在偷排、超标排放，甚至在线监测数据弄虚作假等问题；还有部分市县长期拖欠污水处理费用，致使污水处理厂不能正常运行。据统计，全省拖欠污水处理费约42.9亿元。五是中央资金项目推进缓慢。2020年以来，中央水污染防治资金共支持河南158个项目，由于地方财政困难或涉及土地审批手续等原因，目前仍有45个项目未开工，还有32个项目进展缓慢。全省中央资金执行率为34.96%，处于较低水平。

（四）土壤污染防治稳步推进，但治理工作基础依然薄弱

全省土壤和地下水环境质量总体保持稳定、环境风险得到有效管控，2019年以来连续4年受污染耕地安全利用率持续保持在100%，重点建设用地安全利用得到有效保障，农村生活污水治理率从2018年的17.9%提升到40.6%，位居中西部省份前列，但是相关工作仍需加大力度。一是土壤环境管理还不到位。重点建设用地联动监管机制不够有力，自然资源、生态环境两部门信息共享不到位，部分地市存在对用途变更为"一住两公"地块底数不清问题，农用地安全利用措施还不够精准，存在农产品质量超标的风险。二是地下水水质改善仍有差距。全省地下水国考点位共76个，尽管水质优于国家下达目标，但个别点位出现恶化趋势，水质目标达标压力较大。三是农村环境整治考核面临压力。自2023年起生态环境部对农业农村污染治理攻坚成效考核加严，新的农村环境整治标准执行后，河南将存在着扣分风险。

（五）环境安全基础更加稳固，但风险防控压力依然较大

"十三五"以来，全省固体废物综合利用水平和处置能力显著提高，环境风险管理体系进一步完善，固体废物环境污染事件多发态势得到有效遏制，但固体废物增量和历史存量仍将处于高位，新老问题交织带来的环境风险压力日益凸显。一是新污染物治理工作基础薄弱。新污染物治理刚刚起步，与大气、水、土壤中传统污染物治理尚未形成协同统筹效应，其协同治理机制尚未建立，新污染物环境风险筛查、评估和管控等资金保障不足。二是危险废物利用处置仍存在"质"的差距。目前，河南危险废物利用、处置总能力已高于危险废物产生总量，但利用处置企业大多集中在豫中、豫北、豫西地区，豫东、豫南相对较少。同时，危险废物利用处置企业普遍存在规模较小、工艺装备水平不高的问题。三是尾矿库风险防范形势依然严峻。全省尾矿库415座，近2/3分布在黄河流域（266座），一些尾矿库环境风险隐患较多，五里川河上游汛期存在高浓度锑因子入河隐患，部分矿山开采遗留环境污染隐患。

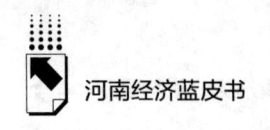

三 下一步工作建议

（一）全面推进美丽河南建设

认真贯彻落实全国、全省生态环境保护大会精神，加快研究制定河南省全面推进美丽河南建设指导性文件，谋划绘制未来五年乃至更长一段时期河南生态环境保护路线图，推动形成全领域转型、全要素提升、全地域建设、全社会行动的美丽河南建设新格局。

（二）持续深入打好蓝天保卫战

在结构调整上下功夫，下大力度淘汰落后产能，推进超低排放改造和清洁能源替代，狠抓清洁运输。在减污降碳上下功夫，加快推动重点行业节能降碳改造，推进企业参与全国碳市场交易，实施碳强度和碳排放总量"双控"制度，抓好节能环保装备产业培育壮大。在协同治理上下功夫，大力推进挥发性有机物、氮氧化物等多污染协同减排。在强化防控上下功夫，持之以恒抓好"六控"。在精准管控上下功夫，持续深化重点行业绩效分级管理。

（三）持续深入打好碧水保卫战

持续"增好水"，大力推进美丽幸福河湖建设，不断提高Ⅰ~Ⅲ类水体比例；全面"治差水"，突出重点河流综合整治，整合重组污水处理企业，推进给排水一体化建设运营，强化城乡黑臭水体治理、尾水湿地建设；坚决"守饮水"，强化集中式饮用水水源地保护，开展不达标和风险水源地环境问题专项治理。

（四）持续深入打好净土保卫战

注重源头"防"，严格土壤污染重点监管单位监督管理；坚持分类

"管",深化农用地分类管理;突出重点"治",加大农村生活污水处理设施运营管理,深化农业面源污染治理。

(五)着力打好黄河流域生态保护治理攻坚战

持续深入贯彻《黄河保护法》,不断完善黄河流域生态环境保护体系,大力推进黄河流域横向生态补偿机制建设。全面加强黄河流域生态保护,实施"清水入黄河"工程,突出中央生态环境保护督察涉黄河问题及黄河警示片披露问题,持续抓好黄河流域环境问题整治,全面建设黄河流域美丽幸福河湖示范段,确保黄河干流水质稳定保持Ⅱ类。

(六)全力保障南水北调水质安全

以丹江口水库库区及上游汇水区为重点,探索建立水质安全风险防控保障机制,持续开展南水北调中线工程饮用水水源保护区环境问题排查整治,强化丹江口水库水质生态环境监测预警预报,加强跨区域跨部门联动机制建设,提高丹江口水库库区及上游风险防控能力和应急处理能力,力争陶岔取水口水质保持Ⅰ类,确保总干渠水质稳定达到Ⅱ类及以上。

(七)守好生态环境安全底线

聚焦"一废一库一品一重"等重点领域和重点园区、重点行业,开展环境风险隐患排查整治,严防跨界水污染和次生突发环境事件。持续推进"一河一策一图"应急处置方案编制,精准分析研判,及时应急应对。强化突出环境问题整改,加大监测数据造假、污染偷排直排等违法行为打击力度。严格落实生态环境损害赔偿制度,着力提升生态系统多样性、稳定性、持续性。

战略措施篇

B.13
河南实施创新驱动战略对策研究

高亚宾 王超亚*

摘　要： 近年来，河南坚持把创新摆在发展的逻辑起点、现代化建设的核心位置，着力推动创新体系重塑重建，实施创新驱动战略取得了显著成效，但同时仍然面临着高能级创新平台、创新型企业、创新型人才短缺以及创新协同性不足等问题。下一步，河南应聚焦全国创新高地和全国重要人才中心目标，坚持问题导向，从创新平台建设、创新企业培养、创新人才引育、创新成果转化、创新生态优化等方面持续发力，加速构建一流创新生态。

关键词： 创新驱动　创新平台　创新生态　河南

2023年中央经济工作会议把"以科技创新引领现代化产业体系建设"作为2024年经济工作重点之一安排部署。河南省第十一次党代会作出锚定

---

* 高亚宾，河南省发展战略和产业创新研究院正高级经济师；王超亚，河南省发展战略和产业创新研究院高级经济师。

"两个确保"、实施"十大战略"重大决策部署,将创新驱动、科教兴省、人才强省战略放在"十大战略"之首,集全省之力,加快建设国家创新高地和全国重要人才中心。本研究在深入分析河南创新驱动战略的现状基础上,坚持问题导向,提出有针对性、可操作性的对策建议。

一 河南实施创新驱动战略取得的成效

近年来,河南坚持把创新摆在发展的逻辑起点、现代化建设的核心位置,着力推动创新体系重塑重建,不断优化创新环境,创新支撑高质量发展的能力稳步提升。

(一)综合创新能力加快提升

2022年全省研发投入突破1100亿元,比2020年增加近200亿元;全省研究经费投入强度(R&D)达到1.86%,比2020年提高0.22个百分点;其中,郑州市和洛阳市是全省研发经费投入突破百亿元的2个地区。2022年,全省有效发明专利达到67164件,比2020年增加23617件;全省技术合同成交额1025.30亿元,是2020年的2.67倍;其中,郑州实现技术合同成交额509.24亿元,占全省的49.67%,成为全省创新密度最高的地区。

(二)创新载体建设提质增效

省科学院与中原科技城、国家技术转移郑州中心持续融合发展,环省科学院生态圈正在加快形成;"中原农谷"建设迅速起势,推进神农种业实验室等种业科研资源集中布局;重建省医学科学院与中原医学科学城深度融合,"三足鼎立"创新平台大格局初步形成。国家技术转移郑州中心、国家超算郑州中心、国家农机装备创新中心、国家生物育种产业创新中心、郑州国家新一代人工智能创新发展试验区等"国字号"平台先后落户河南,先后6批优化重整省实验室体系,创新平台体系进一步完善,截至2023年10月,全省建设省实验室16家、产业研究院40家、中试基地36家。

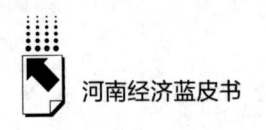

（三）创新主体地位持续提升

从高新技术企业看，2022年全省高新技术企业数量10872家，同比增加2485家，同比增长29.6%，高于全国近14个百分点。从创新龙头企业看，2023年7月，河南选定制造业头雁企业100家，入选数量前5位的省辖市依次是郑州（15家）、洛阳（14家）、新乡（11家）、南阳（10家）、焦作（8家）。从"专精特新"企业看，2022年省工信厅认定的"专精特新"企业数量1183家，主要集中在电子信息、生物医药、食品、机械制造等领域。从创新型中小企业看，2022年河南省创新型中小企业名录共认定7826家企业，其中，入选数量前5位的郑州、洛阳、周口、新乡、信阳分别入选2590家、657家、636家、539家、502家。

（四）创新人才引进培育效果显著

一方面，人才支撑不断增强。2023年1~7月，全省延揽大学本科以上人才209540人，其中，顶尖人才7人、领军人才24人、潜力人才207578人（其中，博士1908人、硕士24829人、本科180841人）。另一方面，高等教育规模和质量实现"双提升"。全省普通高校由2020年的151所增加到2022年的156所，在学研究生从2020年的6.94万人上升到2022年的9.19万人；全省博士一级学科授权点97个、硕士一级学科授权点368个，比2020年分别增加10个、34个。郑州大学、河南大学再次进入国家"双一流"建设行列，河南农业大学等7所高校的11个一流学科建设有序推进。

（五）创新型产业集群持续壮大

全省战略性新兴产业增加值占工业增加值比重由2016年的11.9%提升至2022年的25.9%。截至2022年底，全省拥有8个国家认定的创新型产业集群，涵盖各类企业753家，其中高新技术企业301家，营业收入超过10亿元企业36家；围绕高端装备、新能源汽车、新材料、食品、电子信息等领域，全省共组建12家创新联合体，先后承担国家重点研发项目15项、省级重大科技专项29项。

（六）创新生态体系加快构建

省级层面谋划成立科技创新委员会，由省委省政府主要领导担任双主任，统筹协调、整体推进、督促落实全省科技创新领域重大工作。修订完善《河南省促进科技成果转化条例》，颁布实施《河南省创新驱动高质量发展条例》《郑洛新国家自主创新示范区条例》《河南省科学院发展促进条例》，制定出台《河南省"十四五"科技创新和一流创新生态建设规划》《实施创新驱动、科教兴省、人才强省战略工作方案》《河南省创新发展综合配套改革方案》等政策措施，建设国家创新高地的生态体系不断完善。

二 河南实施创新驱动战略面临的问题

近年来，河南创新驱动战略取得了显著成效，但与先进地区相比，还存在诸多问题，主要表现在以下几个方面。

（一）高能级创新平台对创新产业化的支撑不足

一是国家级创新平台对科技创新的基础支撑能力不足。从大科学装置看，目前我国已建成大科学装置22个，正在建设16个，河南仍是空白；从国家重点实验室数量看，2022年，河南拥有国家重点实验室16家，仅占全国总量的3%；从国家企业技术中心数量看，截至2022年末，河南拥有国家企业技术中心93家，仅占全国的5.4%，居全国第7位。

二是国家级科技孵化平台对科技成果转化的促进作用较弱。《2022中国科技统计年鉴》数据显示，河南拥有科技孵化器203个，全国排名第9，仅占全国的3.26%；科技企业孵化器内在孵企业总数9895个，全国排名第7，占全国的4.06%；在孵企业从业人员15.1万人，全国排名第7，占全国的4.88%。

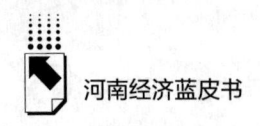

三是省实验室建设速度难以支撑产业发展。截至2022年末，河南新组建的省实验室数量共14家，其中有8家集中在郑州。据统计，2022年我国共新增省实验室335家，覆盖电子信息、新材料、农业、海洋、航空等领域，其中福建新增71家，新增数量居各省份首位，而河南仅有7家，且主要集中在郑州、洛阳、三门峡、新乡4市。

（二）创新型企业数量不足且竞争力偏弱

一是高新技术企业数量少。据统计，2022年中部六省的高新技术企业，湖北拥有19900家，居中部六省第1位，河南拥有10872家，居中部六省第4位。在省会城市中，高新技术企业数量最多的是武汉，达到12471家（占全省的62.7%），其他依次是长沙（6633家，占全省的47.48%）、合肥（6454家，占全省的42.25%）、郑州（5179家，占全省的47.8%）、太原（2179家，占全省的55.77%）、南昌（1912家，占全省的30.2%）。

二是独角兽企业严重不足。独角兽企业显示出强大的科技创新活力，代表着经济发展的美好未来。《中国独角兽企业研究报告2022》显示，全国独角兽企业共有316家，分布于39座城市，其中北京82家，上海60家，深圳26家，杭州22家，广州19家，南京14家，天津、青岛、苏州各9家，武汉7家，合肥、长沙各5家；河南仅郑州2家企业上榜，其中，超聚变居第14位，致欧科技居第221位。

三是"专精特新"中小企业数量较少。根据《国家级专精特新小巨人发展报告（2022年）》，河南省拥有专精特新"小巨人"企业373家，全国排名第10，低于浙江（1069家）、广东（868家）、山东（754家）、江苏（704家）、北京（588家）、上海（501家）、安徽（481家）、湖北（476家）和湖南（399家）。

（三）创新型人才队伍难以有效满足产业发展需求

一是高层次人才数量较少。截至2022年底，全国拥有"两院"院士2754人，其中河南省82人，占比2.98%，远低于江苏（500人）、浙江（415人）、山东（181 人）、湖南（172 人）、广东（150 人）、福建（146 人）、安徽（145 人）。2022 年度入选的"长江学者"主要集中在北京、上海、南京、武汉、成都、西安、重庆等地的高校，而河南高校入围人数几乎是空白。

二是高技能人才占比不高。近年来，河南统筹推进"人人持证、技能河南"建设，不断加大高技能人才培养、使用、评价、激励力度。截至 2022 年底，按取证人数计算，全省高技能人才已达 392 万人，但占技能人才总量的比例仅为 27.7%，低于全国平均 2.4 个百分点，也低于江苏、浙江、山东、安徽、湖南、湖北等省份。

三是创新人才引育与企业需求不匹配。目前河南每万名就业人员中 R&D 人员为 29.2 人，仅相当于全国平均水平的 47.2%。调研中不少省辖市和企业普遍反映缺乏高水平科研人才团队，本地高校、科研院所培养的专业人才有限加上现有人才外流，导致企业发展受人才制约越来越突出。

（四）协同创新生态体系尚未形成

一方面，各地创新资源要素争夺愈加激烈。随着我国经济由高速增长阶段转向高质量发展阶段，创新驱动发展已成为全面建设社会主义现代化国家的一项重要战略，各地纷纷提出建设科技强省、打造全国创新高地和人才中心等目标，出台支持科技创新、人才引育、平台建设、科技金融等政策措施，对人才、科技、资金等创新要素的争夺日趋激烈。与武汉、长沙、成都、合肥等地相比，郑州作为国家中心城市，产业链、供应链、创新链、要素链、制度链耦合中存在着诸多断点、痛点，制约了对创新资源的吸引、集聚、优化。

另一方面，河南协同创新的软环境仍有较大提升空间。受人才环境、体制机制等多方面因素影响，河南面临着高层次的创新人才和创新团队难以引进和本土高端人才外流严重的双重困境。此外，城市间过度竞争，缺乏分工明确的产业布局，创新产业化和产业链专业化协作脆弱，各城市为追求本地经济增长而"各自为战"，还存在竞争大于合作的现象，缺少产业空间分工合作和产业集群协同创新。

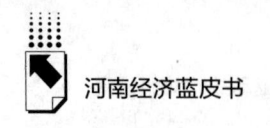

三 河南深入实施创新驱动战略的对策

针对河南创新驱动战略实施中存在的问题，应聚焦全国创新高地和全国重要人才中心目标，坚持问题导向，从创新平台建设、创新企业培育、创新人才引育、创新成果转化、创新生态构建等方面持续发力，加速构建一流创新生态。

（一）着力推动创新平台建设，有效集聚创新要素

一是优化科技创新平台体系。主动对接、深度嵌入全国战略科技力量体系，支持省实验室争创国家重大创新平台。一体化推进"中原农谷"种业基地、神农种业实验室、国家生物育种产业创新中心、省级农高区建设。积极引进高水平研究院，推动一流大学（科研机构）郑州研究院园区建设，加快建设一批技术创新中心、产业创新中心、中试基地、新型研发机构等创新平台，做实做优以省科学院和各类产业研究院、中试基地为主体的创新平台体系。

二是分类明晰各类平台功能。科学研究类重大创新平台聚焦集聚高端创新资源、突破科学前沿，实现原始技术创新突破；技术研发类平台聚焦产业技术创新需求，面向经济"主战场"开展专项攻关；高校创新平台立足于"产学研用"融合，提升科技研发和成果孵化转化能力；企业创新孵化平台持续完善"众创空间—孵化器—加速器—开发区"专业化、全链条孵化体系；公共科技服务类平台应加速数字技术的创新应用，打造高效便捷的科创服务体系。

三是统筹产业创新载体建设。推动郑洛新自创区提质发展，支持自创区在引进培育高层次人才、建设重大科研设施、培育科技型企业、发展科技金融、优化土地供给、促进科技成果转化、优化营商环境等方面实施更具竞争力的政策措施。以"三个一批"活动为抓手，扎实做好高新区高质量项目推进工作，支持区内企业持续加大研发投入，形成一批具有国际竞争力的特色产业集群和特色企业集群。

（二）着力强化企业主体地位，增强自主创新能力

一是打造创新型企业雁阵格局。充分发挥企业的创新主体作用，以市场为导向，建立完备的产学研协同创新体系，以头部企业为引领推动产业链跨区域协同合作，建立都市圈龙头骨干企业培育库，构建以产业联盟和合作示范园区体系为核心的创新链合作格局。

二是提升企业技术研发创新水平。组建由行业龙头企业牵头，产业链上下游企业、高校以及科研院所组合而成的产学研创新联合体。鼓励高校及科研机构的研发者面向市场和企业的需求，建立与企业的良性互动机制。完善企业主导产业技术创新的体制机制，支持企业发挥市场需求、集成创新、组织平台的优势，打通从科技强到企业强、产业强的通道。

三是优化战略性新兴企业创新生态。对于技术门槛较高、龙头企业地位凸显的战略性新兴产业，着重提高龙头企业生产规模和科技竞争力，强化辅助企业和龙头企业的业务衔接和分工合作，建立金字塔形企业集群生态体系。对于拥有多家核心企业的战略性新兴产业，引导各个龙头企业在构建各自企业链群的同时实现协同发展，建立多核型企业生态体系。对于没有龙头企业带动、中小企业集群发展的战略性新兴产业，鼓励集群内的企业相互交流合作，把重心放在战略性新兴企业上市和"瞪羚企业"培育领域，建立网络型企业生态体系。

（三）着力汇聚各类创新人才，形成区域智力磁场

一是优化科技创新人才战略。重点从完善引进机制、优化考核评价、畅通晋升渠道、创新激励机制等维度着手，有针对性地解决国有企业创新人才队伍建设痛点。探索建设一批专业化程度高、教学环境与产业界实际技术环境无缝链接的工程师大学（学院），稳定支持一批创新团队，培养更多高素质技术技能人才、能工巧匠、大国工匠，形成结构合理、多层次梯度的科技人才队伍结构。

二是优化人才激励保障机制。突出"高精尖缺"导向，瞄准培养造就

具有国际水平的战略科技人才、科技领军人才和创新团队，研究制定育才、引才、用才中长期规划和激励约束措施。给予科研单位更多自主权，试行首席专家负责制、科研项目包干制、科研课题招标制等，赋予人才团队更大技术路线决定权和经费使用权，完善容错纠错机制。探索科技人才赋权负面清单管理机制，优化科技创新管理流程，对清单以外的科技创新活动相关决策权限"应放尽放"。

三是注重发挥企业家精神。发挥优秀企业家的示范带动作用，在省、市开展的相关评选表彰活动中，推荐评选名额适当向优秀民营企业家倾斜。合理安排企业家和技能人才担任人大代表、政协委员的规模，把管理能力强、政治素质好、社会评价优的企业家引入党政管理队伍。建立企业家荣誉制度，按照国家和省有关规定，对优秀企业和企业家进行表彰，弘扬新时代豫商精神，引领全社会形成崇尚企业家精神的风尚。

（四）着力推动科技成果转化，推动产业链与创新链深度融合

一是持续增强基础创新能力。加大政府在基础研究方面的投入，鼓励"从0到1"的原始创新，推动加快自主创新产品推广应用的"迭代"工程，超前布局前沿未来技术和颠覆性技术。围绕重点领域和行业发展需求，加快建设一批专业水平高、服务能力强、产业支撑力大的科技创新平台、共性技术研发平台。围绕人工智能、集成电路、工业互联网、物联网、5G移动通信等领域布局建设一批新型基础设施。

二是促进创新链产业链深度融合。完善科技成果转化服务以及科技成果价值评估、收益分配、产权管理、转化评价、维权服务等配套机制，培育发展技术转移机构和技术经理人。创新"产学研"合作方式，推动创新主体跨区域、跨体制联合开展"产学研"合作，建立一批跨区域、跨体制的联合创新主体。发挥院所高校、企业和城市主体作用，打造一批产学研用融合示范平台，开展产学研融合型城市、企业、院所高校培育试点，推动科技成果向重点产业园区转化。

三是强化科技成果转化服务保障。积极培育壮大科技成果推介、科技成

果交易、专利保护、项目申报指导、科技孵化、资本市场孵化指导等领域的科技服务企业，逐步形成科技服务产业链。统筹省级创投政策衔接，积极引进培育创业投资和天使投资机构，推动科技金融服务和产品创新，构建多维度科技金融服务网络。强化知识产权政策支持、公共服务和市场监管，建立健全知识产权侵权查处快速反应机制，营造公平公正、开放透明的知识产权法治环境和市场环境。

（五）着力优化创新生态体系，增强创新治理能力

一是深化创新体制机制改革。主动融入国家关键核心技术攻关新型举国体制，构建河南关键核心技术攻关体制机制，加快落地实施一批重大科技项目。深化科研项目管理和科研评价改革，建立符合科研活动规律的项目评价机制，进一步完善自由探索型和任务导向型项目分类体系。以郑州都市圈为试点，以质量、效益、贡献为导向建立能够准确反映科技研发能力、成果创新水平、社会实际贡献的科技成果综合评价机制。

二是完善科技创新治理体系。坚持多元主体共治，以实现灵活、快速治理为目标，整合和优化科技资源，重塑治理流程。选择部分高校、科研院所和省辖市作为改革试点，建立与国际接轨的高层次人才招聘、薪酬、评价、考核、科研资助和管理制度。在全社会营造尊重劳动、尊重知识、尊重人才、尊重创造的环境，形成崇尚科学的风尚。

三是构建开放式创新生态。探索异地研发平台建设模式，以"科技飞地"、技术创新联盟等方式开展跨省域创新合作，积极打造"一带一路"协同创新共同体。充分发挥国有企业的龙头作用，在优势产业以及未来产业领域建立大中小企业融通的开放创新平台，围绕产业链开展科技创新项目联合开发。加强科技人才机制性交流，推动一流科研机构和企业在河南建立合作研发机构，促进创新资源双向开放和流动。

B.14 基于交通运输视角的河南枢纽经济研究

朱丽玲 张 旭*

摘 要： 随着"双循环"新发展格局的加快构建，处于中部地区且交通运输便利的河南迎来了难得的发展机遇，特别是近年来河南深入实施优势再造战略，积极推动交通区位优势向枢纽经济优势转变，经济社会发展取得明显成效。但枢纽经济概念尚未形成统一明确的界定，仍在持续探索中。本研究按照"小切口、大纵深"的思路，从交通运输单一视角分析了河南构建枢纽经济的优劣势，并以此作为切入点着重研究河南加快枢纽经济发展的路径选择。

关键词： 枢纽经济 交通运输 河南

党的二十大擘画了全面建设社会主义现代化国家、以中国式现代化全面推进中华民族伟大复兴的宏伟蓝图，吹响了奋进新征程的时代号角。在新征程上，横贯东西、承接南北的河南已经到了由大到强、实现更高质量发展、展现更大作为的重要关口，要积极融入新发展格局，抢抓用好重大机遇和政策利好，深入实施优势再造战略，充分挖掘区位优势、交通优势、产业基础优势，加快推动交通区位优势向枢纽经济优势转变，形成高质量发展新动能，在扎实推进中国式现代化建设河南实践中取得更大成效。

---

* 朱丽玲，河南省统计局服务业统计处处长；张旭，河南省统计局服务业统计处副处长。

一 改革开放以来交通运输在河南经济发展阶段中的作用

第一阶段，1978~1991年，河南经济加快恢复、发展，其中第一、第二、第三产业交替拉动经济增长。在农业方面，改变了"以粮为纲"的单一经营模式，实行家庭联产承包责任制，逐步采取以农业产业化经营为核心的战略思路，极大地调动了广大农民的生产积极性，全省第一产业增加值年均增速5.9%，高于全国0.7个百分点。在工业方面，实现了从"一五"计划开始的"优先发展重工业"的赶超战略逐渐向充分利用自身资源禀赋优势的倾斜发展战略转变，充分发挥煤炭资源优势，重点发展火电等产业；利用矿山资源丰富的特点，形成了水泥、玻璃、钢铁、氧化铝、电解铝、黄金、铅锌钼等矿物制品业及黑色、有色金属冶炼和压延加工业，并带动相关装备制造业发展。随着工业的快速发展，建筑业也得到很大发展，全省第二产业增加值年均增速11.0%，高于全国0.7个百分点。交通运输是国民经济的基础性、服务性产业，改革开放以来河南不断加大资金投入和建设力度，交通基础设施日益完善，逐步形成了以郑州为中心，面向全国的以铁路、公路运输为主的交通运输体系，综合运输能力大大增强，有效带动了交通运输、仓储和邮政业以及批发零售业等流通偏好型行业发展，全省第三产业得到蓬勃发展，全省第三产业增加值年均增速为15.7%，高于全国4.4个百分点。总的来看，1978~1991年全省年均经济增速为10.1%，高于全国同期0.9个百分点，其中第一、第二、第三产业相继交替拉动经济增长，且第三产业对经济增长的贡献率较为稳定。

第二阶段，1992~2012年，河南经济快速发展，其中第二产业对经济增长的贡献占主导。1992年，邓小平同志发表"南方谈话"，掀起新一轮改革开放热潮，河南经济与全国一样，乘着改革开放东风，增速迅速反弹到两位数，并一直延续到1997年。1997年亚洲金融危机的爆发并传导到国内，全国经济增速较快回落，河南经济增速也随之回落，直至2000年经济增速止

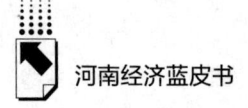

落回升。随着2001年12月中国正式加入世界贸易组织，外贸迅速发展并带动经济增长，中国经济又经历新一轮发展高峰期。河南紧跟国家政策，抢抓发展机遇，不断深化一系列交通运输投融资体制改革政策，高速公路通车里程加快增加、路网结构逐渐完善，凸显了河南交通区位的新优势，在全国树立了公路交通大省的新形象，交通运输事业取得跨越式发展；同时，利用交通区位优势、劳动力资源优势、产业基础优势，积极对外招商引资，承接国外或东部产业转移，重点引进了富士康等企业并带动上下游电子信息相关产业一大批企业落地河南，也培育出冶金、建材、化学、轻纺、能源、食品、汽车、装备制造、电子信息等优势工业产业，调整了经济结构并有力支撑了河南经济快速增长。1992~2012年，河南克服多重风险危机挑战，经济呈现出先高速增长后短暂回落接着又加快反弹增长的态势，年均增长11.9%，高于全国同期1.5个百分点，其中第二产业对经济增长的年均贡献率超过60%，成为拉动全省经济增长的支柱力量；第三产业对经济增长的年均贡献率接近30%，第三产业增加值占GDP的比重于1992年超过第一产业，产业结构由"二一三"转变为"二三一"。

第三阶段，2013年以来，河南经济进入新常态，增速回落，其中第三产业总体上已超过第二产业成为拉动经济增长的主导。随着前期应对国际金融危机的大规模投资的减退，以及投资驱动经济增长的边际递减效应逐渐显现，中国经济进入"三期叠加"阶段，2013年以来经济增速逐步回落，已由高速增长阶段转向高质量发展阶段。与全国情况相似，这一阶段河南经济增速也在逐渐回落，2013~2022年河南经济年均增长6.7%，高于同期全国0.5个百分点，差距逐渐缩小，领先全国优势在减小。经济增速的回落，深层次暴露出河南经济结构性问题，随之加大补短板、调结构力度，全国首个"米"字形高铁快速路网在河南"落笔"成形，"市市通高铁"成为现实；先后启动高速公路"双千工程"和"13445工程"，郑州、开封等7个省辖市形成高速绕城环线，所有建制村和20户以上的自然村通了硬化路；首个国家级郑州航空港经济综合实验区批准设立，中欧班列（郑州）成为"陆上丝绸之路"，公铁水空无缝衔接、多式联运的集疏运体系初步形成，并成功招引了上汽集团、比亚迪等汽车制造龙头企业，促进了经济快速发展。产业结构调整也在经济发展中不断取得重大突破，2018年第三产业增加值占GDP的比重超过第二产业，实现了"三二一"产业结构的历史性转变。

总之，改革开放以来河南经济发展三个阶段中交通运输均发挥着重要作用，特别是在第三产业对经济增长的贡献率越来越大的背景下，河南加快完善综合交通运输体系，坚持物流拉动经济，可以不断增强对经济的支撑和引领作用。

二 河南交通运输相关经济综合分析

本研究按照"小切口、大纵深"的思路，从交通运输视角分析河南构建枢纽经济的条件，特别是从交通运输相关经济的成长力以及对经济增长的贡献率、竞争力等角度与全国各省份进行综合对比，分析河南发展枢纽经济的优劣势。

（一）交通运输综合分析模型的选择

对单个领域进行结构分析，一般较常用的分析方法是偏离—份额分析法（SSM模型）。假设模型需要比较的所有区域其所有行业在时期T的经济总量表示为H（T），并且相应地单个行业i在时期T的经济总量表示为H_i（T），那么，某个区域j在时期T的行业i的经济总量表示为H_{ij}（T），具体数量关系如式1和式2所示。

$$H(T) = \sum_{i=1}^{n} H_i(T) \qquad (式1)$$

$$H_i(T) = \sum_{j=1}^{n} H_{ij}(T) \qquad (式2)$$

SSM模型在进行比较分析时，一般要求选用至少5年的时间序列数据来建立模型，由于时间相隔越久，数据波动越大，本研究选择2017~2022年6年间数据进行分析。假设T=t_0为基期，T=t为报告期，那么，可以对区域j

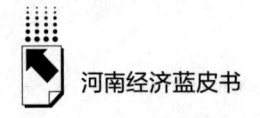

的行业 i 的经济增量进行分解，具体如式 3 所示。

$$\begin{aligned}\Delta H_{ij} &= H_{ij}(t) - H_{ij}(t_0) \\ &= H_{ij}(t_0)\left[\frac{H(t)}{H(t_0)} - 1\right] + H_{ij}(t_0)\left[\frac{H_i(t)}{H_i(t_0)} - \frac{H(t)}{H(t_0)}\right] + H_{ij}(t_0)\left[\frac{H_{ij}(t)}{H_{ij}(t_0)} - \frac{H_i(t)}{H_i(t_0)}\right] \\ &= N_{ij} + P_{ij} + D_{ij}\end{aligned}$$

(式3)

其中 N_{ij} 表示区域 j 的行业 i 的增加值分解的份额分量，P_{ij} 表示区域 j 的行业 i 的增加值分解的结构偏离分量，D_{ij} 表示区域 j 的行业 i 的增加值分解的竞争力偏离分量。

（二）交通运输相关经济成长力分析

由于分省（区、市）交通运输增加值数据无法获得，选择交通运输、仓储和邮政业增加值来代替交通运输增加值进行分析，即是交通运输相关经济情况分析（下同）。根据上述分析，份额分量 N_{ij} 表示区域 j 的行业 i 的基期经济总量按照所有行业的增长率而应有的增长份额，该分量显示区域 j 的行业 i 在所比较区域中该行业成长的能力，份额分量 N_{ij} 的值越大，表示区域 j 的行业 i 的成长能力越好。根据上述公式计算的 2017~2022 年 6 年间交通运输、仓储和邮政业相关经济的成长力情况如表 1 所示。

表 1 分省（区、市）交通运输相关经济成长力排名情况

	N_{ij} 数值大小排序	对应 N_{ij} 值的相应省(区、市)
从大到小	1370.46	广 东
	1250.70	山 东
	1185.51	江 苏
	955.96	河 北
	827.74	河 南
	741.76	浙 江
	723.20	福 建
	610.73	四 川
	572.54	湖 南
	543.45	湖 北

续表

	N_{ij} 数值大小排序	对应 N_{ij} 值的相应省(区、市)
从大到小	514.57	上　海
	501.36	辽　宁
	462.47	北　京
	409.58	贵　州
	402.66	山　西
	401.85	内蒙古
	365.76	广　西
	359.54	重　庆
	335.02	安　徽
	331.54	江　西
	318.65	陕　西
	306.68	黑龙江
	298.67	天　津
	255.71	新　疆
	230.82	吉　林
	140.30	云　南
	112.33	甘　肃
	95.27	海　南
	76.28	宁　夏
	39.68	青　海
	13.04	西　藏

从表 1 可知，河南交通运输相关经济的份额分量值在全国排名第 5，而 2022 年河南交通运输、仓储和邮政业增加值在全国排名第 3，比 2017 年前移 2 位，与份额分量排名基本相当，说明交通运输相关行业在河南发展的成长空间依然较大，仍有很大的增长空间。

（三）交通运输相关经济对经济增长的贡献率分析

结构偏离分量 P_{ij} 表示区域 j 的行业 i 的基期经济总量按照所有区域产业 i 的增长率与所有行业的增长率的差异值而所得的结构偏离量，该分量显示区域 j 的行业 i 对所在区域经济增长的贡献程度，P_{ij} 的值越大，表示区域 j

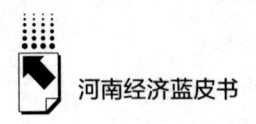

的行业 i 对所在区域的经济增长贡献率越大。根据上述公式计算的交通运输相关经济对经济增长的贡献率情况如表 2 所示。

表 2 分省（区、市）交通运输相关经济贡献率排名情况

	P_{ij} 数值大小排序	对应 P_{ij} 值的相应省（区、市）
从大到小	-3.54	西 藏
	-10.78	青 海
	-20.72	宁 夏
	-25.88	海 南
	-30.51	甘 肃
	-38.11	云 南
	-62.70	吉 林
	-69.47	新 疆
	-81.14	天 津
	-83.31	黑龙江
	-86.57	陕 西
	-90.07	江 西
	-91.01	安 徽
	-97.67	重 庆
	-99.36	广 西
	-109.17	内蒙古
	-109.39	山 西
	-111.27	贵 州
	-125.63	北 京
	-136.20	辽 宁
	-139.79	上 海
	-147.63	湖 北
	-155.54	湖 南
	-165.91	四 川
	-196.47	福 建
	-201.51	浙 江
	-224.87	河 南
	-259.70	河 北
	-322.06	江 苏
	-339.77	山 东
	-372.30	广 东

依据表2计算结果可以看出,越是经济大省,计算的结构偏离分量值越低,主要是由于该地区交通运输、仓储和邮政业增加值的名义发展速度没有超过地区生产总值的名义发展速度。河南交通运输相关经济对经济增长的贡献率在全国排名第27,说明近年来交通运输相关行业对经济增长的贡献率有所弱化。

(四)交通运输相关经济竞争力分析

竞争力偏离分量 D_{ij} 表示区域j的行业i的基期经济总量按照区域j的行业i的增长率与所有区域行业i的增长率的差异值而所得的竞争力偏离分量,该分量显示区域j的行业i在所比较区域行业i中的竞争力能力,D_{ij} 的值越大,表示区域j的行业i的市场竞争力越强。根据上述公式计算的交通运输相关经济的竞争力情况如表3所示。

表3 分省(区、市)交通运输相关经济竞争力排名情况

	D_{ij} 数值大小排序	对应 D_{ij} 值的相应省(区、市)
从大到小	1052.31	安 徽
	955.37	河 南
	866.63	云 南
	732.05	山 东
	498.07	湖 北
	233.92	江 西
	229.09	陕 西
	195.18	上 海
	180.29	甘 肃
	63.17	天 津
	53.57	海 南
	22.61	青 海
	-1.08	西 藏
	-9.09	新 疆
	-24.81	内蒙古
	-41.37	宁 夏
	-102.92	浙 江

续表

	D_{ij} 数值大小排序	对应 D_{ij} 值的相应省（区、市）
从大到小	-117.33	重庆
	-123.79	广西
	-146.92	山西
	-179.14	吉林
	-180.85	河北
	-216.11	湖南
	-305.52	江苏
	-307.58	辽宁
	-453.12	四川
	-456.43	福建
	-471.60	黑龙江
	-530.34	贵州
	-538.20	广东
	-666.03	北京

根据表3计算结果可以看出，河南交通运输相关经济的竞争力偏离分量值不但是正数而且排名全国第2，说明河南交通运输、仓储和邮政业名义发展速度超过全国该行业名义增速，在全国的竞争力较强。而排名第1的安徽由于近年来大力打造综合交通运输体系，特别是2008年以来引进京东方、"无中生有"打造新型显示产业；成功投资长鑫公司，打造半导体芯片产业；引进蔚来、大众、比亚迪，抢抓新能源汽车风口，均带动了交通运输、仓储和邮政业等相关产业的发展，交通运输相关经济竞争力显著增强。

总的来看，河南交通运输相关经济成长力、竞争力均在全国排名靠前，表明当前依托区位交通优势大力发展交通运输、仓储和邮政业成效明显，这为河南发展枢纽经济提供了良好的发展基础。但交通运输相关经济对经济增长的贡献率在全国排名较靠后，表明单单依托现有区位交通优势对整体经济的带动力仍有限，要充分借鉴安徽大力发展综合立体交通运输体系与发展新经济产业并重的经验，这样才能最大限度发挥河南区位交通优势，统筹生产、分配、流通、消费各环节，在深度融入全国新发展格局中发挥河南更大作用。

三 基于交通运输视角推动枢纽经济发展的路径选择

枢纽经济作为优化经济要素时空配置、重塑产业空间分工体系、全面提升城市能级的经济发展新模式,越来越受到特别关注。近年来,河南始终牢记习近平总书记"建成连通境内外、辐射东中西的物流通道枢纽,为丝绸之路经济带建设多作贡献"的殷殷嘱托,在2021年省第十一届党代会上作出实施优势再造战略、推动交通区位优势加快向枢纽经济优势转变等重大决策。本研究主要基于上述交通运输相关经济分析情况来着重从单一视角重点分析河南枢纽经济发展的路径选择。

(一)坚持打造综合立体交通运输体系

学术界对枢纽经济概念尚未有统一明确的界定,但公认的是枢纽经济是一种以交通和物流枢纽为依托的流通型经济。截至2021年底,郑州被确定为国际性综合交通枢纽城市、国际铁路枢纽、国际航空货运枢纽、全球性国际邮政快递枢纽;郑州、洛阳、安阳、商丘入选国家物流枢纽建设名单;洛阳、商丘、南阳被确定为全国性综合交通枢纽城市;周口港被确定为全国内河主要港口,临港经济蓬勃发展。要依托现有基础,加快构建直连长三角、环渤海、长江中游、成渝等主要经济区域的"米+井+人"综合运输通道;坚持客货运并举,织密"空中丝绸之路"航线网络,升级改造既有的郑州机场、洛阳机场、南阳机场、信阳机场,推进安阳机场加快发展并拓展航线,形成现代化机场群;接续推进高速公路"13445"、干线公路"畅通畅连"和农村公路"提档提质"工程,继续发挥全省公路路网发达优势;实施内河水运"通江达海"工程,形成"六城六港"铁海联运走廊。在发展各式交通运输体系的同时,要提高公铁、公水、公空、空铁、铁水等多式联运衔接能力设施建设,形成综合立体交通运输体系,不断降低综合运输成本,提高运输效率。同时,要壮大信息化平台建设,高水平建设一批大宗商品交易平台、工业互联网平台、科技创新服务平台、电子商务平台等。

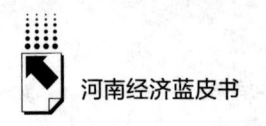

（二）大力培育枢纽偏好型产业

交通运输相关经济对经济增长的带动力较弱，关键是没有依托交通运输优势形成产业优势，只有"流量"没有"留量"，要充分依托综合立体交通运输体系，培育发展出一大批枢纽偏好型产业集群。强化郑州航空港经济综合实验区龙头带动作用，培育壮大空港偏好型产业，加快形成航空物流、电子信息、生物医药、新能源汽车、现代服务业等主导产业，并积极发展跨境电商贸易、信息服务、商务会展、人力资源服务等产业。依托全国性综合交通枢纽、陆港型国家物流枢纽和大宗原材料加工及商品生产基地等建设，做大做强陆港偏好型产业和现代服务业产业集群，支持郑州、洛阳等城市大力发展总部经济和楼宇经济，集聚发展跨境电商、国际贸易、国际运邮、金融、电子商务、文化创意、信息技术咨询等产业。依托港口枢纽构建临港产业集群，充分发挥周口港"公铁水空"立体交通优势，大力发展粮食、钢铁等大宗商品物流，围绕大宗商品加快发展农副产品加工业、精品钢铁等产业；支持漯河港、信阳淮滨港加快发展，带动当地食品加工业、造船业、建材业等发展；积极谋划郑州港规划建设，促进郑州航空港经济综合实验区加快发展。

（三）加快育引"链主""专精特新"企业

在培育枢纽偏好型产业的同时，要加大对省内"链主"企业的支持力度，分领域、分行业梳理潜在"链主"企业，集中优势资源培育一批具有较强竞争力的"链主"企业，围绕省内优势产业资源，积极引进外部龙头企业，并以该企业为核心推动形成大中小、上下游企业协同一体化发展，发挥龙头企业在全省产业链补链、强链、延链过程中的牵引角色，推动龙头企业成为"链主"企业，把"链主"企业与枢纽偏好型企业统筹结合起来，不但有利于更好培育引进枢纽偏好型企业，也能促使两者共同促进发展。也要重视各类"专精特新"企业的培育引进，提升全省产业链供应链的竞争力和稳定性，带动、激发全省各类企业高质量发展。

（四）推动建设消费中心城市

把实施扩大内需战略同深化供给侧结构性改革有机结合起来，积极培育国际消费中心、特色消费中心城市，提高枢纽城市的经济活力并促进枢纽城市的建设。要增强郑州国家中心城市的龙头带动作用，把郑州建设成为辐射全国、连接世界的交易中心、快件分拨中心及航空、铁路境内境外物流集疏中心和全球消费品集散中心，也要不断强化郑汴一体化发展并带动开封文化旅游消费；支持洛阳、南阳、安阳具备条件的枢纽城市打造全国性或区域性消费中心，深挖城市历史文化元素，加快提升中心城区商业能级档次，积极创建国家级、省级文化和旅游消费试点（示范）城市，打造城市夜间经济范本，丰富消费服务供给。

（五）强化政策环境供给服务

河南出台了《河南省"十四五"现代综合交通运输体系和枢纽经济发展规划》等一系列规划，要紧跟形势持续强化机制政策支持，在借鉴、吸纳国内外典型枢纽经济发展模式与实现路径的前提下，加快完善"政策+枢纽"制度有效供给，从用地保障、资金支持、部门协作、开放合作等方面建立保障机制，引导服务枢纽经济发展。要不断深化"放管服效"改革，打造审批最少、流程最优、体制最顺、机制最活、效率最高、服务最好的营商环境，让市场主体发展更有信心、更有获得感、更加满意，形成"近悦远来"的生动局面，才能吸引枢纽偏好型产业企业落地河南、扎根河南、带动河南。

B.15
河南高耗能行业绿色低碳转型问题研究

秦红涛 刘金娜 郭俊锋 汪艳丽*

摘　要： 2020年以来，河南坚决贯彻落实党中央、国务院关于碳达峰碳中和决策部署，通过大力实施能效对标等一系列有效举措，全省高耗能行业节能降耗、绿色低碳转型工作取得明显成效。为持续有效推动工作，本研究通过分析研究高耗能行业能耗数据变化和发展现状，总结河南高耗能行业绿色低碳转型的成功经验和做法，找出仍需大力破解的瓶颈、难点问题，并针对性提出加快工业产业结构调整步伐，建立绿色低碳现代化产业体系；健全绿色低碳发展政策体系，系统推动高耗能行业绿色转型工作；以绿色科技创新为重要抓手，加快高耗能行业绿色低碳转型进程；充分发挥行业协会纽带作用，协调各方力量全力推进绿色低碳转型等相关建议，为河南实现碳达峰、碳中和目标提供高质量统计咨询服务。

关键词： 高耗能行业　绿色低碳转型　节能降耗　河南

　　2020年以来，河南坚决贯彻落实党中央、国务院关于碳达峰碳中和决策部署，把实施绿色低碳转型战略作为全省推进碳达峰碳中和的重要抓手加以大力推进，六大高耗能行业绿色低碳转型进程不断加快，作为节能降碳关键抓手的高耗能行业节能降耗工作不断深化。2022年，全省六大高耗能行

---

* 秦红涛，河南省统计局能源和生态统计处三级调研员，高级统计师；刘金娜，河南省统计局能源和生态统计处副处长；郭俊锋，河南省统计局能源和生态统计处；汪艳丽，河南省统计局能源和生态统计处。

业中的18种重点耗能产品和工序①中超四成单耗已达到或接近行业能效标杆水平。但高耗能行业能效持续提升仍面临较大瓶颈，行业和企业绿色低碳转型都存在不少问题。下一阶段，全省仍需通过加快构建绿色低碳产业体系、健全完善政策支持体系、狠抓科技创新等方面措施，持续推进河南高耗能行业绿色低碳转型进程。

一 河南高耗能行业绿色低碳转型基本情况

"十四五"以来，河南陆续出台实施《河南省碳达峰实施方案》《实施绿色低碳转型战略工作方案》等一系列方案措施，大力实施能效对标工作，高耗能行业企业节能意识普遍增强，节能管理水平明显提高，重点领域能源利用效率持续提升。但高耗能行业能源消费量大、增加值低的特征依旧明显，能效进一步提高面临较大瓶颈。

（一）高耗能行业节能降耗成效显著

1. 超五成重点耗能产品和工序单耗不同程度降低

2022年，全省18种重点耗能产品和工序中有10种单耗低于2020年，占比55.6%。其中，石油炼焦行业中的炼焦工序单耗比2020年降低9.0%，化学行业中的烧碱、纯碱生产单耗分别降低1.5%、28.3%，黑色金属行业中的铁矿烧结、转炉炼钢、电炉炼钢、轧钢单耗分别降低4.6%、89.3%、6.5%、11.7%，有色金属行业中的粗铜冶炼、铜冶炼单耗和单位铝锭交流电耗分别降低3.4%、0.5%、1.9%。

---

① 本研究中六大高耗能行业为石油、煤炭及其他燃料加工业，化学原料和化学制品制造业，非金属矿物制品业，黑色金属冶炼和压延加工业，有色金属冶炼和压延加工业，电力、热力生产和供应业。通过对照《主要耗能工业企业单位产品能源消费情况》（编号为205-3表的能源统计月报表）、《高耗能行业重点领域能效标杆水平和基准水平（2021年版）》各自类目，本研究选取六大高耗能行业具有基础性、代表性的18种产品或工序的单耗历史数据进行分析研究。

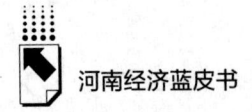

2.超四成重点耗能产品或工序单耗达到或接近能效标杆水平

2022年全省石油炼焦行业中的炼焦工序，化学行业中的烧碱、纯碱、合成氨，黑色金属行业的铁矿烧结、电炉炼钢，有色金属行业中的铜冶炼、铅冶炼等8个产品和工序单耗已达到或接近能效标杆水平，在18个单耗品类中占比达44.4%，比2020年提高22.2个百分点。

3.超五成单耗品类达到或接近能效基准水平

2022年全省水泥熟料、平板玻璃、炼铁、转炉炼钢、轧钢、粗铜、粗铅、精锌、单位铝锭交流电耗、火力发电等10个单耗品类达到能效基准水平，在18个单耗品类中占比55.6%。

（二）行业能效进一步提高面临较大瓶颈

1.仍有四成以上产品或工序单耗不降反增

三年来，18个单耗品类中有8种单耗不降反增，占比44.4%。其中，合成氨、平板玻璃、精锌、水泥熟料、铅冶炼、粗铅、火电、炼铁工序单耗分别比2020年提高3.8%、3.3%、2.3%、2.1%、1.3%、1.1%、0.8%、0.7%，表明相关行业企业装备和工艺水平总体已处于相对稳定状态，在产品市场需求不足、生产装置不能高效运转的情况下，各行业主要产品或工序的单耗反而不同程度增长。

2.2022年高耗能行业能耗占比和单位增加值能耗增速较上年均有所提高

受疫情、经济复苏缓慢以及强化能源保供等因素综合影响，2020~2022年河南六大高耗能行业能耗占规模以上工业的比重持续高位波动，分别为86.3%、86.0%和87.6%，2022年较上年提高1.6个百分点；2022年全省高耗能行业单位增加值能耗同比上升2.2%，较上年提高6.7个百分点。分行业看，石油煤炭及其他燃料加工业、化学原料和化学制品制造业、非金属矿物制品业、电力热力生产和供应业四个行业，同上年相比，无论是在全部规模以上工业能源消费量中的占比，还是单位增加值能耗，均有所上升（见表1、表2）。

表1 2020~2022年河南规模以上工业中高耗能行业能源消费量占比

单位：%

年份	高耗能行业合计	石油煤炭及其他燃料加工业	化学原料和化学制品制造业	非金属矿物制品业	黑色金属冶炼和压延加工业	有色金属冶炼和压延加工业	电力热力生产和供应业
2020	86.3	3.5	16.7	9.2	14.6	10.7	31.6
2021	86.0	2.9	16.0	9.2	14.8	10.8	32.3
2022	87.6	3.0	17.0	9.3	13.8	8.5	36.1

表2 2020~2022年河南规模以上工业及高耗能行业单位增加值能耗增长情况

单位：%

年份	规模以上工业	高耗能行业合计	石油煤炭及其他燃料加工业	化学原料和化学制品制造业	非金属矿物制品业	黑色金属冶炼和压延加工业	有色金属冶炼和压延加工业	电力热力生产和供应业
2020	0.5	-1.2	-9.5	15.5	2.9	-1.9	-13.8	-5.2
2021	-7.3	-4.5	-17.4	-5.3	-8.0	4.5	-5.6	-2.4
2022	0.1	2.2	4.1	11.2	6.3	-6.5	-13.9	3.1

二 有效经验和做法

2020年以来，河南大力贯彻落实党中央、国务院节能降耗以及实现"双碳"目标各项部署，按照国家加快重点领域节能降碳工作各项文件要求，以节能增效作为推动实现碳达峰碳中和关键抓手，以提升能源资源利用效率为导向，以行业标杆引领推动高耗能行业重点领域节能降碳改造为路径，制定、实施了一批推动高耗能行业绿色低碳转型的政策文件，形成了一系列有效经验和做法。

（一）因应行业、地区实际，有保有压优增量

增强能耗"双控"管理弹性，坚持以能源产出率水平为参照，统筹考虑区域产业结构、重大项目投产等因素，差异化分解下达各省辖市能耗强度

降低目标；建立重点项目能源产出率水平评价机制，合理保障重大项目用能；印发实施《河南省坚决遏制"两高"项目盲目发展行动方案》《河南省"两高"项目管理目录（2023年修订）》等文件，构建完善遏制"两高"项目盲目发展的制度体系、监管体系，坚决遏制"两高一低"项目盲目发展；规范省、市、县三级会商联审程序，加强新建项目产业政策、能耗和碳排放强度等方面准入审查把关，加快存量项目整改提升，实施专项节能监察行动，督促违规在建在运项目整改到位。

（二）以行业标杆为引领，推动高耗能行业节能降碳改造

建立重点用能单位①能效水平台账，动态监测高耗能行业能源消费情况；研究制定河南重点用能行业能效标杆和基准水平，并依据2021年重点用能单位能源消费报告，核定重点用能单位能效水平，确定能效低于基准水平的企业名单；开展固定资产投资项目节能专项审查，依法依规治理未批先建、违规审批等问题；加快推动高耗能企业实施技术改造，深挖节能降碳潜力，要求能效低于基准值水平的项目限期改造，鼓励能效低于行业平均值水平的项目对标改造。

（三）贴近企业主动服务，充分挖掘节能改造潜力

建立重大项目谋划与节能审查联动机制，及早及时服务企业做好能耗要素保障和制定节能降碳规划；帮助、引导企业开展节能降碳诊断，全面梳理企业能源消费、用能品种质量、工艺装备、能源计量、能源管理各方面情况，对标标杆先进，分析存在的问题，查找节能降碳潜力；深入实施重点用能单位节能降碳改造，印发实施《河南省重点用能单位节能降碳改造三年行动计划（2021~2023年）》《河南省2023~2024年重点领域节能降碳改造实施方案》等文件，"一企一策"清单化、项目化推进节能降碳改造。

---

① 重点用能单位是指年综合能耗在5000吨标准煤以上的工业企业。

（四）完善政策激励体系，不断增强企业节能降碳主动性

加大资金支持力度，每年安排省节能专项资金，支持重点领域实施节能降碳改造工程；鼓励企业节能量进入用能权市场交易，通过市场化方式支持企业实施节能降碳改造；依据企业能效对标水平，差异化实施高耗能存量项目用能管控措施，坚决遏制高耗能项目不合理用能；高耗能项目新增用能与区域节能改造效果挂钩，实行新增能耗等量替代，能耗替代量从实施节能降碳改造工程形成的节能量中挖掘；将企业能效水平与电力负荷管控及电价政策相联系，督促引导低能效企业加快实施节能降碳改造。

三　存在的问题和瓶颈

六大高耗能行业同时也是工业基础性的能源原材料行业，更是社会经济整体高质量发展的保障性行业。在经济运行面临需求不足困难的背景下，河南各高耗能行业绿色低碳转型进程已有减速迹象。

（一）行业宏观层面存在的主要问题

1. 化工、有色企业规模、技术实力偏低

全省除周口市外的16个地市以及济源示范区均有化工企业零星分布，其中部分企业位于城市建成区，产业布局分散，难以形成发展合力。以合成氨和甲醇生产企业为例，单厂规模小，产能利用率低，装备水平不高，抵御市场波动风险的能力差，进而技改投入意愿不足，企业耗能及碳排放规模同先进水平相比仍有很大差距；省内有色金属工业发展总体上处于产业链的中低端，主要产品低端化，成本优势不突出，高端产品生产能力不足，一些核心技术和关键材料依赖进口，企业发展后劲不足。

2. 钢铁、建材行业工艺技术水平和降碳要求不适配

河南钢铁行业以高炉——转炉长流程生产为主，一次能源消耗中煤炭占比较高，长期存在企业发展以规模扩张为主、发展不均衡、结构不合理和产

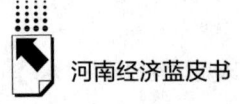

能过剩等问题，主要产品粗钢产量在逐年增长的同时碳排放量也逐年上升，全行业工艺技术落后导致节能降碳改造任务繁重。河南建材行业特别是水泥和建筑卫生陶瓷制造业传统窑炉较多，高能源消耗、高二氧化碳排放和高污染等问题，是制约该行业绿色低碳发展的主要瓶颈。

3. 电力、焦化等行业迫切需要技术升级或产能布局调整

河南煤电行业发展历史较长，大部分机组初始设计煤耗较高。在省内外新能源电源快速增长、对传统煤电带来巨大挑战的背景下，一方面受煤电市场份额缩小、电网调峰任务增多等因素影响，机组高效满发时间有所减少，2021年、2022年全省发电煤耗反而比2020年每度提高2.87克和2.29克，许多机组需要进行"三改联动"等方面的升级改造；另一方面，为减少新能源电力机组快速增长给电网安全带来的影响，全省煤电机组的区域分布也需要进行调整优化。这些情况和当前煤电企业经营普遍困难、缺乏技改资金形成较大矛盾。河南焦化行业历史同样较长，近年虽通过全面淘汰4.3米焦炉使得行业能效水平基本达到能效标杆水平，但落后产能过剩、发展不平衡不充分与产能布局亟待调整等问题依然存在，当前行业自动化和信息化水平较高，但对标国际先进水平，智能化方面仍处于转型阶段，有较大差距。

（二）企业微观层面存在的主要问题

1. 高耗能行业经营面临较大压力

2019年底疫情发生以来，需求收缩、供给冲击、预期转弱对国民经济各行业发展持续造成不利影响，2022年全省规模以上工业及六大高耗能行业经济效益也明显差于2019年，非金属矿物制品业、黑色金属冶炼和压延加工业、电力热力生产和供应业效益指标降幅较大，基本都超过了全省工业行业的平均降幅（见表3）；高耗能行业资金占用时间也有所增加，流动资金较为紧张。2022年高耗能行业产成品存货周转天数及应收账款平均回收期比2019年分别多了0.3天和2.7天，其中非金属矿物制品业分别比2019年增加3.7天和20.1天。

表3 2022年河南规模以上工业及高耗能行业主要经济效益指标和变动情况

单位：%，个百分点

行业	总资产贡献率 2022	总资产贡献率 2019	变动	成本费用利润率 2022	成本费用利润率 2019	变动
全部工业行业	6.4	11.0	-4.6	3.8	7.7	-3.9
石油煤炭及其他燃料加工业	10.2	15.6	-5.4	-0.7	1.9	-2.6
化学原料和化学制品制造业	7.9	9.3	-1.4	7.0	6.7	0.3
非金属矿物制品业	5.5	14.4	-8.9	5.1	11.2	-6.1
黑色金属冶炼和压延加工业	2.5	9.7	-7.2	0.1	4.8	-4.7
有色金属冶炼和压延加工业	6.2	9.1	-2.9	3.0	6.4	-3.4
电力热力生产和供应业	1.1	4.4	-3.3	-2.5	2.8	-5.3

2. 节能降碳研发支持政策仍需进一步完善优化

一是节能降碳奖补资金执行效率有待提高。有企业反映，由于政策宣讲少、企业解读不准确、手续琐碎复杂等原因，企业经常无法及时拿到补贴。二是单个企业难以承担基础性研发的资金和试错成本。当前高耗能行业近八成产品或工序单耗未进一步改善的情况表明，目前河南相关行业成熟节能降碳技术应用已较广泛，未来能效进一步提高只能依靠技术创新来实现。然而，突破性技术研发相对更长、更高昂的时间和试错成本，是单个企业难以承担的。调研发现，水泥、电解铝、化工、电力等行业都有企业希望政府能够牵头组织进行节能技术攻关和研发，并给予企业更多的资金支持。

四 下一步工作建议

（一）加快工业产业结构调整步伐，建立绿色低碳现代化产业体系

要继续采取措施优化产业结构，加快建立绿色低碳产业体系，推动能源结构调整升级，加快构建清洁低碳、安全高效的能源体系和节能低碳、清洁环保的产业体系。高耗能行业绿色转型升级要大力淘汰落后产能、化解过剩

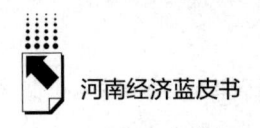

产能、优化存量产能，严格控制高耗能行业新增产能，在技术水平、生产效率、结构及区域布局、质量效益等方面对钢铁、石化、化工等传统高耗能行业进行全面提升，继续推动产业融合集群发展，保证产业体系自主可控和安全可靠。实现产业发展和资源环境保护相协调。

（二）健全绿色低碳发展政策体系，系统推动高耗能行业绿色转型工作

统筹好经济发展和安全降碳，强化组织管理、健全绿色低碳发展政策体系，稳妥有序推进高耗能行业绿色转型。健全重点用能单位能源消费调度分析、节能预警机制，持续开展重点行业能效对标行动，并加强重大政策宣传，大力引导能效低于全省行业平均水平的项目加快实施改造，提升能效水平，拓展用能空间。完善重点行业高耗能存量项目能效分级管理、节能降碳改造项目资金投入、用能权市场交易等各项政策，保障节能降碳改造工作顺利推进。

（三）以绿色科技创新为重要抓手，加快高耗能行业绿色低碳转型进程

重点强化高耗能行业节能降碳技术攻关，提高化石能源尤其是煤炭利用效率，推广清洁生产工业设备技术应用，着力推进煤电、水泥等高耗能行业绿色低碳转型发展；在具备条件的钢铁、化工等重点用能单位，配套发展可再生能源开发利用技术及相应的储能技术，提高终端用能的新能源电力比重；发展以数字化驱动的能源节约技术，实施企业数字化改造，加快数字化转型，推动重点耗能企业实现"智慧能源利用"，尽快破解高耗能行业能效持续稳定提高所面临的技术及创新机制等方面的瓶颈。

（四）充分发挥行业协会纽带作用，协调各方力量全力推进绿色低碳转型

充分发挥各行业协会等社会团体联结企业、政府、科研单位的纽带作用，通过协会宣传解读政策、反馈政策实施效果，归集各行业企业政策和技术研发诉求，有效对接政府主管部门、科研单位，协同调动多个企业研发力量，从而达到绿色低碳转型支持政策持续优化、政策效力发挥更为快捷、技术研发应用周期进一步缩短等多重目标。

B.16
河南新型工业化发展研究

张高峰 张 静*

摘　要： 工业化是经济社会发展中由农业经济为主过渡到以工业经济为主的一个特定历史阶段和发展过程。2023年9月，习近平总书记就推进新型工业化作出重要指示。为贯彻落实习近平总书记关于新型工业化的重要指示精神，客观反映河南新型工业化发展状况，本文研究提出新型工业化统计指标体系，利用2018~2022年数据，通过对比河南与全国及广东、江苏、山东、浙江等经济大省，分析河南工业化所处阶段、呈现的特点和存在的问题，并提出政策建议：强化创新驱动，加快"六新"突破；加快新旧动能转换，推动制造业高质量发展；打造一流营商环境，不断增强市场主体活力。

关键词： 新型工业化　科技创新　产业结构　企业竞争力

工业化是经济社会发展中由农业经济为主过渡到以工业经济为主的一个特定历史阶段和发展过程，我国自新中国成立后就高度重视工业化发展，特别是改革开放后，工业化进程明显加快。党的十六大首次提出"新型工业化"概念，党的十八大提出新型工业化、信息化、城镇化、农业现代化"四化"协调发展，党的二十大进一步提出"推进新型工业化……推动制造业高端化、智能化、绿色化"，在以习近平同志为核心的党中央坚强领导下，中国工业化发展取得历史性成就。2023年9月，全国新型工业化推进大会在北京召开。习近平总书记就推进新型工业化作出重要指示，明确

---
* 张高峰，河南省统计局工业处副处长；张静，河南省统计局工业处副处长。

"新时代新征程,以中国式现代化全面推进强国建设、民族复兴伟业,实现新型工业化是关键任务"。河南作为全国经济总量第5、工业经济规模第5的大省,如何更好推进新型工业化,对锚定"两个确保"、实施"十大战略",大力推进中国式现代化建设河南实践意义重大。为贯彻落实习近平总书记关于推进新型工业化的重要指示精神和党的二十大关于新型工业化的战略部署以及省委省政府工作安排,本文研究提出新型工业化统计指标体系,利用2018~2022年数据,通过对比河南与全国及广东、江苏、山东、浙江等经济大省,分析河南工业化所处阶段、呈现的特点和存在的问题,并提出政策建议。

一 工业化统计指标体系研究

(一)国外工业化相关研究

国外工业化水平研究,影响力比较大的主要有钱纳里经济发展阶段划分法、库兹涅兹法则和霍夫曼定理。

1. 钱纳里经济发展阶段划分法

美国经济学家钱纳里把现代经济增长解释为经济结构的全面转变,并且借助多国模型提出"标准工业化结构转换模式",依据人均GDP水平将不发达经济到成熟工业经济的整个经济增长和结构转变过程分为3个阶段6个等级(见表1)。

表1 钱纳里经济发展阶段划分

经济发展阶段		人均GDP (1970年美元)	人均GDP (1980年美元)	人均GDP (1998年美元)
初级生产阶段		140~280	300~600	530~1200
工业化阶段	初级阶段	281~560	601~1200	1201~2400
	中级阶段	561~1120	1201~2400	2401~4800
	高级阶段	1121~2100	2401~4500	4801~9000
发达经济阶段	初级阶段	2101~3360	4501~7200	9001~16600
	高级阶段	3361~5040	7201~10800	16601~25000

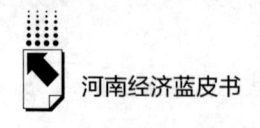

2.库兹涅兹法则

美国经济学家库兹涅茨在克拉克研究成果的基础之上，对各国国民收入和劳动力在产业间分布结构的变化进行统计分析，得出了所谓的"库兹涅兹法则"。第一，农业部门的国民收入在整个国民收入中的比重和农业劳动力在全部劳动力中的比重均处于不断下降之中。第二，工业部门的国民收入在整个国民收入中的比重大体上是上升的，但是工业部门劳动力在全部劳动力中的比重则大体不变或略有上升。第三，服务部门的劳动力在全部劳动力中的比重基本上都是上升的，而其国民收入在整个国民收入中的比重大体不变或略有上升。

3.霍夫曼定理

1931年，德国经济学家霍夫曼在《工业化的阶段和类型》一书中，分析研究了工业结构演进的一般模式。他认为，工业化发展要经历四个阶段：第一阶段是消费品工业占主导地位的阶段；第二阶段是资本品工业发展的阶段，但是相对消费品工业略显不足；第三阶段是资本品工业和消费品工业旗鼓相当；第四阶段是资本品工业增长超过消费品。所谓"霍夫曼比率"，就是消费资料工业净产值和资本资料工业净产值的比值。在工业化发展进程中，这个比率是不断下降的。霍夫曼比率越小，说明重工业化程度越高，工业化水平也越高。

（二）国内工业化相关研究

1.党中央关于新型工业化的战略部署

党的十六大报告首次提出"新型工业化"概念，即坚持以信息化带动工业化，以工业化促进信息化，走出一条科技含量高、经济效益好、资源消耗低、环境污染少、人力资源优势得到充分发挥的新型工业化路子。党的十七大报告指出，坚持走中国特色新型工业化道路。发展现代产业体系，大力推进信息化与工业化融合，促进工业由大变强。

党的十八大报告指出，坚持走中国特色新型工业化、信息化、城镇化、农业现代化道路，推动信息化和工业化深度融合、工业化和城镇化良性互动、城镇化和农业现代化相互协调，促进工业化、信息化、城镇化、农业现代化同步发展。

党的十九大报告指出，推动新型工业化、信息化、城镇化、农业现代化同步发展。

党的二十大报告指出，坚持把发展经济的着力点放在实体经济上，推进新型工业化，加快建设制造强国、质量强国、航天强国、交通强国、网络强国、数字中国。

2023年9月，全国新型工业化推进大会在北京召开。习近平总书记就推进新型工业化作出重要指示指出，新时代新征程，以中国式现代化全面推进强国建设、民族复兴伟业，实现新型工业化是关键任务。要完整、准确、全面贯彻新发展理念，统筹发展和安全，深刻把握新时代新征程推进新型工业化的基本规律，积极主动适应和引领新一轮科技革命和产业变革，把高质量发展的要求贯穿新型工业化全过程，把建设制造强国同发展数字经济、产业信息化等有机结合，为中国式现代化构筑强大的物质技术基础。

2. 国内学界对工业化的研究

由于国内对工业化的研究起步较晚，研究初期，国内学者大多参照国外工业化指标体系，角度比较单一，如原中国社会科学院的江小涓，借用钱纳里模式，并拓展为用四个指标即人均收入、国民生产总值结构、就业结构和城市化水平对工业化阶段进行划分判断。

自党的十六大明确提出新型工业化内涵后，指标体系的构建也由原来单一角度向多角度发展。信息化与工业化相融合、科技含量高、经济效益好、资源消耗低、环境污染少、人力资源优势得以发挥等新型工业化的具体内容逐步体现在指标体系中。多数学者的指标体系中关于工业化进程的指标相对比较统一，集中在人均GDP、产业结构、就业结构、环境与资源等，一般差异较大是对新型工业化的"新"进行的不同的定义及提出相应的量化指标。

结合党中央关于新型工业化的战略部署，参考国内外相关研究，根据科

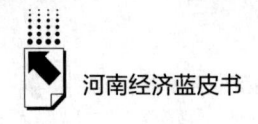

学性、系统性和数据可比性等原则，我们认为新型工业化的衡量指标，必须考虑工业化发展水平、产业结构与效益、科技创新和资源环境影响等因素，据此构建了统计指标体系（见表2）。

表2 新型工业化统计指标体系

新型工业化	工业发展水平	人均GDP
		第二产业增加值占比
		第二产业劳动生产率
	产业结构与效益	规模以上工业营业收入利润率
		规上制造业营业收入占全部规上工业比重
		高技术产业增加值增速
	科技创新	R&D经费支出占GDP比例
	生态环境保护	二氧化硫排放量
		氮氧化物排放量
		一般工业固体废物综合利用量

二 河南新型工业化发展阶段、特点和问题

以上述新型工业化统计指标体系为基础，通过对比河南与全国及江苏、浙江、山东、广东等经济大省（以下简称"经济大省"）相关指标数据，可以初步判断河南新型工业化正处于工业化中后期阶段，但人均GDP等与全国及经济大省尚有差距。

（一）河南新型工业化发展阶段的判断

若按1998年不变价计算，河南人均GDP为37636元，并按1998年人民币美元平均汇率8.279换算，河南人均GDP为4546美元，借用国内外较为通行的钱纳里经济发展阶段划分法，使用1998年美元标准对河南工业化发展阶段进行判断，可知河南目前处于工业化中级阶段，接近工业化高级阶段（参考表1）。

（二）河南新型工业化的特点

1. 工业化生产效率持续提高，为经济从疫情中恢复提供坚实基础

从 2018~2022 年第二产业增加值占比来看，河南和全国及经济大省均因 2020 年疫情一度走低，之后又呈现恢复态势（见图1）。但与此同时，河南和全国及经济大省第二产业劳动生产率却几乎未受疫情影响，一直保持着稳中有升态势，反映出疫情虽然对各省工业化发展带来不利影响，但各省经济韧性足、内在潜力大，创新技术广泛应用，生产效率不断提升（见图2）。

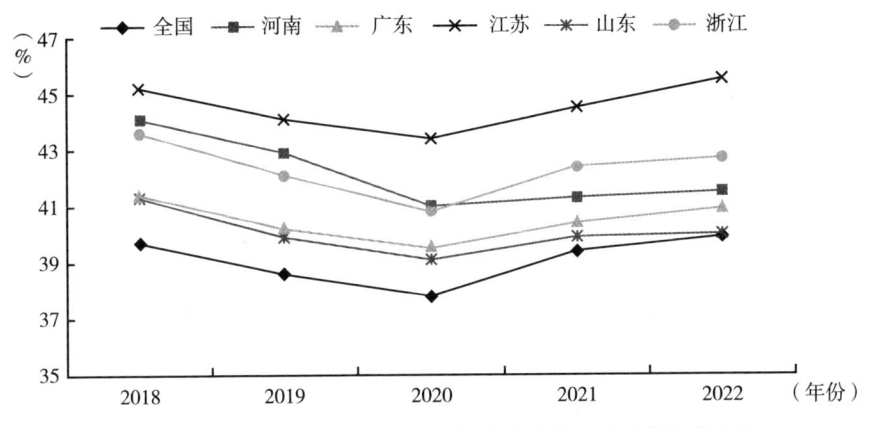

图1　2018~2022 年河南和全国及经济大省第二产业增加值占比

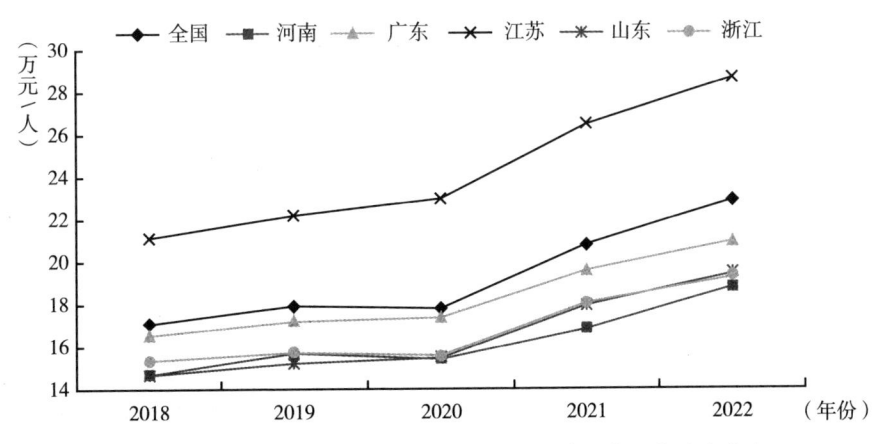

图2　2018~2022 年河南和全国及经济大省第二产业劳动生产率

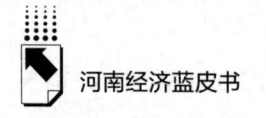

2.高技术产业发展势头强劲，换道领跑效果初现

从高技术产业增加值增速来看，2018~2022年这5年间，河南高技术产业增加值增速大部分年份均保持在5个经济大省中的前2位，2021年增速一度升至第1位，反映出省委换道领跑战略实施以来，河南产业结构调整和优化升级成效显著（见图3）。

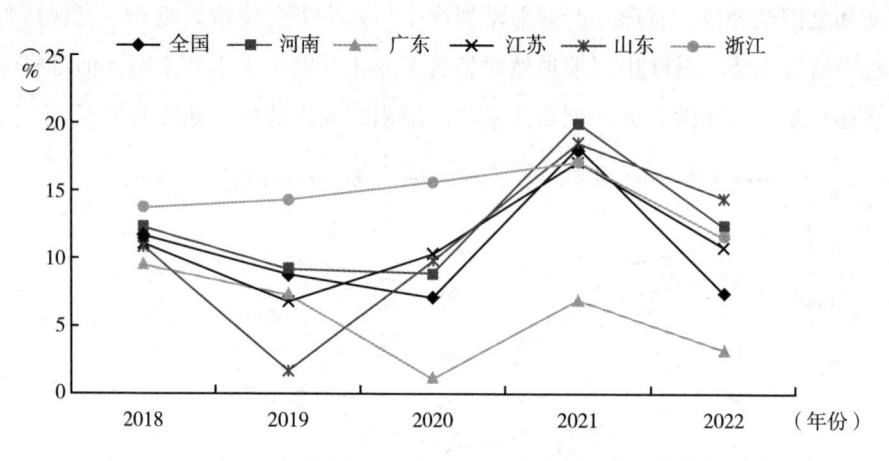

图3 2018~2022年河南和全国及经济大省高技术产业增加值增速

3.R&D经费投入强度明显加强，创新能力持续提升

从R&D经费投入占GDP的比重来看，虽然河南R&D经费投入强度绝对水平不如全国及经济大省，但2018年以来，随着省委创新驱动发展战略持续实施，河南R&D经费投入强度屡创新高，且提升速度快于全国平均水平，由2018年的1.34%逐年提升至2022年的1.86%，年均提升0.13个百分点，在前5经济大省中仅低于广东、浙江，提升幅度居于第3位（见图4）。

4.工业化发展与生态环境保护更加协调

从二氧化硫和氮氧化物等空气污染物排放量来看，河南二氧化硫、氮氧化物的排放量减少明显。二氧化硫排放量从2018年的28.63万吨降至2022年的5.89万吨，降幅为79.4%，在前5经济大省中居于第3位（见表3）；氮氧化物排放量从2018年的66.29万吨降至2022年的45.86万吨，降幅为30.8%，在前5经济大省中居于第3位（见表4）。

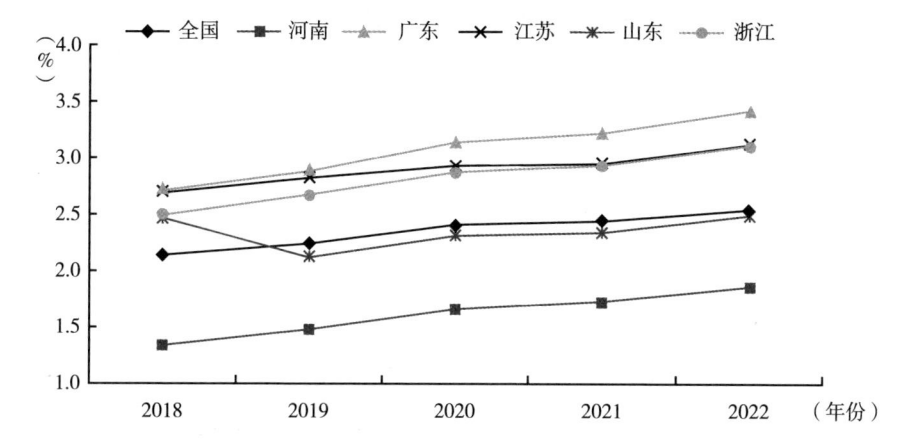

图4 2018~2022年河南和全国及经济大省R&D经费投入占GDP的比重

表3 2018~2022年河南和全国及经济大省二氧化硫排放量

单位：万吨

	2018年	2019年	2020年	2021年	2022年
全国	875.40	696.32	318.22	274.78	243.52
河南	28.63	16.44	6.68	6.00	5.89
广东	27.68	19.72	11.69	9.79	8.82
江苏	41.07	38.32	11.26	8.86	7.48
山东	73.91	47.25	19.33	16.53	14.59
浙江	19.05	11.40	5.15	4.33	4.06

表4 2018~2022年河南和全国及经济大省氮氧化物排放量

单位：万吨

	2018年	2019年	2020年	2021年	2022年
全国	1258.83	1785.22	1181.65	972.65	900.53
河南	66.29	100.38	54.55	49.81	45.86
广东	82.97	85.93	60.78	62.96	60.77
江苏	90.72	103.68	48.5	44.34	45.00
山东	115.86	144.18	62.47	65.87	76.96
浙江	43.2	48.86	38.73	38.05	35.71

从一般工业固体废物综合利用量来看，2018~2022年，河南一般工业固体废物综合利用量在全国占比分别为6.37%、4.95%、5.63%、5.76%、6.14%，年均占比为5.77%，年均占比总体低于山东的9.73%，而高于江苏的5.64%、广东的2.98%和浙江的2.34%，一直稳居第2位，反映出河南在工业化绿色发展方面不断加大力度，在实现经济发展的同时更加重视生态环境的治理与保护（见表5）。

表5　2018~2022年河南和经济大省一般工业固体废物综合利用量在全国的占比

单位：%

	2018年	2019年	2020年	2021年	2022年	年均
山东	10.50	11.23	9.62	8.84	8.47	9.73
河南	6.37	4.95	5.63	5.76	6.14	5.77
江苏	6.24	5.97	5.33	5.45	5.22	5.64
广东	2.93	3.27	2.76	2.93	3.01	2.98
浙江	2.33	2.44	2.23	2.35	2.32	2.34

（三）河南新型工业化存在的问题

1.与经济大省的工业化发展差距明显，追赶难度较大

一是人均GDP与全国及经济大省相比尚有差距，而且差距有进一步拉大的趋势。从2018~2022年这5年的人均GDP来看，河南均低于全国及经济大省。与全国平均水平相比，河南人均GDP从2018年的相当于全国的77.39%降至2022年的72.47%。而与人均GDP最高的江苏相比，河南人均GDP从2018年的相当于江苏的44.03%降至2022年的43.01%。

二是R&D经费投入水平与经济大省差距明显。虽然近年来河南R&D经费投入保持快速提升的良好趋势，但与河南全国第5的经济地位仍不匹配，2022年R&D经费投入仅居全国第17位，低于全国平均水平0.68个百分点，即使按照近几年的相对快速增长态势计算，可能5年内仍旧无法达到全国平均水平。

2.受制造业拖累，工业化发展疫情后恢复速度较慢

从第二产业增加值占比来看，全国及经济大省2022年均已超过疫情前的2019年水平,而河南2022年第二产业增加值占比41.5%,仍低于2019年的42.9%,经济恢复的进度是前5经济大省中最慢的(见表6)。

表6 2018~2022年河南和全国及经济大省第二产业增加值占比

单位:%

	2018年	2019年	2020年	2021年	2022年
全国	39.7	38.6	37.8	39.4	39.9
河南	44.1	42.9	41.0	41.3	41.5
广东	41.4	40.2	39.5	40.4	40.9
江苏	45.2	44.1	43.4	44.5	45.5
山东	41.3	39.9	39.1	39.9	40.0
浙江	43.6	42.1	40.8	42.4	42.7

从规上制造业营业收入占全部规上工业比重来看,河南规上制造业营业收入占全部规上工业的比重低于全国及经济大省。2018~2022年河南规上制造业营业收入占全部规上工业的比重年均为85.4%,分别比全国及广东、江苏、山东、浙江低2.7个、6.1个、9.1个、4.43个、7.2个百分点(见图5)。

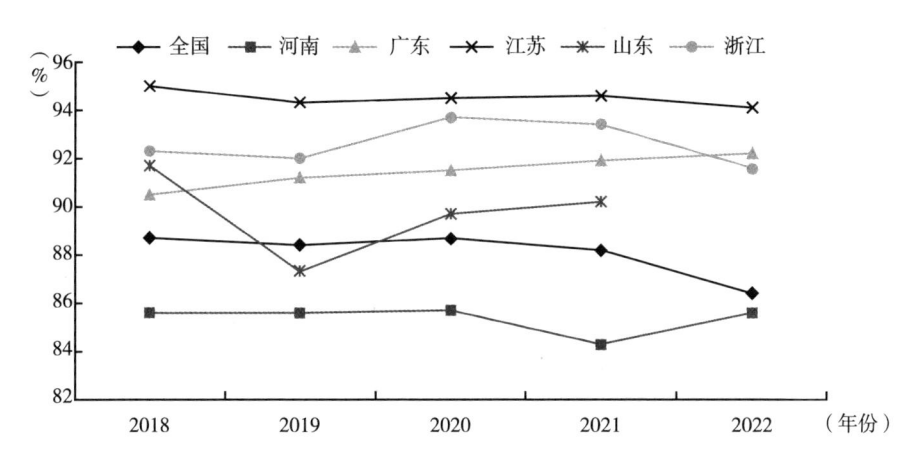

图5 2018~2022年河南和全国及经济大省规上制造业营业收入占全部规上工业比重

3. 工业利润持续恶化不容忽视

从规模以上工业营业收入利润率来看,2018~2022年河南规模以上工业

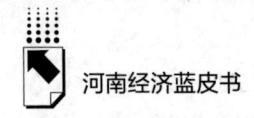

营业收入利润率持续下滑。虽然全国及各经济大省规模以上工业营业收入利润率均有不同程度下滑,但河南下滑程度尤为明显,从2018年的6.4%下降到2022年的4.2%,导致该指标在前5经济大省的位次从2018年的第1位下滑到2022年的第4位,与最低的山东仅相差0.1个百分点(见图6)。

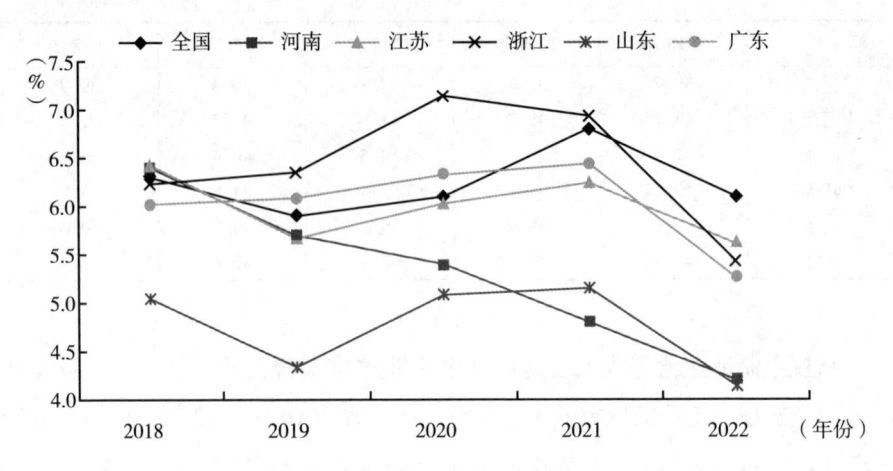

图6 2018~2022年河南和全国及经济大省规上工业营业收入利润率

4.生态环境保护力度仍需进一步加大

从空气污染物排放量与第二产业增加值对比来看,河南排放强度仅好于山东,而与广东、江苏、浙江等有不小差距,考虑到河南地处内陆的自然地理条件,意味着在工业化发展过程中,需要承担的生态环境的压力较大。2018~2022年,河南二氧化硫排放量在全国总排放量中的占比年均为2.47%,同期第二产业增加值占比年均为5.71%,相对比值为0.43,远低于山东的0.90,高于江苏的0.35、广东的0.30和浙江的0.25。同样的,氮氧化物的相对比值为0.90,低于山东的1.02,高于广东的0.53、江苏的0.46和浙江的0.50。

三 政策建议

通过对比河南与全国及经济大省在工业发展水平、结构及效益、科技创新和生态环境保护等各方面的表现可以看出，河南工业基础良好，高技术产业及研发创新正在快速发展，但面对河南工业经济与先进省份差距大、制造业现代化水平不高、工业企业盈利能力较弱，以及世界经济形势复杂多变、国内经济需求不足等挑战，河南新型工业化发展仍需在科技创新、产业结构、企业竞争力等方面进一步加码加力，以新型工业化为中国式现代化河南实践提供坚强的物质技术保障。

（一）加快"六新"突破，强化创新驱动

创新驱动是新型工业化的核心动力，要坚定把创新摆在发展的逻辑起点、现代化河南建设的核心位置，持续深入实施创新驱动科教兴盛人才强省战略，找准河南"六新"（新基建、新技术、新材料、新装备、新产品、新业态）发展的突破点，不断巩固强化R&D经费投入持续加大的良好势头，以工业产业竞争力和全要素生产率的持续提高推进河南新型工业化发展。一是优化科技创新平台体系，充分发挥以中原科技城、中原医学科技城、中原农谷为支柱的"三足鼎立"科技创新大格局对全省创新发展的引领作用，加大基础研究力度，加快建设创新基础设施，打造新型工业化发展强引擎。二是推进规上工业企业研发全覆盖，要强化企业科技创新的主体地位，大力支持企业创新中心建设，鼓励企业进一步加大关键核心技术攻关投入，切实落实财政、金融、科技、要素等各项政策措施，深入推进规上工业企业创新研发活动全覆盖，为产业发展蓄新能。三是加大招才引智力度，围绕"产业链"构建"人才链"，加强与国内外一流高校、科研院所、科技型龙头企业的创新协同，争取更多一流高校、科研院所在河南设立研究院、创新实验室和创新中心，培养引进高层次高水平创新人才，厚植人才优势推动产业创新。

（二）大力培育重点产业链，推进产业转型

推进新型工业化，要坚持以实体经济为根基，要把制造业高质量发展作为主攻方向，坚定实施优势再造、换道领跑战略，推动传统产业转型升级、新兴产业培育壮大和未来产业抢滩占先，不断提升产业链供应链韧性和安全

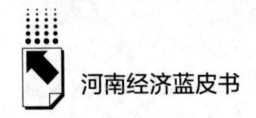

水平。一是大力培育7大产业集群28个重点产业链。按照重点产业链行动方案，完善强链成群工作机制，加强多方联动协同，不断提升全省产业集群、产业链现代化水平，争取在超硬材料、现代农机、电力装备、新型高温材料等领域"填空白"，创建1至2个国家先进制造业集群。二是发挥链群效应，助力企业发展。坚持"两个毫不动摇"，培育壮大制造业头部企业、专精特新中小企业，支持"链主"企业优化整合产业链，发展成为在全国范围内具有产业影响力和产业链控制力的骨干企业，促进产业链上下游、大中小企业融通发展，涌现更多国家级、省级专精特新中小企业、"小巨人"企业和制造业单项冠军企业。三是加强政策支持，优化营商环境。深入推进"万人助万企"，做好政策落实与企业期盼之间的沟通桥梁，着力帮助企业解决融资、用工、用地、用能、环境容量等问题。

（三）推进"一转带三化"，发展新质生产力

党的二十大报告明确提出："实施产业基础再造工程和重大技术装备攻关工程，支持专精特新企业发展，推动制造业高端化、智能化、绿色化发展。"一方面加大制造业"三化"改造力度。大力发展战略性新兴产业，特别是河南新能源汽车、高端装备制造等，同时加快传统产业品质化品牌化升级步伐，推动产业高端化；大力发展智能制造，发挥大数据、云计算、工业互联网等作用，不断释放智能化改造优势；以"双碳"目标为导向，持续减少主要污染物排放总量，提高资源综合利用效率，推进绿色低碳发展。另一方面以数字化赋能制造业高质量发展，做强数字核心产业，加快数字化基础设施建设，强化数字化支撑能力，推动数字经济和实体经济深度融合，充分利用新一代信息技术对传统产业进行全方位改造，充分发挥数字化转型对工业企业的价值提升作用，不断加快人工智能、工业互联网等在工业领域的部署应用。

B.17
河南省深入实施创新驱动、科教兴省、人才强省战略研究和展望

单新民 贾梁 李璐 仇国义*

摘　要： 创新是引领发展的第一动力。习近平总书记先后五次视察河南，提出"四张牌""三个转变"等重大要求。省第十一次党代会确立"两个确保"的奋斗目标，提出全面实施"十大战略"，把"创新驱动、科教兴省、人才强省"放在"十大战略"之首。本文通过总结河南省实施创新驱动、科教兴省、人才强省战略取得的成效以及存在的问题，分析当前科技创新面临的形势，提出下一步发展措施：做强"三足鼎立"科技创新大格局，做优高能级科技创新平台体系，强化企业科技创新主体地位，优化关键核心技术攻关的体制机制，大力引育高层次科技创新人才，持续深化创新发展综合配套改革，为河南省建设国家创新高地提供参考。

关键词： 科技创新　创新平台　创新主体　河南

习近平总书记先后五次视察河南，提出"四张牌""三个转变"等重大要求，殷切期望河南在中部地区崛起中奋勇争先，谱写新时代中原更加出彩的绚丽篇章。党的二十大报告中用一整个篇章专门对"实施科教兴国战略、强化现代化人才支撑"作出部署。省第十一次党代会确立"两个确保"的奋斗目标，提出全面实施"十大战略"，把"创新驱动、科教兴省、人才强

---

* 单新民，河南省科技厅国动办专职副主任；贾梁，省统计局社会科技和文化产业统计处副处长；李璐，河南省科技厅战略规划与政策法规处二级主任科员；仇国义，河南省统计局社会科技和文化产业统计处四级主任科员。

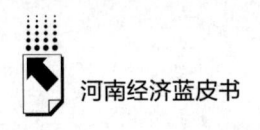

省"放在"十大战略"之首。在省委省政府的高位推动下,科技事业加快发展,创新对经济社会高质量发展的支撑引领作用日渐凸显,国家创新高地建设迈出坚实步伐。

一 创新发展已成为现代化河南建设的主旋律最强音

在省委省政府的高位推动下,创新驱动、科教兴省、人才强省战略各项任务纵深推进,科技政策法规扎实落地,科技创新成效亮点频出。《中国区域创新能力评价报告2023》显示,河南省创新能力居全国第13位、中部第4位。

(一)全省科技创新投入快速提升

2022年全省研发投入1143.26亿元,比上年增加124.42亿元,居全国第11位、中部第4位,增长12.22%,总量增速居全国第9位,连续7年保持两位数增速,全省基础研究投入增长52.71%,占研发经费的比重首次突破3%。研发投入强度为1.86%,居全国第17位、中部第4位,比上年提高0.11个百分点。

2022年全省财政科技支出409.2亿元,比上年增加79.95亿元,增长24.28%,财政科技支出占一般公共预算比重达到3.84%,比上年提高0.47个百分点,与全国平均水平的差距拉近至0.47个百分点。

(二)"三足鼎立"科技创新大格局全面构筑

省科学院与中原科技城、国家技术转移郑州中心"三合一"融合发展,省科学院研发实体达到41家,总数居全国省级科学院首位,中原科技城在全国279个科技城中排名第31,河南省技术交易市场正式揭牌。高位布局推动"中原农谷"建设,核心区入驻省级及以上科研平台27家,国家生物育种产业创新中心一期建成投用,神农种业实验室正式入驻,中原农谷立法工作有序推进。重建省医学科学院,加快建设中原医学科学城、生物医药大健康产业集群，打造"一院一城一产业集群、医教研产资五位一体"融合发展格局，5位院士受聘首席科学家，眼科研究所等首批10个研究所入驻。

（三）高能级创新平台体系日趋完善

国家超算互联网核心节点在郑州正式启动建设，"曙光8000高性能计算机系统研制"项目成功签约。全国重点实验室重组入列中，河南省重组入列7家、新建6家；5家工程研究中心被纳入国家新的管理序列，安图生物承担的新发突发重大传染病检测国家工程研究中心获批组建；截至2023年11月，河南省拥有国家级创新平台171家、省实验室16家（见表1）、产业技术研究院3家、产业研究院40家，36家中试基地建成投用中试线271条。上海交通大学、北京理工大学等一批一流大学郑州研究院先后落地签约。河南省首个重大科技基础设施超短超强激光平台加快建设，水灾变模拟试验设施、地月电磁空间多模态观测系统、智能医学研究设施3个项目拟纳入建设计划。

表1 河南省实验室名单

序号	实验室名称	所在地市	备注
1	嵩山实验室	郑州	第1批
2	神农种业实验室	总部新乡,注册地郑州	第1批
3	黄河实验室	郑州	第1批
4	龙门实验室	洛阳	第2批
5	中原关键金属实验室	总部郑州,基地三门峡	第2批
6	龙湖现代免疫实验室	郑州	第2批
7	龙子湖新能源实验室	郑州	第3批
8	中原食品实验室	漯河	第3批
9	天健先进生物医学实验室	郑州	第4批
10	平原实验室	郑州	第4批
11	墨子实验室	郑州	第5批
12	黄淮实验室	郑州	第5批
13	中州实验室	郑州	第5批
14	牧原实验室	南阳	第5批
15	中原纳米酶实验室	郑州	第6批
16	尧山实验室	平顶山	第6批

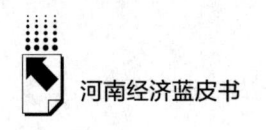

（四）创新主体不断发展壮大

企业是研发活动的主体，2022年全省高新技术企业、国家科技型中小企业同比分别增长29.57%、45.29%。创新联合体、龙头企业、瞪羚企业总数分别达到28家、116家、454家。华兰疫苗、卫龙食品、蜜雪冰城、超聚变、致欧科技5家企业进入胡润全球独角兽榜，截至2023年11月国家科技型中小企业已备案入库2.2万家。预计2023年新增高新技术企业超2000家。2022年河南省规模以上工业企业中有研发活动的达到7942家，较上年增长30.39%，规模以上工业企业中建有研发机构的企业4243家，较上年增长52.57%。全省"科技贷"支持科技型企业710家（次）47.68亿元，较上年同期增长20%。

（五）创新人才团队引育更加高效

加大创新人才引进力度，成功举办第六届中国·河南招才引智创新发展大会，共举办27场活动，签约高质量人才合作项目1837个。省人才集团与市、县（区）合作组建11家人才集团，打造"全省人才工作一张网"，在库人才达147万。组建国际猎头公司，选定首批10个海外工作站点。强化人才服务保障，在省政务服务中心设立人才事项服务窗口，在省政务服务网开设人才服务专区，打造"一站式"人才服务平台。高层次创新人才培养步伐加快，2023年河南省专家常俊标当选为中国科学院院士，康相涛、赵中伟当选为中国工程院院士，另有3位在豫外籍科学家当选"两院"外籍院士，河南省两院院士数量达到38人。全省共培养中原学者88人，其中11位中原学者分别当选"两院"院士，"中原学者"已成为河南省培养"两院"院士的"摇篮"。

（六）关键核心技术攻关深入推进

2023年河南省在研国家重点研发计划49项，项目总经费11.08亿元，争取中央财政资金6.13亿元。争取国家自然科学基金项目经费再创新高，共有52家单位1075个项目获得国家自然基金资助，资助经费4.34亿元，经费数和立项数均超往年同期。27个项目获得"区域创新发展联合基金（河南）"资助，争取经费近8400万元。启动实施省重大科技专项19项，省财政支持经费2.6亿元。一批重大科技创新项目取得标志性成果，"面向航空器的智能宽频宽幅电能转换关键技术研究及产业化"项目成果打破了国外相关产品及技术垄断，"特高压柔性直流输电关键技术"指标达到国际先进水平。

（七）协同创新载体建设全面提质

加快郑洛新国家自主创新示范区建设，将中原科技城、中原农谷纳入自创区范围，在创新资源共享、产业支撑能力提升、"一区多园"等方面探索新路径。2022年自创区研发投入强度达到8.94%。完善提升高新区布局，信阳、许昌高新区成功升级为国家级高新区，河南省国家级高新区数量达9家，居中部第2位、全国第5位，2022年河南省9个国家级高新区园区内注册企业30.73万家，实现营业收入1.27万亿元。周口获批建设国家农业高新技术产业示范区。河南省省级高新区数量达到35家，揭牌智慧岛数量达到24家。

（八）科技成果转移转化成效愈发显著

加大科技成果转移转化力度，深化赋予科研人员职务科技成果所有权或长期使用权试点改革，探索建立高校院所职务科技成果区别于现行国有资产的管理制度。依托郑州高新区、南阳高新区等开发区及科技园区布局建设了10家首批省级示范区。激发技术市场活力，培育省级示范机构182家，奖补技术转移示范机构33家，奖补金额434万元，截至2023年10月，全省技术合同成交额达到907亿元，同比增长16%。成功举办第三届中国·河南开放创新暨跨国技术转移大会，组织了7个专场活动，邀请来自17个国家和地区的知名专家学者、高层次人才及团队参会，累计发布技术需求400余项，展示科技成果300余项，达成初步合作意向200余项。

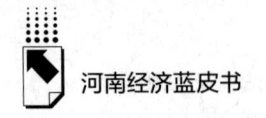

（九）创新发展综合配套改革持续深化

赋予科研单位和科研人员更大技术路线决定权和经费使用权，省科学院、省医学科学院、省实验室等新型研发机构管理体制运行机制持续创新，在编制使用、人才引聚、成果转化、经费使用、薪酬分配等方面享有充分自主权。开展科技项目和科研经费管理改革，35个项目获得"揭榜挂帅"立项支持，4个省重大科技专项项目探索实行"赛马制"。优化科技奖励制度，完善科技奖励提名制和评审机制，压实提名和评审主体责任，优化奖励结构，在省科技进步奖中增设特等奖。2022年全省荣获国家科技奖励17项，其中一等奖2项、二等奖15项。

二 实施战略所面临的形势、优势

（一）国际科技创新形势

当前，全球科技竞争呈现复杂多变的特征，各国纷纷加速发展前沿技术和颠覆性技术。一是世界各国都在强化新兴技术的战略部署，密集出台科技计划增加战略新兴技术投入，在全球范围抢夺高技术人才。二是全球治理体系影响凸显，新兴经济体将面临更多的国际规则要求。三是以美国为首的西方国家不断强化技术出口管制，筑起"小院高墙"，在尖端科技领域与中国"精准脱钩"。

（二）国内科技创新形势

全国各地都将科技创新作为区域竞争力的核心标志，特别是先进发达地区积极先行先试，地区间科技竞争愈加激烈。京津冀、长三角、粤港澳大湾区、成渝地区双城经济圈贡献了全国超过60%的授权专利和超过70%的独角兽企业。深圳发挥粤港澳大湾区和先行示范区建设两大国家战略叠加优势，以综合性国家科学中心、鹏城实验室等落地为契机，打造全球一流的科技创新人才向往聚集地。江苏按照习近平总书记视察时提出的"江苏要在科技创新上率先取得新突破，打造全国重要的产业科技创新高地"要求，研究制定构建新形势下科技创新体制机制的纲领性文件。湖北发挥科教资源集聚优势，抓好武汉科创中心建设，推进国家层面51个支持事项落实落地。安徽以高水平项目带动产业集聚，设立200亿元专项资金支持合肥科学中心建设，打造重大科技基础设施集群。

（三）河南省科技创新优势

一是组织领导坚强有力。省委加强对科技创新工作的统一领导，成立省科技创新委员会，以前所未有的力度，加强顶层设计，推动重大决策部署。二是国家战略提供发展引擎。中央实施中部崛起战略，郑州都市圈正式进入国家队，成为全国第十个国家级都市圈，都为河南省努力抢占科技发展制高点、实现新的跨越发展提供了坚实支撑。三是规模优势突出。河南省经济总量、工业增加值、市场主体总量常年位居全国第5、中西部第1，为科技发展提供了经济支撑、应用场景、市场需求。四是创新基础坚实。河南省工业门类齐全，全省研发人员总量位居全国第7，部分领域居于全国领先方阵。

（四）河南省科技创新面临的风险挑战

河南省科技创新面临着"标兵渐远、追兵渐近"的严峻形势，与先进省份相比，河南省科技创新还存在较大差距，科技创新仍然是制约河南省现代化建设的突出短板。一是融入国家区域科技创新体系不够深入。当前国家正在开展新一轮区域科技创新体系布局，支持区域科创中心先行先试，除已经明确的地区外，江苏、浙江等发达省（市）均在积极争创国家区域科技创新中心，河南省仍未进入国家区域科技创新体系，面临掉队风险。二是国家战略科技力量匮乏。在全国已布局的38个大科学装置和20家国家实验室中，河南尚属空白。全省国家重点实验室16家，占全国总数的3%，中央科技委提出重大科技项目首先由国家实验室承担，在新的国家创新资源布局中，河南省处于不利局面。三是创新资源加速向先进地区集聚。我国经济地

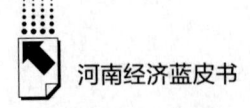

理版图正在发生深刻变化，高级生产要素、创新资源向"三大中心、两条创新带"集聚趋势明显加速，河南创新发展、引进人才、集聚创新要素面临更加激烈的竞争。

三 当前河南省科技创新面临的风险挑战和问题困难

随着多部门协同发力、共同推进，河南省科技创新事业取得全面发展。但是河南省的科技创新底子仍然比较薄弱，研发投入强度不足、高能级平台匮乏、企业创新主体地位有待增强、新型研发机构体制机制仍需完善，仍然制约着经济社会的高质量发展。

（一）研发经费投入强度与经济大省地位不匹配

2022年，河南省研发经费投入强度为1.86%，在全国位列第17，落后全国平均水平0.68个百分点。研发投入强度在全国的中游水平与河南省GDP位列全国第5的经济大省地位不匹配，与全国研发实力较强地区相比差距更远。

（二）高能级创新平台匮乏

全省没有教育部直属高校，没有985高校。在全国已布局的38个大科学装置和国家实验室中，河南尚属空白。全省国家重点实验室16家，占全国总数的3%，仅相当于北京的11.8%、上海的36.4%、江苏的41%，在中部六省中不及湖北（29家）、湖南（18家）。

（三）企业创新活力有待激发

近年来受经济下行的影响，企业研发投入增速降低，对全社会研发经费的带动能力削弱，造成河南省研发投入增长速度放缓，2022年河南省企业研发经费增速11.21%，其中规上工业研发经费增速仅为10.67%，低于全省研发经费增速1.55个百分点。

（四）新型研发机构运行机制仍需完善

事业单位性质的新型研发机构尽管成立了理事会、制定了章程，但在绩效工资、行政人员岗位设置等方面仍受制于传统事业单位管理制度，新型研发机构人员还是心存顾虑，在理事会及章程框架内推进体制机制创新、大胆突破的勇气不足、力度不够。

（五）基础研究能力薄弱

目前河南省在教育部组织的第五轮学科评估中没有一个 A 类学科，国家杰青、长江学者、国家优青等高层次人才储备不足，在国家层面基础研究重点、重大项目竞争中实力偏弱。基础研究经费投入不足，2022 年占全社会研发投入比重仅为 3.28%，居中部六省末位（安徽为 9.0%、湖南为 6.57%、山西为 4.8%、湖北为 6.57%、江西为 4.7%）。

（六）推动产业高质量发展的创新体系仍需完善

制造业中的传统产业占比仍高达 46%，而新兴产业占比仅 24%，制造企业多为行业配套企业，具有产业链控制能力的龙头企业数量、规上企业利润总额等与先进省份相比有较大差距。产业关键核心技术缺乏，支撑制造业向数字化、智能化、绿色化转型发展的关键核心技术供给不足。2022 年河南省高技术制造业研发经费投入强度（1.6%）仅相当于全国平均水平（2.91%）的 55% 左右，已经批复的 19 家行业性国家技术创新中心中河南省尚无一家，制造业高层次人才匮乏，人才培养难、引进难、留住难的困境长期存在。

四 下一步实施战略的工作思路

下一步，河南省将继续深入实施创新驱动、科教兴省、人才强省战略，坚决贯彻落实省委省政府关于科技创新的决策部署，锚定 2025 年国家创新

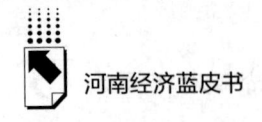

高地呈现雏形目标，大力营造一流创新生态，加速推进国家创新高地和全国重要人才中心建设。

（一）做强"三足鼎立"科技创新大格局

全面推进省科学院重建重振，支持省农科院做优做强，推动重建省医学科学院，深化院城（谷）融合体制机制，加快集聚创新资源，将"两城一谷"打造为河南省创新策源地和最高峰。持续完善环省科学院创新生态圈，支持构建全要素医学科学创新生态，加快推动中原农谷立法。

（二）做优高能级科技创新平台体系

抢抓国家战略科技力量优化布局机遇，持续加快高能级创新平台建设，推动嵩山、神农种业、龙子湖新能源等省实验室进入国家实验室基地或全国重点实验室行列，力争小麦、隧道掘进装备、关键金属等国家技术创新中心创建工作取得突破。对省级创新平台体系进行系统布局和体系重塑，强化科技创新全链条支撑能力。

（三）强化企业科技创新主体地位

高质量推进规上工业企业研发活动全覆盖，加强企业主导的产学研深度融合，支持企业进一步加大研发投入，引导各类创新要素向企业集聚，探索围绕重点产业链支持科技型企业发展新模式。新遴选一批创新龙头企业，大力培育高新技术企业和科技型中小企业，形成"微成长、小升规、高变强"的创新型企业梯次培育格局。探索科创金融新模式，谋划设立省级天使投资母基金，深入实施"科技贷"。

（四）优化关键核心技术攻关的体制机制

以国家战略需求为导向，聚焦全省7大万亿级先进制造业集群和28条重点产业链，加强产业链创新链深入融合，完善河南省关键核心技术攻关的体制机制，大力实施一流创新课题，以关键核心技术突破带动产业创新发展和转型升级，加快构建现代化产业体系。加强前沿和基础研究，加大基础研究投入力度，扩大省自然科学基金实施规模。

（五）大力引育高层次科技创新人才

完善高层次创新人才团队培养发现机制，在重大科技攻关实践中培育锻炼人才，支持青年科技人才在重大科技任务中"挑大梁""当主角"。办好招才引智大会和跨国技术转移大会，大力引进领军人才和创新团队。强化两院院士培育、支持和服务，推进院士工作站、中原学者工作站建设。深化科技人才评价改革，加快构建以创新价值、能力、贡献为导向的科技人才评价体系。

（六）持续深化创新发展综合配套改革

落实中央新一轮科技体制改革部署，提高创新体系整体效能。扩大职务科技成果赋权改革试点范围，完善职务科技成果国有资产管理单列模式。深化科技奖励制度改革。建立健全三级科技服务综合体，锻造全面、高效、精准、深度的区域创新服务体系，为全省各类创新主体提供优质服务。

B.18
基于索洛余值法和 DEA-Malmquist 法的河南全要素生产率测算研究

季红梅　张喜峥　雷茜茜　张艺　刘蒙单　纪晓斐　訾孟儒*

摘　要： 提高全要素生产率是河南实现由传统要素驱动向创新驱动转变的关键环节,对于河南加快推动质量变革、效率变革、动力变革,从而实现高质量发展具有重大意义。本研究分别运用索洛余值法和 DEA-Malmquist 法,测算了全国及河南、江苏、福建、湖北、四川五省的全要素生产率,分析了1990 年以来河南资本投入、劳动投入、全要素生产率对经济增长的贡献,并对影响全要素生产率的技术效率变化指数和技术进步指数进行分析,在此基础上提出提升河南全要素生产率的相关对策建议:聚力提升科创能级,培育锻造新质生产力;坚持更高水平对外开放,持续稳定要素保障;持续深化制度改革,着力提升体制保障;推动资本结构升级,加大对创新发展的支持力度。

关键词： 全要素生产率　创新驱动　结构调整　河南

党的二十大报告提出："我们要坚持以推动高质量发展为主题,加快建设现代化经济体系,着力提高全要素生产率,着力提升产业链供应链韧性和安全水平,推动经济实现质的有效提升和量的合理增长。"全要素生产率的

---

* 季红梅,河南省统计局副局长;张喜峥,河南省统计局国民经济核算处处长,一级调研员;雷茜茜,河南省统计局国民经济核算处副处长;张艺,河南省统计局国民经济核算处;刘蒙单,河南省统计局国民经济核算处;纪晓斐,河南省统计局国民经济核算处;訾孟儒,河南省统计局社情民意调查中心。

基于索洛余值法和 DEA-Malmquist 法的河南全要素生产率测算研究

提高,是经济发展动力强劲、经济发展可持续的重要标志。河南当前正处在结构调整、动能转换、经济转型的攻坚期和爬坡过坎的关键期,必须要在提高全要素生产率上下功夫,加快推进经济发展的质量变革、效率变革、动力变革。因此,在此背景下,对河南全要素生产率和其背后的驱动因素进行测算与分析,对新时代河南高质量发展具有重大意义。

一 河南全要素生产率研究背景

(一)提高全要素生产率是推动高质量发展的动力源泉

经过改革开放以来的快速发展,我国逐渐走进世界经济舞台的中央。从国际看,世界百年未有之大变局加速演进,世界经济进入深度调整期,面临"一低五高"(低增长、高通胀、高利率、高债务、高杠杆、高风险)的形势。同时,新一轮科技革命正处于团聚式爆发期,新产业、新业态、新模式的兴起,使得现代产业体系重构和社会生产力变革。国际间科技力量竞争上升到前所未有的高度,博弈日趋激烈。从国内看,当前我国已跨过以劳动力无限供给、人口红利驱动为显著特征的刘易斯二元经济发展阶段,迈入以经济增速结构性减速为特征的中等收入陷阱阶段的初始阶段。国际经验和教训反复证明,摆脱"中等收入陷阱"的实质在于增长动力的及时转换与调整。我国经济处于高质量发展阶段,资本、劳动等要素条件和边际产出发生改变,这就要求经济增长必须更多依靠生产率的提高。只有提高全要素生产率,才能对冲劳动力成本的上升,稳定投资边际产出,提高企业盈利水平,缓解资源环境压力,减缓过去积累的风险。因此,提高全要素生产率,推动供给结构优化,促进资源配置效率提高,推动技术进步,促进生产效率提高,是推动高质量发展的动力和关键所在。

(二)全要素生产率是反映河南创新驱动的重要变量

"十四五"以来,河南锚定"两个确保",大力推动创新驱动、科教兴

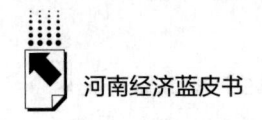

省、人才强省战略等"十大战略"，迎难而上，主动作为，创新动力迅速崛起，创新发展取得了明显成效。创新生态快速集聚。以中原科技城、中原医学科技城、中原农谷为支柱的"三足鼎立"科技创新大格局业已形成，规上工业企业研发活动全覆盖提速推进，"专精特新"企业培育加速实施，已累计建成16家国家级重点实验室。科研创新势头持续增强。2022年，河南R&D经费投入强度为1.86%，比2020年提高0.2个百分点；R&D人员总量为37.4万人，较2020年增长22.9%。创新动能持续增强。2022年，河南技术成交额突破千亿元，年均增长68.1%，在全国的位次由2020年的第16位提升至2022年的第13位。数字经济、平台经济、网络经济、共享经济蓬勃发展，2020~2022年网上实物商品交易额年均增长16.4%。改革红利持续释放。"放管服效"改革持续深化，不断打造市场化、法治化、国际化营商环境。国企改革三年行动任务顺利完成。这些有利因素不断积蓄，助力河南加快由传统要素驱动向创新驱动转变。但河南创新发展仍面临科技基础薄弱、自主创新能力不强、科研成果转换率较低等问题。因此，河南必须以提高全要素生产率为核心，实现由传统要素驱动向创新驱动转变。

二 全要素生产率测算方法与指标选取

（一）全要素生产率测算方法

全要素生产率（Total Factor Productivity，TFP），又称综合要素生产率，指的是资本、劳动等生产要素投入量不变时，产出仍能增加的部分，也就是经济增长率减去劳动要素和资本要素投入增加对增长的贡献率的余额，代表技术进步、生产和要素配置效率改善、经济规模效应以及政策红利等因素带动的经济增长，最早由索洛（Solow，1957）提出，故也称为索洛余值或索洛残差。

全要素生产率的测算方法可分为参数估计法和非参数估计法。本研究使用的是参数估计法中的索洛余值法和非参数估计法中的DEA-Malmquist法。其中，索洛余值法是使用C-D生产函数等形式，在估算出总量生产函数后，采用产出增长率减去各种投入要素增长率后的残差来作为全要素生产率的增长。DEA-Malmquist法是根据投入—产出变量数据直接计算生产率。

（二）指标选取与计算

本研究将1990~2021年全国和河南及东、中、西部部分省份数据组成的面板数据作为研究对象，选取并计算全国及河南、江苏、福建、湖北、四川相关指标，分别从纵向和横向分析河南全要素生产率的发展轨迹和趋势。

指标选取上，产出使用以1990年为基期的1990~2021年不变价GDP；劳动投入使用平均受教育年限和劳动力数量的乘积；资本投入采用目前常用的永续盘存法测算，其中，基年资本存量采用基年固定资本分别除以6%、8%、10%倒推；折旧率则按资产分类设定残值率，利用1990~2021年三类资产的比重作为其权重计算总的资产折旧率；当年投资额使用固定资本形成总额；投资品价格指数采用GDP平减指数来替代。数据主要来源于各省统计年鉴、《中国人口统计年鉴》（1991~2006年）、《中国人口和就业统计年鉴》（2007~2022年），部分缺失数据根据相邻年份平均值推算。

三 河南全要素生产率测算与分析

（一）基于索洛余值法的全要素生产率测算

本研究采用经典经济学模型C-D生产函数，对全国、河南、江苏、福建、湖北、四川1991~2021年的全要素生产率增速进行了测算，并综合考虑全要素生产率阶段性变化与体制改革、结构变动、政策调整等因素，分四个阶段（1991~1997年、1998~2003年、2004~2009年、2010~2021年）进行分析，结果如图1、表1、表2所示。

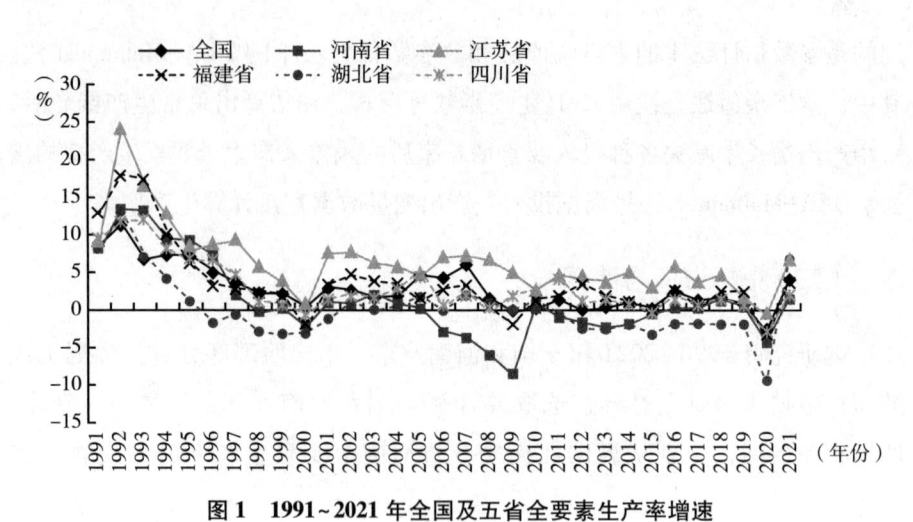

图 1　1991~2021 年全国及五省全要素生产率增速

表 1　全国及五省全要素生产率年均增速

单位：%

时间	全国	河南省	江苏省	福建省	湖北省	四川省
1991~2021 年	2.9	1.1	6.4	3.5	0.2	2.9
1991~1997 年	7.2	8.9	12.5	10.0	4.4	8.4
1998~2003 年	2.1	0.3	5.1	2.3	-1.6	1.2
2004~2009 年	3.0	-3.4	6.0	1.6	1.0	2.1
2010~2021 年	0.9	-0.6	3.7	1.5	-1.7	1.2

表 2　全国及五省全要素生产率贡献率

单位：%

时间	全国	河南省	江苏省	福建省	湖北省	四川省
1991~2019 年	28.0	2.2	51.9	24.6	-4.1	25.8
1991~1997 年	61.5	68.9	79.3	54.5	33.9	72.8
1998~2003 年	24.0	1.8	43.7	20.1	-20.9	11.8
2004~2009 年	24.1	-36.1	42.9	10.7	7.2	15.5
2010~2019 年	13.0	-4.6	45.0	17.7	-20.4	13.8
2020 年	-130.2	-404.5	-17.7	-129.2	178.9	-83.3
2021 年	47.1	25.0	72.4	45.9	53.0	24.4

基于索洛余值法和DEA-Malmquist法的河南全要素生产率测算研究

从河南全要素生产率发展轨迹看,1991~2021年河南全要素生产率先后经历了1991~1997年的高速发展阶段、1998~2003年的相对平稳阶段、2004~2009年的回落筑底阶段和2010~2021年的稳步攀升阶段。从测算结果看,河南全要素生产率年均增速为1.1%,分别低于全国、江苏、福建、四川1.8个、5.3个、2.4个、1.8个百分点。从各要素对经济增长的贡献率来看,1991~2019年河南全要素生产率年均贡献率仅为2.2%,分别低于全国、江苏、福建、四川25.8个、49.7个、22.4个、23.6个百分点。分阶段分析如下。

1. 高速发展阶段(1991~1997年)

随着改革开放和现代化建设步伐进一步加快,各地基础设施建设和民间投资进入活跃期,劳动力等要素开始市场化流动。同时,受改革开放红利影响,资源配置效率逐步提高,带动全要素生产率快速提升。但与全国和其他四省相比,河南资本和劳动投入相对较低,年均增速分别低于全国0.6个、0.5个百分点,全要素生产率年均增速为8.9%,高于全国1.7个百分点,分别低于江苏、福建3.6个、1.1个百分点。从各要素对经济增长的年均贡献率来看,资本投入年均贡献率为17.3%,分别低于全国、福建、湖北3.7个、13.1个、30.0个百分点;劳动投入年均贡献率为7.8%,分别低于全国、福建7.0个、2.7个百分点;全要素生产率年均贡献率为68.9%,分别高于全国、福建、湖北7.4个、14.4个、35.0个百分点。

2. 相对平稳阶段(1998~2003年)

河南紧抓改革开放新机遇,加快工业化、城镇化进程,再加上1999年全面停止福利分房制度,房地产市场开始蓬勃发展,带动资本投入快速增长,这一时期资本存量年均增速为9.5%,高于全国1.1个百分点。同时,河南大量剩余劳动力由第一产业向第二、第三产业转移,劳动投入的年均增速达到4.3%,高于全国及其他四省。但大规模基础设施和工业投资的高速增长,引发了物价上涨、产能过剩等负面影响,拉低了经济产出效率,再加上1997年亚洲金融危机的冲击,全国及五省的全要素生产率年均增速均出现大幅回落,河南回落幅度尤为显著。河南全要素生产率年均增速为

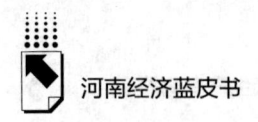

0.3%，分别低于全国、江苏、福建、四川1.8个、4.8个、2.0个、0.9个百分点。从各要素对经济增长的年均贡献率来看，资本投入年均贡献率达85.9%，比上一阶段提升68.6个百分点；劳动投入年均贡献率达10.3%，高于上一阶段2.5个百分点，高于江苏、湖北、四川，低于全国2.2个百分点；全要素生产率年均贡献率为1.8%，较上一阶段下降67.1个百分点，分别低于全国、江苏、福建、四川22.2个、41.9个、18.3个、10.0个百分点。

3. 回落筑底阶段（2004~2009年）

党的十六大以来，我国改革开放继续深化，党的十六届三中全会进一步明确了市场改革的方向，带动了各地的建设热情，房地产市场迅猛发展，助推资本存量快速增长。虽然在宏观政策调控作用下，投资增速有所回落，但金融危机后刺激政策带动投资再次回升，河南投资进入快速增长期，资本存量年均增速为19.5%，高于全国7.5个百分点，比上一阶段提高了10.0个百分点。劳动投入仍然增长，但劳动力跨产业大规模流动的趋势逐渐收敛，劳动投入增速也明显放缓，年均增速为2.0%，高于全国0.6个百分点，低于上一阶段2.3个百分点，分别低于江苏、福建0.6个、1.3个百分点。河南长期积累的结构性矛盾和资本要素驱动的发展模式，加之2008年全球金融危机对经济发展造成了深远影响，从而导致全要素生产率总体下行。河南全要素生产率年均下降3.4%[①]，较上一阶段回落3.7个百分点，是全国及五省中唯一下降的。从各要素对经济增长的年均贡献率来看，河南资本投入年均贡献率达121.9%，高于全国52.3个百分点，为五省最高；劳动投入年均贡献率为3.6%，低于全国1.0个百分点，较上一阶段下降6.7个百分点，分别低于江苏及福建7.1个、7.0个百分点；全要素生产率年均贡献率为-36.1%，和全国及其他四省的差距进一步扩大。

4. 稳步攀升阶段（2010~2021年）

随着经济进入新常态，我国由高速增长阶段转向高质量发展阶段，全国

---

① 全要素生产率为负数不代表全要素对经济增长没有贡献，而意味着这一时期存在产能过剩和效率下滑现象。

及五省的产出增速整体均呈回落趋势。这一时期，河南资本存量年均增速为10.8%，高于全国1.4个百分点，比上一阶段回落了8.7个百分点，对经济增长的贡献率达120.7%，为五省第一。受人口老龄化、摩擦性失业增多、机械化程度提高、就业率降低、劳动力往发达省份流动等因素影响，河南从业人员数量呈逐年递减的趋势，相对于其他四省降幅较大，河南劳动投入年均下降0.8%，低于全国1.8个百分点，对经济增长的贡献率为-0.2%，低于全国6.2个百分点，较上一阶段回落3.8个百分点。这一时期，随着河南调结构促转型力度加大，尤其是供给侧结构性改革效果显现，新动能加快成长，经济运行效率出现明显提升，带动全要素生产率连续五年回升，2016年全要素生产率增速由负转正，2018年达1.6%，对经济增长的贡献率由2013年的-25.9%提升至2018年的20.3%，呈现明显改善趋势。但2020年受疫情等因素影响，全要素生产率增速下降4.2%，2021年随着疫情平稳转段，经济形势逐步恢复，同时，河南大力实施创新驱动战略，全要素生产率增速为1.5%，对经济增长的贡献率提升至25.0%。

（二）基于DEA-Malmquist法的全要素生产率测算

由于索洛余值法无法分析全要素生产率背后的驱动因素，故本研究同时采用DEA-Malmquist法对全要素生产率进行测算和分解，把全要素生产率指数进一步分解为技术进步指数和技术效率变化指数，并与其他四省进行对比分析，从而找出河南全要素生产率的短板和不足。

本研究利用Deap2.1软件，根据投入导向的不变规模报酬（CRS）模型，测算出江苏、福建、湖北、四川1991~2021年全要素生产率指数，并与河南进行对比分析（见图2）。

从五省全要素生产率指数变化情况来看，2003年是五省全要素生产率的一道分界线。其中，1991~2003年，河南全要素生产率指数与其他四省变化趋势基本一致，年均全要素生产率指数仅低于江苏，在五省中居于第2位；2004~2009年，河南全要素生产率指数持续下降，与其他四省差距逐渐拉大，并于2009年达到最低点；2010~2021年，河南全要素生产率指数稳

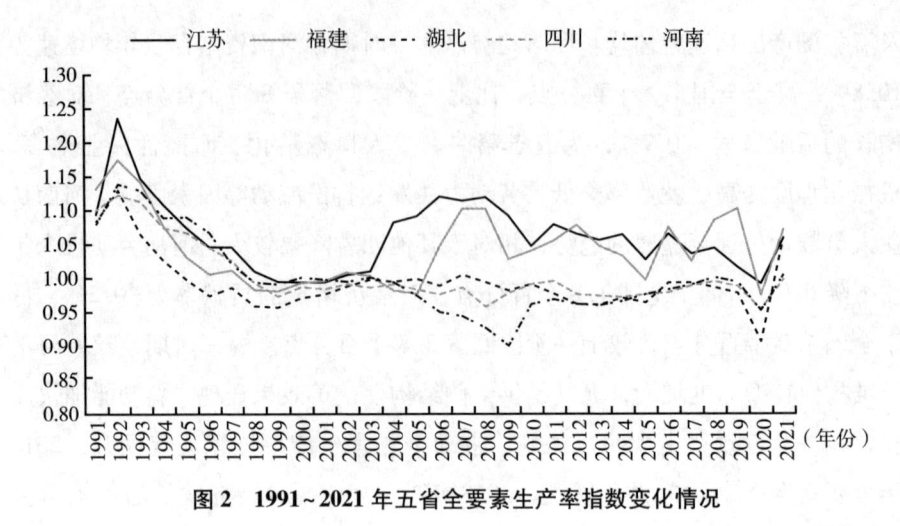

图2 1991~2021年五省全要素生产率指数变化情况

步攀升，与其他四省差距逐渐缩小，低于江苏、福建，与湖北、四川整体上较为接近。

为研究全要素生产率指数变化的影响因素，本研究将全要素生产率指数进一步分解为技术效率变化指数和技术进步指数（见表3）。

表3 1991~2021年五省年均全要素生产率指数及分解

省	技术效率变化指数 （Effch）	技术进步指数 （Techch）	全要素生产率指数 （TFPch）
河南	0.997	1.002	0.999
江苏	1.006	1.055	1.061
福建	0.997	1.045	1.043
湖北	0.990	1.004	0.993
四川	1.002	1.001	1.003

从1991~2021年五省年均全要素生产率指数及分解来看，河南年均全要素生产率指数只高于湖北，在五省中位列第4。与江苏相比，河南全要素生产率增长率低于江苏6.2个百分点，其中，技术效率增长率低0.9个百分点，技术进步增长率低5.3个百分点；与福建相比，河南全要素生产率增长

率低于福建4.4个百分点，其中，技术效率增长率与福建相同，全要素生产率增长率的差别全部来自技术进步增长率；与四川相比，河南全要素生产率增长率低于四川0.4个百分点，其中，技术效率增长率低0.5个百分点，技术进步增长率高0.1个百分点，与四川的差距主要在于技术效率增长率。从总体来看，五省全要素生产率指数最高的江苏与最低的湖北相差6.8个百分点，其中，技术效率变化指数极差1.6个百分点，技术进步指数极差5.4个百分点，由此可得出，技术进步指数是全要素生产率指数变化的主要因素。

（三）结论和主要问题

本研究运用相同指标、相同数据，分别用索洛余值法和DEA-Malmquist法测算出的全国及五省全要素生产率增速整体趋势较为吻合，且全国的测算结果与大多数专家学者的研究成果较为一致，基于此得出以下结论。

1. 资本投入是河南经济增长的主要动力

1991~2021年，河南资本存量以年均10.4%的增速高位运行，对经济发展的年均贡献率达85.3%，有力支撑了经济快速平稳增长，成为河南经济增长的主要动力。从未来发展看，河南扩内需空间广阔，基础设施投资和制造业投资提质增效潜力巨大，资本投入仍将是驱动河南经济增长的重要动力。因此，未来要加大发挥投资对优化供给结构的关键性作用，加快推动资本结构升级，不断拓展有效投资新空间、发掘新动能，为河南高质量发展提供有力支撑。

2. 劳动投入成为河南经济增长的稳定动力

经济起飞和持续发展阶段，河南劳动力投入较快增长。近年来，受人口增长放缓、人口老龄化加剧、劳动参与率下降等因素影响，河南劳动投入趋于平稳，成为河南经济增长的稳定动力。未来随着老龄化的逐步演进，劳动投入对经济增长的贡献呈下降趋势或将不可避免。因此，必须提高人力资本质量，助力河南劳动要素由规模型向效率型转变，全面提高劳动者素质，开发、培育和创造"人力资本红利"。

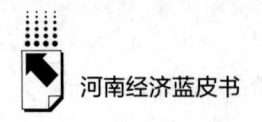

3. 河南要素动力正在向创新转变

经济增长进入高质量发展阶段，河南需要从依靠劳动力、资本、能源、土地等要素规模扩张转向依靠人力资本、技术进步、改革创新等因素。从各要素对经济增长的贡献率看，2021年固定资本存量对河南经济增长的贡献率较2000年下降了6.2个百分点，同时，全要素生产率对河南经济增长的贡献率由负转正，上升了49.3个百分点，对经济增长的拉动力明显提升，河南要素动力正在向创新转变。特别是2021年，河南大力实施创新驱动战略，通过整合重组实验室体系、深化科技创新体制机制改革等举措，创新能力大幅增强，全要素生产率的贡献率提升至25.0%。未来随着创新驱动政策效应的有力释放，河南全要素生产率贡献率将持续稳步提升。

4. 推动全要素生产率增长的主要因素是技术进步

通过五省对比分析发现，技术进步指数是引起全要素生产率指数变化的主要因素，未来全要素生产率必然体现为以技术进步为主要特征的增长模式。这就要求在未来的发展过程中，河南应继续推动创新驱动、科教兴省、人才强省战略，进一步加大R&D支出力度，提高创新效率，为提升河南全要素生产率创造基础条件。

5. 全要素生产率受改革和对外开放影响较大

从河南及其他四省全要素生产率对比可看出，江苏、福建深度运用"入世红利"，引进先进技术和管理理念，带动两省全要素生产率大幅提升。相比而言，对外开放水平不高一直是制约河南经济的短板。2010年以后，随着国家级对外开放载体的加快建设，特别是2013年航空港建设上升为国家战略，河南对外开放水平取得重大突破，河南全要素生产率逐步攀升，可见改革开放是提升全要素生产率的重要着力点。未来河南应以深度融入"一带一路"建设为契机，推进高水平对外开放，提升全要素生产率。

四 提升河南全要素生产率的对策建议

经济要实现长期稳定增长，提高全要素生产率已经成为关键一环，河南必须紧紧扭住"提高全要素生产率"这一牛鼻子,走创新驱动高质量发展"华山一条道",从依赖要素投入转向提高全要素生产率,着力推进动力变革,以动力变革促进质量变革和效率变革,开启全省经济增长新动力。

(一)聚力提升科创能级,培育锻造新质生产力

高能级创新平台是激活创新资源、促进科技成果转化、实现创新驱动的有效载体。要强化科技支撑,整合创新资源,提高创新链条整体效能,聚力提升河南科创能级。

一要持续加强创新平台建设,加快壮大战略科技力量。充分发挥嵩山实验室、神农种业实验室等16家省实验室的创新引领作用,建设布局合理、特色突出、优势明显的河南省实验室体系,激活创新源泉。全力构建环省科学院创新生态圈,加快构建"一院一城一产业集群"一体化发展格局。

二要强化企业科技创新主体地位,提升企业技术创新能力。促进各类创新要素向企业集聚,推进产学研深度融合,支持企业牵头组建创新联合体,承担国家重大科技项目。发挥大企业引领支撑作用,支持创新型中小微企业成长为创新重要发源地,推动产业链上中下游、大中小企业融通创新。支持高校与规上工业企业共建研发中心,推进规上工业企业研发活动从"有形覆盖"到"有效覆盖"。

三要大力发展新型研发机构,加快科技成果转化。积极争取国内外知名科研院所、世界一流大学、跨国公司、世界500强企业来河南建立创新研究院。鼓励有基础有条件的机构建设和申报河南省新型研发机构,允许其建立多元投资的混合制运营公司,鼓励运营公司通过作价投资、许可、转让等方式开展科技成果转化。

(二)坚持更高水平对外开放,持续稳定要素保障

坚持从要素流动型开放向制度型开放升级,以高水平开放拓展要素配置空间,推动内外市场联通、要素资源共享,实现国内循环和国际循环的良性互动。

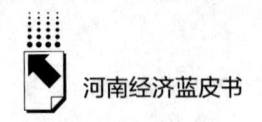

一要紧抓构建新发展格局战略机遇，建设更高水平开放型经济新体制。持续提升全省RCEP企业服务中心建设，设立RCEP货物贸易大数据服务专区，为企业提供原产地证书签发、商事证明、出口退税等"一站式"涉外综合服务。立足全省枢纽、平台、通道等优势，推动优势产业合作，持续开放科技、教育、医疗、金融、人才等领域，不断提升对外开放能级。

二要合理创建开放平台，持续拓展开放通道，以更广阔的视野发展外贸。主动适应国际经贸规则重构走向，继续深入推进跨境电商综试区建设，在数字化发展方面先行先试。继续完善跨境电子商务出口产业链，提升跨境电子商务出口交易、金融、物流和仓储等服务水平，创新跨境电子商务出口领域制度、管理和服务，形成跨境电子商务产业新优势。

三要着力完善要素市场化高效配置体系，引导资源要素向重大项目倾斜、向先进生产力集聚。加快培育活跃多层次资本市场，构建更具普惠性、包容性的地方金融体系。不断细化措施，发挥好外资专班作用，推行市场化、专业化、精准化招商，着力引进牵引性项目、代表性企业，不断提升利用外资的水平和质效。

（三）持续深化制度改革，着力提升体制保障

全要素生产率的提升需要现代化经济体系的进一步完善和市场化改革的进一步深化。

一要持续加大对民营经济的政策支持力度，营造促进民营经济发展的良好氛围。增强政策精准性、稳定性、实效性和协调性，切实消除目前在一些领域仍或多或少存在的"玻璃门"和"弹簧门"现象，建立高效回应企业关心和诉求的机制和平台，逐步完善对民营企业的支持政策制度。

二要持续优化营商环境，主动当好服务企业的"店小二"。完善支持政策直达快享机制，为企服务延伸至最后一公里，建立支持政策"免申即享"的制度。加强政府性融资担保体系建设，加强对小微企业、个体工商户及农户、新型农业经营主体等的融资担保服务。

三要持续深入推动降本增效，进一步降低企业成本。降低物流成本，发

挥产业集聚优势，提高企业原材料与产品的就近配套率，提升流通效率。着力降低要素成本，深入推动用电、用气、用水、原材料等成本进一步下降。着力降低企业制度性交易成本，切实规范政府采购和招投标。

（四）推动资本结构升级，加大对创新发展的支持力度

加快推动资本结构升级和合理配置，通过加大高端新兴领域资本要素投入、着力补短板强弱项等，加大对创新发展的支持力度。

一要统筹推进基础设施建设，统筹好传统基建和新基建。突出抓好平漯周高铁、高效清洁煤电、抽水蓄能电站等重大交通、能源设施建设。推进新一代通信网络、新型数据中心、工业互联网、智慧农业、智慧交通、智慧能源、智慧水利等建设，高标准规划建设省级重大科技基础设施功能区。

二要大力提升资本存量的技术含量，通过资本提质带动资本要素动力提升。加快传统领域资本改造升级，引导鼓励能源、原材料、传统制造业等领域的企业加大技术改造投入力度，提高相关领域存量资本的技术含量。大力推动数据要素融入创新发展，完善数据要素基础设施，推动传统产业数字化转型。

三要充分激活民间投资，引导民间投资转向新兴领域。进一步优化政策环境，加大力度出台支持民间投资发展的若干政策措施，更好发挥重大项目牵引作用和政府投资撬动作用，促进民间投资在新兴领域的投入，扩大其准入范围，保障民间投资发展。

B.19 河南交通运输引领经济社会发展研究

杨朝晖 马奎杰 刘照恒 吴旭 杨静毅 曹光辉*

摘 要： 进入新的发展阶段，河南经济社会高质量发展对交通运输提出了新的要求，交通运输应牢牢把握"先行官"定位，既要为经济社会发展提供有力支撑保障，也要充分发挥先行引领作用。本研究深入剖析了河南省交通运输引领经济社会发展面临的突出问题，提供了交通运输畅通循环、枢纽经济优势转化、交通经济提质增效、交通激发经济新动能的发展方向，为更好发挥河南交通先行引领作用提供思路和实现路径。

关键词： 交通运输 新业态 枢纽经济 河南

交通运输是国民经济中具有基础性、先导性、战略性的行业，是重要的服务性行业和现代化经济体系的重要组成部分。《"十四五"现代综合交通运输体系发展规划》明确指出要促进"交通运输与经济社会深度融合，以全方位转型推进交通运输高质量发展"。新的发展阶段，交通运输不仅要为经济社会发展提供高质量的交通服务，也要充分发挥先行引领作用。分析河南交通运输引领经济社会发展中存在的突出问题，为更好发挥河南交通先行引领作用提供思路和路径，有利于加快河南交通与经济深度融合，促进河南交通运输行业高质量发展，激发经济社会发展新动能。

---

* 杨朝晖，河南省交通运输厅综合规划处处长；马奎杰，河南省交通运输厅处长；刘照恒，河南省交通运输厅综合规划处副处长；吴旭，河南省交通运输厅综合规划处四级调研员；杨静毅，河南省交通规划设计研究院股份有限公司经济师；曹光辉，河南省交通运输厅综合规划处四级主任科员。

一 充分发挥交通对经济社会引领作用的必要性

（一）河南贯彻新发展理念的必然要求

面对经济社会发展新趋势新机遇和新矛盾新挑战，党中央提出了创新、协调、绿色、开放、共享的新发展理念，并要求将新发展理念贯穿发展全过程和各领域。近年来，河南陆海空丝绸之路通道加快建设，基本形成了综合立体交通网络体系，交通出行服务体系更加完善，交通智慧绿色安全发展成效显著，城乡交通运输一体化发展加快推进。进一步加强交通领域科技创新，多样化运输服务高品质供给，促进交通安全绿色发展，巩固拓展交通脱贫攻坚成果同乡村振兴有效衔接，是交通运输领域的发展方向和着力点，也是河南交通运输完整、准确、全面贯彻新发展理念的必然要求。

（二）强化河南在全国经济发展中重要作用的迫切需要

河南是支撑国家中原腹地经济发展重要的经济大省和内陆开放高地，具有服务超大规模市场和内需潜力释放的交通区位条件。"十四五"期间，河南"米+井"综合交通运输通道网主骨架基本建成，谋划建设"人"字形综合交通运输通道网，综合交通网络高速发展，实现高铁市市通、高速公路县县通，内河航道通江达海。进一步畅通国际大通道、连接国内大动脉，创新交通与经济融合发展路径，培育消费新模式新业态，将有利于河南进一步开拓国际市场、深耕国内市场，充分发挥河南在全国经济发展中的"循环泵"作用。

（三）河南实施优势再造战略的重要支撑

2021年10月，河南省第十一次党代会提出全面实施包括优势再造战略在内的"十大战略"，优势再造战略"三个转变"中，枢纽经济优势转变是现代产业体系优势转变和产业链、供应链协同优势转变的基石。近年来，河南依托机场、高铁站、港口及公路运输场站建设综合交通枢纽，初步形成了

以郑州为中心的"1+3+4+N"的多层级综合交通枢纽体系，枢纽偏好型产业也初具规模。进一步补齐交通运输的结构性短板，充分发挥枢纽集聚要素和组织创新的载体功能，提升枢纽经济规模和质量，有助于加快推进河南交通区位优势向枢纽经济优势转变，助力河南全面落实优势再造战略。

二　目前河南交通运输引领经济社会发展面临的突出问题

（一）综合交通运输网战略服务支撑能力有待提升

一是辐射全球的国际运输能力有待强化。空中丝绸之路和陆上丝绸之路向外辐射广度和能级有待提升。与国内先进地区相比，郑州机场航班运力不足，国内外通航城市数量较少，2022年，郑州机场年货邮吞吐量达62.47万吨，排名全国第6，但仅为排名第1的上海浦东机场年货邮吞吐量（311.72万吨）的1/5。中欧班列（郑州）运输规模和开行密度有待提升，开行线路仍需优化，2022年，中欧班列（郑州）累计开行1167班，2023年，中欧班列（郑州）累计开行3269列，与中欧班列（成渝）和中欧班列（西安）仍有较大差距。

二是综合运输通道能力和直连直通不足制约重大战略区域联动。南北方向上，京港澳及黑河至港澳国家综合运输通道内京广铁路、京九铁路、京港澳高速郑州段运能较为紧张，京广铁路、京九铁路的能力利用率分别为86.4%、85%，平均运行速度仅为设计时速的68%，制约未来河南与京津冀及粤港澳大湾区的沟通联系。东西方向上，陆桥通道内陇海铁路、连霍高速郑州段通行能力也基本饱和，陇海铁路能力利用率高达96.4%，平均运行速度仅为设计时速的72%，难以满足与长三角城市群核心城市之间的交通需求，且郑州与上海等中心城市之间缺乏直连通道。

三是综合交通网络布局和结构功能仍需完善。郑州都市圈除郑州外，其他次级中心城市、节点城市间互联互通水平较低，制约了都市圈一体化发展。省内区域跨黄河通道密度相对较低，降低了经济要素跨黄流动效率。城际快速路全省各中心城市与所辖县一级公路联通比例仅为 32.4%（33/102），制约了城际高效通达。县际仍有 17.0%的相邻县通过三级及以下公路连接，县域交通服务效率仍需提升。河南内河航道均为四级及以下航道，仅淮河、沙颍河 399 公里航道实现通江达海，运量远远落后于其他中部省份，2022 年安徽、湖北、江西、湖南内河港口货物吞吐量分别为 6 亿吨、5.65 亿吨、2.08 亿吨、2.67 亿吨，河南仅为 0.33 亿吨。

（二）交通运输承载平台组织功能不强

一是交通枢纽要素组织能力有待加强。交通枢纽引流、驻流能力不强，对外货物运输中本地货源支撑不足，2022 年，郑州机场出口货物中河南货源仅占 10%，中欧班列吞吐量河南货源占比仅为 25%。承担产业链、供应链组织功能的物流企业发展不足，截至 2022 年底，全省 A 级以上物流企业 300 家，不足全国 A 级以上物流企业的 3.5%。综合枢纽运输链、物流链、供应链等信息共享水平偏低，缺乏集枢纽、企业、货代、海关等于一体的综合货运信息管理系统，货运效率无法得到保障。

二是货物多式联运水平亟须提升。不同运输方式间信息共享、衔接融合不足，枢纽场站、港口、物流园区集疏运系统不够完善。郑州机场与航空港站缺少空铁联运设施，高铁站配套公路客运站比例仅为 23.4%（11/47），全省超半数货运枢纽（物流园区）仅有一种运输方式，省内至东部沿海港口的集装箱运输仍然以公路运输为主，铁路专用线建设较为滞后，铁海联运、铁水联运等有较大提升空间。

三是旅客联程联运发展不足。全省综合客运枢纽数量不足，空铁联运、空巴联运等联合运输方式有待加强。全省缺乏通达国内主要城市的"景区空中快线"和"景区高铁快线"，城际列车公交化运营有待进一步推进，公路客运"门到门"和集散运输服务能力有待加强，旅客高品质、多样化、个性化的出行需求尚未充分满足。多种运输方式间"一票制"、安检互认等一体化服务水平有待提升。

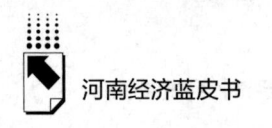

（三）交通运输发展新业态新模式仍需探索

一是枢纽经济发展仍有较大空间。枢纽偏好型产业尚未形成高水平的集群和规模化发展态势，特别是临港、临空产业基础薄弱、产业规模较小，产业链上下游集聚水平较低，高附加值产品和服务供给不足。郑州航空港区重点聚焦的"4+3+3"产业体系中，仅有电子信息产业形成了一定规模，周口港、信阳港临港产业层次较低，整体竞争力不强，现代化临港产业体系尚未构建。

二是交通运输与相关产业融合发展仍需深化。交通运输与制造业、物流业、文化旅游、电子商务等关联产业融合发展不足。交通基础设施对旅游景区、产业园区、物流园区等重要经济节点覆盖水平和服务能力有待进一步提升，尚未形成"交通+物流+产业"运产贸一体化发展格局，交通与经济系统各个环节连接性较弱，与城市、产业未能充分融合发展。

三是交通现代化水平仍需提升。5G、互联网、大数据等新一代信息技术在交通运输领域应用程度不深，交通基础设施数字化率有待提高，河南智慧交通、智慧物流发展尚处于起步阶段。交通运输绿色低碳转型升级仍需推进，交通基础设施绿色化建设比例有待提高，绿色安全交通发展不足。

三　更好发挥交通先行引领作用的路径研究

（一）加强交通运输服务支撑能力，畅通国内国际双循环

构建以国内大循环为主体、国内国际双循环相互促进的新发展格局有助于推动和引领经济高质量发展。畅通国内国际双循环要求交通运输充分发挥重要纽带和基础支撑作用。因此，本研究将从国际、国内、省内三个层次提出加强交通运输服务支撑能力的相应举措。

1.提升国际运输服务大通道

强化"空中丝绸之路"辐射力。深化郑州、卢森堡"双枢纽"战略合

作,加快郑欧、郑美等航空货运快线建设,拓展国际航空邮件直达和中转专线,优化国际客运航线布局。扩展"陆上丝绸之路"畅通力。高标准建设中欧班列郑州集结中心示范工程,推进郑欧班列开行由"点对点"向"枢纽对枢纽"转变,加快推进中欧班列(郑州)沿线城市产业链、供应链合作。加强"海上丝绸之路"衔接力。加快沙颍河、淮河、唐河等高等级航道升级改造,强化内河水运与沿海港口连接,拓展铁海联运班列线路,完善通海"五定班列"合作机制,促进铁海联运班列常态化运行。

2. 强化国内战略区域交通连接

畅通铁路干支线连接通道。加快"井+人"字形运输通道内高铁建设,谋划实施京广、陇海第二高铁,强化与长三角、成渝、关中平原、山东半岛等城市群便捷联系。优化区域性高速铁路布局,实现中原城市群更高水平的互联互通。推进高速公路网多向互联。加密高速公路出省通道,推动京港澳、连霍、宁洛等高速繁忙路段扩容改造和分流路线建设,优化郑州都市圈高速公路网结构。加强机场区域辐射力。打造郑州国际航空枢纽,加密洛阳机场与国内京津冀、长三角、粤港澳、成渝地区的航班,加快推进商丘机场等支线机场建设,确保区域中心城市机场全覆盖。

3. 加强省内经济循环交通支撑

完善郑州都市圈一体化交通网络。协同推动都市圈重要节点城市间城际铁路建设,实现高速铁路网由单中心放射状向多中心网络型转变。加快建设郑州至洛阳、郑州至焦作、沿太行、长垣至修武等高速。强化黄河流域生态化交通互联互通。构建沿黄绿色生态交通廊道和黄河沿岸"一轴两翼"高速公路通道布局,加快推进安罗高速、G230、G240等11座跨黄河桥建设。构建城乡融合交通网络。有序推进城市至县(市)城镇节点、县(市)中心城区与外围乡镇间普通干线公路提档升级,完善农村骨干路网,实现县县双高速、乡乡通二级路、建制村通路面宽4.5米以上公路。

(二)提升枢纽能级和要素组织能力,加快打造枢纽经济新优势

加快推动交通区位优势向枢纽经济优势转变是实施优势再造战略的重要

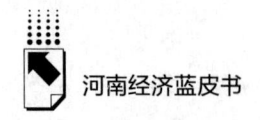

体现，构筑枢纽经济新优势关键在于提升交通枢纽能级，增强交通运输承载平台的要素组织能力。因此，本研究将从枢纽协同、要素组织、枢纽产业融合三个方面提出相应举措。

1. 推动多枢纽协同发展

加强枢纽城市协调发展。加快构建"1+3+4+N"多层级一体化现代综合交通枢纽城市体系，推动郑州、洛阳、西安共建郑洛西高质量发展合作带枢纽集群，打造以商丘为核心的中原—长三角经济走廊桥头堡，深化南阳与信阳、驻马店协作互动。促进同类型枢纽成体系发展。加快形成以郑州国际航空枢纽为核心的"1+3+N"民用运输机场布局，着力构建以周口港、信阳港为核心的"2+8"分层次港口体系，形成省内"1+2+4+N"邮政快递枢纽体系，打造以郑州为枢纽、全省多节点、联通省外、覆盖全球的陆港集群。加快推进不同类型枢纽间多式联运发展。依托机场、高铁站、港口等交通枢纽，完善多式联运枢纽场站及换装设施建设，加快发展铁公、铁水、空陆等联运模式。

2. 完善枢纽要素组织功能

大力引进培育枢纽物流企业。加快培育基地航空货运公司，支持省内航空公司与国际国内一流货代企业、货运航空公司开展合作。引进一批国内外知名物流企业在豫设立区域性和功能性总部，培育"链主型"龙头企业。加快推进多式联运物流企业向多式联运经营人转变。打造枢纽经济服务平台。充分利用物联网、大数据等新一代信息技术，串联商贸物流公司、承运商、生产制造商等各方，打造供需信息匹配、全程实时共享的枢纽经济服务平台和集传统贸易、电商物流、生产加工、交易结算、城市服务于一体的现代综合服务平台，提升交通枢纽吸引力、辐射力。

3. 加强枢纽产业融合发展

发展壮大临空产业集群。依托郑州新郑国际机场重点发展航空维修制造、电子信息、高端制造、生物医药、航空金融、国际会展等临空产业，构筑临空产业生态圈层。加速构建临港产业集群。鼓励周口港、信阳港等重点发展现代物流、食品加工、新型建材、船舶制造等特色产业，积极发展港航信息、商贸、金融保险等现代服务业。加快高铁经济产业集聚。依托高铁枢纽，布局高铁货运，积极发展高铁快件物流，大力发展总部经济和楼宇经济，构建高铁高端商务商业圈。培育发展陆港偏好型产业。依托郑州国际陆港中欧班列集结中心，大力发展跨境电商、国际贸易、国际运邮等高附加值产业。

（三）大力发展智慧交通、绿色交通，助力经济发展质效提升

经济高质量发展是体现创新、协调、绿色、开放、共享发展理念的发展，作为经济发展的"先行官"，交通运输应不断提升其智慧化、绿色化水平，以促进经济高质高效发展。因此，本研究将从基础设施、运输装备、运输服务三个方面提出智慧与绿色交通发展的相关举措。

1. 统筹布局智慧绿色交通新基建

加快智慧交通基础设施建设。持续推进郑洛、安罗、沈遂等智慧高速建设，推进周口港、淮滨港等智慧港口和智慧航道建设，以郑州市郑东新区和洛阳市洛龙区为重点，加快布局智能网联及车路协同设施。推进低碳交通基础设施建设运营。探索推动光伏、太阳能等新能源在高速公路服务区、收费站、客货运场站以及港口等生产、照明的应用，有序推进充电桩、配套电网、加注（气）站、加氢站等城市绿色公共交通基础设施建设。

2. 推广应用智能低碳交通运输装备

研制智能化、轻量化、环保型交通装备及成套技术装备，强化智能道路、智能航运、自动化码头、数字管网、智能仓储和分拣系统等新型装备设施应用，推动无人机、无人车、无人仓等载运工具和设施的场景化应用，推广应用交通装备的智能检测监测和运维技术。大力发展新能源汽车，逐步降低传统燃油汽车占比，加快老旧船舶更新改造，发展电动、液化天然气动力船舶，因地制宜开展内河绿色智能船舶示范应用。

3. 推动运输服务高效一体化建设

综合应用新一代信息技术，以沙颍河、淮河等高级航道数字化建设为依托，建立省级智慧港航信息化监管平台，推动周口港、淮滨港港口生产管理

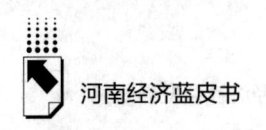

系统数字化升级。依托省级多式联运示范工程，探索应用集装箱多式联运电子运单，建设河南省多式联运公共信息监测服务系统，推动信息开放共享。在郑州、洛阳、南阳等城市重要枢纽，建立道路客运、高铁和地铁全程电子化出行服务体系，推进各种运输方式实现信息互通、运力匹配、组织衔接、时刻对接，提高客运联程服务质量。推进洛阳、南阳等公交都市加快建设信息服务平台，实现公共交通出行信息共享互通。

（四）探索"交通+"发展新模式，激发经济社会发展新动能

以新产业、新业态、新模式为主要内容的经济发展新动能具有良好的韧性活力，有利于经济实现逆势快速增长，为经济高质量发展提供强大支撑。培育经济发展新动能要求交通领域探索发展"交通+"新模式，推动交通与相关产业融合发展。因此，本研究将从交旅融合、"交通+制造业"、"交通+物流"三个方面提出相关举措。

1. 打造交旅深度融合新业态

建设一批体现河南特色的精品旅游公路示范路，以"一河三山"四大板块为重点，打造"黄河古都""太行天路""生态伏牛""红色大别"四大一号旅游公路，着力构建"主线串联、支线循环、联通景区、贯通城乡"的全域旅游交通网，发挥其在全域旅游、乡村振兴中的基础支撑和先行引领作用。完善游船码头服务设施，在有条件的河道开展夜游活动。推动通用航空与低空旅游相结合，发展空中观光、航空体验、航空运动等低空飞行旅游产品。

2. 加强交通服务与制造业协同联动

大力发展交通装备制造产业。积极发展地铁、有轨电车、城际列车和动车组等多系列交通装备产品，打造郑州千亿级轨道交通装备产业基地。依托安阳通航产业园和无人机产业园，着力培育无人机制造产业集群。依托周口港、信阳淮滨港，促进内河船舶制造和游艇制造快速发展。强化交通运输对现代制造业的支撑。完善制造业园区周边集疏运体系，加强物流枢纽对制造业园区的均衡覆盖。推动交通运输与生产制造、流通环节资源整合，提供与

制造企业实时生产无缝衔接的"JIT"配送及库存管理服务,支撑精准生产、规模化定制需要。

3. 推动交通运输与物流融合发展

持续完善交通物流网络布局。围绕供应链组织和商贸物流集散分拨,加快建设郑州现代国际物流中心和洛阳、安阳、商丘、南阳、信阳等国家物流枢纽。完善枢纽集疏运系统,推进重要港口、公路货站和物流园区引入铁路,打通枢纽"最先一公里"和"最后一公里"。持续完善县、乡、村农村物流网络,畅通农产品出村进城、消费品下乡进村渠道。大力发展多式联运。增强综合交通物流枢纽多式联运功能,发展铁水、公铁、公水、空铁等多种联运形式。推进多式联运示范工程建设,培育多式联运经营人,为客户提供全程"一单制"联运服务。补强交通冷链物流服务功能。完善物流枢纽冷链物流功能,围绕服务产地农产品集散和销地城市冷链物流系统,建设一批冷链集配中心。

B.20 郑洛新国家自主创新示范区创新发展研究

靳伟莉 朱娜 张朋*

摘 要： 郑洛新国家自主创新示范区成功获批后，已成为全省创新驱动核心增长极。2023年，自创区深入贯彻习近平总书记关于科技创新的重要论述和视察河南重要讲话精神，抢抓高质量发展机遇，在经济、载体、项目、成果等方面取得明显成效，同时也要看到自创区在政府资金投入、高层次载体培育、高学历人才引留、产业集群等方面存在短板弱项，针对性提出进一步促进自创区高质量发展的对策建议。

关键词： 创新引领 创新载体 郑洛新国家自主创新示范区

郑洛新国家自主创新示范区（以下简称"自创区"）自国务院批准成立以来，河南省出台了条例、印发了方案，2023年又先后将中原科技城、中原农谷纳入自创区范围，自创区领域不断扩大，创新基础更加强劲。自创区围绕省委省政府关于自创区发展的战略定位和重点任务，坚持创新引领，践行先行先试，在综合实力、创新平台、项目建设、成果转化等方面取得了明显效果，郑洛新3市2022年投入研究与试验发展（R&D）经费601.68亿元，占到全省的52.6%，经费投入强度为2.7%，比全省高0.84个百分点，示范引领作用得以发挥，进一步促进自创区高质量发展。

---

* 靳伟莉，河南省地方经济社会调查队城市发展调查室副主任，三级调研员；朱娜，河南省地方经济社会调查队城市发展调查室四级调研员；张朋，河南省地方经济社会调查队城市发展调查室干部。

一 深化体制机制改革，创新发展成效显著

自创区按照条例和实施方案要求，结合职能部门制定的各项政策，根据自身特点，进一步深化体制机制改革，持续推动制度创新，为自创区发展做好政策服务保障，取得一系列成果，助力自创区以创新为引领促进高质量发展。

（一）持续制度创新，加强政策保障

河南省委省政府从顶层设计、职能部门、普适性等方面制定了一系列政策措施，自创区在执行以上政策措施的同时，根据本片区经济发展、产业结构、创新实力等实际情况，陆续出台一批各具地方特色的创新政策和服务，为充分发挥自创区对全省创新驱动发展的示范引领带动作用做好保障。

1. 持续推进机制体制改革，不断改进优化服务

自创区坚持体制机制改革，出台各项政策措施，健全党建机构、优化管理架构、精简管理流程，提升整体效率，高效服务创新发展。郑州制定了全省首个开发区层级的《郑州高新技术产业开发区暂行规定》，将高新区建设和发展纳入郑州市发展规划中，在全省率先推出新型产业用地（M0）试点，探索实施"工业定制地"出让模式。洛阳高新区出台《洛阳自创区发展规划纲要》等50余个政策文件，自身建设被列入洛阳市现代创新体系重大专项，深入推进"三化三制"改革。新乡高新区在全省率先启动人事体制机制改革，大力推行"一支队伍管执法、一枚印章管审批、一张网格管全域"管理机制，带动新乡市在全省2022年度营商环境评价中，综合排名较上年提升3个位次。

2. 完善科技金融机制，助力创新发展

河南省政府出台了《关于深化郑洛新国家自主创新示范区重点领域科技体制改革实施方案》，各地结合当地实际创新科技金融机制，出台金融扶助补贴政策，激发各类创新主体活力，降低企业融资成本，激励企业创新发

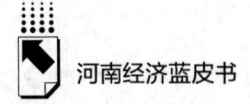

展。郑州高新区相继出台了《关于支持科技创新推进大众创新创业的实施意见》《关于加快科技金融服务体系建设的实施意见》，通过一个基地、两个平台、三个体系助力企业科技创新；围绕科技型企业全过程需求，提供一站式金融服务；利用"科技创新专业服务券""企业创新积分制"等方法为企业提供政策资金。洛阳高新区出台专项政策，坚持"一企一案""一需一策"，探索建立银行、保险、担保、基金等全方位科技金融服务体系；通过基金扶持、企业债券融资等各种方式为企业提供融资服务。新乡高新区设立全省首家科技金融中心，努力打造成为服务于新乡科技创新、产业发展、经济结构转型升级的资源体系平台。

3.创新人才政策，提高人才引留硬实力

为进一步形成人才集聚效应，自创区各片区陆续出台人才政策，引进人才、培育人才、服务人才。郑州高新区出台《郑州高新技术产业开发区引进培育创新创业人才若干措施》，以服务为抓手，打造人才"强磁场"，依托四个园区运营中心定期对各类高端人才开展联系对接，掌握人才发展需求。洛阳高新区进一步修订完善"头雁人才""自创十八条"等相关奖励政策，通过培育平台集聚人才，通过奖励政策厚待人才，"人才效应"最终转化成为"经济效应"。新乡高新区先后出台《新乡高新区聚合动能要素、鼓励创新发展人才政策22条》《新乡高新区鼓励创新驱动发展人才政策14条（试行）》等政策，被评为2021年"中国人才杂志"优秀案例。

（二）经济基础逐步夯实，综合实力稳步提升

2023年前三季度，自创区核心区实现地区生产总值816.52亿元，同比增长5.7%，高于全省增速1.9个百分点；地方公共预算收入74.84亿元，同比增长2.3%，税收收入同比增长0.8%，企业减免税总额同比增长11.1%。分片区看，郑州片区核心区实现地区生产总值440.86亿元，同比增长7.1%，高于郑州市增速0.6个百分点；洛阳片区核心区地区生产总值211.11亿元，同比增长4.8%，高于洛阳市增速1.8个百分点；新乡片区核心区地区生产总值164.55亿元，同比增长3.2%，高于新乡市增速2.1个百

分点。其中，自创区核心区第二产业占比达56.3%，比全省高14.8个百分点，自创区经济基础逐步夯实，且以实体经济为基，聚集产业，为自创区全面发展提供经济支撑（见图1）。

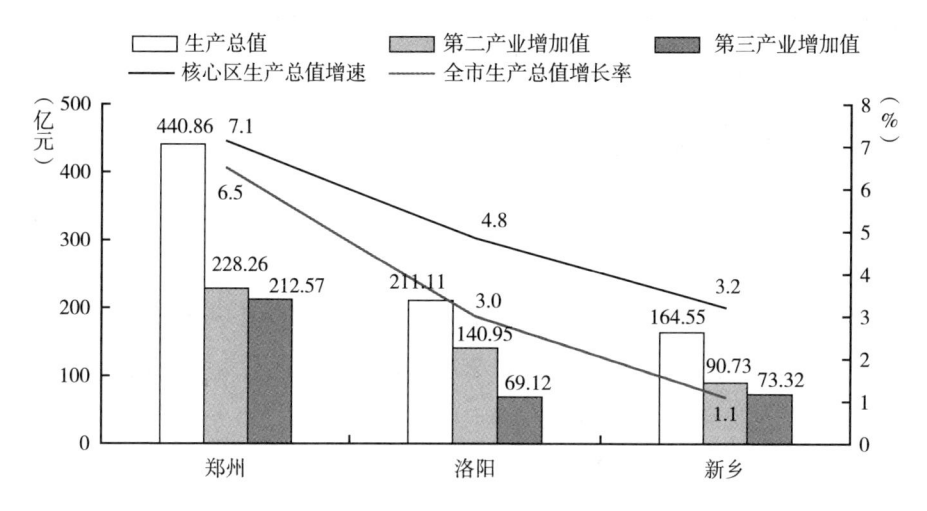

图1 2023年前三季度郑洛新核心区生产总值情况

（三）创新载体显著增加，创新基础不断增强

创新载体是实现科技自主的重要平台，在孕育重大原始创新、引领产业发展、提高科技竞争力等方面起着重要的支撑作用。截至2023年9月底，自创区核心区共有高新技术企业2417家，同比增长20.8%；省新型研发机构34家，同比增长13.3%；拥有省级及以上重点实验室45家，同比增长7.1%；省级及以上科技企业孵化器37家，同比增长5.7%；省级及以上博士后科研工作站46家，同比增长9.5%。分片区看，郑州片区核心区共有双创载体92个，其中国家级孵化器10家；拥有高新技术企业1803家，同比增长20.4%；省级及以上创新平台载体数449家，省级及以上企业技术中心85家，同比增长14.9%；专注培育一批战略性新兴产业的在孵企业，不断催生新产品、新产业、新服务、新业态，为经济发展带来新活力。洛阳片区核心区拥有高新技术企业456家，同比增长22.6%；省级及以上创新平台载

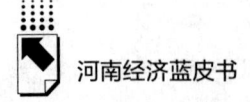

体数294家，同比增长49.2%，始终坚持把做大做强创新平台作为推动科技创新的关键抓手。新乡片区核心区拥有高新技术企业158家，同比增长19.7%，河南中顺过滤研究院、新乡市利菲尔特滤器股份有限公司、河南高端装备智能制造研究院有限公司、江西天一航空装备有限公司等企业先后入驻，加速航空航天制造产业园的建立。

（四）重点项目建设加速推进，企业效益恢复向好

截至2023年9月底，自创区核心区省重点项目开工数量43个，同比增长4.9%；当年省重点项目实际完成投资额255.45亿元，同比增长10.9%；当年已完成项目签约个数81个，同比增长1.3%；当年已完成项目签约金额728.47亿元，同比增长18.5%。随着各项政策的落地见效，企业活力逐渐恢复，效益明显向好。其中服务业恢复发展较快，规上服务业营业收入同比增长14.9%，高于全省增幅9.6个百分点；规上服务业利润总额同比增长12.2%，规上高技术产业（制造业）营业收入同比增长22.6%，主导产业规上企业营业利润同比增长13.4%。

（五）创新环境不断优化，创新成果不断涌现

自创区作为全省创新高地，创新活动活跃程度处于全省前列，借助各类创新载体，企业研发强度不断增强，创新成果不断涌现。2022年，自创区核心区规上工业企业各项成果指标均呈现较大幅度增长，专利申请数为5374件，比上年增长13.3%；其中发明专利数1512件，比上年增长23.2%；新产品销售收入529.20亿元，比上年增长21.2%。

分片区看，2022年郑州片区核心区规上工业企业研发活动覆盖率为85.4%，高于全省52.0个百分点。洛阳片区核心区规上工业企业研发活动覆盖率为71.3%，高于全省37.9个百分点，洛阳北方玻璃技术股份有限公司是世界上最大的玻璃深加工设备制造商，中船重工七二五所出产的钛合金载人舱球壳，成就了世界首台深海载人潜水器"蛟龙号"的荣光；轴研科技研发生产的精密轴承，助力"神舟"飞船和"嫦娥"月球探测器遨游太

空。新乡片区核心区规上工业企业研发活动覆盖率为 68.2%，高于全省 34.8 个百分点；新乡高新区协作发力，主推规上企业研发活动全覆盖，创新成果斐然，华兰生物诞生了全球第一批"H1N1"疫苗，拓新药业自主研发了我国首款抗新冠口服小分子药物"阿兹夫定"原料药，新航集团热控系统和生命保障系统助力"神舟""天宫"九天揽月。

（六）自创区示范引领作用日益凸显

自创区是承担河南创新驱动、保持高新技术产业突出优势的核心所在，自批复以来，不断释放创新动力，激发创新活力，示范引领作用日益凸显。2022 年自创区 R&D 经费投入 82.22 亿元，占全省的 7.2%，R&D 经费投入强度为 8.12%，高于全国 5.58 个百分点，高于全省 6.26 个百分点。从三个片区核心区看，郑州、洛阳、新乡三个片区核心区 R&D 经费投入分别占全省总量的 4.1%、2.3% 和 0.8%；三个片区核心区规模以上工业中有 R&D 活动的企业占比均超过 65%，均远高于全省 33.4% 的平均水平；三个片区核心区 R&D 经费投入强度分别为 8.7%、9.6% 和 4.5%，均超过全国 2.54% 和全省 1.86% 的平均水平。

二 自创区创新发展中存在的问题

2023 年以来，自创区认真落实省市各项工作部署，各项工作稳步推进，但由于体制机制、社会发展、自身限制等多方面原因，还存在着一些问题和差距。

（一）政府科创资金投入不高，占比较小

2022 年自创区核心区规上工业企业 R&D 经费内部支出合计 676038 万元，其中政府资金 9531 万元，占比 1.4%，比上年降低 0.2 个百分点；2022 年自创区财政科技拨款 15.29 亿元，比上年减少 29.5%，2023 年前三季度为 10.62 亿元，同比减少 10.1%。R&D 经费中，政府资金投入少、

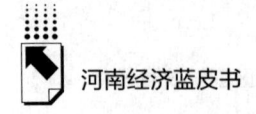

占比走低，不利于激发企业创新投入动力，影响对社会创新投入的引导激励作用，财政科技拨款的持续减少，将成为制约自创区创新活力的重要因素。

（二）创新载体与先进地区相比数量不足，高端力量薄弱

截至2023年9月底，自创区核心区入驻高新技术企业2417家，而武汉东湖高新区2022年底高新技术企业数量已达5249家，是郑洛新自创区当前的2.17倍；截至2023年7月，北京中关村高新技术企业24970家，是郑洛新自创区当前的10.3倍。除数量差距较为明显外，层次方面也有显著差距，目前郑洛新自创区仅有2个国内顶尖高校研究院、1项国家级重大科研基础设施，无中科院直属科研院所；参与重组建设全国重点实验室5个，不及部分985大学单独创建数量。

（三）高学历人才欠缺，领域分布不均

截至2022年底，自创区核心区规上工业企业设立的研发机构中，人员合计12182人，其中博士140人，比上年减少17.2%，仅占1.1%，硕士2652人，占比21.8%，远低于2021年全国科技活动人员中博士9.36%、硕士31.74%的比例，企业研发人员高学历人才数量不足，学历结构有待进一步优化；研究人员全时当量16074人年，其中基础研究、应用研究、试验发展比例为0.06∶2.06∶97.88，对理论性研究和基础成果可能性应用的人员投入力量较为薄弱，企业研发力量主要集中于改进和开发新产品、新工艺，研究人员在各领域分布严重不均，不利于激发原创性、引领性原始创新，不利于开拓新市场领域。

（四）具有较强竞争力的企业数量少，产业集群发展缓慢

截至2022年底，自创区核心区上市公司27家，不及武汉东湖高新区（60家）的一半，不及2021年中关村示范区（457家）的一成，具有较强市场竞争力的上市公司较国内领先地区有较大差距；同时，《2023年中

国百强产业集群研究报告》显示，河南有3个产业集群上榜，自创区仅郑州智能传感器产业集群上榜。此产业集群"专精特新"企业数量16家、国家级高新技术企业164家，分别为上海机器人产业集群的9.2%、6.7%；相关产业规模近330亿元，为上海集成电路产业集群的13.2%，自创区产业集群与国内先进集群相比有较大差距，具有较强成长性和科技性的"专精特新"企业数相对不足，不利于带动河南制造强省发展规划的落地。

三 加快推进自创区高质量发展的对策建议

（一）以政府资金为引领，激发企业加大研发投入

针对当前自创区R&D经费支出及强度较先进示范区有较大差距的现状，政府应加大财政科技拨款力度，发挥其引领撬动作用，激发企业参与各项研发活动，增加科研投入。

一是加强对企业研发活动的奖补。根据企业R&D支出总额、规上企业R&D投入强度、单位R&D金额成效设立专项奖金；在省、市奖补基础上，对有多年持续研发活动的企业进行额外补助，鼓励企业持续加强科研投入，发挥政府资金的引领撬动作用。

二是扩大重大科技项目"揭榜挂帅"奖金池，提升参与动力。根据自创区产业集群和优势产业，扩大项目遴选范围，提高项目含金量和应用前景，除项目本身奖金和省财政资助拨款外，将项目收益按一定比例投入奖金池，一方面降低"挂榜"企业的成本，另一方面可增加"揭榜"者的收益，激发企业研发投入动力。

三是积极争取国家级科研基金，撬动地方和企业资金的跟进。遴选培育一批年轻学者和企业科研工作者，积极参与国家自然科学基金等各类国家级科研基金的申报，对于获得资助者，自创区可参照资助级别按一定比例配资，提高项目的研究水准，吸引企业设立横向基金参与跟进。

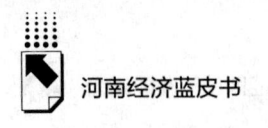

（二）争取国家级创新载体布局建设，统筹各类科研主体协调发展

加快构建以"双一流"学科建设培育为引领的高校科研体系，加强参与省实验室体系和大科学装置建设，争取各类国家级创新载体布局。在构建"双一流"学科方面，积极参与推动郑州大学、河南大学在"双一流"建设中晋位升级，对标现有"双一流"学科建设标准和评选标准，加强对后备学科的资源投入，促进 ESI 全球 1% 和 1‰ 学科的培养，利用"双一流"建设学科带动自创区域内高校学科群的发展建设，实现建设效果倍增。在实验室体系和大科学装置建设方面，以前瞻 30 年的战略眼光争取省实验室体系在自创区的布局，重点加强河南省重点产业集群所在领域的实验室建设，在新一轮全国重点实验室建设重组过程中不掉队并争取有新的斩获，在国家实验室建设中，助推域内省实验室成为相关领域国家实验室体系的组成部分，提升自创区创新载体等级。通过省科学院和在豫高校与其他高校和科研院所的合作，争取一批大科学装置和科研基础设置的建设运营，推动科研成果转化与应用，为产业发展注入新的活力。进一步加强与国内其他地区重点院校和科研院所合作办学招生，与自创区内原有高校协同共进。

（三）深入实施人才强省战略，营造良好的发展环境

对标其他地区对各级各类人才补贴力度，结合河南产业特点和需求，持续引进各类高尖端人才，并在人才科研选题、试验仪器采购使用、知识产权转移等方面给予优惠，在原始创新、基础科研方面给予人才更大的自由度。大力支持域内高校建设高水平附属医院和附属学校，吸引优质三甲医院和中小学教育集团设立分校区，提升教育医疗保障质量、推动人才公寓建设、推进保交房工作等，从生活环境建设方面提高科研人员、科技创新人才的生活幸福感。

（四）发挥产业集群优势，凸显引领示范作用

《河南省建设制造强省三年行动计划（2023~2025 年）》中提出，到

2025年形成1~2个世界级、7个万亿级先进制造业集群和28个千亿级现代化产业链。自创区应对标国家产业集群创建标准，制定产业集群发展方案，汇集相关制造业企业力量，创建产业联盟，结合河南省"三个一批"，培育投资规模大、科技含量高、建设落地快的项目，带动河南在未来产业中把握先机；同时，也要吸引培育一批优质企业，在产业细分赛道上争占先机，通过自创区较高的R&D投入强度，带动产业前沿的技术突破，围绕主导产业发展和未来产业布局，打造一批全国知名品牌，进而反哺行业集群发展；全力配合河南省建好中原科技城、中原农谷、中原医学科学城，在构建"研发在郑州、孵化在周边、转化在全省"的科技研发及成果转化格局中发挥纽带和引领作用。

B.21 河南省培育壮大枢纽经济发展战略研究

杨朝晖　梁永兵　张仲鼎　吴旭　武小英　付孝银*

摘　要： 河南省承东启西、连南贯北，国家"6轴7廊8通道"综合立体交通网主骨架中有"1轴1廊1通道"经过河南，是国家明确的服务于"一带一路"建设的现代综合交通枢纽，具备发展枢纽经济的多重优势。本研究通过梳理枢纽经济的内涵特征、发展举措、现状及问题，提出完善综合立体交通网、提升枢纽承载能力和构建现代枢纽产业体系等举措，助力河南枢纽经济发展壮大。

关键词： 枢纽经济　多式联运　现代物流　信息平台

作为经济和人口大省，河南省工业门类齐全，有着1亿人口消费市场，区位交通优势突出。在新发展格局下，在外部环境变化和自身能力发展的共变过程中，原有传统优势越来越难以适应当前和未来的发展要求，必须在原有基础上持续不断孕育、调整，通过整合、重组和功能提升形成新的比较优势。为主动适应外部经济环境变化，河南实施优势再造战略，大力发展枢纽经济，通过科技创新、开放赋能、新技术应用以及其他外力，对原有资源禀赋等优势条件进行融合聚合、能量互赋、赋能升级，加速形成综合竞争优势，进而构筑起经济发展胜势。

---

* 杨朝晖，河南省交通运输厅综合规划处处长；梁永兵，河南省交通运输厅综合规划处副处长；张仲鼎，河南省交通运输厅综合规划处副处长；吴旭，河南省交通运输厅综合规划处四级调研员；武小英，河南省交通规划设计研究院股份有限公司经济师；付孝银，河南省交通运输厅综合规划处二级主任科员。

一 枢纽经济的内涵特征

枢纽经济是"枢纽"和"经济"的有机"合成",是指依托交通枢纽载体,吸引资金、人才、技术和信息等各类要素向枢纽地区高效集散,优化区域经济要素时空配置,重塑产业空间分工体系,全面提升经济运行质量效率的经济模式。

枢纽经济有五个基本特征。一是功能聚疏性。枢纽经济遵循"集聚—增值—扩散"的运行模式,构建完整的产业链、供应链和价值链,持续实现价值增值。二是空间开放性。随着"互联网+"的发展,"通道+枢纽+网络"运营模式持续扩大枢纽经济的"朋友圈"。三是多维融合性。枢纽经济是交通、产业、人口、城市多维融合发展的重要引擎。四是形态多样性。枢纽经济依托铁路、公路、机场、港口、城市TOD等交通枢纽发展,进而衍生出铁路经济、港口经济、航空经济、通道经济等不同类型。五是迭代周期性。枢纽经济规模、枢纽能级、枢纽偏好产业三者形成一种正向交互机制,三者相辅相成,互为支撑。

二 河南枢纽经济发展相关举措

河南立足自身优势,顺应经济发展形势,围绕枢纽经济发展提出了系列措施。

(一)高度重视,高起点谋划枢纽经济发展

2021年10月,河南省第十一次党代会提出全面实施"十大战略",其中优势再造战略之一是推动交通区位优势向枢纽经济优势转变,枢纽经济上升为全省重大发展战略。2022年1月,省政府工作报告明确提出,构建"通道+枢纽+网络"现代物流运行体系,深入实施多式联运示范工程,争创国家物流枢纽经济示范区。2022年12月,省委经济工作会议提出,统筹推进民航强枢

增支、铁路拓展成网、公路加密提质、水运通江达海，提升枢纽能级。推动口岸、枢纽、平台和产业协调联动，加快资源整合和功能集成，完善集疏运体系，做大空港，做强陆港，发展水港，培育临港经济，构建国内国际双循环的重要支点。2023年7月，省委十一届五次全会提出扎实推进国家和省级战略性新兴产业集群建设，实施物流拉动加快打造枢纽经济优势三年行动。

（二）规划引领，高质量推进枢纽经济发展

在全国首创编制印发《河南省"十四五"现代综合交通运输体系和枢纽经济发展规划》，从着力巩固提升枢纽能级、着力畅通枢纽辐射通道、着力强化枢纽开放平台、着力培育壮大枢纽偏好型产业四个层次，推动河南交通运输与现代产业发展、城镇开发、内需扩大、区域联动、高水平开放等深度融合和精准适配，打造"一核四区、四带牵引、五型支撑"的具有国际影响力的枢纽经济先行区。一核四区，即打造郑州全省枢纽经济发展核心动力源和豫西、豫南、豫东、豫北枢纽经济协调发展区；四带牵引，即培育建设中原—长三角、京广、陆桥、济郑渝四条通道经济带；五型支撑，即重点发展交通枢纽型、智慧平台型、生产服务型、商贸服务型、内陆口岸型五种类型枢纽经济，支撑现代化河南建设。洛阳、商丘、南阳3市编制完成全国性综合交通枢纽规划，着力提升区域中心城市枢纽能级。

（三）示范带动，高标准打造枢纽经济示范区

2022年8月，交通运输部批复了《河南省交通运输厅关于上报交通强国建设河南试点实施方案的请示》，同意交通运输与枢纽经济融合发展作为河南交通强国建设试点任务。围绕交通运输与枢纽经济融合发展试点建设，将提升综合交通枢纽服务功能，构建多层级一体化的现代综合交通枢纽体系；完善多通道、多方式、多路径综合立体交通网，构建"米+井+人"综合运输通道；优化枢纽经济布局，打造以郑州为核心的"一核四区"枢纽经济增长极；培育通道经济带，加强对沿海城市群产业承接和合作；增强国际通道通达水平，提升融入国际供应链、产业链能力；探索交通枢纽型、智

慧平台型、生产服务型、内陆口岸型等枢纽经济区发展模式。积极培育壮大物流"豫军",争创国家物流枢纽经济示范区。

三 河南枢纽经济发展现状分析

(一)综合交通支撑体系不断完善

郑州成功入选国家综合货运枢纽补链强链城市,"1+3+4+N"综合交通枢纽城市体系更加完善。平漯周高铁、高速公路"13445工程"、内河航运"11246"工程等一批重大项目加速推进。截至2022年底,河南综合交通运输网络28.6万公里,其中,铁路总里程6717公里,路网密度4.02公里/百平方公里,分别居全国第7位和第8位;高速铁路总里程2173公里,路网密度1.30公里/百平方公里,分别居全国第7位和第12位,较上年均提高1个名次。公路总里程27.8万公里,路网密度166.47公里/百平方公里;高速公路总里程8009公里,全国排名第9;普通干线公路总里程3.1万公里,农村公路总里程达到23.8万公里,实现88%的乡镇通二级及以上公路,98%的乡镇通三级及以上公路,100%的建制村和95%的自然村通硬化路。2023年全省通车里程突破8300公里,新改建普通干线公路834公里。全省内河航运通航总里程1825公里,已建成码头泊位200多个,港口设计年吞吐能力达7000万吨以上,沙颍河、淮河实现通江达海。

(二)物流枢纽基地建设日益加快

河南省已建设多式联运型货运枢纽(物流园区)39个,中欧班列(郑州)集结中心被列为国家5个中欧班列集结中心示范工程之一,郑州航空港站、郑州机场北货运区已建成投用,国际陆港航空港片区正在加快建设。郑州空港型、陆港型,洛阳生产服务型,安阳陆港型和南阳、商丘商贸服务型国家物流枢纽以及30个省级区域物流枢纽建设有序推进。上街、安阳、新乡、驻马店4个铁路物流基地已建成,圃田(占杨)、薛店铁路物流基地、28个物流园区和集疏运道路项目建设有序推进。

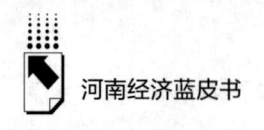

（三）枢纽偏好产业逐步发展壮大

枢纽经济核心产业竞争力不断增强。现代物流规模持续扩大。全省拥有空港型、陆港型、商贸服务型、生产服务型等10个国家物流枢纽建设项目，数量居全国之首；拥有18家星级冷链物流企业，稳居全国冷链物流业第一梯队。商贸流通业蓬勃发展，全省拥有年交易额亿元以上的商品市场130余个，拥有郑州丹尼斯、洛阳大张、许昌胖东来、南阳万德隆等一批大型商贸领军企业。航空核心产业加速布局，河南航投制造业产业园、安阳无人机产业集群建成，首套"河南造"航空仿真模拟设备完成总装出口海外。

（四）五型枢纽经济建设成效初显

交通枢纽型经济区发展质量提升。河南建成"米+井"综合运输通道，在全国率先创新了四路协同发展的"一带一路"互联互通新模式。商贸服务型枢纽经济区蓬勃发展。南阳市总投资470亿元谋划51个重点物流项目，商丘市吸引电商巨头阿里巴巴、京东等在此设立区域性物流中心。内陆口岸型"陆上丝绸之路"扩量提质。截至目前，中欧班列（中豫号）自2013年开行以来累计突破1万列，跨境电商进出口增长10.5%，海铁联运集装箱发运30万标箱，增长74.1%。智慧平台型"网上丝绸之路"创新突破。2023年前三季度，河南保税物流园区跨境电商进口额29.53亿元，同比增长62.12%。生产服务型"海上丝绸之路"无缝衔接。2023年以来，河南新开通国内航线8条、国际航线1条，各港口合计开通19条国内航线、8条国际航线，畅通出海通道。

四 河南枢纽经济存在的问题分析

（一）综合交通网络布局仍需完善

全省综合交通网络呈现以郑州为中心，多向硬联通，覆盖均衡性不足，豫西、豫南等外围地区出行便捷性相对较差,城际铁路、水路运输等短板依然存在。郑州都市圈范围内县级节点高速(含城际)铁路通达率为33.3%,全省县级节点高速(含城际)铁路通达率仅为19.5%。另外,河南作为中转枢纽更多承担过境集疏功能,引流、驻流能力不足,枢纽组织衔接能力不强,客货"始发终到"集聚效应有待提升。

(二)多式联运运行机制仍需健全

多式联运潜力未充分释放。河南集结公铁水航四种交通运输方式,但不同运输方式间存在脱节或衔接融合不足,公路运输占比接近90%。省内至东部沿海港口的集装箱运输仍然以公路运输为主,运输成本高、规模小,铁海联运、海河联运等有较大提升空间。综合货运枢纽规模小、数量少。信息服务平台发展较慢。目前省内信息化的大型多式联运公共信息服务平台仅有郑州机场国际物流多式联运数据交易服务平台,辐射带动力较弱,难以支撑全省多式联运发展。

(三)枢纽偏好产业能级仍需提升

临空产业结构单一。与成都、西安、广州等临空经济示范区相比,郑州航空港区航空关联度较高的高端制造业和高新技术产业规模偏小,生物医药、精密机械等航空偏好产业发展相对滞后。本地货源匮乏,郑州机场出口货物中本省货源仅占10%左右。高铁经济拉动效应有限。全省除郑州东站商务区初具规模以外,其他高铁枢纽的商务区还在开发过程中,周边配套不足,缺乏长远产业发展配套,枢纽偏好型产业发展滞后。临港经济产业链条较短。周口港、淮滨港等临港经济目前仍以仓储物流产业为主,农产品加工、钢铁制造等产业项目还处在建设之中,对产业链上下游及关联配套产业延伸和吸引不够,集聚效应尚未形成,构建层次多样、关联紧密的产业体系仍需时日。

(四)枢纽经济建设能力仍需增强

从全国各省(自治区、直辖市)层面来看,2021年,广东省是我国枢纽经济发展指数的第1名，得分94.38；河南省为第7名，得分80.36，距离广东省分差较大。从省会城市和直辖市层面来看，上海市是我国各省会城市及直辖市枢纽经济发展指数的第1名，得分87.76；郑州市为第9名，得分74.25，距离上海市仍有一定差距。[①] 总体来看，河南物流体系发展较好，水运运输网络相较于江苏、浙江、湖北等省份发展较慢，整体枢纽经济建设能力仍需加强。

五　壮大河南枢纽经济的发展路径

（一）完善现代综合立体交通网

一是实施高速铁路"拓展成网"工程，加快"井+人"字形运输通道内高铁建设，协同推进城际铁路建设，实现与全国主要经济区高标准快速通达。

二是实施民航机场"强枢增支"工程，提升既有机场基础能力，拓展支线机场覆盖范围，形成"一枢多支"运输机场布局。

三是实施高速公路"13445"工程，着力提升高速公路主通道能力，打通省际出口通道，完善中心城市辐射网络，扩容改造拥挤路段，基本实现"市市有环线、县县双高速"。

四是实施普通干线公路"畅通畅连"工程，畅通国道主干线和国省道瓶颈路，畅连高速公路出入口、高铁站、机场、主要景区等重要节点。

五是实施农村公路"提档提质"工程，加快推动农村公路骨干路网提档升级和基础网络提质改造，基本实现建制村通路面宽4.5米以上公路。

六是实施内河水运"通江达海"工程，建设完善淮河、沙颍河、贾鲁河、唐河等航道，推进黄河、大运河河南段适宜河段旅游通航和分段通航，

[①] 河南省枢纽经济与产业发展研究中心、河南省交通规划设计研究院股份有限公司：《河南省交通运输和枢纽经济发展报告2022》。

提升周口全国内河主要港口功能，建设郑州港、信阳港等，打通河海联运通道。

（二）提升枢纽承载衔接能力

一是加快联运物流通道建设。围绕加快建设现代物流体系，推动空、陆、海、网"四条丝绸之路"协同发展，打造跨境公铁联运、"空中丝绸之路"、国际铁海联运、国际河海联运四大国际物流通道网络。

二是加快港口物流枢纽建设。加快周口、信阳、郑州、南阳、漯河5个出海始发港建设，强化出海始发港与沿海、沿江、沿淮港口合作。协调铁路、水路出海通道建设时序和标准，强化与海港、江港的运营管理合作，建立上下游多方位合作协调联动的发展机制。

三是加快国家物流枢纽承载城市建设。加快郑州、洛阳、南阳、商丘、安阳、信阳等国家物流枢纽承载城市建设，完善物流枢纽应急、冷链、快递分拣处理、电子商务等功能区建设，加强县、乡、村农村物流网络建设。在郑州、洛阳、南阳、商丘等铁路枢纽发展高铁快运，以郑州空港型物流枢纽建设为重点加快发展航空物流。支持郑州、洛阳、南阳、商丘综合交通枢纽城市参与全球供应链服务中心建设。

（三）促进运输结构优化升级

一是积极推进"公转铁"。加快实施铁路专用线进企入园"653"工程，加快大型物流园区新建或改扩建铁路专用线，积极推进周口港、信阳港及漯河港疏港铁路建设。加快推进铁路市场化改革进程，探索实施混合所有制改革，建立更加灵活的价格调整机制，在铁路建设和线路运营环节引入社会资本，借鉴航空、海运等做法建立舱位交易市场。

二是积极推进"公转水"。持续推进沙颍河、淮河、唐河等"通江达海"的水运通道建设，力争内河航道里程达到2000公里，开辟10条以上河海联运线路。实施周口港中心港区扩容工程，吞吐能力提升至5000万吨以上。

三是健全多式联运运行机制。持续深化多式联运示范工程建设，积极申报综合运输服务"一单制、一箱制"交通强国专项试点，推广应用标准化多式联运电子运单，优化集装箱提还箱点布局，推动符合国际标准的铁路箱下水运输。推进运输服务规则衔接，以铁海联运衔接为重点，深入推进多式联运"一单制"，推动各类单证电子化，探索推进国际铁路联运单、多式联运单证物权化，稳步扩大在"一带一路"运输贸易中的应用范围。

（四）打造智慧枢纽信息平台

一是高标准打造枢纽经济智慧平台。积极引入国内知名的互联网企业组建新型研发机构，集成公路、铁路、水运、航空等通行数据，加强交通运输与制造业、服务业、物流业等数据整合和业务融合，打造智慧物流平台，形成"智运"网络平台、"智链"供应链服务平台、"智信"数字信用服务平台，发展高标准智慧平台型枢纽经济。

二是加快河南物流枢纽信息平台建设。借助国家物流枢纽信息平台建设契机，加快河南国家物流枢纽和区域物流枢纽信息平台建设，主动对接国家丰富物流信息数据资源、扩大数据交换范围，促进多式联运业务应用，制定和推广多式联运信息互联共享标准，深化与口岸监管数据交互，与港口、铁路等铁水联运信息互联共享，提高信息共享效率。依托河南省综合交通运输管理服务平台，建设河南省多式联运公共信息监测服务系统，探索推动公、铁、空、水政务信息与行业信息的开放和共享。

三是搭建综合运输数字化平台。拓展客运智能化（MaaS）定制、智慧路口等智能交通服务，搭建智慧监管、无人驾驶、自动搬运、智能车辆调度等数字化平台。加快发展网络货运平台，培育多方式、全流程的综合性网络物流服务提供商。加强道路运输与其他运输方式在运营时刻、组织调度、运力安排等协同衔接，全面提高一体化转运衔接能力和货物快速换装便捷性。

（五）培育现代物流市场主体

一是实施现代物流"豫军"培育工程。积极培育冷链物流、零担货运、无车承运等领域的货运龙头企业和电商、危化品等专业物流主体，支持物流企业通过战略联盟、资本合作等方式打造合作共同体，向综合物流服务商、现代供应链运营商转型。鼓励港口航运、铁路货运、货代企业及平台型企业等加快向多式联运经营人转型，力争在空陆联运、国际陆路运输、高铁快运、冷链物流等领域打造 4 个以上具有全国竞争力的多式联运旗舰型龙头企业。

二是实施"筑巢引凤"工程。采取"引育并重"方式，深化与招商局集团等大型企业合作，重点对接中国物流集团、FedEx、DHL、京东物流、菜鸟网络、德邦物流等物流龙头企业在豫设立总部或区域总部、研发创新中心、分拨中心、运营中心、转运中心。支持引进中远海运集团等国内外知名企业在河南设立中部地区运营服务中心或陆港基地等服务机构，不断提升河南多式联运经营企业的竞争力和市场吸引力。

三是优化物流市场营商环境。围绕企业需求，聚焦关键环节、核心领域，放宽物流企业住所和经营场所登记条件，简化物流企业开展业务的行政审批手续，最大程度减少对企业业务创新的制约。充分发挥市场在资源配置中的决定性作用，畅通市场循环，疏通政策堵点，加快建设高标准物流产业体系，优化快递业务经营许可管理，进一步精简审批材料、提高审批效率、压缩审批时限。

（六）构建现代枢纽产业体系

一是大力发展枢纽经济核心产业。加快推进国家物流枢纽建设，巩固提升郑州、洛阳、商丘等枢纽城市冷链、航空、电商等特色物流竞争优势，培育壮大国际物流、乡村物流、应急物流，提高粮食、棉花等大宗商品物流竞争力，探索利用高速铁路、城际铁路发展高铁货运，发展邮政快递物流。完善交易市场功能和物流组织，改造农产品产地市场、集配中心仓储、运输等设施，提升综合交通枢纽、轨道交通站点、公路服务区等商贸服务功能，培育交通消费新业态、新模式，推动商贸流通业高质量发展。

二是高质量发展枢纽经济制造业。依托郑州新郑国际机场发展航空维

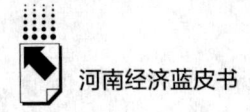

修、航空制造等航空核心产业以及电子信息、智能制造等航空偏好型产业。以陆港、生产服务型枢纽为重点,推进电气装备、农机装备、工程机械等特色装备制造产业集群发展。加强无人机产业关键技术攻关,布局智能网联汽车和新能源汽车产业链,延伸高能量密度、长循环寿命动力电池产业链,加快建设全国重要的专用汽车研发制造基地。围绕周口港大力推进船舶制造、建材加工、纺织服装等临港传统制造业高端化、智能化、绿色化、服务化改造,延伸铝、铅、铜等有色金属产业链,建设绿色建材基地,推动水泥、玻璃等传统产业延伸产业链、服务链。

三是提质扩容枢纽经济服务业。依托航空和高铁枢纽,引导和推动商贸金融、创新服务、文化创意、技术咨询等产业集聚,大力发展总部经济、楼宇经济、现代金融、科技服务、信息服务、商务会展等,推动生产性服务业专业化高端化发展。依托小浪底、黄河、太行山、大别山、伏牛山等旅游景区,大力推进交旅融合发展,培育"游购娱养食"一体化产业链,引导健康服务、养老育幼、教育培训等产业在机场、高速铁路枢纽等集聚,推进生活性服务业高品质多样化升级。

B.22 新时代共建"一带一路"高质量发展的河南实践

曹雷 童叶萍 邓珂*

摘　要： "一带一路"倡议是新时代中国扩大开放的标志性举措。十年来，河南立足区位优势和政策叠加优势持续发力，对外交流、经贸互通取得显著成就，但仍面临着外贸结构不优、与共建国家深度合作不畅等挑战。踏上共建"一带一路"金色十年新征程，河南必须从深化制度开放、优化开放布局、推动贸易升级、赋能新业态新模式等方面下功夫，全面融入共建"一带一路"高质量发展，为谱写新时代中原更加出彩的绚丽篇章提供重要支撑。

关键词： "一带一路"　新发展格局　对外合作　河南

2023年是共建"一带一路"倡议提出十周年，也是河南深度参与共建"一带一路"高质量发展的关键期。自2013年习近平主席提出共建"丝绸之路经济带"和"21世纪海上丝绸之路"倡议以来，截至2023年6月底，中国已与150多个国家、30多个国际组织签署了200多份共建"一带一路"合作文件，为深处百年未有之大变局的世界经济增长注入了新动能。实践证明，共建"一带一路"不仅是深受欢迎的国际公共产品和国际合作平台，而且也是我国国内国际双循环的连接点和高水平对外开放的关键点。2023

---

* 曹雷，河南省社会科学院统计与管理科学研究所高级统计师；童叶萍，河南省统计资料管理应用中心主任，高级统计师；邓珂，河南省统计资料管理应用中心技术员。

年10月，习近平主席在第三届"一带一路"国际合作高峰论坛开幕式上指出，共建"一带一路"源自中国，成果和机遇属于世界，要"深化'一带一路'国际合作，迎接共建'一带一路'更高质量、更高水平的新发展"，为推动新时代"一带一路"高质量发展提供了根本遵循和行动指南。作为全国经济大省、开放大省的河南，如何在构建新发展格局背景下推动共建"一带一路"高质量发展，在深度参与"一带一路"高质量发展中奋力书写崭新篇章，是当前和今后必须面对和迫切需要解决的重大课题。

一 河南融入共建"一带一路"成效显著

十年来，河南在习近平总书记寄语"积极融入共建'一带一路'，加快打造内陆开放高地"的殷殷嘱托下，立足省情特色并与新形势新趋势互动融通，坚持以开放促改革，以改革创新拓开放，以"空、陆、网、海"四条丝绸之路协同发展为突破口，高质量融入"一带一路"建设，在对外贸易、利用外资等方面探索出一条内陆地区开放发展的新路子，有力促进了全省外向型经济的发展。

（一）"四条丝路"建设协同发力

郑州—卢森堡"双枢纽"合作不断深入，郑州机场三期工程建设持续推进，北货运区工程完工并投入运营，"郑州—卢森堡'空中丝绸之路'建设探索与实践项目"获评2022年服贸会"全球服务实践案例"并作重点推介。郑州机场先后被国家民航局列为全国民航电子货运、海外货站、空空中转三大试点并跻身全球机场货运40强。截至2022年底，郑州机场累计运营全货运航空公司达32家（国际地区27家），开通全货机航线44条（国际地区36条），通航城市57个（国际地区48个），通达"一带一路"共建国家17个。2022年，郑州机场累计完成货邮吞吐量62.5万吨，较2013年提升36.9万吨，连续4年居全国第6位（见图1）。"陆上丝绸之路"中欧班列（中豫号）已累计开行突破1万列，开行频次由2013年每月1班到目前每天12班，综合运营能力居全国第一方阵，境内外合作伙伴达6000余家，越来越多的"河南制造"走出国门、走向世界。突破地理空间局限，河南"无中生有"搭起一条"网上丝绸之路"，首创跨境电商"网购保税1210服务模式"并在海内外复制推广，率先探索"网购保税+线下自提"、零售进口退货中心仓等新模式，全省跨境电商交易总额从2014年的不足1亿元提升至2022年的2209亿元，年均增速超过160%，"买全球""卖全球"成为河南对外开放的亮丽名片。不临江、不靠海的河南依托铁海联运、内河航运，把"出海口"搬到了"家门口"，"海上丝绸之路"越行越远，已建成淮河、沙颍河等通江达海的内河高等级航道，开航周口港、漯河港、信阳港等港口，内河航运集装箱航线实现从"0"到"20+"的突破。2022年，全省海铁联运集装箱发运53957标箱，同比增长86.7%，"海上丝绸之路"越行越远。

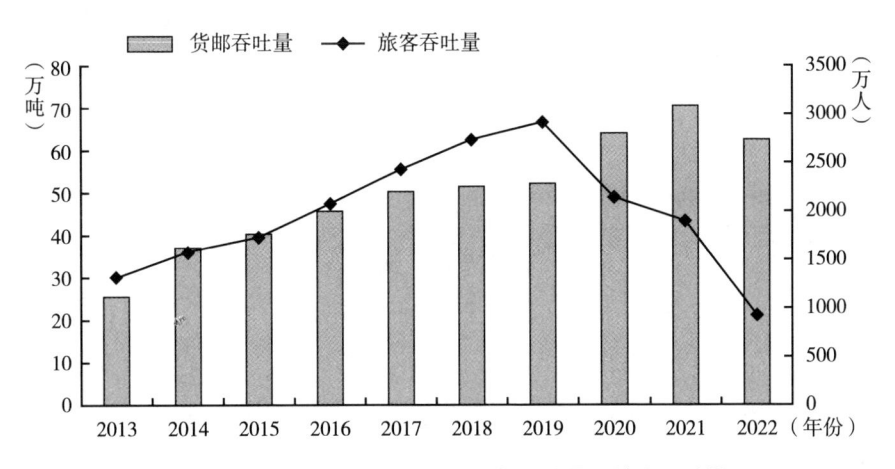

图1　2013~2022年郑州机场货邮吞吐量和旅客吞吐量

资料来源：中国民用航空局。

（二）开放载体能级提质增效

制度红利不断释放。在全国率先全面推开商事登记"三十五证合一"，企业创业创新热情有效激发，2022年河南市场主体总量突破1000万户，居

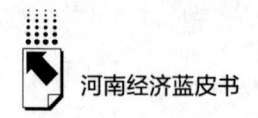

全国第4位。中国（河南）自由贸易试验区坚持引育并举，做强特色产业，累计形成546项创新成果，其中16项被全国复制推广；累计入驻自贸区企业13.2万家，注册资本总额达1.7万亿元，分别是设立前的4.8倍、6.2倍。2022年5月，中国（郑州）重要国际邮件枢纽口岸业务正式开通，郑州成为继北京、上海、广州之后的第4个全国重要国际邮件枢纽口岸，推动河南由交通区位优势向枢纽经济优势转变。开放载体平台越来越坚实。郑州航空港经济综合实验区获批"国家进口贸易促进创新示范区"，实现了从机场小镇到航空新城的跃升；地区生产总值从2013年的325.6亿元增长至2022年的1208亿元，年均增长14.1%；2022年进出口总值达4707.8亿元，占全省的55.2%。创新优化监管服务，深化"放管服"改革，推进"双随机、一公开"监管，实施"互联网+预约通关"和"货主可不到场查验"便利化措施。支持国际贸易"单一窗口"建设，持续巩固压缩整体通关时间成效。2022年，河南进口、出口整体通关时间分别为32.64小时、0.38小时，较全国平均水平快7.54小时、0.88小时，比2017年压缩69.07%、94.87%。

（三）外贸规模持续扩大

开放型经济在优进优出中不断提升。河南与"一带一路"共建国家的货物进出口总值从2013年的647.5亿元增长至2022年的2228.9亿元（见图2），占全省货物进出口的比重由17.4%上升至26.1%，提高8.7个百分点，带动全省外贸总额连续跨过4000亿元、5000亿元、6000亿元、7000亿元、8000亿元5个台阶，迈入全国第一方阵，2022年首次升至全国第9位。进出口商品结构明显改善。手机、汽车、锂电池及太阳能电池、单晶硅切片、盾构机等河南产品已畅销"一带一路"共建国家，尤其是电动汽车、锂电池和太阳能电池"新三样"走俏海外，成为豫企进入"一带一路"海外市场新的增长点。"走出去、引进来"迈出新步伐。河南组建港资、台资、日韩、世界500强四个招商专班，围绕产业、企业、产品、科研机构制定招商图谱，深化产业链招商、资本招商，开展专业招商、以商招商、回归招商。2022年末，在豫世界500强企业达198家、中国500强企业达178家，600余家河南企业走进了100多个国家和地区。

图2 2013~2022年河南与"一带一路"共建国家贸易额及占全省比重

资料来源：根据历年"河南经济蓝皮书"数据整理。

二 河南融入共建"一带一路"优势明显

（一）区位枢纽优势

河南地处中原，位于京珠、京广与连霍、陇海的大十字交叉路口上，全国"十纵十横"综合运输大通道有五个途经河南，"米+井+人"综合运输通道布局初步形成，以郑州为圆心5小时公路圈覆盖全国4.1亿人口和30%的经济总量，3小时铁路圈覆盖全国7.6亿人口和56%的经济总量，2小时航空圈覆盖全国12.3亿人口和90%的经济总量，在中国式现代化由东向西、由南向北推进过程中，河南成为重要的接力点和支撑点。随着国家推进区域协调发展战略和扩大内需战略，河南内陆腹地效应持续显现，2022年全省进出口总额达8524.1亿元，稳居中部第1位、全国第9位。

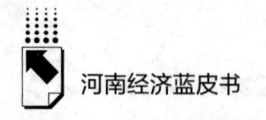

（二）市场规模优势

作为经济大省、人口大省，河南拥有超大市场规模的突出优势。消费能力上，2022年河南社会消费品零售总额24407.41亿元，居全国第5位；常住人口城镇化率为57.07%，低于全国8.15个百分点，有望进一步释放投资、消费需求。市场主体上，截至2022年底，全省市场主体突破1000万户，达1034.5万户，居全国第4位；其中，2022年省外迁入企业1333户，比迁出企业多65.4%，真金白银的好政策吸引企业落户。数字经济上，2022年末，河南互联网用户达13335.7万户，居全国第4位；5G终端用户达3682万户，居全国第3位。

（三）战略叠加优势

近年来，多项重大国家战略密集落地，赋予河南重大发展定位与重要发展使命。中国（河南）自由贸易试验区、郑洛新国家自主创新示范区、国家大数据综合试验区等国家战略，以及中国（郑州）跨境电子商务综合试验区等国字号平台载体先后在河南落地，河南发展势能不断升级。构建新发展格局、黄河流域生态保护和高质量发展、新时代推动中部地区高质量发展国家战略等赋予河南重要战略地位，洛阳、商丘、南阳被定位为全国性综合交通枢纽城市，郑州被定位为国际性综合交通枢纽、国际航空货运枢纽、国际物流中心等，河南的区位重要性愈发突出。

（四）人力资源优势

河南是传统的人力资源大省，人口质量红利正在稳步释放，为承接产业转移和提升产业能级提供了强大根基。一是人口规模优势明显。全国人口出生率自2017年开始持续下降，河南也相应出现增速放缓等现象，但是与全国其他地区相比，仍然占据突出的比较优势。2022年全省常住人口9872万人，占全国总人口的7.0%，居全国第3位。二是人口质量红利稳步释放。人口受教育程度保持较快提升，随着教育投入不断增加，高层次人才培养力度加大，人口质量不断升级。2021年，全省15岁及以上常住人口的人均受教育年限达9.89年，每10万人中拥有大学（大专及以上）文化程度的人口达12244人，均比2020年第七次全国人口普查时进一步增加。

三 河南在融入共建"一带一路"中面临的挑战

"一带一路"倡议提出十年来，恰逢全球百年未有之大变局加速演进、世界经济秩序进入新旧交替的关键变革期，河南在融入"一带一路"高质量发展中还存在一些问题。

（一）地缘政治和大国博弈

"一带一路"合作伙伴地缘政治关系复杂敏感，共建国家出于地缘利益考量，对"一带一路"倡议持有一定程度的忧虑和警惕。美国不断利用其国际影响力和国际舆论优势，发表"经济殖民"、"经济掠夺"、中国版的"马歇尔计划"等"中国威胁论"言论，诱导共建国家和地区质疑、诋毁中国"一带一路"倡议，有些东南亚国家甚至附和美国加入"印太经济框架"，共同遏制中国发展。尤其是在欧洲乌克兰危机仍然持续、中东巴以冲突加剧的情况下，全球地缘风险进一步加剧，阻断了中欧大通道，使得"一带一路"合作共建的基础设施惨遭破坏，客观上影响共建国家基础设施合作的信心与定力。对河南而言，地缘政治博弈导致的高新技术贸易壁垒对全省高技术产业创新发展带来较大挑战，对充分参与产业贸易竞争造成阻碍，贸易摩擦的不确定性使全省扩大国际贸易难度增加，对外贸易高速增长的动能将逐步减弱。

（二）世界经济恢复不及预期

当前全球经济复苏减速降档，美欧主要经济体增长仍然处在高通胀状态，货币紧缩政策可能持续一段时间。部分"一带一路"共建国家对国际能源市场依赖性强，市场波动导致金融市场不稳定；同时，美欧加息政策、

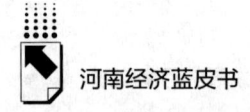

美元信用危机加深了金融系统的风险，世界金融体系发生动摇。2023年9月，经合组织（OECD）下调2024年全球经济增速至2.7%，世界经济论坛调查的首席经济学家中有61%的认为2024年全球经济将会走弱，全球经济进入高成本、高债务、低增长模式。而"一带一路"共建国家基础设施建设往往周期较长、投资较大，金融和债务风险一定程度上动摇着投资信心。一些国家倡导的逆全球化、供应链重置或友岸外包甚至回流等，将进一步拖慢全球本已疲弱的复苏步伐。在此背景下，河南进出口将会面临严峻挑战，出口对经济增长的拉动效应面临暂时衰退的风险。

（三）外贸结构不优，附加值不高

当前，河南"四路协同"联动尚处于起步阶段，未真正形成协同发展，同时全省高附加值制造业特别是临空、临港型制造业的基础相对薄弱，导致全省对外贸易结构不优。从贸易方式看，2022年，河南以加工贸易方式进出口占全省进出口总值的60.0%，高于全国平均水平39.9个百分点；而以一般贸易方式进出口占全省进出口总值的35.1%，低于全国平均水平28.6个百分点，"一低一高"反映河南的贸易方式仍处于较低水平。从商品结构来看，2022年，河南进口前5位商品货值占全省进口总值的71.8%，出口前5位商品货值占全省出口总值的65.6%，进口和出口商品集中度均高于四川、湖北等兄弟省份，产品过度集中导致抵御风险的能力较弱。同时，出口商品附加值较低，2022年，河南机电产品出口占全国的2.4%，较2013年仅提高0.45个百分点；高新技术产品出口占全国的4.3%，较2013年仅提高1.2个百分点，结构优化进程任重道远。从市场主体来看，2022年，河南省民营企业进出口额占全省进出口总值的47.8%，不仅低于全国平均水平（59.9%），也低于山东（73.7%）、安徽（54.3%）、湖北（63.4%）、湖南（81.8%）等兄弟省份，市场主体活力有待进一步增强。

（四）与共建国家之间的深度合作交流有待提升

数字鸿沟影响河南与"一带一路"共建国家深度合作。《数字中国发展报告（2022年）》显示，河南在5G网络通信、大数据、区块链、物联网等数字基础设施建设方面和京沪浙苏津粤渝等地共同位居全国第一梯队，领先于部分"一带一路"共建国家水平，致使河南与共建国家存在较大鸿沟。"互联互通"综合体系有待完善。由于河南跨境电商涉及较多"一带一路"共建国家，各国的通关、报检等规则不尽相同，通关周期较长，且数据标准不够统一，信息共享难度相对较大。智能制造业产能合作推进不畅。当前，河南的大型骨干装备制造企业主要集中在郑州宇通重工、中信重工、中铁工程装备、洛阳一拖等，与全国及浙江、广东等发达省份相比差距较大，未能高效发挥头部示范引领效应，无法有效带动上下游产业链配套企业发展，加上大量关键技术、智能制造装备核心零部件依赖进口，使得河南与"一带一路"共建国家合作不畅。

四 新征程河南融入共建"一带一路"高质量发展的路径选择

踏上共建"一带一路"金色十年新征程，身处中部地区和黄河流域核心腹地的河南，必须锚定"两个确保"，直面共建"一带一路"过程中面临的挑战，抢抓机遇、发挥优势，为谱写新时代中原更加出彩的绚丽篇章提供重要支撑。

（一）聚焦规则对接，深化制度型开放

全面对接《区域全面经济伙伴关系协定》（RCEP）等国际经贸规则，积极参与RCEP跨境电商、原产地、服务贸易等规则、标准制定，加强跨境电子商务国际认证和监管等合作。全面实施准入前国民待遇加负面清单管理模式，充分发挥自贸试验区、跨境电商综试区、开发区等高等级开放平台和海关特殊监管区域作用，持续深化"放管服效"改革，在更深层上推进商事制度、贸易投资、金融法律等领域改革，着力打造法治化、国际化、市场化、便利化营商环境，吸引更多共建国家的企业来豫投资兴业。探索建立国

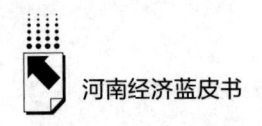

际化的政府运作制度，依托航空港区加快建设海外人才离岸创新创业基地和国际社区，打造国际一流的政务环境、法治环境、生活环境。

（二）强化"四路协同"，优化开放布局

深化郑州—卢森堡航空"双枢纽"合作，加快推进郑州国际航空货运枢纽建设。推动国内外大型物流集成商在郑设立区域分拨中心和运营基地，做大做强本土基地货运航空公司。完善国际航线网络，加密增开国际国内货运航线，打造空中经济廊道。高水平建设中欧班列郑州集结中心示范工程，扩大"陆上丝绸之路"集聚和辐射能力。培育中欧班列枢纽城市，加快境外枢纽和节点网络建设，拓展中欧班列线路网络，提升班列运营质量。支持郑州建设跨境电商营运中心和物流中心，鼓励营销推广、创业策划、商务会展等关联产业发展，构建跨境电商产业生态体系，催生一批有影响力的本土跨境电商品牌。支持跨境电商等企业在"一带一路"共建国家及境外枢纽节点布局建设海外仓，构建覆盖全球的海外仓网络。大力推进内河水运和河海联运工程建设，加强与省内周口港及出海港口合作联动。

（三）实施创新驱动，推动贸易优化升级

健全和完善促进科技创新的政策体系，全面提升豫企科技创新应用水平，推出更多有国际市场竞争力的产品，以产品的迭代升级引领与"一带一路"共建国家高水平经贸合作。聚焦河南机电产品、假发制品、铝材等优势出口产品，定期开展"一带一路"政策宣讲培训，让企业最大程度享受政策红利。在巩固提升手机、铝材等传统优势出口商品的同时，加快河南高端智能装备、新能源汽车、生物医药及高端医疗设备等新兴产业发展，推动出口商品结构由单一产品向"产品+服务+标准"转变。制定出台促进外贸经营主体发展的政策措施，发挥"万人助万企"综合帮扶作用，开展外贸高成长企业培育行动，在全省范围内遴选一批重点企业，打造一批进出口规模大、市场拓展能力强、经营模式领先的总部型、龙头型、综合型进出口

贸易公司。鼓励央企、外贸500强企业、航空物流企业以及货代企业、外贸中介服务企业等在豫设立贸易型公司，开展各类进出口业务。

（四）完善信息基础设施，赋能外贸新业态新模式

加快算力基础设施建设，增强郑州国家互联网骨干直联点流量疏通能力，打造内陆地区互联网交换中心和国际通信出入口通道，助力河南在算力基础设施建设、算力技术产业发展等领域与共建国家和地区的交流合作。优化数据要素跨境流动机制，积极参与数据安全、认证评估、数字货币等国际数字技术标准制定，鼓励省内企业开展"一带一路"数据跨境流动业务合作。统筹数据开发利用与安全，围绕跨境电商、服务外包、跨境支付等业务，探索构建跨境数据分类、分级管理机制和多渠道、便利化的数据跨境流动机制。支持郑州国家中心城市和洛阳、南阳副中心城市积极培育开放高效的数据要素市场，促进数据高效流通使用，发展电子商务、跨境支付、数字服务出口等新模式新业态，打造国家数字服务出口基地、数字贸易示范区。

参考文献

刘玉梅、王鲁峰、任冰等：《从内陆腹地迈进开放高地》，《河南日报》2023年10月17日。

侯爱敏：《不靠海 不临江 不沿边 河南闯出内陆开放新路子》，《郑州日报》2023年9月26日。

孙静：《内陆河南奋力迈进开放前沿》，《河南日报》2023年9月26日。

夏晨翔：《从内陆地区到开放前沿 河南"四条丝路"链接世界》，《中国经营报》2023年10月23日。

曹雷、李莹莹：《新发展理念下提升河南综合竞争力的路径研究》，《统计理论与实践》2023年第2期。

B.23 河南巩固拓展脱贫攻坚成果同乡村振兴有效衔接的实践与思考

郑方 高攀[*]

摘　要： 脱贫攻坚目标任务完成后，党中央决定设立5年过渡期，实现巩固拓展脱贫攻坚成果同乡村振兴有效衔接。本文重点梳理了河南省2023年巩固拓展脱贫攻坚成果同乡村振兴有效衔接工作的开展情况，分析了当前面临的困难挑战，并提出了做好下一步工作的对策建议：紧盯责任落实，持续营造严的干的氛围；紧盯监测帮扶，持续消除返贫致贫风险；紧盯产业就业，持续增加脱贫群众收入；紧盯重点区域，持续瞄准薄弱环节发力；紧盯资金项目，持续提高帮扶带动效益；紧盯社会帮扶，持续增强帮扶工作合力。

关键词： 脱贫攻坚　精准帮扶　乡村振兴　河南

河南作为农业大省、农村人口大省，巩固拓展脱贫攻坚成果任务重、责任大。进入过渡期以来，全省各级各部门深入贯彻习近平总书记关于巩固拓展脱贫攻坚成果同乡村振兴有效衔接的重要讲话重要指示精神，大力弘扬脱贫攻坚精神，严格落实"四个不摘"要求，有效克服灾情疫情影响，维护和巩固脱贫攻坚战伟大成就，为全面推进乡村振兴奠定了坚实基础。在2021年度、2022年度国家巩固脱贫成果后评估中，河南省连续被综合评价为"好"等次。

---

[*] 郑方，河南省乡村振兴局政策法规处处长；高攀，河南省乡村振兴局政策法规处四级主任科员。

一　2023年工作开展情况

2023年，河南省认真落实党中央决策部署，聚焦"守底线、抓发展、促振兴"，着力推进责任落实、政策落实、工作落实和成效巩固，守住了不发生规模性返贫底线，脱贫攻坚成果持续巩固拓展。全国"雨露计划+"就业促进行动推进会议、全国驻村帮扶工作推进会议在河南召开，在全国促进脱贫人口增收现场会、全国脱贫人口稳岗就业工作视频会议、全国劳务协作暨劳务品牌发展大会上河南作了交流发言。

（一）扛稳扛牢巩固拓展脱贫攻坚成果责任

1. 强化组织领导

坚持五级书记一起抓巩固拓展脱贫攻坚成果和乡村振兴。省委省政府主要领导多次深入脱贫地区调研，39名省级领导干部分别联系30个乡村振兴示范县和38个脱贫县，指导推动工作。召开全省巩固拓展脱贫攻坚成果同乡村振兴有效衔接工作会议、省巩固拓展脱贫攻坚成果专班工作会议、全省市县结对帮扶工作座谈会、全省定点帮扶和校地结对帮扶工作会等，促进工作落实。全省培训乡村振兴领域干部60.26万人次，提升政策水平和实战本领。

2. 完善帮扶政策

出台《河南省脱贫人口增收行动方案（2023～2025年）》，明确增收目标，通过稳岗就业、发展产业、政策扶持、创新赋能、成本控制等举措促进增收。印发《关于对帮扶产业项目实施"四个一批"行动的通知》《乡村康养旅游建设三年行动方案（2023～2025年）》《关于实施乡村服装产业"百镇千村"行动巩固拓展脱贫攻坚成果促进乡村振兴的通知》《巩固易地搬迁脱贫成果专项行动方案》等文件，指导基层工作实践。

3. 从严督导考核

省人大常委会组织开展乡村振兴"一法一条例"执法检查，就巩固拓展脱贫攻坚成果等工作情况进行专题询问。全省纪检监察机关开展乡村振兴

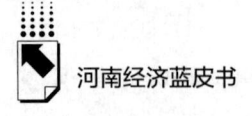

领域不正之风和腐败问题专项整治,把巩固脱贫成果工作作为重点内容。省巩固拓展脱贫攻坚成果督查巡查组开展专题调研,及时发现并指导解决问题。开展2022年度全省巩固脱贫成果后评估,聚焦国家和省巩固脱贫成果后评估发现的问题,举一反三、较真碰硬抓好整改。

(二)加强防止返贫动态监测帮扶

1. 抓实动态监测

对易返贫致贫人口,在常态化排查的同时,开展两轮集中排查,筛查农户近2000万户,及时把符合防止返贫监测对象条件的农户纳入监测范围。组织驻村干部、村两委干部、基层网格员等入户宣传解读政策,推行防止返贫监测帮扶政策"明白纸"和"一码通",提高群众政策知晓度和申报监测对象积极性。2023年,全省新识别认定监测对象2.7万户9.1万人。

2. 实施精准帮扶

对每户监测对象明确一名国家公职人员作为帮扶责任人,制定帮扶计划,开展入户走访,因户精准施策。更加注重扶志扶智,明确对家庭有劳动能力的监测户,至少落实一项开发式帮扶措施;对弱劳力半劳力,创造条件探索落实开发式帮扶措施;对没有劳动能力的,做好兜底保障。全省监测对象户均享受帮扶措施5.1个。

3. 稳定消除风险

严格执行风险消除标准和程序,对收入稳定超过2023年监测范围、"三保障"和饮水安全持续巩固,经综合分析研判,监测对象识别时的返贫致贫风险已经稳定消除或自然消除,且不存在新增返贫致贫风险的,及时标注"风险消除"。全省监测对象返贫致贫风险消除率为49.5%。

(三)推动帮扶政策落细落实

1. 巩固"三保障"和饮水安全成果

教育保障方面,健全控辍保学目标责任制,脱贫家庭义务教育阶段失学辍学学生应返尽返;2023年度资助原建档立卡贫困家庭学生329.1万人次;

新开工建设150所寄宿制小学，为农村学校招聘1.22万名特岗教师。医疗保障方面，实现对低保对象、监测对象和低保边缘家庭成员全额参保资助全覆盖，脱贫人口和监测对象参保率稳定在99.9%以上、家庭医生签约率为99.99%、大病救治率为99.99%。住房保障方面，对农村低收入群体等重点对象住房安全情况定期走访摸排，将符合条件的纳入危房改造，2023年改造农村危房9081户。饮水安全方面，加强对脱贫地区和供水薄弱地区饮水情况的动态监测，2023年维修养护农村饮水工程10037处，全省农村集中供水率为94%、自来水普及率为92.5%。

2.实施农村低收入人口常态化救助帮扶

加强农村低收入人口动态监测，分层分类实施社会救助。农村低保标准提高到不低于5280元，特困人员基本生活标准不低于当地低保标准的1.3倍，136.5万脱贫人口、40.5万监测对象被纳入低保或特困兜底保障。残疾人"两项补贴"提高到每人每月75元，惠及212万困难残疾人和重度残疾人。推进279个乡镇敬老院向区域养老中心转型，深入开展农村留守儿童、困境儿童关爱服务活动。

（四）支持脱贫地区乡村特色产业发展壮大

1.巩固一批

开展田园增收、养殖富民、乡村旅游、金融帮扶等产业发展十大行动，做好"土特产"文章。助力肉牛奶牛产业发展，2023年安排中央和省级财政衔接资金4448万元予以支持。开展乡村康养旅游示范村创建，遴选了391个创建单位，已评选认定235个示范村。开展"百镇千村"行动，支持100个以上乡镇、1000个以上行政村发展服装产业，吸纳更多脱贫群众就近就地就业。完善推广"卢氏模式"，探索出小额信贷与产业深度融合的"1+1手拉手""双轮驱动、企业帮扶""多元主体、合作发展""自我发展、跟踪服务"四种机制。推进精准扶贫企业贷款，推出富民贷、富农产业贷等金融产品。三门峡市制定特色农业综合发展规划，打造特色产业帮扶体系，林果面积发展到415万亩，食用菌栽培4.8亿棒，中药材人工种植面积

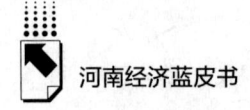

92万亩。鹤壁市鹤山区实施乡村康养文旅产业带建设，15个村发展康养旅游产业，年接待游客30万余人次，帮助村集体年增收300万元以上。

2. 升级一批

组织各地对有一定发展基础但产业链条存在明显短板弱项的帮扶产业项目，加强科技支撑、增强产业竞争力，增强加工转化能力、提高产品附加值，加强产品营销、提升品牌价值。支持设施蔬菜产业发展，印发《设施蔬菜产业项目改造提升试点方案》，选取兰考县、社旗县、扶沟县、汝南县开展试点工作，推动设施蔬菜产业提质增效。

3. 盘活一批

健全经营性项目资产后续管护机制，激活闲置资源和存量资产，切实发挥惠农效益。发展农业社会化服务，印发《促进项目资产与农业社会化服务衔接试点工作方案》，选取兰考县、新野县、商水县开展试点工作，提升项目资产管理使用水平。河南省乡村振兴局与民建河南省委、开封市人民政府签订共建乡村振兴示范基地三方协议，拓宽农业社会化服务领域，壮大脱贫地区农业产业，增强联农带农能力。

4. 另起炉灶一批

各级财政衔接资金用于产业发展的比例提高到60%以上，全省实施帮扶产业项目4126个。完善联农带农机制，推行"直接到户、吸纳就业、生产托管、资产经营、资产入股、资产出租"等模式，使脱贫人口和监测对象更多分享产业增值收益。南阳市桐柏县实施"香菇种植养殖和加工项目"等8个优质项目，累计受益搬迁群众400余户，户均叠加产业项目3个以上，年均增收4万元以上。

（五）促进脱贫人口稳定就业

1. 着力稳岗拓岗

开展防止返贫就业攻坚行动、搬迁群众就业帮扶专项行动，实施劳务输出服务、县域产业促进、以工代赈吸纳、返乡创业带动、公益岗位兜底"五个一批"，促进脱贫劳动力应就业尽就业。全省脱贫人口和监测对象外出务工 227.49 万人，完成年度目标任务的 110.75%。开封市兰考县改造提升"共富工坊"70 个，带动就业 8301 人，其中脱贫户、监测户 1963 人，月人均收入 3000 元。

2. 加强技能培训

推进"人人持证、技能河南"建设，实施高素质农民技能培训等"十大培训专项"、"雨露计划+"就业促进行动，提高脱贫群众技能培训率和持证上岗率。全省培训脱贫劳动力 32.22 万人，脱贫人口新增技能人才 28.14 万人；雨露计划毕业生 3.23 万人，实现就业、升学、参军共 3.14 万人，占比 97.21%。

3. 培育劳务品牌

统筹推进"豫农技工""河南建工""河南织女"等 10 个省级人力资源品牌建设，遴选培育 100 个区域人力资源品牌，建立完善乡村工匠培育机制，提升"豫字号"人力资源品牌规模效应和影响力。

（六）用好资金资产，充分发挥惠农效益

1. 保障财政资金投入

坚持财政资金投入不减，2023 年中央、省、市、县四级共安排财政衔接资金 214.79 亿元。针对 4 个省级乡村振兴重点帮扶县，每县倾斜安排中央和省级财政衔接资金 6000 万元，增强内生发展动力。针对 5 个国家乡村振兴示范县创建单位，在分配中央财政衔接资金时给予每县 2000 万元倾斜投入，支持在乡村振兴上探索突破。针对大别山、太行革命老区，倾斜安排革命老区振兴发展资金 2.1 亿元，支持革命老区实施乡村振兴项目。针对全省易地扶贫搬迁安置点和搬迁人口，安排 2.25 亿元中央和省级财政衔接资金支持后续产业发展。

2. 加强资金项目监管

通过"日常监督、每月通报、季度调度、年底考核"，加强资金和项目日常监管。科学谋划实施一批巩固拓展脱贫攻坚成果和乡村振兴项目，优化管理流程，压缩审批时间，抢抓施工黄金期，推动项目早开工、早建设、早见效。全省实施巩固拓展脱贫攻坚成果和乡村振兴项目 14197 个。

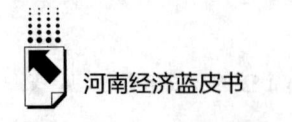

3. 抓好项目资产管理

对脱贫攻坚期的扶贫项目资产、过渡期以来的帮扶项目资产确权登记，落实建管并重、建用并重的管护机制。全省录入防返贫监测系统的项目资产43.44万个，资产规模1616.85亿元，持续发挥助农效益。

（七）加大社会帮扶工作力度

1. 强化驻村帮扶

聚焦"选派、培训、管理、创建、激励"五个方面，推动驻村帮扶工作规范、有序、扎实开展。全省现有驻村工作队1.1万个，驻村干部3.9万名，其中第一书记1.4万名，持续落实"五天四夜"工作制。2023年遭受严重"烂场雨"后，动员全省驻村干部开展夏粮抢收等服务，帮扶受灾脱贫户和监测户40余万户。开封市祥符区驻村干部推动落实民生实事595件，实施帮扶项目254个，落实帮扶资金2640余万元。

2. 实化结对帮扶

中央25个单位、省直194个单位参与定点帮扶，4个经济实力较强的省辖市结对帮扶4个省级乡村振兴重点帮扶县，53所省属高校"一对一"结对帮扶脱贫县，1.42万家民营企业参与"万企兴万村"行动，开展社会组织助力乡村振兴专项行动、"百校联百县兴千村"行动，不断提升帮扶实效。

3. 深化消费帮扶

开展"消费帮扶新春行动"、消费帮扶"土特产"产销对接专项行动、消费帮扶助农增收集中行动、脱贫地区消费帮扶产销对接专项行动等，打造特色农产品品牌，扩大农产品销售规模。全省组织购买和帮助销售脱贫地区农副产品841.52亿元。驻马店市帮助销售脱贫地区农副产品199.65亿元。

二 面临的困难挑战

河南省巩固拓展脱贫攻坚成果同乡村振兴有效衔接工作在取得明显成效的同时，也面临一些困难挑战。

（一）巩固拓展脱贫攻坚成果任务依然繁重

河南省脱贫县、脱贫村、脱贫人口、监测对象量大面广。尽管经过脱贫攻坚期的集中扶持，脱贫地区整体面貌发生了显著变化，但一些脱贫县整体发展水平还相对较低，自我发展能力较弱。全省77.56%的监测对象主要返贫致贫风险为因病、因残，这部分农户抗风险能力较弱，对帮扶政策的依赖性较强。

（二）脱贫人口收入持续较快增长面临较大压力

当前，经济持续回升向好的基础还不牢固，一些脱贫县和脱贫村经济增长乏力，有的中小企业和产业项目经营困难，市场波动对农产品销售和农民工就业造成不利影响，脱贫人口收入持续较快增长面临不确定、不稳定因素。脱贫群众就业方面，简单体力劳动占比较高，技能水平较低，务工竞争力不强；不少脱贫劳动力在季节周期型、临时零散型岗位务工，就业稳定性不强，收入水平较低。帮扶产业发展方面，一些脱贫县、脱贫村特色产业尚处于培育成长阶段，呈现"大而不强、多而不优"的特点，技术、资金、人才、市场等支撑不强，产业链条较短，农产品精深加工占比和附加值较低。

（三）巩固拓展脱贫攻坚成果中的潜在风险不容忽视

主要是返贫致贫、产业发展、稳岗就业、搬迁后扶、自然灾害、社会稳定、涉贫舆情等方面存在潜在风险。比如，重大疾病、重大事故、重大灾害成为引发返贫致贫的最大风险点，尤其是重大疾病影响最为突出。

三 对策与建议

坚持把巩固拓展脱贫攻坚成果作为重要政治任务，学习运用"千万工程"经验，把增加脱贫群众收入作为根本要求，把促进脱贫县加快发展作

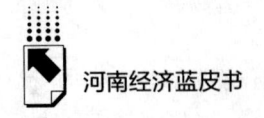

为主攻方向，着力增强脱贫地区和脱贫群众内生发展动力，不断缩小收入差距、发展差距，牢牢守住不发生规模性返贫底线，努力实现脱贫地区农村居民收入增速高于全国和全省平均水平、脱贫人口人均纯收入与全国和全省农民收入的比值同比"两提升"。

（一）紧盯责任落实，持续营造严的干的氛围

全面落实省负总责、市县乡抓落实的工作机制，坚持五级书记一起抓巩固拓展脱贫攻坚成果，发挥省级领导联系乡村振兴示范县和脱贫县制度作用，完善省巩固拓展脱贫攻坚成果专班定期调度机制，落实过渡期内"四个不摘"要求，确保不松劲、不跑偏。从严开展巩固脱贫成果督查巡查和考核评估，健全常态化约谈提醒机制，随时发现问题随时约谈提醒。弘扬脱贫攻坚精神，加强乡村振兴领域干部培训，打造过硬干部队伍。

（二）紧盯监测帮扶，持续消除返贫致贫风险

落实好防止返贫动态监测和帮扶机制，对易返贫致贫人口早发现、早干预、早帮扶，坚决防止出现整村整乡返贫现象。坚持常态化监测与集中排查相结合、农户全员筛查与重点群体核查相结合，进一步用好行业部门筛查预警、农户自主申报、信访舆情等监测途径，确保监测对象应纳尽纳。精准落实开发式、兜底式帮扶措施，强化扶志扶智，抓好"三保障"和饮水安全保障、兜底保障等政策落实，及时稳定消除返贫致贫风险，增强脱贫群众的获得感满意度。着力提升防止返贫监测数据质量，做到"账实相符""账账相符"。

（三）紧盯产业就业，持续增加脱贫群众收入

落实《河南省脱贫人口增收行动方案（2023～2025年）》，推动各类资源、帮扶措施向促进产业发展和扩大就业聚焦聚力，推动脱贫人口收入持续较快增长。一方面，培育壮大乡村富民产业。充分发挥河南区位优势和农村劳动力资源丰富的优势，在发展种养业的基础上，以富民强村兴镇为目标，

以一二三产业融合发展为路径，加快发展绿色食品、纺织服装、建材家居、机械电子、特色手工、电商物流、乡村文旅等乡村富民产业。优化乡村产业发展布局，健全质量标准体系，促进产业融合集聚，强化科技创新引领，加强品牌培育宣传，促进农产品加工延链增值、农文旅融合发展、乡村工业手工业转型升级、乡村商贸流通提质增效、农业社会化服务扩面提标，加快形成河南特色的乡村富民产业体系。另一方面，大力推动拓岗就业。开展省际劳务协作，发挥"1+6省际劳务协作联盟"作用，落实务工交通补助等帮扶政策，推动脱贫劳动力外出务工就业规模、质量双提升。充分利用乡村公益岗位、就业帮扶车间、以工代赈等吸纳就业，促进脱贫人口就地就近就业。加大技能培训力度，提高脱贫劳动力持证上岗率，促进技能就业、技能增收。培育一批具有地方特色的劳务品牌，提升就业层次，促进脱贫劳动力创业就业。

（四）紧盯重点区域，持续瞄准薄弱环节发力

继续把脱贫县作为支持重点，持续巩固脱贫成果，发展壮大县域经济。针对省乡村振兴重点帮扶县，统筹整合资源力量，继续在财政、金融、土地、人才、基础设施建设、公共服务等方面给予集中支持，加快实施补短板促振兴项目。针对易地扶贫搬迁安置区，着力支持后续产业发展，推动有劳动能力和就业意愿的搬迁家庭每户至少一人就业，完善配套设施和公共服务，强化社区治理，促进社会融入，确保搬迁群众稳得住、能发展、可致富。

（五）紧盯资金项目，持续提高帮扶带动效益

保持各级财政衔接资金投入总体稳定，及时分配下达2024年中央、省级财政衔接资金。做好2024年巩固拓展脱贫攻坚成果和乡村振兴项目库建设工作，提高项目库数据质量。实行月通报、季调度，加快年度项目实施和资金支出进度。扎实有效推进中央专项彩票公益金示范区建设。将衔接资金投入形成的项目资产纳入现有资产管理制度框架下管理，加强资产后续管护，确保持续发挥效益。

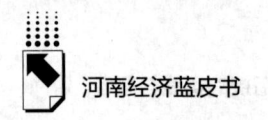

（六）紧盯社会帮扶，持续增强帮扶工作合力

深入实施定点帮扶、市县结对帮扶、校地结对帮扶，组织开展驻村第一书记轮换工作，做好对驻村第一书记和工作队员的管理监督、教育培训和关心激励。深入推进社会组织助力乡村振兴专项行动、"万企兴万村"行动、"百校联百县兴千村"行动，充分发挥科技特派员、产业顾问组等社会力量的帮扶作用。通过举办产销对接活动等方式，拓宽脱贫地区农产品销售渠道。

参考文献

中共中央、国务院：《关于做好2023年全面推进乡村振兴重点工作的意见》，《人民日报》2023年2月14日。

中共河南省委、河南省人民政府：《关于做好2023年全面推进乡村振兴重点工作的实施意见》，《河南日报》2023年4月10日。

B.24
2022年河南人口发展报告

谷永祥*

摘　要： 人口问题始终是一个全局性、战略性问题，必须着力提高人口整体素质，以人口高质量发展支撑中国式现代化。河南是人口大省，常住人口总量位居全国各省、自治区、直辖市第3位。当前，河南人口发展出现了一些显著变化，人口持续外流，城乡、区域人口发展不均衡，自然增长人口进入负增长期，面临老龄化与少子化等多重压力。本文通过对2022年河南省常住人口总量、结构、素质、城镇化水平等指标进行研究，展示了2022年河南省人口发展情况，揭示了人口变化对经济、社会等方面的影响。

关键词： 人口　婚姻　人口素质　城镇化

2022年河南全省常住人口呈现"总量下降、自然增长人口（出生人口减死亡人口）60多年来首现负增长、人口老龄化继续加深、婚姻状况保持稳定、城镇化水平稳步提升、人口素质不断提高"等特征。

一　常住人口总量继续下降

2022年末全省常住人口为9872.0万人，比2021年末减少11万人。与2021年减少58.0万人相比，降幅缩小。2022年末全省常住人口占全国总人口的6.99%，排在广东省和山东省之后，居全国第3位。

---

* 谷永祥，河南省统计局人口和就业统计处二级调研员，高级统计师。

常住人口的变化主要是受人口自然变动和机械变动的共同影响，2022年全省常住人口的下降主要有两个原因：一是自然增长人口减少，2022年全省自然增长人口为-0.8万人，自然增长人口62年来（自1961年开始）首次出现负增长；二是流出人口增加，2022年全年净增出省人口比2021年增加10.2万人。

2022年全省17个省辖市及济源示范区中，有13个常住人口减少，3个常住人口增加，2个持平。在增加的地区中，郑州市增长最多，常住人口达到1282.8万人，比2021年增加8.6万人；在减少的地区中，开封市减少最多，常住人口为469.4万人，比2021年减少8.9万人，主要是受行政区划调整的影响（见表1）。

表1 河南省及各省辖市和济源示范区常住人口变动情况

单位：万人

地区	2022年	2021年	变动量
河南省	9872.0	9883.0	-11.0
郑州市	1282.8	1274.2	8.6
开封市	469.4	478.3	-8.9
洛阳市	707.9	706.9	1.0
平顶山市	496.1	496.8	-0.7
安阳市	541.7	542.3	-0.6
鹤壁市	157.2	157.2	0.0
新乡市	616.6	617.1	0.5
焦作市	352.3	352.3	0.0
濮阳市	374.3	374.4	-0.1
许昌市	438.1	438.2	-0.1
漯河市	236.8	237.2	-0.4
三门峡市	203.7	203.8	-0.1
南阳市	961.5	962.9	-1.4
商丘市	773.0	772.3	-0.3
信阳市	616.6	618.6	-2.0
周口市	881.2	885.3	-4.1
驻马店市	689.9	692.2	-2.3
济源示范区	72.9	73.0	-0.1

二 人口自然增长率62年来首次转负

2022年全省出生人口73.3万人，出生率为7.42‰；死亡人口74.1万人，死亡率为7.50‰；自然增长人口-0.8万人，自然增长率为-0.08‰。全省人口自然增长率62年来（自1961年开始）首次出现负增长（见图1）。

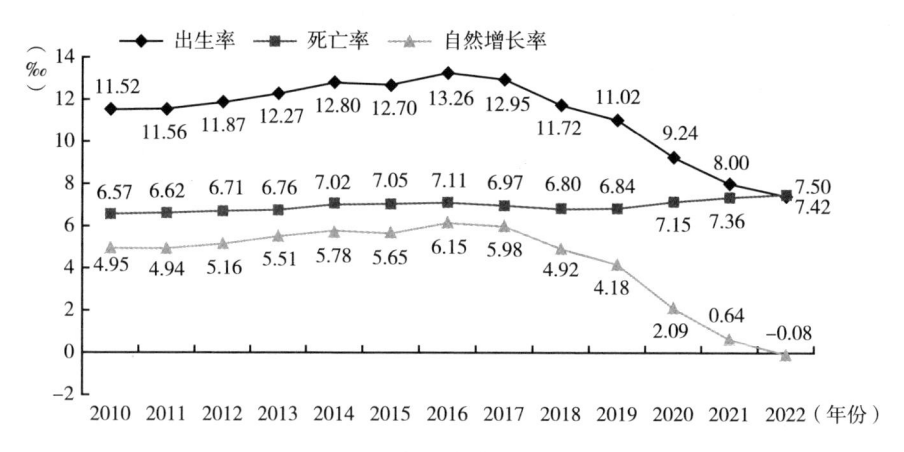

图1 2010~2022年河南省人口自然变动情况

自然增长人口受出生和死亡人口两方面的影响。一方面，受人口老龄化程度不断加深的影响，全省人口死亡率持续上升。2022年全省死亡人口较2021年增加1.1万人，人口死亡率上升0.14个千分点。另一方面，受育龄妇女持续减少、结婚对数减少、生育观念变化、婚育推迟和人口外流等因素综合影响，全省出生人口连续6年下降。从育龄妇女人数上看，2022年全省常住人口中20~29岁生育旺盛期女性人口比2021年减少10万人，20~34岁女性减少35万人。从结婚对数上看，2021年全省登记结婚59.7万对，比2020年减少3.0万对。从生育情况看，2022年生育一孩占比43.4%，二孩占比38.3%，三孩及以上占比18.3%；与2021年相比一孩占比上升5.0个百分点，二孩下降了7.5个百分点，三孩及以上上升了2.5个百分点，全面放开三孩的政策效果较弱。

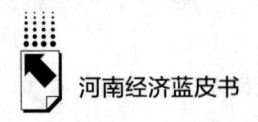

从河南人口结构看，随着老龄化程度的加深，未来死亡人口会稳步上升，出生人口随着育龄妇女人数的变化及生育政策的支持会有波动，但总的来看，河南已逐步进入自然增长人口负增长时期。

分省辖市看，河南17个省辖市及济源示范区中有9个自然增长率为正，9个为负。自然增长率最高的是郑州市（2.89‰），主要原因是郑州市外来人口多、年龄结构年轻。驻马店市、信阳市、漯河市、许昌市、开封市、南阳市6个省辖市自然增长率在-1‰以下，主要是年轻人外流较多，老龄人口占比较高（见表2）。

表2 2022年河南省及各省辖市和济源示范区人口出生率、死亡率、自然增长率

单位：‰

地区	出生率	死亡率	自然增长率
河南省	7.42	7.50	-0.08
郑州市	7.68	4.79	2.89
开封市	6.77	8.09	-1.32
洛阳市	7.39	7.23	0.16
平顶山市	7.77	7.56	0.21
安阳市	7.31	7.53	-0.22
鹤壁市	7.56	7.11	0.45
新乡市	6.90	7.40	-0.50
焦作市	7.65	7.42	0.23
濮阳市	8.05	7.40	0.65
许昌市	6.62	8.07	-1.45
漯河市	6.67	8.19	-1.52
三门峡市	7.17	7.61	-0.44
南阳市	6.90	8.16	-1.26
商丘市	8.35	8.17	0.18
信阳市	6.70	8.30	-1.60
周口市	8.76	8.44	0.32
驻马店市	6.63	8.43	-1.80
济源示范区	7.83	7.34	0.49

三 少儿人口减少，人口老龄化继续加深

2022年末，全省0~15岁人口为2266万人，占全省人口的22.9%；16~59岁人口为5744万人，占比58.2%；60岁及以上人口为1862万人，占比18.9%。

与2021年末相比，0~15岁人口减少92万人，占全省人口的比重下降1.0个百分点；16~59岁劳动年龄人口增加2万人，占全省人口的比重微升0.1个百分点；60岁及以上人口增加79万人，占全省人口的比重上升0.9个百分点。

目前全省老龄化程度进一步加深，但劳动力供给依然充足，随着劳动年龄人口受教育程度持续提升，人才红利将进一步显现。

四 婚姻状况保持稳定

河南省人口婚姻状况依然表现出"一高三低"（有配偶人口比例高，未婚、离婚和丧偶比例低）的特点。2022年，河南省15岁及以上人口中有配偶人口的比例为70.68%，未婚人口占比21.93%，离婚人口占比1.55%，丧偶人口占比5.84%。"一高三低"也充分体现了河南省人口婚姻状况持续稳定的特征。

婚姻状况的构成存在着明显的性别和文化差异。未婚人口中，男性占比58.03%，女性占比41.97%。离婚人口中，男性占比62.24%，女性占比37.76%。丧偶人口中，男性占比30.24%，女性占比69.76%。在未婚人口中，文化程度越高未婚的占比越大，小学及以下文化程度未婚人口占全部未婚人口的4.5%，初中文化程度占比19.4%，高中文化程度占比37.5%。

五 新型城镇化建设持续发展

（一）城镇化率平稳增长但增速放缓

2022年末，全省城镇常住人口达到5633万人，比2021年末增加54万

人；乡村常住人口4239万人，减少65万人。常住人口城镇化率为57.07%，比2021年末提高0.62个百分点，比2022年全国提高0.50个百分点高出0.12个百分点（见图2）。

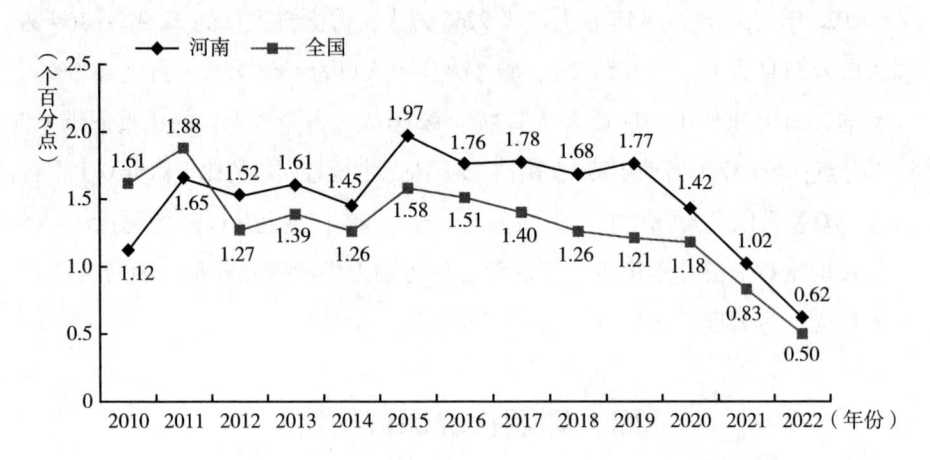

图2　2010~2022年全国及河南省常住人口城镇化率提高幅度

2022年全省城镇化率增幅收窄的主要原因，一是新型城镇化的内在要求，城镇化的发展正在从重速度向提质量转变。二是2022年河南疫情多轮、多地发生，影响了经济发展，造成人口城乡之间、区域之间流动受限。从各方面来看，河南城镇化水平在未来几年内依然会稳步提升，发展速度也将会高于全国，从高速发展进入稳速提质的中速发展阶段。

（二）省内各地城镇化发展水平不平衡

分省辖市看，由于人口规模、经济发展水平、地域环境等方面的差异，各地市城镇化的发展速度和发展质量等方面存在较大差距。全省17个省辖市及济源示范区中有7个城镇化率高于全省平均水平，其中郑州市城镇化率最高，为79.40%；低于全省平均水平的省辖市有11个，周口市最低，为44.30%。省辖市城镇化率最高的郑州市和最低的周口市相差35.10个百分点，与2021年两市相差35.48个百分点相比，差距缩小了0.38个百分点（见表3）。

表3 2022年河南各省辖市和济源示范区城镇人口、城镇化率情况

省辖市	城镇人口（万人）	城镇化率（％）	比2020年提高（个百分点）
郑州市	1018.5	79.40	0.30
开封市	251.3	53.53	0.68
洛阳市	470.6	66.48	0.60
平顶山市	273.3	55.08	0.63
安阳市	296.3	54.69	0.62
鹤壁市	97.9	62.29	0.58
新乡市	363.9	59.01	0.62
焦作市	226.7	64.35	0.62
濮阳市	193.3	51.63	0.62
许昌市	241.7	55.18	0.60
漯河市	133.7	56.50	0.64
三门峡市	119.4	58.61	0.58
南阳市	502.1	52.22	0.61
商丘市	369.6	47.81	0.60
信阳市	319.2	51.76	0.62
周口市	390.4	44.30	0.68
驻马店市	316.0	45.81	0.64
济源示范区	49.9	68.47	0.30

六 平均受教育年限持续提高，高学历人口增长较快

近年来，河南省不断加大教育投入，强化人才培养，高学历人口增长较快，人口整体受教育程度不断提高。

（一）平均受教育年限持续提高

2022年全省15岁及以上常住人口的人均受教育年限为9.97年，比2021年提高0.08年，比2020年提高0.18年。

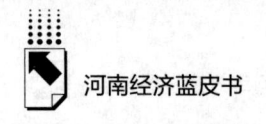

（二）高学历人口增长较快

全省常住人口中，每10万人中拥有大学（指大专及以上）文化程度的人口为13185人，高中（含中专）16258人，初中35852人，小学24602人。与2021年相比，每10万人中拥有大学（指大专及以上）文化程度的人口增加941人，增长7.69%；高中（含中专）增加519人，增长3.30%；初中减少767人，下降2.09%；小学减少219人，下降0.88%。大学（指大专及以上）文化程度的人口增长最快（见图3）。

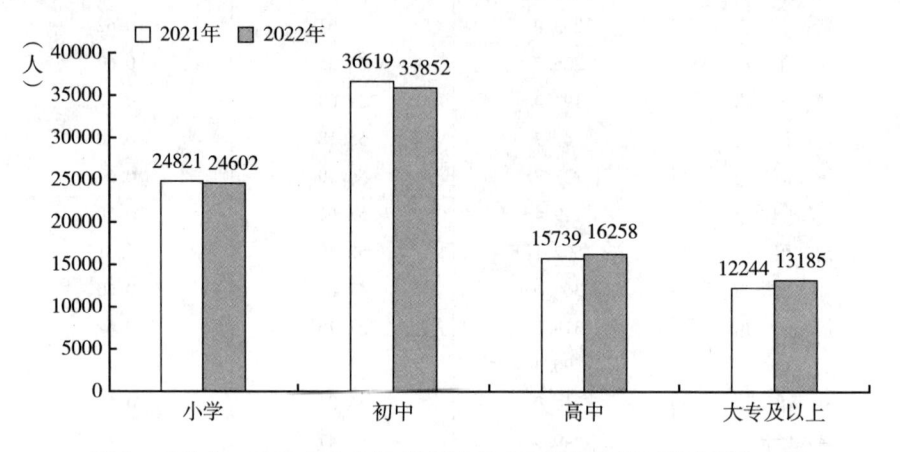

图3 2021年、2022年全省每10万人口中拥有的各类受教育程度人数

注：部分数据因四舍五入原因，存在总计与分项合计不等的情况。

专题研究篇

B.25 河南省基层农技推广体系研究

赵杨 王一嫔 李玉 武明光 魏巍*

摘　要： 随着农业现代化建设的不断推进，基层农技推广体系在农业生产中的作用日益凸显。河南省基层农技推广体系积极履行促转化、推技术、做示范等职能，服务效能不断提升，但在实际运行过程中仍存在农技人员紧缺、经费保障不足、专业能力薄弱等问题，制约了基层农技推广体系的发展，影响了农业生产效益和农民收入的提升。针对这些问题，本研究提出了建强基层农技队伍、强化基层经费保障、提升人员专业能力等建议，以期为推动基层农技推广体系更好地服务于农业现代化建设提供有益参考。

关键词： 基层农技推广体系　农技队伍　农业现代化　河南

---

* 赵杨，河南省地方经济社会调查队队长；王一嫔，河南省地方经济社会调查队快速调查室主任；李玉，河南省地方经济社会调查队快速调查室副主任；武明光，河南省地方经济社会调查队快速调查室；魏巍，河南省地方经济社会调查队快速调查室。

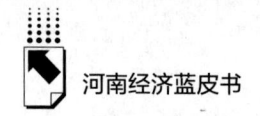

基层农技推广体系是农业科技进村入户的主要通道，是实施科教兴农战略的重要载体，在全面推进乡村振兴、加快农业农村现代化进程中发挥着不可替代的重要作用。河南是农业大省和粮食生产大省，基层农技推广体系建设紧密关系农业高质量发展，对于保障国家粮食安全、加快农业发展方式转变、实现农业增效、农民增收具有重要的现实意义。为了解河南基层农技推广体系建设情况，河南省地方经济社会调查队在全省百家粮食生产大县开展了农技服务情况专题调研。调研结果显示，全省基层农技推广体系广泛汇聚科技资源助力农业发展，服务能力有效提升，但现阶段仍存在农技人员紧缺、经费保障不足、专业能力薄弱等突出短板和问题亟待解决，农技推广体系建设还需持续发力。

一 完善基层农技推广体系的重要意义

基层农技推广体系是设立在县乡两级为农民提供种植业、畜牧业、渔业、林业、农业机械、水利等科研成果和实用技术服务的组织，旨在推动农业技术进步和增加农民收入，重点研究和推广适合本地区的农业技术和管理经验，组织和引导各种力量普及现代农业生产技术。简单来说，就是通过农技专家或农技推广员向农民群众传授农业生产技术和管理知识，促进农民提高生产技能和农业生产效益的一种组织体系。完善基层农技推广体系是加快建设农业强省、推进农业农村现代化的必然要求。

（一）完善基层农技推广体系是保障粮食和重要农产品安全的现实要求

基层农技推广体系既是建设现代农业的重要支撑，也是农业科学技术转化为现实生产力的桥梁和纽带。河南省作为农业大省，承担着保障国家粮食安全和重要农产品稳定安全供给的重要责任，基层农技推广体系是实现这一目标的重要平台。通过普及农业科技知识，推广现代化的农业技术和装备，加快构建多元化食物供给体系，实现粮食安全保障能力新提高，有利于引导农业发展走向专业化、标准化、规模化和集约化的生产模式，推动农业生产结构不断优化，在扛稳粮食安全重任上展现新作为。

（二）完善基层农技推广体系是提升河南省农业整体竞争力的必然选择

无论是从农业生产进入新阶段的特点来看，还是从完成新时期农业生产的重要任务来看，加速完善基层农技推广体系是不断提高农业生产技能和效率的必然要求。作为"中原粮仓"，近年来河南省持续深化农业供给侧结构性改革，坚持完善基层农技推广体系，充分发挥其在保丰收、保产能、推进农业转型升级、提升产业发展水平等方面的科技支撑与引领作用。基层农技推广体系成为农业科技成果转化"最后一公里"的关键力量，有力提升了河南农业整体竞争力，推动全省农业高质量发展不断实现新突破。

（三）完善基层农技推广体系是深入实施乡村振兴宏伟战略的坚实支撑

党的十八大以来，河南现代农业发展蓬勃兴盛，基层农技推广服务发挥了不可替代的支撑作用。河南省、市、县每年推介发布农业主推技术1000余项，2022年全省主要农作物良种覆盖率超过97%，畜禽良种覆盖率达90%以上，测土配方施肥技术覆盖率超过90%，河南省农业科技进步贡献率从2012年的56.6%提升至2022年的64.9%，稳居全国第一方阵，科技成为全省农业农村高质量发展的重要驱动力量。为提升基层农技推广服务效能，河南实施基层农技人员素质提升工程，十年来共轮训基层农技人员10万余人次，建优育强基层农技推广队伍，进一步夯实乡村振兴人才基础，全方位助力河南实现乡村振兴。

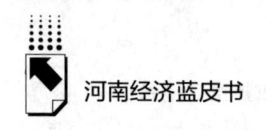

二 河南基层农技推广体系建设情况

本次调研在全省被纳入国家监测的粮食生产大县开展，由调研人员携带问卷与被调研单位负责人以面对面座谈的方式进行。

（一）机构基本情况

区域农技推广站是基层农技服务的主要载体。基层农技推广机构主要有三类，跨乡（镇）区域农技推广站、乡（镇）独立农技推广站和综合性涉农服务机构。调研显示，56.7%的农技推广机构是跨乡（镇）区域农技推广站；13.5%的农技推广机构是乡（镇）独立农技推广站；29.8%的农技推广机构是综合性涉农服务机构，如与乡（镇）农业服务中心、乡村振兴建设办等机构合署办公。

近七成基层农技推广机构归属县级农业农村部门管理。调研显示，68.3%的农技推广机构归属县级农业农村部门管理，31.7%的农技推广机构归属乡（镇）政府管理。在现有管理体制下，99.0%的农技推广机构开展服务以纯公益性为主。

近九成在岗人员在编。调研显示，88.3%的农技服务人员在岗在编，11.7%的农技服务人员在岗不在编。从编制情况来看，在编人员以地方事业编制为主，其中地方事业单位人员（含财政全供与差供）占比86.6%，参照公务员法管理事业单位人员占比3.1%，行政单位人员占比2.8%，政府购买岗人员或其他人员占比7.5%。

超半数基层农技推广机构有独立的业务经费。调研显示，53.8%的农技推广机构有独立的业务经费，业务经费数额从0.25万元到15万元不等，平均经费为3.37万元，其中48.2%的农技推广机构业务经费为2万~5万元。46.2%的农技推广机构没有独立的业务经费，日常办公、开展业务所需费用采取实报实销方式解决。

基础办公设施保障充足。调研显示，94.2%的农技推广机构有独立的办公用房，94.2%的农技推广机构配备有电脑，基本能满足办公需求；90.4%的农技推广机构配备有打印机；52.9%的农技推广机构配备了办公用车，用以深入田间地头开展日常工作；36.5%的农技推广机构配备有远程培训系统，用以参加或开展日常培训。

参与农技业务培训高频有效。调研显示，2022年98.1%的农技推广机构参加过业务培训，其中75.0%的农技推广机构参加了3次及以上培训。从培训效果看，92.3%的农技推广机构认为培训作用明显，提高了基层农技服务人员的业务素养和技术能力。

（二）服务开展情况

基层农技推广机构工作开展顺利。调研显示，95.2%的农技推广机构日常服务工作开展顺利。88.5%的农技推广机构认为农技服务对推动当地农业生产经营发挥了明显作用。

服务对象主要为种粮大户。调研显示，农技推广机构主要服务对象是种粮大户的占比60.6%，主要服务对象是普通农户的占比52.9%，主要服务对象是农业合作社的占比51.9%，主要服务对象是家庭农场的占比27.8%，主要服务对象是农业生产企业的占比5.7%。

服务内容丰富多样。调研显示，69.2%的农技推广机构提供关键技术引进、试验、示范等服务，47.1%的农技推广机构提供农业生产信息和技术的宣传教育、培训等服务，46.2%的农技推广机构提供植物病虫害监测、灾害预报和预防等服务，14.4%的农技推广机构提供引进改良农（牧）产品品种及新成果的示范服务，5.8%的农技推广机构提供农产品生产过程中的检验、检测、监测咨询等技术服务。

传统服务方式与现代服务方式创新并行。调研显示，农技推广机构通过发放纸质资料宣传推广农技服务的占比93.3%，通过农田实地指导开展服务的占比90.4%，通过线下培训班授课开展服务的占比44.2%。随着现代信息技术的快速发展，农技推广服务方式不断创新，通过微信等平台远程视频指导开展服务的占比41.3%，通过网络在线直播开展服务的占比30.9%，

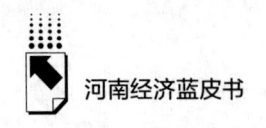

通过微信公众号、App发布视频信息等方式开展服务的占比12.5%。

以点带面示范引领。调研显示，88.5%的农技推广机构对接服务了示范作用好、辐射带动强的农业科技示范主体，如种养大户、乡土专家等，对接服务10个及以上农业科技示范主体的占比58.7%。农技推广机构通过提供指导、"技术培训+"等方式，将示范主体打造成主推技术应用的主力军、"永久牌"农技服务专家队伍，实现"选好一个、带动一片、致富一方"的目的。

近年来，河南基层农技推广体系围绕保障粮食安全和重要农产品有效供给，积极履行促转化、推技术、做示范等职能，农技推广服务效能不断提升。2022年河南农业主推技术到位率超过95%，河南粮食总产量连续6年稳定在1300亿斤以上，为端牢中国饭碗、稳定经济基本盘提供了有力支撑。

三 河南基层农技推广体系建设中存在的问题

河南作为全国农业现代化建设的"领头雁"，始终践行科技驱动农业高质量发展，大力加强基层农技推广体系建设，农技推广得到快速发展，但受基础薄弱、体制机制不完善、要素保障不足等因素制约，基层农技推广体系建设中还存在一些突出短板和问题，制约了农技服务功能的充分发挥。

（一）农技人员紧缺

调研显示，76.9%的农技推广机构认为农技人员紧缺是制约基层农技服务工作开展的主要问题。一是人员匮乏。基层农技推广机构工作人员少，人均负责耕地面积大，服务对象多，工作负荷高。在调研的基层农技推广机构中，有20.2%的乡（镇）农技推广机构负责农技服务工作的人员不超过3人，人均负责耕地面积3.6万亩、服务乡村人口2.9万人，日常工作繁重，遇到农忙时节难以满足服务需要。二是"新鲜血液"补充不足。受编制、工作环境等因素影响，基层农技队伍招新困难，即便"招得来"也很难"留得住"，基层农技队伍年龄老化，出现青黄不接。调研显示，七成农技推广机构近5年未招录新人入职，现有农技人员中45~55岁人员占比超半数，达到54.7%，55岁以上人员占比11.2%，现有人员退休后面临断档危机。三是跨岗"兼职"问题突出。多数基层农技推广机构承担了行政性管理事务，人员转岗、借调现象较为普遍，削弱了农技服务力量。调研显示，67.3%的农技推广机构承担了其他与农技服务无关的工作任务。调研中某乡镇基层农技服务工作名义上由镇政府乡村建设办7名人员开展，但实际上7人主要承担乡村振兴建设、山林巡防等多项工作，农技服务工作投入精力有限。

（二）经费保障不足

调研显示，69.2%的农技推广机构认为经费保障不足是制约基层农技服务工作开展的主要问题。目前，全省基层农技服务以纯公益性为主，财政拨款是主要经费来源，虽然近年来农技经费投入持续增加，但与实际需求仍存在差距，特别是在部分乡村振兴重点县，涉农资金整合使用，农技经费更显不足。目前，农技经费主要用于工资发放、设备更新、设施配套、技术推广等，办公经费拨付有限。因经费不足，部分机构设施老化、设备不足等问题凸显，部分机构无力负担试验和示范田，制约了技术试验、良种培育、示范培训等核心工作开展，造成"有钱养兵，没钱打仗"的尴尬局面。调研显示，从农药残留检测仪、病虫测报灯、土壤养分检测仪等专业设备的拥有量来看，农技推广机构拥有量占比分别为42.3%、32.7%、31.7%，均不足半数。调研中某地农技站苗情监测物联网建设因缺少资金，影响了粮食生产核心区科技成果转化。

（三）专业能力薄弱

调研显示，38.8%的农技推广机构认为专业能力薄弱是制约基层农技服务工作开展的主要问题。一是高学历人才缺乏。现有农技服务人员中，大专和高中学历占比较高，高学历高层次人才缺乏。调研显示，农技服务人员中大专学历占比39.3%，高中学历占比32.0%，大学本科学历占比25.9%，

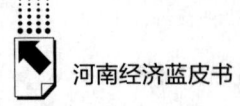

研究生学历仅占比1.6%。二是农学背景人才少。现有农技服务人员近半数没有农学方面学历背景，部分是退伍军人、机构裁并后的分流人员，且近年来为招纳新人到基层入职，放宽了专业限制，招录的人员大部分没有农学背景，需经过较长周期的培训和实践才能独立开展工作，专业化服务能力欠缺。调研显示，农技服务人员中非农业院校或涉农专业毕业的占比48.2%，近5年新招录人员非农院校或涉农专业毕业的占比高达61.8%。三是知识更新较慢。入职较早的农技服务人员对高效农业、设施农业、互联网农业等缺乏必要的知识储备，对新品种、新技术了解掌握不够，知识结构容易出现断层。新生力量缺乏实践工作经验，存在学用脱节现象，难以较快地将新技术用到实际生产中。

（四）职称评聘困难

调研显示，33.7%的农技推广机构认为职称评聘困难是制约基层农技服务工作开展的主要问题。基层农技服务人员编制以地方事业编为主，职称是确定工资标准的主要依据，与其他公益类岗位相比，农技服务人员职称评定比例小、聘用难的现象较为突出。评聘难影响人员待遇，对调动工作积极性、主动性方面难以发挥正向的激励作用。从农技服务人员职称评定比例来看，农技服务人员按照农业技术岗位进行职称评定，设置比例为正高级不高于2%，副高级不高于20%，中级不高于45%，各类职称评定比例均低于教师队伍。如农业技术岗位副高职称设置比例不高于20%，远低于高中教师副高职称31%~38%的评定比例。从职称聘用情况看，受职数所限，农技服务人员评聘难以实现一体化，评而不聘、评聘脱节现象普遍存在。调研中某县农技服务人员获评副高职称16人，实际仅聘用9人，其中1人2018年获评副高职称，因岗位已满至今未能聘用。

（五）服务方式滞后

调研显示，30.8%的农技推广机构认为服务方式滞后是制约基层农技服务工作开展的主要问题。伴随着农业生产结构优化调整，农技服务需求日益多元化，基层农技服务以传统服务为主，供需脱节问题日益突出，服务方式亟待创新优化。近年来，全省平原地区土地流转率较高，种植大户逐年增多，以家庭农场、种粮大户、农业生产企业为主的规模化生产经营主体，对良种、优质农资、生产技术更新、产品质量检测、特色农产品品牌创建等全流程需求不断提升，需要更加专业化、精准化的农技服务，基层农技服务难以满足多样化、个性化需求。调研中某地种粮大户急需农产品从种植到产出全流程管理服务，但当地农技站只能提供病虫害预防管理，缺少良种培育、灾害预防以及农产品检测等多样化服务，不能满足种粮大户需要。

四 加强河南基层农技推广体系建设的建议

基层农技推广机构是中央强农惠农政策、农业科技创新成果与实际农业生产联结的纽带，担负着打通农技推广"最后一公里"、科技成果转化"最后一道坎"的重任。要积极围绕"服务活力能力持续提升"的目标，完善建强基层农技服务体系，为建设现代农业强省提供有力支撑。

（一）多措并举，建强基层农技队伍

全面统筹推进，强化队伍建设，进一步理顺基层农技推广机构管理体制机制，打造一支素质优良、结构合理、充满活力的农技服务人员队伍。拓宽农技人才培养渠道，培训当地农业优秀人才成为"土专家"，建设多层次农业科技示范载体，在有需求的地区继续实施农技推广服务特聘计划，支持农业科技社会化服务主体承担农技服务工作。进一步强化农业主管部门对基层农技推广机构的管理，聚焦农技推广主责主业，捋顺职责职能，全力做好本职工作。优化人员招录条件，完善考核激励机制，明确岗位职责、专业要求和服务年限等事项，吸引有理想、有能力、有抱负的年轻人才加入基层农技队伍，形成"引得进、用得上、留得住、出业绩"的现代农技人员管理机制。

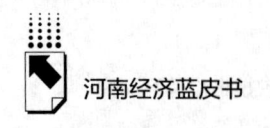

（二）加大投入，强化基层经费保障

强化顶层设计，精准谋划定位，建立完善农技服务经费投入长效机制，在机构设置、人员编制、工作经费上给予充分保障，进一步提高基层农技推广经费保障水平。加强设施更新维护，帮助基层农技推广机构配备必要的仪器设备、办公设施、培训工具等，改善工作条件，夯实工作基础。着力弥补短板，逐步缩小基层农技服务区域差距，大力推进"重心下移、保障下倾、投入下沉"，统筹资金深入推进基层农技推广薄弱环节改善与提升工作。落实专项资金，优化投入结构，重点支持地方提高基层农技公用经费基准定额，切实保证对基层公益性农技推广工作的财政投入。积极争取国家支持基层农技推广体系改革与建设的项目资金，全方位、多渠道拓宽经费保障渠道。

（三）稳步推进，提升人员专业能力

着力能力提升，强化专业素养，采取"定向招生、定向培养、定向就业"等办法，依托涉农大学、涉农专业定向培养具有较高学历背景和专业素养的基层农技服务人才。紧跟服务需求，加强基层农技骨干人才培养，有计划、有步骤地安排年纪轻、肯钻研的农技人员到农业院校、科研机构进修深造。紧跟农业生产方式变革和农技服务多元化需求，围绕前沿技术，强化业务培训，丰富培训内容，优化线上与线下相结合、理论与实训相融合培训模式，不断增强培训的针对性、实用性和有效性，促进基层农技人员知识结构优化更新，在农技推广工作中充分发挥传播新技术、推广新品种、服务新农人的指导示范作用。

（四）探索创新，优化职称评聘制度

按照"试点先行、成熟一批、推进一批"原则，积极探索农技职称评聘改革。持续完善符合农技服务人员职业特点的职称评聘制度，坚持"公平、公正、公开、透明"的原则，放宽评的标准，增加聘的指标，严格聘的条件，不断优化职称评定、聘用制度，完善政策措施和激励机制，真正做到动态管理，实现能者上、庸者下，促进职称评聘与农技服务人员培养、使用相结合。面向长期在基层从事农技服务工作的人员，适当放宽学历和任职年限要求，采取"定向评价、定向使用"的方式，适当增设相关职称数量，放宽评定聘用标准，激励优秀农技服务人员扎根基层、服务"三农"发展。

（五）注重实效，创新农技服务方式

充分利用信息化发展红利，创新农技服务方式方法，用科技大力引领现代农业高质量发展。充分发挥新型经营主体联农带农作用，建立健全"专家+技术指导员+示范基地+科技示范主体+辐射带动户"链式农技服务方式，构建紧密利益联结机制，在政策推动下实现双赢。加快普及"互联网+"农技推广服务手段，加强线上学习，加快知识更新，在线提供业务培训、问题解答、互动交流等农技服务，更好发挥信息化在服务决策和快速精准服务方面的重要作用。围绕粮食和重要农产品稳产保供的要求，开展主导品种主推技术试验示范、病虫害监测防治、农产品质量检验检测、农业防灾减灾等服务需求，增加服务供给，创新服务方式，为保障国家粮食安全、建设农业强省打牢基础。

B.26
河南省城乡居民收入差距问题研究

海向阳 郑霞 田钧 张佳瑞*

摘　要： 我国城乡居民收入一直存在较大差距，成为制约我国经济社会发展和实现共同富裕的现实障碍。本研究首先分析了河南省城乡居民收入差距的历史演变，然后运用统计分析与计量经济模型相结合的方法进行分析研究，得出人均GDP、城镇化率、社会保障和就业财政支出、医疗卫生财政支出随着社会的发展对城乡居民家庭人均收入差距影响逐渐收敛，而教育财政支出和城乡人均教育支出比影响持续性强。基于上述分析，提出河南省缩小城乡居民收入差距的提升路径：做好河南省城乡融合发展的顶层设计，缩小城乡居民收入差距；提高城镇化率和加快经济发展，缩小城乡居民收入差距；加大教育投资，发挥教育投资在缩小城乡居民收入差距中重要的持续性影响；多举措提高农民收入中的财产性收入比例；建立并利用好城乡居民收入的监测数据评价体系，为政策制定提供依据。

关键词： 城乡居民收入差距　城镇化率　教育支出

一　河南省城乡居民收入差距演变

近年来，河南省锚定"两个确保"、实施"十大战略"，特别是协同推进乡村振兴战略和新型城镇化战略，坚持走城乡融合发展之路，取得了显著

---

* 海向阳，河南省统计能力建设中心主任；郑霞，河南省统计能力建设中心正高级统计师；田钧，河南省统计能力建设中心高级统计师；张佳瑞，苏州科技大学。

成效，在促进城乡居民收入稳步增长和缩小城乡居民收入差距方面做了大量卓有成效的工作。

（一）改革开放以来河南省城乡居民收入保持快速增长，呈逐年上升趋势

1978~2022年，河南省城乡居民家庭人均可支配收入呈逐年上升趋势，从1993年开始，增长加速，但可能是受1998年全球金融危机影响，1998年增速放缓，延续至2001年，随后增长幅度再次加快。1978~2021年，城镇居民家庭人均可支配收入从315元增长到37095元，增长了117.76倍，平均每年增长2.74倍，农村居民家庭人均可支配收入从105元增长到17533元，增长了167.45倍，平均每年增长3.89倍。其中，1978~1992年，城镇居民家庭人均可支配收入平均每年增长0.36倍，农村居民家庭人均可支配收入平均每年增长0.43倍；1993~1997年，城镇居民家庭人均可支配收入平均每年增长1.58倍，农村平均每年增长2.19倍；1998~2000年，城镇居民家庭人均可支配收入平均每年增长0.71倍，农村平均每年增长0.80倍；从2001年开始，城镇居民家庭人均可支配收入平均每年增长5.35倍，农村平均每年增长7.98倍。

（二）改革开放以来河南省农村居民家庭人均可支配收入增长速度快于城镇

2022年城镇居民家庭人均可支配收入为38484元，与1978年相比，名义增长122.17倍，扣除物价因素按可比口径计算实际增长17.85倍，年均实际增长6.77%；农村居民家庭人均可支配收入为18697元，与1978年相比，名义增长178.56倍，扣除物价因素按可比口径计算实际增长30.38倍，年均实际增长8.07%。农村居民家庭人均可支配收入增长速度快于城镇。

扣除物价因素按可比口径计算，从1978~2022年44年间河南省城乡居民家庭人均可支配收入环比实际增长率来看，城镇居民家庭人均可支配收入

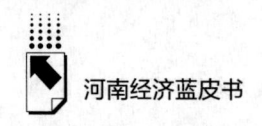

较上年度下降的仅有 3 个年份（1980 年、1988 年、2015 年），其他年份均是上涨；农村居民家庭人均可支配收入较上年度下降的仅有 5 个年份（1982 年、1986 年、1988 年、1989 年、2003 年），其他年份均是上涨。从城乡环比增长率大小比较来看，44 年间，61.36%（27 个）的年份农村居民家庭人均可支配收入增长速度高于城镇居民家庭人均可支配收入，38.64%（17 个）的年份增长速度低于城镇。

（三）河南省城乡居民家庭人均可支配收入绝对差距呈扩大趋势但收入差距增长速度呈逐渐缩小趋势

1. 河南省城乡居民家庭人均可支配收入绝对差距呈扩大趋势

1978~2022 年，不剔除价格因素，城乡居民家庭人均可支配收入绝对差距从 1978 年的 210.29 元增加到 2022 年的 19787.00 元，差距增长了 94.09 倍，平均每年增加 444.93 元，其中，2000 年之前差距平均每年增加 111.75 元，2000 年之后平均每年增加 722.50 元。扣除物价因素城乡居民家庭人均可支配收入绝对差距从 1978 年的 210.29 元增加到 2022 年的 2443.00 元，增长了 11.62 倍，平均每年增长 50.73 元，2000 年之前平均每年增加 15.94 元，2000 年之后平均每年增加 77.34 元。如果考虑到城镇居民获得的隐性收入，城乡实际收入差距将更大。

2. 河南省城乡居民家庭人均可支配收入差距增长速度呈逐渐缩小趋势

（1）城乡居民家庭人均可支配收入倍差

1978~2022 年在河南省城乡居民收入快速增长的同时，城乡居民收入倍差随着经济发展及政策的影响大致经历了 5 个起伏时期，分别是 1978~1984 年 6 年缩小期、1985~1994 年 9 年扩大期、1995~1998 年 3 年缩小期、1999~2003 年 4 年扩大期、2004~2022 年 18 年缩小期，从 2004 年开始，已持续缩小 18 年，在城乡一体化融合政策及缩小城乡居民收入差距措施下，未来城乡居民收入倍差将呈持续缩小趋势。

（2）河南省城乡居民家庭人均可支配收入差距增长速度

从 2007 年开始，河南省城乡居民家庭人均可支配收入差距年增长速度呈震荡下行趋势，从2007年的16.43%下降到2022年的1.15%，按照这样的发展趋势，未来几年河南省城乡居民家庭人均可支配收入差距扩大的趋势有望得到控制。

二 河南省城乡居民收入差距的影响因素分析

（一）影响河南省城乡居民收入差距的因素选取

影响城乡居民收入差距的因素非常多，本研究结合工作实践、参考学习以往专家学者的研究及数据可得性等因素，从经济发展指标人均GDP、反映现代化程度指标城镇化率、反映发展政策与公共服务的政府各项支出的农林水事务和教育医疗卫生的支出、反映社会保障的社会保障和就业支出、反映城乡家庭教育投入的人均教育支出五类指标来研究城乡居民收入差异的影响因素及相互关系，进而提出缩小城乡居民收入差距的意见和建议。

（二）河南省城乡居民收入差距影响因素分析

本研究选取2008~2022年15年的数据对河南省城乡居民收入差距的影响因素进行分析。

1. 指标共线性诊断

对2008~2022年15年时间序列数据各指标分别进行相关性分析和VIF检验（VIF值），结果显示，城乡居民家庭人均收入倍差与人均GDP、城镇化率、农林水事务财政支出、社会保障和就业财政支出、教育财政支出、医疗卫生财政支出、城乡居民家庭人均教育支出比7个指标之间相关系数都较大且接近于1，说明各自变量之间相关性很强；从7个变量VIF值来看，均大于10，存在共线关系。因此，判定各变量之间存在多重共线性关系（见表1）。

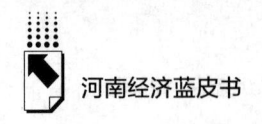

表1 线性回归分析结果（VIF检验）（n=15）

	非标准化系数 B	非标准化系数 标准误	标准化系数 Beta	t	P	VIF	R^2	调整 R^2	F
常数	2.943	3.467	—	0.849	0.424	—	0.993	0.986	F=146.155 P=0.000***
人均GDP	0.144	0.821	0.164	0.176	0.865	894.249			
城镇化率	-0.019	1.893	-0.01	-0.01	0.992	960.821			
农林水事务财政支出	0.818	0.293	1.558	2.788	0.027**	321.871			
社会保障和就业财政支出	-0.197	0.58	-0.357	-0.341	0.743	1130.884			
教育财政支出	-0.121	0.193	-0.205	-0.625	0.552	111.059			
医疗卫生财政支出	-0.789	0.369	-1.87	-2.137	0.070*	789.213			
城乡居民家庭人均教育支出比	0.193	0.096	0.273	2.007	0.085*	19.066			

因变量：城乡居民家庭人均收入比

注：***、**、*分别代表1%、5%、10%的显著性水平。

2. 格兰杰因果关系检验

从格兰杰因果关系检验结果看，通过分析F统计量的显著性可以看出，人均GDP、城镇化率、社会保障和就业财政支出、教育财政支出、医疗卫生财政支出、城乡居民家庭人均教育支出比6个变量P<0.05，均呈显著性，拒绝原假设（一组时间序列不是另一组时间序列的原因），即6个变量均可以引起城乡居民家庭人均收入差距变量变化，具有格兰杰因果关系，而农林水事务财政支出P>0.05，则不存在格兰杰因果关系，即农林水事务财政支出基本不引起城乡居民家庭人均收入差距变量变化（见表2）。

表2 格兰杰因果关系检验结果

配对样本		F	P
人均GDP	城乡居民家庭人均收入比	4.74	0.040**
城镇化率	城乡居民家庭人均收入比	2.447	0.048**

续表

配对样本		F	P
农林水事务财政支出	城乡居民家庭人均收入比	3.334	0.064*
社会保障和就业财政支出	城乡居民家庭人均收入比	4.883	0.031**
教育财政支出	城乡居民家庭人均收入比	17.431	0.001***
医疗卫生财政支出	城乡居民家庭人均收入比	3.063	0.039**
城乡居民家庭人均教育支出比	城乡居民家庭人均收入比	1.799	0.046**

注：***、**、*分别代表1%、5%、10%的显著性水平。

3. 岭回归分析

岭回归是一种专用于共线性数据分析的有偏估计回归方法，由上文分析可知变量之间存在多重共线性关系，因此采用岭回归进行回归分析。

岭回归分析得出模型公式：

城乡人均收入比=2.248−0.052×人均GDP−0.116×城镇化率−0.003×农林水事务财政支出−0.03×社会保障和就业财政支出−0.028×教育财政支出−0.016×医疗卫生财政支出+0.086×城乡居民家庭人均教育支出比

从岭回归模型公式可以看出，除农林水事务财政支出外，其他6个因素对河南省城乡居民收入差距的影响从大到小分别为城镇化率、城乡居民家庭人均教育支出比、人均GDP、社会保障和就业财政支出、教育财政支出、医疗卫生财政支出。且人均GDP、城镇化率、社会保障和就业财政支出、教育财政支出、医疗卫生财政支出5个因素对城乡人均收入比的影响是反向作用，即这5个因素的增大能缩小城乡人均收入比，而城乡居民家庭人均教育支出比对城乡人均收入比的影响是正向的，即随着城乡居民家庭人均教育支出差距的缩小能够缩小城乡人均收入差距（见表3）。

表3　岭回归分析结果

K=0.158	非标准化系数 B	标准误	标准化系数 Beta	t	P	R²	调整R²	F
常数	2.248	0.169	—	13.338	0.000***	0.975	0.951	39.614 (0.000***)
人均GDP	-0.052	0.007	-0.15	-6.965	0.000***			
城镇化率	-0.116	0.026	-0.151	-4.423	0.003***			
农林水事务财政支出	-0.003	0.009	-0.017	-0.385	0.712			
社会保障和就业财政支出	-0.03	0.005	-0.139	-6.45	0.000***			
教育财政支出	-0.028	0.01	-0.123	-2.923	0.022**			
医疗卫生财政支出	-0.016	0.005	-0.098	-3.103	0.017**			
城乡居民家庭人均教育支出比	0.086	0.018	0.311	4.813	0.002***			

因变量：sz

注：***、**、*分别代表1%、5%、10%的显著性水平。

三　缩小河南省城乡居民收入差距的意见及建议

（一）做好河南省城乡融合发展的顶层设计，缩小城乡居民收入差距

一是学习经济发达地区城乡融合发展先进经验和利用好"许昌实践"。2021年我国确立浙江为高质量发展建设共同富裕示范区，2019年河南省确定许昌市为国家城乡融合发展试验区，探索城乡融合经验。河南省外不断学习借鉴经济发达地方在城乡融合发展、提高农民收入方面的先进经验，河南省内利用河南省城乡融合的"许昌实践"，实现城乡居民收入的增长和社会经济的可持续发展。

二是发挥政府、政府机关、研究机构、企业、社会组织等各方在城乡融

合发展中的多方联动作用，形成合力。政府是城乡融合发展的主导力量，政府机关是政府实施城乡融合发展政策的具体执行者，研究机构通过相关的研究和调查提供城乡融合发展的理论和实践经验，企业是城乡融合发展的重要参与者和推动者，社会组织发挥社会动员和组织协调城乡融合发展的作用，政府、政府机关、研究机构、企业和社会组织等各方共同合力参与城乡融合发展，推动城乡融合发展的全面推进和持续改善。

三是利用"腾笼换鸟"的战略思维助力城乡融合发展。利用河南省人口大省、农业大省、文化底蕴深厚、交通枢纽等优势，发挥"腾笼换鸟"的战略思维在产业发展、收入增长、科技成果转化、乡村振兴等多方面发挥积极作用，激活乡村振兴的活力，促进城乡融合发展，助力缩小城乡居民收入差距。

（二）提高城镇化率和加快经济发展，缩小城乡居民收入差距

由上文数据分析可知，城镇化率和人均GDP对缩小河南省城乡居民收入差距的影响最大，城镇化可以激发经济的发展潜力，提高收入城镇化先行。城镇化和经济发展可创造更多的就业机会；城镇化和经济发展可促进农村经济转型升级，农村居民可以通过发展农业产业化、乡村旅游、农村电商等方式增加收入来源，促进农民收入的多元化和增加；城镇化和经济发展可提供更好的基础设施和公共服务，提高生活质量，缩小城乡社会服务差距；城镇化和经济发展可提高农民的社会保障水平，包括养老、医疗、失业等方面的保障，可以减轻农民的生活压力，提高其收入水平等，进而不断缩小城乡居民收入差距。

（三）加大教育投资，发挥教育投资在缩小城乡居民收入差距中重要的持续性影响

由上文数据分析可知，不管是加大政府的教育财政支出还是居民个人教育支出，对缩小城乡居民收入差距均起到显著的持续性影响，因此教育投资在缩小城乡居民收入差距方面具有重要的现实意义和作用。加大政府的教育

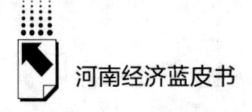

财政支出，可以增加农村地区教育资源，改善教育环境，提高教育水平等。农村居民通过接受教育和培训，提高自身的就业竞争力；培养农民的创业意识和管理能力，创办自己的农业企业或农村合作社，提高农产品的附加值；提高农村劳动力的素质和技能水平，使他们更好地适应现代化产业的需求。通过政府教育投资，使农民受益，提高农民收入，由此带动农村家庭的教育投入，形成良性循环，不断提高农民的整体素质，实现增收，进而缩小城乡居民收入差距。

（四）多举措提高农民收入中的财产性收入比例，缩小城乡居民收入差距

缩小城乡居民收入差距需要在财产性收入方面加快缩小城乡差别，城市居民相对于农村居民拥有更多的财产和资产，包括房产、车辆、股票、存款等，城市居民的财产性收入往往受到资产价值的增值带来收益，而农村居民的资产相对较少，财产性收入较低。因此，通过促进农业现代化，提高农民的农业生产效率和农产品质量，增加农民的农业收入；发展农村产业，扩大农民的产业经营规模，提高农民的产业收入；推动农村土地流转，提高土地利用效率和农民的财产性收入；支持农民合作组织的发展，提高农民的组织力量和谈判能力，增加农民的财产性收入；加大对农民的金融支持力度，提供农业信贷和金融产品，帮助农民开展农业生产和经营活动等，以此逐步缩小城乡居民的财产性收入差距，实现城乡居民收入的均衡增长。

（五）建立并利用好城乡居民收入的监测数据评价体系，为政策制定提供依据

影响城乡居民收入的因素有政策因素、经济因素、社会因素等多方面因素。由前面分析结果可知，人均GDP、城镇化率、社会保障和就业财政支出、医疗卫生财政支出、城乡人均教育支出比、教育财政支出6个因素对城

乡居民家庭人均收入的影响程度不一样，而且并不是所有的因素对城乡居民收入均产生持续性影响，因此有必要建立并利用好城乡居民收入的监测数据评价体系。根据监测数据情况及时调整，特别是一些影响因素会随着经济社会的发展对城乡居民收入影响作用减缓，在不同的阶段通过监测数据及时调整措施，才能更好地推动各项政策的有效实施和改进，提高城乡居民收入水平。

B.27
河南省畜牧业高质量发展路径研究

王承启 张全勇 张小玲 王彦华*

摘　要： 河南是畜牧业大省，正加速由畜牧业大省向畜牧业强省迈进，产业发展呈现出8大转变，即由"调活畜禽"向"调肉"转变、由传统设施向现代装备转变、由圈舍防疫向全过程防控转变、由粗放型生产向精细化管理转变、由遍地开花向集聚集约转变、由传统繁引向现代育种转变、由技术引进向自主创新引领转变；同时，还存在资金压力大、人才缺口大、用地落实难、设施装备弱、知名品牌少等问题制约。针对存在的问题和未来发展趋势，提出了在"用地、治污、装备、业态、科技、结构、人才"七个方面实现突破，在"畜产品稳定安全供给、畜产品质量安全、不发生区域性重大动物疫情、畜牧业安全生产"四个方面守牢底线，做到"七突破四守牢"，力争走出一条独具河南特色的畜牧业现代化发展道路。

关键词： 畜牧业　农业农村　乡村振兴　河南

河南是农业大省，也是畜牧业大省，2022年肉蛋奶产量达1333万吨，占全国的1/12，牧业产值2832.3亿元，居全国第3位。党的二十大作出全面推进乡村振兴、加快建设农业强国重大决策部署后，全省"三农"系统按照省委省政府工作安排，围绕"三强两高"目标，正在抓紧研究编制加快建设农业强省规划。畜牧业作为农业农村经济的支柱产业，在加快建设农业强省进程中，肩负着率先实现现代化的历史重任。为探索加快建设畜牧业

---

* 王承启，河南省农业农村厅一级巡视员；张全勇，河南省农业农村厅畜牧处处长；张小玲，河南省农业农村厅畜牧处一级主任科员；王彦华，河南省农业农村厅畜牧处副处长。

强省的方法路径，本研究系统梳理了全省畜牧业发展的特点亮点、面临的突出问题，初步找到了建设畜牧业强省的切入点、着力点，有针对性地提出了对策建议，以期为加快建设农业强省、全面推进乡村振兴提供参考。

一 河南省畜牧业高质量发展现状

近年来，全省上下认真贯彻落实党中央、国务院和省委省政府重要决策部署，积极克服疫情灾情、"猪周期"、成本上涨等多重不利因素叠加影响，努力"调结构、提品质、转方式"，畜牧业综合生产能力、供应保障能力和市场竞争力不断增强，转型升级取得实质性进展，正加速由畜牧业大省向畜牧业强省迈进，产业发展呈现出七大转变。

（一）由"调活畜禽"向"调肉"转变，链式发展水平显著提升

牧原公司作为全球生猪养殖头部企业，积极发展生猪屠宰，其在内乡县建设的210万头肉食产业综合体项目已全面投产运营，2022年出栏生猪123万头，最终可实现"进来的是粮食，出场的是猪肉"。泌阳恒都公司年肉牛屠宰能力达30万头，进口牛肉深加工能力达30万吨，2022年实现产值48亿元，带动夏南牛产业实现全口径产值165亿元。全省"调肉"与"调猪"比例由2020年0.8∶1提高到2023年上半年的1.71∶1，实现反转飞跃。

（二）由传统设施向现代装备转变，生产效率显著提升

全省家禽养殖由单层到4层，最高提升至12层，生猪养殖由单层到3层，最高提升至6层，挤奶、巡检、诱情、清粪等各类机器人得到广泛应用，畜牧业工业化、设施化特征越来越明显。双汇禽业2021年新建的3500万只肉鸡养殖项目全部采用了4层笼养，比平层养殖节约用地800亩以上。新乡卓一牧业100万只蛋鸡场采用了12层笼养，单栋16万只鸡舍仅需工人2人。光山福牛牧业通过配备全混合日粮搅拌机、撒料车、清粪车等现代化

277

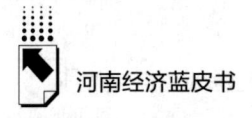

设施装备，3000头育肥牛舍仅需8个工人。牧原公司自主研发的智能装备覆盖了饲料生产、养殖、屠宰、无害化处理等全流程，1名饲养员年饲养商品猪出栏量可达1万头。

（三）由圈舍防疫向全过程防控转变，生物安全水平显著提升

通过积极应对非洲猪瘟疫情，全省动物疫病防控能力和水平得到了全面升级，基本实现了从养殖到屠宰全链条兽医卫生风险控制。目前，全省所有县和以农业为主的区级疫控机构实验室均达到P2实验室等级标准，移动监测采样车达24台，备案畜禽运输车辆14393辆，全部实现大数据监控，监测的灵活性、精准性大幅提升。牧原公司研发的新型智能生猪运输车，通过空气过滤和环境自动控制，实现了防疫病、防应激、防渗漏，最大限度减少了运输应激疫病损失。2022年，全省生猪存栏、能繁母猪存栏和生猪出栏分别居全国第1位、第2位、第3位，养殖规模已恢复至正常年份水平。

（四）由粗放型生产向精细化管理转变，质量效益显著提升

面对激烈的市场竞争，畜牧龙头企业积极修炼"内功"，推进精细化管理，实现节本增效。非洲猪瘟和饲料原材料价格上涨，导致养猪成本每公斤增加1~2元。牧原公司通过优化饲料配方、提高猪舍智能化水平，将育肥猪配合饲料料肉比降至2.8∶1左右，每公斤生猪养殖完全成本降至14.9元，2022年逆势盈利149亿元，同比增长96%；正阳乐源牧业通过严控青贮质量、优化饲料配方、使用国产苜蓿、淘汰低产奶牛等措施，奶牛单产达到11.5吨，每吨综合成本降低500元，每头增加收益5000多元。全省规模奶牛场全混合日粮、优质苜蓿使用率以及测料养牛、精准饲喂技术普及率已达到90%以上，奶牛发情鉴定系统、环境自动化控制系统使用率分别达到80%、60%，有效提高了奶牛生产效率和生鲜乳质量。目前，全省生鲜乳质量优于欧盟标准，处于历史最好水平，2022年全省参测奶牛单产提升至9.7吨，超出全国平均水平0.4吨。

（五）由遍地开花向集聚集约转变，产业素质显著提升

过去几乎农村家家户户都养几头猪、几只鸡，现在农村散养已很少见到。与此形成鲜明对比的是，规模养殖蓬勃发展。如沈丘县通过推广"村集体建场、养殖经营主体租赁"模式，近几年发展规模化牛羊养殖场36个，减少牛羊散养户521个，带动全县肉牛、羊规模养殖比重分别提升至57%、79%。全省规模以下养殖场户数量由2016年的499万户减少至2022年的263万户，降幅达47%。区域布局更加集中，大型养殖场加快发展。2022年驻马店市、南阳市生猪出栏量达到1736万头，占全省总量的30%。伊利优然西平县2.4万头牧场已存栏奶牛1.6万头，单体规模全国第1；郏县雪花红牛2万头肉牛场已存栏肉牛1万多头。目前，全省畜禽综合规模化率达到了73.3%，其中生猪80%、蛋鸡73%、肉鸡81%，部分畜种已基本实现现代化。

（六）由传统繁引向现代育种转变，制种供种能力显著提升

畜禽种业振兴深入推进，现代育种技术得到广泛应用。自主培育的"黄淮肉羊"于2020年通过国家审定，填补了全省肉羊育种领域空白。皮南牛、德南牛、豫东肉山羊等一批具有河南特色的新品种培育也取得实质性进展，有望通过新品种审定。河南鼎元公司通过基因编辑、基因组测序、胚胎移植、性别控制等现代育种技术，优质种公牛数量提升至260多头，年产冻精600万剂，已成为全国最大的种牛冻精生产企业，目前正积极在新疆、云南、甘肃等省份布局生产基地。牧原、丰源和普、谊发等生猪核心育种场育种水平国内领先。全省祖代种猪核心种源自给率提升至94%，基础母猪基本100%采用人工授精配种，95%以上的基础母牛采用冷配技术。

（七）由技术引进向自主创新引领转变，科技创新能力显著提升

河南省疫控中心获得新兽药注册证书2件、国家二级核酸标准物质证书3件，研发的猪塞内卡病毒病疫苗已经完成了临床试验，猪流行性腹泻灭活

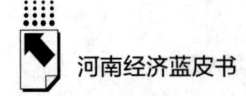

疫苗、重组鸡α干扰素2个产品已进入临床试验阶段，在2023年第九届中国兽药大会上创科技成果转让签约数量第一。河南省奶牛生产性能测定中心对标国际，牵头制订了多项行业标准和规程，服务范围覆盖8个省份，综合服务平台涵盖48万头奶牛近1000万条数据，已成为全国规模最大、服务能力最强的生鲜乳第三方质量检测机构。普莱柯生物股份有限公司累计发明专利申请500余项，发明专利授权277项，其中国际专利29项，行业科研实力国内领先，目前公司正全力推进P3实验室项目建设，建成后将成为中部省份规模最大、功能最全的高能级创新平台。郏县红牛成功培育出雪花牛肉，每公斤售价可达800~1500元，带动每头红牛市场售价由2万元提升至7万元左右。

二 存在的问题

虽然河南省畜牧业高质量发展取得了一定成效，但与畜牧业强省建设要求相比，产业发展还存在着诸多短板、弱项。

（一）资金压力大

据了解，中小畜牧企业从开发性、政策性金融机构贷款很少，主要从农商行、邮储银行、村镇银行等农村中小金融机构获得贷款，年利率普遍为4%~6%，部分畜牧企业从民间借贷，年利率高达12%。虽然近两年金融部门围绕畜牧业发展开发了一系列有针对性的金融产品，在破解活体抵押等方面进行了有益的尝试，但目前还未全面推开，产品覆盖面还不够高。

（二）人才缺口大

畜牧企业普遍反映招人难、留人难，技术人才、管理人才缺乏。据某肉牛屠宰龙头企业反映，2022年以来为优化人才队伍，加快新产品研发和技术改造升级，公司计划招聘985院校硕士及以上专业技术人才50人左右，除绩效工资外，硕士年薪15万元、博士30万元，但由于工作地点在县城，仅招到3名，且工作一段时间后均已离职，想留住急需的高端人才很难。基层技术推广机构也反映队伍力量薄弱。畜牧行业缺少吸引力的主要原因是工作环境差、工资待遇低、劳动强度高。国家统计局发布的数据显示，2022年全国城镇私营单位就业人员年平均工资为65237元，而农、林、牧、渔业为42605元，仅为全国平均水平的65.3%，在18个行业门类中排倒数第1，较最高的信息传输、软件和信息技术服务业（123894元）低65.6%。

（三）用地落实难

作为农业大省，河南省基本农田占比超过90%，而且各地基本农田保护率还在不断提升，如中部一平原县基本农田保护率由2017年的85%提高至目前的92%，全县一般耕地减少7万多亩。另一县虽然拥有3万多亩一般耕地，但连片超过5亩的很少，规模养殖项目难以落地。部分闲置养殖用地未盘活。如豫北某地共有各类畜禽养殖小区321个，处于停养状态的49个，规模以上养殖场136个，停养17个，总养殖户数7525户，停养4146户，大量养殖小区荒废闲置，且圈舍未拆除，土地未得到有效利用。优质饲草种植流转土地难。土地政策的持续收紧，使黄河滩区草业带建设步伐放慢，滩区县对滩区种草心存疑虑，现有饲草基地在滩内建设青贮加工场地、草棚、农机棚舍等配套生产设施困难重重，已建成的也被要求拆除，正常生产受到较大影响。

（四）设施装备弱

目前，全省畜牧业发展还不平衡，主要表现为现代化生产方式与几乎原始生产方式并存，智能化大型龙头企业与小散养殖户并存。虽然河南大型龙头企业设施装备信息化、智能化水平国内领先，但数量众多的中小型畜牧企业还普遍存在设施设备简陋、硬件基础设施老化等问题。如一家常年存栏百头左右的肉牛育肥场，仅拌料时使用机械操作，撒料、清粪等全部依靠人工；一家母牛规模养殖场牛舍和运动场地面未硬化，一到雨天，场内泥泞不堪。

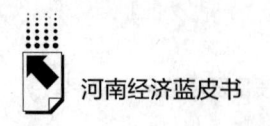

（五）知名品牌少

全省畜牧企业普遍产品创新不够、品牌意识不强，除生猪产业外，本土家禽、牛肉、乳品、牧草企业产品结构相对单一，市场占有率不高，缺少像伊利、蒙牛、正大、晓鸣、皓月、田园牧歌这样的全国知名品牌。全省肉牛企业年销售收入达 20 亿元以上的企业仅有 1 家；34 家乳制品企业年产值约 170 亿元，不足伊利一家企业产值的 15%。

三　对策建议

放眼全球，畜牧业已经进入了全球化、工业化和资本化时代。综观全国，畜牧业正在由北方牧区向农业优势地区转移，种养加销一体化格局已初步形成。就河南而言，建设畜牧业强省，既是畜牧业高质量发展的内在要求，也是全省农业的优势所在、潜力所在，更是在更高层次上满足人民群众美好生活需要的现实要求。下一步，河南将以习近平新时代中国特色社会主义思想为指导，牢牢抓住全国畜牧业布局优化调整的重大历史机遇，将全面提升畜产品稳定安全供给能力作为首要任务，做强生猪产业、做大牛羊产业、做优家禽产业、做精特色养殖，在"用地、治污、装备、业态、科技、结构、人才"七个方面实现突破，在"畜产品稳定安全供给、畜产品质量安全、不发生区域性重大动物疫情、畜牧业安全生产"四个方面守牢底线，做到"七突破四守牢"。

（一）用地上，向"空中"突破

河南人多地少的资源禀赋、大省小农的现实起点，决定着产业用地落实难问题将长期存在。目前国内生猪养殖最高发展到 26 层，南阳市卧龙区凯丰农场 3 层立体牛舍、南阳市内乡县牧原 210 万头肉食产业综合体 6 层楼房养猪、漯河市晖源蛋鸡 8 层笼养等也在楼房养殖、立体养殖上先行先试，取得了良好成效。因此，为突破土地瓶颈制约，河南必须打破畜牧业"横向平面"扩张传统，向"纵向立体"布局转变，全面贯彻落实《现代设施畜牧建设专项实施方案（2023~2030年）》，因地制宜发展楼房养猪、叠层高效养禽等立体养殖，在更好守牢耕地保护红线、不与粮争地的同时，实现畜牧业的转型发展。

（二）治污上，向"零排放"突破

生态绿色是现代畜牧业发展的鲜明底色和必然要求。牧原公司探索出"零排放—无隐患—无臭气—减雾霾—碳减排"环保发展五台阶，构建了集"养殖—沼肥—绿色农业"于一体的循环经济发展模式，每头生猪全程用水1.27吨，仅相当于国家水冲粪标准的1/4；累计铺设支农管网1970万米，实现了"猪养田、田养猪、农田变良田"，仅2022年就替代化肥约6万吨，亩均节本增收295元，在减少养殖污染的同时，实现了企业的跨越式发展。因此，为实现畜牧业健康可持续发展，河南必须在养殖污染治理上实现突破，重点通过种养结合、农牧循环等方式，实现畜禽养殖污染"零排放"，筑牢畜牧业发展绿色生态屏障。

（三）装备上，向"设施化"突破

当前，畜牧业正在向装备化、智能化方向快速迈进，5G、人工智能、大数据、物联网等先进技术和智能化装备加速应用于畜牧业。据调研，使用挤奶机器人，人均养殖奶牛数量可由30~50头提高到400头左右；使用智能化养禽设施装备，人均蛋鸡养殖数量可由5000~1万只提高到10万只左右，在大幅提升生产效率的同时，还无须更多人工干预，保障了产品质量。因此，为增强产业竞争力，河南必须加快推进畜牧业设施装备改造升级，大幅提高智能化、信息化水平，加速提升畜牧业生产效率效能，助推畜牧业高质量发展。

（四）业态上，向"多极化"突破

一方面要做大做强龙头企业。推进"两强带多极"，发挥双汇、牧原两

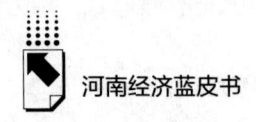

个千亿级畜牧龙头作用，带动雨轩、花花牛、新航道、国润、启明等一批企业发展壮大、走向全国，培育一批行业领军企业。另一方面改造升级中小养殖场户。支持中小养殖场户采取"五个"途径，即"小地块找出一批、空心村整理一批、大庭院发展一批、老场房改造一批、调小块为大块整合一批"等方式，突破土地制约瓶颈，实现小地块、小规模遍地开花，由小做精，做出特色。同时，鼓励有实力的企业"走出去"，充分利用国内国际两个市场、两种资源，实现"买全球、卖全球"。

（五）科技上，向"畜禽种业"突破

2021年底我国能繁母猪存栏4329万头，2022年我国生猪出栏7亿头，平均每头母猪每年提供的断奶仔猪头数（PSY）为16.2头，河南仅为15头；丹麦的PSY达到了34头，是我国的1倍还多。全省奶牛平均单产为9.7吨，低于美国的10.9吨，更低于以色列的12吨，肉羊投入产出率仅为澳大利亚、新西兰两国的1/5。因此，为推进畜牧业提质增效，河南必须在提高畜禽种业质量水平上寻求突破，重点打造以河南鼎元为核心的种牛育种龙头，以牧原、谊发、丰源和普为核心的种猪育种龙头，培育国内一流、世界领先的畜禽种业企业，加快建设全国畜禽种业高地。

（六）畜种上，向"牛羊产业"突破

从现实需求看，随着人民群众生活水平的不断提高，牛羊肉及乳品消费量大幅提升，市场生产供应处于紧平衡。2022年，全国进口牛肉269万吨、羊肉35.8万吨、乳品327万吨，分别较2016年增长465%、163%、146%，即使这样，我国人均牛羊肉和乳品消费量仍远低于发达国家。从资源条件看，河南牛羊产业基础良好、秸秆数量充裕（全省年产可饲用秸秆6500万吨，目前饲料化利用率仅为26%），是农区的"大草原"，同时牛羊种质资源丰富、气候条件适宜、地理位置优越，产业发展"天时、地利、人和"齐备。因此，河南应聚焦秸秆变肉换奶、增加农民收入、消费结构升级，将发展牛羊产业作为乡村产业振兴、巩固脱贫攻坚成果的重要举措强力推进，

以实施秸秆饲料化利用等"十大行动"为主要抓手,通过建大县、育体系,全力推进牛羊产业成为全省农业的支柱产业、特色产业和品牌产业。

(七)人才上,向"新型职业农民"上突破

2022年,河南省申报参评通过的农业系列高级职称人数创历史新高,但新型职业农民占比偏小,社会团体、个体经营者参评较少,与河南农业大省地位、与农业强省人才队伍建设需求极不相称。为加快打造高质量、实用型"三农"人才队伍,河南必须在乡土人才培育上进行突破,探索在新型职业农民职称评定上打破学历、年限、业绩条件等限制,实行"定向评价、定向使用"政策,对业绩特别优秀、示范带动作用明显、创建有特色品牌的"田秀才、土专家"等有突出贡献的人员实行直接申报评审政策,吸引高素质人才投身乡村振兴战略。

(八)管理上,守牢"四条底线"

一是畜产品安全供给底线。生猪产业要在稳定的基础上持续做强,重点落实好生猪产能逆周期调控机制和省负总责及"菜篮子"市长负责制,推动生猪产业向高效、环保、低成本、绿色方向转变;家禽产业向鲜供、特色、品牌、精深加工方向转变。

二是畜产品质量安全底线。坚持质量兴牧,强化源头治理、过程管控、全链追溯,积极实施药物饲料添加剂退出和兽用抗菌药使用减量化行动,严厉打击违法添加"瘦肉精"等违禁物质行为。

三是不发生区域性重大动物疫情底线。重点抓好重大动物疫病防控、人兽共患病防控和防疫体系建设三项重点工作,突出抓好东部区、无疫小区和净化场区"三区"建设,切实保障畜牧产业发展安全、公共卫生安全和生态安全"三个"安全。

四是畜牧业安全生产底线。按照"管行业必须管安全、管业务必须管安全、管生产经营必须管安全"的要求,抓好重点环节安全生产工作,实现重点区域、重点对象的安全监管全覆盖。建立健全屠宰环节安全生产风险

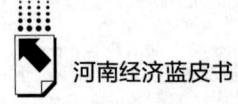

分级管控机制，特别要强化以沼气池、化粪池、青贮池、房屋圈舍、用电线路为主的风险隐患排查治理，切实做好雨、雪、风等突发情况预警监测工作，确保全省畜牧业安全生产形势稳定。

回顾过去，河南畜牧业稳健发展，成效显著，已成为现代农业的先导产业和承农启工的中轴产业。直面现实，河南畜牧业发展面临诸多挑战、瓶颈制约，危中寻机和转型升级既是发展的新常态，也是发展的内在必然要求。展望未来，河南畜牧业肩负重任，前景广阔，必将走出一条独具特色的畜牧业现代化发展道路，在加快建设农业强省和全面推进乡村振兴中发挥更大的作用。

B.28 河南省"专精特新"企业创新发展研究

赵杨 赵祖亮 王一嫔 李玉 武明光 魏巍*

摘 要： "专精特新"企业创新发展是河南深入实施"十大战略"、建设现代产业体系的必然要求。河南"专精特新"企业依托创新赋能高质量发展，创新意识较强，创新投入较高，创新成果丰富，创新环境优化，但受基础薄弱、要素保障不足等因素制约，企业加快发展还面临一些短板和问题。本研究全面总结概括了"专精特新"企业创新发展情况，深入剖析了当前"专精特新"企业创新面临的困难和问题，并在此基础上提出了相关建议：坚持人才为先，深入实施人才强省战略；坚持资金为要，建立多元化科技创新投融资体系；强化协作效能，健全产学研协同创新机制；加强扶持引导，优化企业发展环境。

关键词： "专精特新"企业 创新发展 产学研协同 河南

"专精特新"企业是经济高质量发展的微观基础，是提升区域竞争力的重要源泉。河南"专精特新"企业普遍集中在工业基础领域，技术含量高、创新能力强，是增强产业链供应链韧性的有力支撑，是落实创新驱动、科教兴省、人才强省战略的重要载体，对建设国家创新高地、推动全省经济高质量发展具有重要作用。为了解河南"专精特新"企业研发创新相关情况，

---

* 赵杨，河南省地方经济社会调查队队长；赵祖亮，河南省统计局办公室主任；王一嫔，河南省地方经济社会调查队快速调查室主任；李玉，河南省地方经济社会调查队快速调查室副主任；武明光，河南省地方经济社会调查队快速调查室；魏巍，河南省地方经济社会调查队快速调查室。

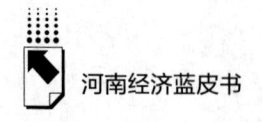

河南省地方经济社会调查队在全省范围内开展了"专精特新"企业创新情况专题调研。调研结果显示，河南"专精特新"企业依托创新赋能高质量发展，呈现蓬勃发展态势，但企业面临着人才短缺、资金不足、产学研融合不够等四大难题，创新发展仍需持续发力。

一　河南"专精特新"企业创新现状

本次调研在全省17个省辖市和济源示范区随机抽选了部分"专精特新"企业，其中国家级专精特新"小巨人"企业占比27.9%，省级"专精特新"企业占比72.1%。企业规模为中型和小型，占比分别为38.7%、61.3%；登记注册类型以民营企业为主，占比87.9%；行业门类以制造业为主，占比92.4%。

（一）创新意识较强

调研显示，96.1%的企业认为创新对企业生存、发展的作用非常重要。调查企业普遍表示，只有持续创新，产品技术不断迭代，才能"确保三年不掉队"，与北上广深企业竞争。在强烈的创新意识引领下，98.5%的企业成立了研发部门，89.0%的企业制定了中长期战略规划。企业创新形式多样，工艺创新和产品创新居多，占比分别为91.6%和91.1%，组织（管理）创新、营销创新次之，占比分别为47.9%、34.8%。调研中某电子材料企业立足产品创新，攻克了多项技术难点，解决了中国半导体行业的"卡脖子"难题，成长为准"独角兽"企业。

（二）创新投入较高

企业高度重视创新投入，每年投入大量资金开展研发创新。调研显示，2022年企业研发投入占营业收入的比重为4.7%，其中四成企业研发投入占营业收入的比重在6%以上，远远高于2022年全省规模以上工业企业1.8%的比重。为提升科技创新能力，企业投入大量资金建设创新平台，62.4%的企业建有国家级或省级创新平台，创新平台高效运转的占比69.6%，认为创新平台对创新活动推动作用较强的占比79.4%。

（三）创新成果丰富

调研显示，企业平均拥有Ⅰ类知识产权6项，平均拥有Ⅱ类知识产权38项，平均拥有发明专利5件。调研中某风电科技企业发明专利较多，达到88件。主持或参与过国家标准（或行业标准）制订的企业占比39.9%，研发创新水平在国际上处于领跑水平的企业占比12.1%。调研中某继电器企业拥有知识产权91项，参与制订能源行业标准3项，编写企业标准26项，形成了完整的科技成果转化体系，在行业内处于领先地位。

（四）创新环境优化

近年来，河南深入实施创新驱动战略，加强创新主体培育，出台了一系列政策措施，企业对创新政策满意度较高。调研显示，64.4%的企业认为当地营商环境对企业发展产生了有力的促进作用。在企业享受的相关创新政策方面，91.4%的企业享受过税费减免政策，47.1%的企业享受过金融服务政策，46.6%的企业享受过知识产权保护政策，18.4%的企业享受过平台支撑政策，76.0%的企业认为科技创新相关支持政策效果明显。

随着培育支持力度的不断加大，河南"专精特新"企业呈现蓬勃发展态势，涌现一大批创新主力军。截至2023年5月，全省累计认定"专精特新"中小企业2762家，其中370家入选国家级专精特新"小巨人"企业名单。

二 存在的问题

在省委省政府的高度重视下，河南"专精特新"企业坚持创新发展理念，聚焦主业、深耕细作，核心竞争优势凸显，创新能力持续攀升，但受基

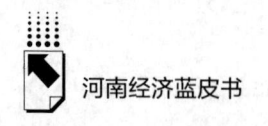

础薄弱、要素保障不足等因素制约，企业加快发展还面临一些短板和问题，突出表现在以下四个方面。

（一）创新人才短缺是最大阻碍

调研显示，82.5%的企业认为创新人才短缺是企业创新发展中存在的最大现实困难和阻碍性因素，78.4%的企业存在科技人员招聘难问题，69.8%的企业存在科技人员流失问题。从人员流失的原因看，选择"发展空间不足"的占比42.1%，选择"工资待遇相对较低"的占比35.5%，选择"研发创新环境不佳"的占比13.3%。在技术快速更新迭代的形势下，高科技人才趋向于向经济发展潜力大、收入水平高、创新活力足的发达地区集聚，也有利于同行技术外溢和信息共享。河南地处中原腹地，城镇化进程相对缓慢，2022年常住人口城镇化率为57.07%，低于全国8.15个百分点，在岗人员工资水平为全国的69.2%，在全国排名末位，R&D经费投入占全国总量的3.6%，在全国排名第10，R&D经费投入强度为全国平均水平的70%左右，在全国排名第17，这与河南排名第5的经济大省地位相比落后明显，吸引人才集聚的磁场效应不强。调研中某电器制造企业坦言，目前给予人才落地的工资确实比发达地区低不少，但即使把工资提高到与发达地区一样的水平，创新人才考虑到未来的发展空间，仍然不太愿意回来工作。有研发创新需求多、规模相对较大的企业招不来急需的高端人才，不得已在创新资源要素集聚的发达地区设立异地研发机构，大幅度增加了资金和人力成本，且容易造成本地企业外迁。

（二）创新资金支撑不足是突出瓶颈

科技创新风险高、投资周期长，需要大量的资金投入。资金是否充足，直接影响企业研发创新活动。调研显示，45.4%的企业认为资金匮乏是企业创新发展的障碍性因素，9.5%的企业认为融资渠道畅通程度不理想。河南"专精特新"企业创新资金来源多以自筹为主，近年来受疫情和经济环境影响，企业利润下降，研发费用多存在缺口。调研企业资金勉强使用的占比

23.8%，资金不充足的占比12.8%，普遍反映资金吃紧、融资困难，研发创新活动受资金约束较大。从直接融资看，"专精特新"企业多为中小型企业，上市难度大、上市比例低，仅有5.0%的调研企业在新三板上市，1.3%的调研企业在科创板上市，1.3%的调研企业在境内外其他主板上市，大部分企业无法利用股权融资筹措创新资金。从间接融资看，32.2%的调研企业使用银行贷款作为创新资金重要来源。科创企业普遍存在研发投入大、抗风险能力差等特点，发展面临较多的不确定性，金融机构出于投资风险、自身收益等因素考虑，对融资对象设定条件相对严苛、授信额度较低，不能满足企业创新资金需求。调研中某光电科技企业正处于快速成长期，前期研发投入较高，目前银行贷款额度为600万元，企业资金缺口在5000万元以上。

（三）产学研融合不够是重大制约

产学研深度融合有利于促进技术要素有序流动和高效配置，对于释放企业、高校、科研院所创新活力具有重要意义。当前产学研合作链条不紧密制约了合作效果的有效发挥。调研显示，35.3%的企业认为产学研合作实际成效一般或不好。一是企业缺乏产学研对接渠道，寻找合适的合作伙伴难。科技创新力量主要在高校、研究院所，而企业不了解高校院所的研发方向，遇到核心技术难题不知道找谁解决，双方合作渠道较少，技术和需求缺乏有效对接平台。29.1%的企业认为创新发展的困难是缺乏合适的创新伙伴，38.4%的企业希望畅通产学研合作渠道。二是高校、科研院所创新成果与企业需求脱节。高校、科研院所注重科研项目、课题论文等学术成果，研发创新脱离市场需求，表面看拥有大量专利，实际上拥有专利多为基础研究、想法思路，多缺乏实验数据，能与企业对接并投入量产的专利较少。企业偏重于创新成果能否转化成有经济效益的产品，二者存在供需错位，调研企业购买研发项目技术或成果的仅占比14.9%。调研中某耐材企业反映高校专利"10个中，最多1个有用（企业可应用于生产）"。三是产学研合作层次不深。在企业研发合作形式中，采用委托或合作开展研发项目的占比61.3%，主要是企业委托研发单个具体环节、使用研究机构实验室测试数据等方式开

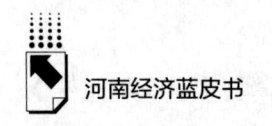

展合作，深度合作不足，如共同设立研发机构的占比37.6%，建立战略联盟进行技术共享的占比6.5%，科研资源开发使用率不高。

（四）政策红利没有尽享是重要因素

各级党委政府相继出台了促进创新发展的系列政策措施，部分基层政府财力有限，配套资金较少，一些政策落实力度不大、效果不实，政策红利没有应享尽享，从"纸面"落到"地面"仍有差距。一是政策覆盖面小，企业适用的优惠政策有限。从人才引育政策看，多以引进高端人才奖补居多，对于一般科研人员、高技能人才政策措施较少，住房、就业补助、子女就学、配偶安置等方面多缺乏有针对性、有吸引力的政策。调研显示，44.5%的企业中的科技人员没有享受到地方人才优惠政策，72.8%的企业希望获得人才引进、培养等方面的政策支持。从研发补助政策看，政策措施落实与企业需求存在缺口。调研中某地出台的税前加计扣除的研发费用增量补助政策，要求研发费用需每年增长，对企业而言难度较大。调研企业普遍反映，目前研发补助政策多为后补助形式，但企业创新前期投入较大，相关创新扶持不足。二是创新奖补力度小。发达省份相关创新激励政策种类多、奖补力度大，大幅提高了企业的创新动力、能力和活力。本次调研企业普遍反映本地创新奖补力度低于中部其他省份及发达省份。如国内发明专利一项，合肥每件补助5000元，杭州每件补助2500元到7000元不等，郑州每件补助最高1725元。三是奖补兑现滞后。各地财政发展状况不平衡，各级资金配套标准不一，部分奖补资金兑现不及时、不到位。调研中多地企业反映认定为"专精特新"企业的一次性奖励没有及时足额发放，某电池科技企业反映近两年专利奖励还未发放。

三 相关建议

培育引导"专精特新"企业健康快速成长，不断提升河南经济韧性，助推全省经济高质量发展，是一项需要长期坚持、持续推进的战略任务。要立足河南实际，坚持问题导向，突出结果导向，构建企业走好专精特新道路的长效机制，为企业营造良好的发展环境，激发涌现更多的"专精特新"企业。

（一）坚持人才为先，深入实施人才强省战略

坚持把人才作为创新第一资源，强化引育并举、以用为本，大力引进和培育学科领军人才、产业领军人才、青年人才。建立企业引才引智需求与服务有效对接机制，主动上门对接企业、院校，建立政府主导的高端人才引进共享平台。围绕人才培养、引进、评价、待遇、使用、激励等关键环节，深化科技体制改革，健全科技评价体系和激励机制，构建一流政策体系，激发人才创新活力。结合人才需求实际，强化精准服务，在资金补助、住房安置、子女就学等方面出台更具含金量的人才支持措施，优化人才发展环境，提升人才集聚吸引力。

（二）坚持资金为要，建立多元化科技创新投融资体系

聚焦金融服务科技创新的短板弱项，畅通企业融资渠道，完善金融支持创新体系，推动金融体系更好适应新时代科技创新需求。实施上市培育计划，加强上市融资指导，推动企业与科创板、新三板等资本市场高效对接。加大银行创新支持力度，推出更多创新金融产品，加强普惠性金融支持，降低信贷成本，提高信贷额度。借鉴"合肥模式"，加大国有资本投入，依托国资平台联合头部机构共同设立产业基金群，带动各地和社会资本设立天使投资、创业投资和产业投资等各类基金，为企业创新发展提供中长期资金支持。

（三）强化协作效能，健全产学研协同创新机制

围绕国家战略部署和河南需求，坚持统筹产学研、联通企校社，整合优势资源，聚焦重点产业关键核心技术和共性技术攻关，推动产学研深度合作，构建新型科研攻关机制，合力突破"卡脖子"核心技术难题，在重点

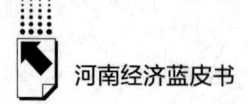

领域、关键环节实现自主可控。搭建产学研对接平台，畅通产学研沟通渠道，建立企业技术需求"揭榜挂帅"机制，引导高校、科研院所"对症下药"，有针对性地提供技术支撑。完善科技成果转移转化机制，破除技术转化瓶颈，推进科技成果向"专精特新"企业现实生产力转化。

（四）加强扶持引导，优化企业发展环境

加强顶层设计，坚持锚定重点、靶向施策，坚持服务导向、精准发力，学习先进省份，务实改革创新，全面优化创新发展环境，引导各类创新要素加速向企业集聚。深入企业调研，倾听企业需求，制定更加完善、更有力度的创新支持政策体系，确保政策落地落实落细。对标苏浙沪等地，根据企业生产、融资、人才引用、后期发展等不同阶段定制提供一条龙服务，推进"一企一策"细化执行。整合重塑实验室体系，加快各类创新平台建设，健全创新基础设施体系。加强知识产权法治保障，完善激励创新政策法规，建立鼓励创新、宽容失败的创新环境。

B.29
河南省"万人助万企"活动成效、期盼及问题研究

郑泽香 韩玮 王庆先 司雯 王帅*

摘 要： 面对疫情对经济的冲击，河南省委省政府自2021年6月以来在全省开展"万人助万企"活动。本研究在明确活动目标任务的基础上，通过深度访谈、发放问卷及搜集经济数据，对"万人助万企"活动开展成效进行实证研究，并分析其存在的问题和企业期盼，研究发现，"万人助万企"活动成效显著，但区域差异较大，企业仍面临创新投入缺乏、要素保障不足、产业链存在堵点、营商环境需改善等方面问题，需进一步扩大活动成果，助力河南经济高质量发展。

关键词： "万人助万企"活动 营商环境 河南

一 研究背景

2021年6月以来，面对疫情对经济的冲击，河南省委省政府在全省范围内开展了"万人助万企"活动，由书记、省长亲自挂帅，楼阳生书记明确提出，服务企业就是服务全省工作大局。把工作聚焦产业、企业、企业家，就抓住了发展的关键，就能推动河南经济发展向着"大而优、大而新、大而强"和"高又快、上台阶"迈进，在助企纾困解难、释放存量潜能、提振企业发

---

* 郑泽香，国家统计局河南调查总队总统计师；韩玮，国家统计局河南调查总队生产价格调查处处长；王庆先，国家统计局河南调查总队生产价格调查处二级调研员；司雯，国家统计局濮阳调查队副科长；王帅，国家统计局河南调查总队。

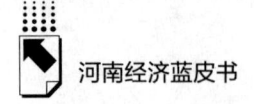

展信心、推动经济发展持续向好等方面产生了很大影响。2022年2月18日，中共河南省委办公厅和河南省人民政府办公厅联合印发《河南省2022年"万人助万企"活动工作方案》，要求全省社会各界"常态化推进、纵深化实施"，"进一步帮助企业纾困解难，促进经济稳定增长和高质量发展"。

"万人助万企"活动开展以来，河南省各省辖市和济源示范区、省委各部委、省直机关各单位、企业和高等院校、人民团体等，在开展"万人助万企"活动方面取得了显著成效，但在探索实践过程中还存在一些亟待解决的问题，仍有不少可以开掘和提升的空间。本项目着重从实践层面探讨河南开展"万人助万企"活动的基本现状、存在的问题及企业期盼，为锚定"两个确保"、实施"十大战略"，推动河南省经济高质量发展提供有价值的决策参考。

二 基于熵权TOPSIS法的河南省17地市和济源示范区"万人助万企"综合环境评价分析

（一）评价体系

以河南省开展"万人助万企"活动为样本，遵循指标选取的系统性、可比性和代表性原则，从宏观经济、基础设施、人才教育、科技创新、市场环境、对外经贸及企业感受7个一级指标19个二级指标（见表1），对17个地市和济源示范区的综合环境进行评价分析，梳理总结助力企业发展中存在的制约瓶颈，从中寻求推进河南省企业高质量发展的有效路径。

表1 "万人助万企"综合环境评价指标体系

一级指标	二级指标	指标属性
宏观经济	人均GDP(X1)	+
	人均可支配收入(X2)	+
	人均消费支出(X3)	+
基础设施	等级公路密度(X4)	+
	人均城市道路面积(X5)	+
	人均互联网宽带接入端口数(X6)	+

续表

一级指标	二级指标	指标属性
人才教育	人均教育经费投入(X7)	+
	人均教育公共预算支出(X8)	+
	人均社会保障和就业公共预算支出(X9)	+
	每百万人拥有高等院校数量(X10)	+
科技创新	R&D经费投入强度(X11)	+
	万名就业人员中R&D人员人数(X12)	+
	人均科学技术公共预算开支(X13)	+
市场环境	税收收入占GDP比重(X14)	−
	年底贷款余额占GDP比重(X15)	+
对外经贸	实际利用外资占GDP比重(X16)	+
	实际利用省外资金占GDP比重(X17)	+
企业感受	活动推进满意度(X18)	+
	问题办理满意度(X19)	+

注：指标属性中"+"（"−"）表示该指标为正（负）向指标，越大（小）越好。

（二）测度方法

本研究采取熵权TOPSIS法，在对各个指标进行标准化处理的基础上，先用熵权法确定各指标权重值，然后利用TOPSIS法量化排序。这种方法将熵权法和TOPSIS法二者结合，降低了指标赋权的主观干扰，且测算过程具有客观性和合理性。

（三）测度结果及比较

考虑到数据的可获得性，本研究选取的时间节点为2021年，数据来源于《河南统计年鉴2022》。

1. 评价指标权重

根据熵权法，得到各指标权重值（见表2）。从中可以看出，每百万人拥有高等院校数量（X10）、万名就业人员中R&D人员人数（X12）、实际利用外资占GDP比重（X16）、人均科学技术公共预算开支（X13）、税收收入占 GDP 比重（X14）所占权重较大，均超过10%。从大类看，综合环境水平受到科技创新方面的影响最大，权重为32.38%，其次为人才教育、对外经贸和市场环境，权重分别为19.23%、18.81%和17.59%，而基础设施、宏观经济和企业感受的影响较小，权重分别为6.10%、5.59%和0.33%。

表2 熵值法计算权重结果汇总

指标	信息熵值 e	权重系数 w(%)	指标	信息熵值 e	权重系数 w(%)
X1	0.9836	3.89	X11	0.9713	6.79
X2	0.9961	0.92	X12	0.9391	14.39
X3	0.9967	0.78	X13	0.9526	11.20
X4	0.9928	1.71	X14	0.9533	11.03
X5	0.9861	3.29	X15	0.9722	6.56
X6	0.9954	1.10	X16	0.9456	12.85
X7	0.9966	0.81	X17	0.9748	5.96
X8	0.9944	1.32	X18	0.9991	0.21
X9	0.9979	0.49	X19	0.9995	0.12
X10	0.9297	16.61			

2. 河南省"万人助万企"综合环境各子系统

根据上述评价体系和测度方法，计算出各地市"万人助万企"综合环境各子系统水平（见表3）。

表3 河南省17地市和济源示范区"万人助万企"综合环境各子系统水平

地市(示范区)	宏观经济	基础设施	人才教育	科技创新	市场环境	对外经贸	企业感受
郑州	0.934	0.194	0.995	0.962	0.565	0.272	0.542
开封	0.217	0.499	0.167	0.236	0.328	0.254	0.804
洛阳	0.579	0.203	0.143	0.749	0.379	0.520	0.295
平顶山	0.231	0.395	0.199	0.312	0.269	0.153	0.511
安阳	0.099	0.524	0.175	0.182	0.217	0.238	0.167
鹤壁	0.437	0.521	0.301	0.424	0.367	1.000	0.866
新乡	0.203	0.269	0.275	0.420	0.328	0.359	0.185
焦作	0.337	0.600	0.259	0.328	0.300	0.426	0.523

续表

地市(示范区)	宏观经济	基础设施	人才教育	科技创新	市场环境	对外经贸	企业感受
濮 阳	0.124	0.365	0.075	0.130	0.357	0.348	0.721
许 昌	0.665	0.889	0.098	0.276	0.419	0.117	0.810
漯 河	0.506	0.440	0.170	0.366	0.263	0.625	0.809
三门峡	0.580	0.161	0.113	0.285	0.158	0.825	0.043
南 阳	0.096	0.240	0.060	0.211	0.425	0.054	0.829
商 丘	0.023	0.303	0.070	0.114	0.389	0.147	0.483
信 阳	0.156	0.203	0.143	0.155	0.460	0.076	0.344
周 口	0.003	0.559	0.005	0.001	0.422	0.096	0.830
驻马店	0.082	0.710	0.004	0.194	0.394	0.016	0.709
济 源	0.888	0.284	0.192	0.547	0.113	0.491	0.494

（1）宏观经济

宏观经济子系统得分最高的为郑州，为0.934，最低的为周口，仅为0.003，均值为0.342。得分超过0.5的地市或示范区依次为郑州（0.934）、济源（0.888）、许昌（0.665）、三门峡（0.580）、洛阳（0.579）和漯河（0.506），基本处于豫中和豫西地区。宏观经济水平排名后5的地市分别为周口、商丘、驻马店、南阳和安阳，主要处于豫东和豫南地区。这表明在宏观经济基础支撑方面，河南省内各地市差异较大，存在发展不均衡现象。

（2）基础设施

基础设施子系统得分最高的为许昌，为0.889，最低的为三门峡，为0.161，均值为0.409。得分超过0.5的地市还有驻马店（0.710）、焦作（0.600）、周口（0.559）、安阳（0.524）和鹤壁（0.521）。基础设施较薄弱的地市或示范区，应大力推进等级公路、城市道路、互联网等基础设施建设，加快补齐基础设施短板，为营商环境的优化提供更有力的基础保障。

（3）人才教育

人才教育子系统得分最高的为郑州，为0.995，最低的为驻马店，仅有0.004，均值为0.191。18个地市或示范区中，除郑州遥遥领先外，仅有鹤壁（0.301）、新乡（0.275）、焦作（0.259）得分超过了0.2。郑州作为省

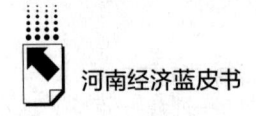

会城市，集中了河南省内绝大多数高等院校，教育资源丰富，加之在教育经费、教育及社保就业公共预算等投入支出排名居前，从而使其在人才教育方面相对于其他地市或示范区具有显著优势。

(4) 科技创新

科技创新子系统得分最高的为郑州，为0.962，最低的为周口，仅有0.001，均值为0.327。除郑州（0.962）和洛阳（0.749）外，其余地市或示范区得分均低于0.55，主要集中于0.15~0.37。对于在科技创新领域相对落后的地市，如何进一步提高科研实力，营造良好的人才氛围，将"招贤纳士"与创新创业、科研成果转化有机联系起来，吸引创新要素资源集聚，是助力企业高质量发展必须解决的一个问题。

(5) 市场环境

市场环境子系统得分最高的为郑州，为0.565，最低的为济源，仅有0.113，均值为0.342。紧随郑州得分较高的地市还有信阳（0.460）、南阳（0.425）、周口（0.422）、许昌（0.419）。同时还应看到，市场环境得分在7项子系统中是差距较小的一项，这可能是因为各地市或示范区均在减轻企业税费负担、降低融资成本等方面推出了一系列政策措施。

(6) 对外经贸

对外经贸子系统得分最高的为鹤壁，为1.000，最低的为驻马店，仅有0.016，均值为0.334。得分排名前5的地市或示范区还有三门峡（0.825）、漯河（0.625）、洛阳（0.520）和济源（0.491），这些地市实际利用外资和省外资金占GDP比重较高，对地区经济发展起到了良好的促进作用。对于得分较低的地市而言，还应进一步提高对外开放水平，提升经济发展动力活力。

(7) 企业感受

企业感受子系统得分最高的为鹤壁，为0.866，最低的为三门峡，仅有0.043，均值为0.554。得分超过0.8的地市还有周口（0.830）、南阳（0.829）、许昌（0.810）、漯河（0.809）、开封（0.804）。各地应进一步树立"企业至上，服务为要"理念，着力解决服务企业"最后一公里"的实际问题，切实提高企业获得感和问题解决率，擦亮营商环境品牌。

3. 河南省"万人助万企"综合环境分析

18个地市或示范区得分分布于0.765（郑州）至0.122（周口）之间，平均值（M）为0.276，标准差（SD）为0.155。以（M+0.5SD）和（M-0.5SD）为划分标准，可将所有地市或示范区划分为优越型（得分高于M+0.5SD）、平庸型（得分介于M+0.5SD和M-0.5SD之间）和落后型（得分低于M-0.5SD）三种类型（见表4）。

表4 三种类型"万人助万企"综合环境水平的地区分布

类型	优越型（>0.354）	平庸型（0.199~0.354）	落后型（<0.199）
地市（示范区）	郑州、鹤壁、洛阳、济源	新乡、焦作、漯河、三门峡、平顶山、开封、许昌	安阳、信阳、濮阳、南阳、驻马店、商丘、周口

优越型地市或示范区综合得分高于0.354，包括郑州、鹤壁、洛阳和济源4个。以上4地在本研究指标评价体系所涵盖的7个方面整体表现较好，并在部分子系统中有绝对优势。其中，郑州（0.765）得分最高，7项子系统中郑州有4项排名第1，不仅遥遥领先于平庸型和落后型地市，而且也大幅度领先同类型的其他地市或示范区，是河南省综合环境水平最好的地区。平庸型地市或示范区得分介于0.199和0.354之间，包括新乡、焦作、漯河、三门峡、平顶山、开封、许昌7个地市。这些地市在综合环境的优化提升上给予了一定程度的重视，某些方面甚至排名靠前，如新乡在人才教育、许昌在基础设施、三门峡在对外经贸等方面的得分较高，但总体上看，平庸型地市或示范区未能做到面面俱到，虽在某些方面表现突出，但还需找准短板、精准发力。落后型地市或示范区得分低于0.199，包括安阳、信阳、濮阳、南阳、驻马店、商丘、周口7个地市。这些地市的综合环境水平仍有较大提升空间，亟待进一步挖掘发展潜力，结合"万人助万企"活动，进一步优化营商环境，更好促进地方经济社会发展。

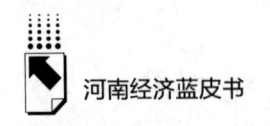

三 企业对河南省"万人助万企"活动的评价

为进一步了解广大企业对河南省"万人助万企"活动的开展情况评价及问题建议,课题组对17个地市和济源示范区1293家规上工业企业开展了问卷调查。

(一)总体评价

1. "万人助万企"活动满意度和效果预期整体较高

调查显示,企业对活动推进情况评价为"满意"的占比51.3%,"基本满意"的占比43.4%,"不满意"的占比1.1%,另有4.2%的企业表示"不了解"。在被问及"对活动预期效果是否期待"时,39.4%的企业"高度期待",30.3%的企业"较高期待",28.3%的企业"有所期待",表示"无所谓"的仅占2.0%。

2. 企业对所反映问题的办结情况总体满意

58.4%的企业曾向有关部门反映过问题,其中,问题已解决的占比87.4%。企业对问题从反映到解决的过程感到"满意"的占比71.1%,"基本满意"的占比27.5%,"不满意"的占比1.4%。在对问题办理速度的满意度评价中,认为"满意"的占比72.5%,"基本满意"的占比26.6%,"不满意"的占比0.9%。

3. 企业对助企干部作为较为满意

整体来看,助企干部服务意识较强,多数干部能够做到了解企业需求(79.4%)、积极宣传惠企惠民政策(76.7%)、征求企业意见建议(73.1%)、掌握企业发展情况(67.1%),以及提供咨询服务(61.3%)。相较而言,认为助企干部做到有求必应、无事不扰的企业占比最小,仅为34.9%。在帮助企业解决问题的速度方面,72.5%的企业表示满意,26.6%的企业表示基本满意,仅有0.9%的企业表示不满意,表明广大助企干部能够直奔企业生产经营一线,为企业解难题、办实事、促发展。

（二）存在的问题

问卷显示，企业存在问题诉求最多的方面为科技创新、技术升级问题（37.2%），其次为土地、资金、用工等要素保障问题（32.9%），排在第3、第4位的依次为产业链供应链上下游问题（28.7%）和营商环境问题（26.2%）。

1. 科技创新、技术升级缺乏投入

反映此类问题的481家企业中，研发经费不足、技术人才缺乏、体制环境不完善被认为是主要制约因素。工业企业目前主要以企业自身经费及政府投资作为技术创新的经费支持，极大地增加了技术创新风险，且高科技人才流失严重，不利于企业的技术创新活动开展。某企业负责人反映，作为生产单位，企业更关心完成生产任务，对技术进步关注不足，而科研经费和科技人员较集中的科研院所和高校，则更关心科研任务的完成，对科研成果转化为生产力关注不足，由于缺乏统筹和良性的产学研互动机制，企业自主创新能力较低。

2. 土地、资金、用工等要素保障不足

反映此类问题的425家企业中，62.8%的企业认为成本上涨过快，47.3%的企业认为贷款难度大，37.4%的企业认为用地审批效率有待提升。在被问及企业哪方面成本涨幅最大时，排名前3的依次是原材料（55.8%）、用工（20.5%）和水电气热（16.7%）。某家具制造企业反映，受房地产行情和装修淡旺季影响，企业用工量不稳定，劳动力流动性强，加之工人就业偏向于一、二线大城市，当地熟练工招工难度大，导致企业人员管理成本不断上涨。

3. 产业链供应链上下游存在堵点

调查显示，反映此类问题的企业共371家，占比28.7%。在以全球价值链分工为主要特征的经济全球化背景下，目前国际供应链的难点堵点较多，全球共同应对产业链供应链中断风险的意愿不强、能力不足。从国际看，随着各国对政治和安全因素的考量增多，我国部分领域供应链在全球格局中的地位受到冲击，外迁风险增加。从国内看，尽管产业链供应链体系和规模庞大，但由于产业链掌控力和供应链配套不足，各地区主导产业选择同质化倾向明显，缺乏有效统筹和衔接，市场自发调节能力较弱。

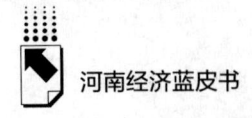

4. 营商环境仍需改善

反映此类问题的339家企业中，50.7%的企业认为税费压力大，42.8%的企业认为融资难，40.1%的企业认为审批手续烦琐，30.4%的企业认为政府参观检查多。其中，融资方面，目前信用贷款和厂房抵押仍是企业贷款的主要方式，贷款利率高、手续烦琐、信用审查过严、渠道狭窄、抵押品要求过高是企业反映的5个突出问题。审批事项办理方面，近八成企业认为办理时限较之前缩短或明显缩短，同时仍有约七成企业认为各项审批事项办理环节仍有简化空间，主要集中在环评安全事项审批（50.1%）、企业信息变更登记审批（43.7%）、生产许可审批（39.3%）、工程建设项目审批（34.6%）和注册审批（32.2%）。

（三）企业期盼

1. 继续加大降成本力度

在被问及希望得到政府哪些方面的改进时，排名前2位的是"减税降费"（76.1%）和"减轻社保负担"（45.6%），反映出降低生产经营成本依然是当前企业的突出需求，排名第3的是"提供金融支持"（26.0%）。

2. 创新宣传方式，完善服务平台

在活动需改进的问题方面，选择"改进宣传方式，提高活动知晓度"的占比最大，为48.3%，表明目前宣传方式仍较单一。其次为"优化企业问题直报平台功能"，占比45.5%，线上服务平台具有操作简便、沟通成本低的优势，应进一步完善平台功能，坚持"点办理、批处理"，个性问题个性解决，共性问题政策性解决。

四 持续深化河南省"万人助万企"活动的对策建议

（一）加大科技创新帮扶力度，促进企业转型升级

一是提升企业创新意识，以企业家精神为核心明确企业创新的价值

导向，鼓励企业加大研发经费投入。二是规范技术创新体制环境，落实研发费用加计扣除政策，完善技术创新奖惩激励制度。三是加强科技信息网络化建设，通过建立信息共享平台，提供企业、高校、科研机构所需的技术信息、市场信息等，助力企业提升技术创新能力，深化产学研对接合作，促进科技成果加快转化。四是加强引才用工服务，发挥创新企业引才主体作用，吸引集聚高层次人才来豫创业，为技术创新活动储备人才资源。

（二）加大降成本力度，增强企业发展信心

一是降低原材料成本，做好能源、重要原材料保供稳价工作，加强产需对接。二是降低用地成本，落实工业用地配置政策，鼓励采用长期租赁、先租后让、弹性年期供应等方式供应产业用地，降低企业前期投入。三是降低人工成本，落实落细阶段性降低失业保险、工伤保险费率政策，对不裁员、少裁员的企业，落实好普惠性失业保险稳岗返还政策，强化劳动力供需对接，破解用工短缺难题。四是降低金融成本，搭建新型银企合作平台，常态化组织开展产融对接活动，鼓励金融机构下调利率、减免服务收费，加强对创新型、科技型、"专精特新"中小企业信贷支持。

（三）加大强链补链力度，推动产业转型升级

一是提升产业竞争力，紧紧围绕打造先进链群、提升创新能力、扩大有效投资、培育优质企业和营造一流生态等重点方面，拓展深化企业服务内涵。二是加快构建先进制造业链群，聚焦新型材料、先进装备、新能源汽车、现代医药等重点领域，推进产业基础高级化和产业链现代化，增强产业链供应链韧性和安全水平。三是创新招商引资和项目推动模式，加大制造业重点外资项目服务保障力度，加快项目落地见效。四是紧盯产业链短板领域和薄弱环节，密切关注企业需求和发展瓶颈，深入开展技术引进和研发合作，增强产业链韧性，提升整体发展水平。

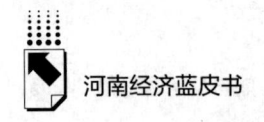

（四）持续优化营商环境，助力企业发展提速

一是深化"放管服效"改革，最大限度精简审批事项、优化办事流程，实行重大投资项目审批"一口受理"，建立"容缺办理、容错纠错、并联审批"机制。二是加强与企业沟通反馈，全面掌握企业生产经营动态，畅通企业诉求反映渠道，定期调度长期办理无实质性进展的企业诉求，加快问题办理进度。三是保障企业安静生产权利，将每月固定日期确定为"安静生产日"，改进监督管理服务方式，营造企业生产经营"零干扰"环境。四是保障企业合理合法诉求"动态清零"，通过跨部门协商"会诊"以及邀请法律、业务专家联合指导等方式，精准发力为企业破解难题，同时注重问题"清零"事后评估，定期"回头看"，保证问题真"清零"，并通过案例推广，推动问题"批量清零""整体清零"。

（五）建立服务企业常态化机制，巩固政策实施效果

一是建立惠企政策云宣讲常态化服务机制，各级职能部门建立抖音等互联网平台官方账号，不定期发布惠企政策宣传短视频，利用直播方式对广大企业宣讲政策，用"云服务"打通助企惠企的"最后一公里"。二是建立调研走访常态化服务机制，建立年度调研走访计划，设计具有地方特色的调研主题，调研行业范围做到全覆盖。三是建立重难点问题常态化回访机制，对企业反馈的问题办结后及时进行回访，探索建立全流程闭环工作机制。四是建立常态化督导考评机制，将助企服务活动开展情况纳入专项督查和年度考核，加强督促检查，适时开展督查督办。

参考文献

陈辉：《让"万人助万企"名片越擦越亮》，《河南日报》2023年4月24日。

孟向东、王娟、陈琼：《万人助万企　激发新活力》，《河南日报》2022年2月

18 日。

《提高站位　深度攻坚　纵深推进"万人助万企"活动》,《河南日报》2022 年 2 月 7 日。

宋红胜、金萍、庞卫东等:《万人助万企,万企活经济》,《河南商报》2021 年 12 月 8 日。

黄宝雪:《中小企业减税降费政策效应评价——以某市 D 区为例》,硕士学位论文,天津财经大学,2020。

马艳:《助企纾困力度加码　减税降费政策效应逐步显现》,《中国工业报》2021 年 11 月 11 日。

徐颖:《我国减税降费政策效应研究》,硕士学位论文,东北财经大学,2022。

王静伊:《我国减税降费政策效应研究》,硕士学位论文,河南财经政法大学,2021。

刘振:《济南市减税政策效应研究》,硕士学位论文,山东财经大学,2021。

吕从钢:《高质量发展下江西省创新激励的税收政策效应研究》,硕士学位论文,江西财经大学,2020。

李晓红、金正贤、陈雅妮:《内蒙古实施减税降费政策效应分析及改进对策》,《内蒙古科技与经济》2022 年第 24 期。

历晓君、谭敏、毕纪光:《我国小微企业减税降费政策效应分析》,《黑龙江金融》2019 年第 4 期。

B.30
河南预制菜产业发展研究报告

赵杨 王一嫔 李玉 武明光 魏巍*

摘 要： 河南是农业大省，也是食品工业大省、消费大省，大力发展预制菜产业对食品工业转型升级和换道领跑具有重要意义。在有力的政策引导支持下，河南预制菜产业发展成效逐步显现，但距千亿级产业链条目标还存在差距，产业加快发展还面临一些亟待解决的问题。本报告总结概括了河南预制菜产业发展情况，深入剖析了当前预制菜企业发展面临的困难和行业发展存在的问题，在此基础上提出了加快全省预制菜产业发展的相关建议：坚持质量为上，持续提升产业标准化水平；坚持产业为要，积极培育壮大市场主体；坚持全面发力，夯实预制菜产业要素支撑；坚持品牌塑造，推进"豫"制菜成规模赢口碑。

关键词： 预制菜 产业布局 产业升级 河南

2023年"预制菜"首次被写入"中央一号文件"，文件明确指出"培育发展预制菜产业"，贯穿一二三产业的预制菜迎来飞速发展的新风口，成为深入推动乡村振兴、促进产业结构转型、引领消费升级的重要抓手。河南是农业大省，也是食品工业大省、消费大省，大力发展预制菜产业对食品工业转型升级和换道领跑具有重要意义。为了解河南预制菜产业发展情况，河南省地方经济社会调查队在全省17个省辖市、济源示范区对预制菜生产和消费情况开展了专题调研。调研结果显示，河南预制菜产业发展基础雄厚，

---

* 赵杨，河南省地方经济社会调查队队长；王一嫔，河南省地方经济社会调查队快速调查室主任；李玉，河南省地方经济社会调查队快速调查室副主任；武明光，河南省地方经济社会调查队快速调查室；魏巍，河南省地方经济社会调查队快速调查室。

顺应社会消费升级和居民消费习惯的变化，叠加各项支持政策，预制菜产业发展成效逐步显现，呈现蓬勃发展势头，但企业生产经营存在数字化水平低、经营成本上涨等问题和困难，产业发展存在标准体系不健全、创新能力薄弱等问题，加快预制菜产业发展实现换道领跑还需多管齐下。

一 河南预制菜产业发展基础

预制菜是以一种或多种农产品为主要原料，运用标准化流水作业，经分切、搅拌、腌制等预加工或炒、煮、蒸等预烹调制成，并进行预包装的成品或半成品菜肴。预制菜是一场"厨房革命"，也是一场融合三次产业的"农业革命"，河南发展预制菜产业具有得天独厚的基础优势。

（一）资源禀赋支撑

河南是粮食大省、畜牧业大省，也是多种经济作物大省，粮食和主要农产品供给充足。2023年前三季度，河南农林牧渔业总产值8227.01亿元，常年居全国第2位，其中农业（种植业）和畜牧业占比达到89.8%。粮食总产量连续7年稳定在1300亿斤以上，稳居全国第2位。优势特色农业发展良好，优质花生、食用菌产量居全国第1位，蔬菜产量居全国第2位，生猪、牛羊禽等主要畜禽产品稳定增长，肉、蛋、奶产量常年列全国第一梯队，稳定的粮食产量和丰富的农产品供给优势为全省预制菜产业发展提供了有力的资源禀赋支撑。

（二）区位优势保障

河南素有"九州腹地、十省通衢"之称，地处沿海开放地区与中西部地区的结合部，是我国经济由东向西梯次推进发展的中间结合地带。目前以"米"字形高铁网为重点的综合运输通道已经形成，全省民航强枢增支，铁路拓展成网，公路加密提质，水运通江达海，基本建成了连通境内外、辐射东中西的现代立体交通体系和物流通道枢纽，汇聚形成强大的地理区位优

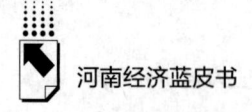

势。作为全国重要的综合交通枢纽和人流物流信息流中心，区位交通传统优势为加快预制菜走向千家万户筑牢了坚实基础。

（三）消费空间广阔

河南有近1亿的常住人口，预制菜消费具有强大的人口基础优势，消费潜力巨大。随着全省居民收入稳步增长，促消费政策效果持续显现，居民消费热情较高，消费活力不断释放。2023年前三季度，全省居民人均可支配收入21344元，同比增长5.8%，人均生活消费支出15400元，同比增长9.0%，其中人均食品烟酒支出同比增长12.9%。同时随着家庭小型化和"宅经济"的兴起，易烹即食、省时省事的预制菜逐渐进入公众视野并成为餐饮新风尚，预制菜消费市场空间广阔。

二 河南预制菜产业发展情况

预制菜产业是食品产业固根基、扬优势、补短板的新引擎，为促进预制菜产业健康快速发展，河南不断加强政策引导，完善产业生态，全力打造预制菜产业发展新高地。

（一）政策引导日益完善

为抢抓新机遇、培育新动能，河南从2019年就开始布局预制菜产业。从加快中原农谷建设到2023年写入政府工作报告，河南全方位加强产业发展，积极出台各项政策培育壮大预制菜产业，形成了以《河南省加快预制菜产业发展行动方案（2022~2025年）》为基础，金融贷款贴息、产业发展奖补、绿色食品标准奖励等多政策支撑体系，为预制菜产业发展注入强劲动力。全省各地因地制宜，配套支持预制菜产业发展。调研显示，绝大多数地市出台了支持预制菜产业发展的相关政策措施，全力布局加入预制菜赛道，洛阳、南阳和信阳等地将加快预制菜发展写入政府工作报告，为实现换道领跑提供坚强保障。

（二）基地建设初具规模

产业基地是预制菜产业加速崛起的重要载体。为抢抓从农田池塘直达居民餐桌的"厨房革命"机遇，河南大力支持预制菜产业基地建设，推动各地立足资源禀赋，培育壮大预制菜产业集群。经调研了解，全省约有20家预制菜产业园区正在建设。各预制菜产业园区结合当地优势和特色产业进行布局，聚焦全产业链发展，不断延链补链强链，三次产业深度融合，产业发展初具规模，基地建设成效显现。漯河召陵、周口鹿邑、鹤壁淇县和浚县等5个县区入围赛迪顾问的2023预制菜产业基地百强榜单，新乡原阳2022年预制菜规上工业企业营收突破100亿元、入围"全国十大预制菜产业基地"，成为中西部省份唯一，河南预制菜影响力不断扩大。

（三）产业布局均衡发展

从加工程度和食用方式来看，预制菜产业可分为即食、即热、即烹、即配四类，烹饪加工程度由浅至深，食用便捷程度由高到低，其具体特点如表1所示。依托河南的食品产业，四类预制菜产业相对均衡发展，全面布局预制菜产业发展赛道，形成了一批各具特色、引领示范的代表企业。由表1可以看出，生产即食、即热产品的企业占比均为29.2%，即食类代表企业有双汇食品、白象食品等，即热类代表企业有三全食品、思念食品等；生产即烹产品的企业占比25.6%，代表企业有巴奴、雨轩食品等；生产即配产品的企业占比16.0%，代表企业有盒马鲜生、锅圈食汇等。四类企业在细分领域深耕布局，汇聚预制菜产业发展新合力。

表1 预制菜主要种类及河南产业布局情况

单位：%

种类	特点	生产企业占比
即食	已完成杀菌或熟制，拆封后可直接食用或经过复热即可食用的预制食品，如八宝粥、即食罐头	29.2
即热	需简单加热，如速冻汤圆、自热火锅	29.2

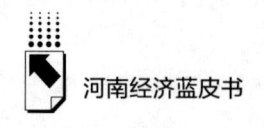

续表

种类	特点	生产企业占比
即烹	需入锅熬煮，如畜肉类、禽肉类、水产类、蛋制品类、豆制品类等须加热烹饪的半成品菜肴	25.6
即配	经过洗净、分切等仅进行初步加工的原料食材，需自行调味、烹饪，如商超售卖的配好原材料的青椒肉丝	16.0

（四）发展成效逐步显现

在政策和市场双重驱动下，河南预制菜产业抢抓机遇，聚焦塑造河南品牌、强力引领市场发展，不断形成核心竞争优势，发展成效逐步显现。从产业发展看，艾媒咨询数据显示，2022年河南预制菜产业指数居全国第3位，仅次于广东和山东，产业发展势头良好。从市场占有率看，河南生产了全国1/3的方便面、1/2的火腿肠、3/5的速冻汤圆、7/10的速冻水饺和4/5的酸辣粉，优势食品工业企业的预制菜产品走上国民餐桌；调研企业中64.7%的企业产品打开国内市场，在全国范围内流通销售，17.0%的企业产品扬帆出海走出国门，实现了"卖全球"。从品牌塑造看，调研显示，73.9%的预制菜企业拥有自己的预制菜品牌，56.9%的企业形成自己的明星单品或大单品，双汇的八大碗、禾胜合的毛肚等大单品正成为产业增长的"尖刀"，推动企业快速实现品类占位、品牌发展。

总体来看，河南预制菜产业发展成效逐步显现，呈现出了以千味央厨、锅圈食汇等成熟的专业预制菜企业为引导，以双汇、三全、好想你、卫龙等食品加工企业为支撑，带动中小企业和新品牌加速进步的良好发展态势，食品工业高质量发展新增长极逐步形成，河南"国人厨房"地位不断提升。

三 河南预制菜生产企业发展中存在的问题和困难

在多重政策利好加持下，河南预制菜企业快速成长，不断抢跑占领新赛道，逐渐形成经济发展新动能，但在消费市场爆发式增长背后，企业生产经营、要素保障等方面还存在薄弱环节，制约了预制菜产业发展壮大。

（一）数字化水平低

预制菜生产企业积极应用数字化技术，但受数字化生产装备不完善、设备成本较高等因素制约，企业数字化、智能化水平仍然较低，智能制造转型升级步伐较慢。调研显示，从生产流程看，预制菜企业在技术相对成熟的包装环节数字化程度最高，达到66.7%，但在原材料清洗、冷却、熟制等环节，数字化应用比率不足五成，配制环节仅为26.8%，对人工依赖程度高，制约了生产效率的提高。多地调研发现，部分预制菜企业仍采用"小作坊式"运营模式，加工环节以人工操作为主，生产管理较为粗放，全流程中应用机械化、数字化环节较少。

（二）经营成本上涨

企业原材料、人工、物流等多重成本叠加上涨，拉高了企业生产经营成本，而河南大多数企业规模较小，品牌影响力不够，成本上涨不能传导到终端产品价格上，一定程度上压薄了企业利润空间，增加了企业经营压力。调研显示，从企业发展存在的困难看，64.1%的企业选择经营成本上升，其中认为原材料、人工、物流成本较上年同期增长的企业占比分别为51.6%、59.5%、43.8%。调研企业普遍反映，原材料成本作为预制菜产业的最大成本，2023年受自然灾害影响，原材料供应不稳定，价格出现上涨，对行业利润影响较大。周口一企业表示，企业生产成本上涨，若产品的定价相应提高，相对外地产品没有竞争优势，难以通过电商平台将产品销售到外地。

（三）营销渠道拓展不足

营销是预制菜从工厂走向餐桌的关键环节，直接影响企业的生存发展，但目前企业营销力度不够，渠道未完全拓展，市场渗透和占有不足。调研显示，从企业发展存在的困难看，45.1%的企业认为营销渠道拓展不足。从营

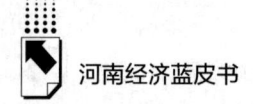

销方向看，预制菜销售以B端连锁餐饮市场为主，转向C端消费市场的营销开拓力度不够，市场渗透率较低，消费者认可度不高。从合作模式看，调研发现，部分企业对下游餐饮企业依赖程度较高，主要面向一家或者个别特定企业定制化生产，部分企业以贴牌代加工为主，没有形成自主品牌开拓市场，营销渠道较为单一，抗风险能力较弱。调研中洛阳一公司销售模式是仅为国内一家知名速食企业提供配菜包，而2023年以来这家速食企业产品产量下滑，该公司销量也随之大幅下滑。

（四）人才保障不够

人才是第一生产力，招聘难留人难，人才保障不足成为预制菜企业目前面临的一大困难。调研显示，从企业发展存在的困难看，43.1%的企业认为专业人才缺乏。从用工需求看，近五成企业存在用工缺口，36.0%的企业存在少量用工缺口，12.4%的企业存在较大用工缺口，且招工难。洛阳一企业表示，2023年招聘的30余名大学毕业生，到10月份仅留下不到一半，人才流失严重。从紧缺的人才专业看，43.8%的企业紧缺食品研发类人才，40.5%的企业紧缺市场营销类。郑州一企业表示，目前亟须高端营销类人才打通C端市场，形成品牌优势，其次是食品级生物工程师这类食品研发类人才，这是预制菜企业长远发展的重要人才资源。

四 河南预制菜产业发展存在的问题

河南大力推动预制菜产业朝着集群化、规模化、品牌化发展，努力打造千亿级产业链条，预制菜产业发展势头正盛，但面对食品工业"新蓝海"在工艺创新、消费升级等方面的高端需求，产业发展整体仍存在一些突出问题和短板，加快产业发展有待进一步破局发力。

（一）标准体系不健全

预制菜行业快速发展与标准体系健全相对滞后的矛盾，是目前预制菜产业发展的一大难题。目前预制菜产业缺乏全国统一的强制性标准，而河南预制菜产业在地方标准、团体标准和企业标准方面也不健全，对食品安全的硬性约束力缺失。从地方标准和团体标准上看，全国标准信息公共服务平台数据显示，截至2023年底，含"预制菜"关键字的全国现行且有编号的地方标准共有15项、团体标准共有232项，而河南仅有团体标准17项，尚无地方标准。从企业标准执行看，由于预制菜国家标准、行业标准、地方标准等标准缺失，企业大多执行自己制定的标准，原材料、菜品口感、冷链物流配送等方面不统一、不规范，同一菜品不同厂家生产的口味大相径庭，食品安全难以保证，质量参差不齐，成为行业发展的痛点。调研中信阳一企业反映，预制菜固始鹅块目前尚无统一标准，一份预制菜中鹅块的分量、肥瘦、配料比例等没有明确规范，有的企业生产规范但成本较高，有的企业生产不规范如鹅肉少但价格较低，消费者往往倾向于购买便宜的产品，容易造成质次价低产品充斥市场，不利于预制菜产业规范健康长远发展。

（二）创新能力薄弱

预制菜产业研发创新能力整体偏弱，创新成果较少，对预制菜长远发展的支撑引领作用不足。调研显示，仅有28.1%的预制菜企业拥有自己的专利。从口味还原度看，口味还原度低是预制菜产业发展的突出短板，相对于传统"鲜炒鲜蒸"现制菜品，预制菜的鲜度、口感明显略逊一筹，但要实现菜品的原汁原味，涉及烹饪工程化、营养配比、保鲜技术等各个流程研发，现有创新还不够，尚未攻克这一技术难关，预制菜产业基础研究亟须加强。从特色产品研发看，调研显示，60.0%的企业没有生产具有地方特色的预制菜产品，菜品研发创新不够，没有充分挖掘河南特色食材和饮食文化，开发更具河南品牌影响力和差异化的大单品。河南曾是食品创新和研发领域的"王者"，国内第一根火腿肠、第一颗速冻汤圆、第一只速冻粽子等均诞生在河南，但目前多数企业在预制菜领域处于"跟随"和"模仿"阶段，自主创新和研发的产品较少，生产市场流行的明星单品多，产品同质化现象

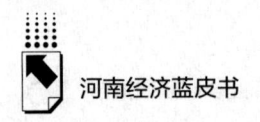

严重，市场竞争激烈。调研中焦作一企业表示，温县闻名遐迩的怀山药，多加工成山药粉、山药挂面等科技含量和附加值低的产品，缺少新产品的研发和精深加工，没有发挥怀山药最大的区域优势和消费价值。

（三）消费阶段性遇冷

受2023年"预制菜进校园"风波影响，预制菜消费出现阶段性降温，对生产端影响较大，消费市场亟须进一步培育挖掘。一是担忧食品安全，消费信心不足。对食品安全的担忧是当前预制菜消费的最大制约。对预制菜消费者的调研显示，62.5%的受访者担忧食品添加剂过多，61.5%的受访者担心有毒有害物质（如农药、重金属、抗生素）高残留问题等，43.3%的受访者担心原材料和产品储存时间过长，39.3%的受访者担心食品不卫生、加工过程不规范。二是舆论环境差，消费认知有偏差。目前预制菜消费舆论环境较差，消费者普遍缺乏对预制菜范畴标准、产品种类、生产工艺等的全面客观的认识，对预制菜存在不同程度的误解。有人不知道日常食用的方便面、速冻汤圆等也属于预制菜范畴，有人认为以净菜为代表的即配食品不属于预制菜，形成了预制菜产业端发展良好、消费端遇冷的现象。调研中消费者对预制菜存在较大的抵制情绪，不支持预制菜进校园或食堂的为49.0%，亟须为预制菜进行科学"正名"。三是消费使用场景较少，市场挖潜不够。调研显示，77.5%的受访者表示"加班、出行等临时用餐或过节用餐等情况下会选择预制菜"，作为日常膳食和周末使用的占比分别仅为9.1%、7.1%，日常生活消费频次不高，消费需求场景有待培育挖掘。

作为农产品加工大省，河南预制菜产业发展成效明显，产业发展跻身全国前列，但预制菜企业呈现"小、散、弱"形态，与广东、山东等省份相比仍存在差距，实现换道领跑还需加速发力。从企业数量看，赛迪顾问数据显示，河南预制菜企业数量为5847家，仅为排名第1的山东的七成左右。从龙头企业看，2023年预制菜企业竞争力百强企业中，广东、上海、山东分别有17家、12家和11家，河南仅有7家企业入围，具有引领带动作用的龙头企业偏少，企业规模小而散的特征凸显，市场集中度较低。从产业基地看,十大预制菜产业基地中,山东4家,广东2家,河南1家;百强产业基地中,山东17家,广东13家,河南5家。

五 相关建议

大力发展预制菜产业对于河南培育新动能新优势、构建经济发展新格局具有重要意义。要立足河南实际,探索构建预制菜产业健康良性发展的长效机制,做大做强预制菜产业发展这篇新文章,为领跑新赛道、促进经济高质量发展提供有力支撑。

(一)坚持质量为上,持续提升产业标准化水平

坚持统筹兼顾、重点突破,全面加强顶层设计,加快制定预制菜团体标准、地方标准、行业标准,积极参与国家标准、国际标准制定,着眼高标准引领高品质,推进统一的预制菜标准体系建设,防范食品安全风险,规范企业经营行为。从预制菜原材料、加工、包装、标签标识、贮存配送等全流程入手,鼓励企业、行业组织、科研院所等共同参与预制菜标准制定,深入完善并全面实施规范化的产业标准体系,引导行业健康有序发展。加强预制菜全产业链质量安全监管,按照源头准入、全程管控、质量可追溯的要求,构建严格的预制菜产品质量管控体系,全力保障舌尖上的安全。

(二)坚持产业为要,积极培育壮大市场主体

坚持多措并举、定向发力,做强做大预制菜市场主体,提高领军企业行业整合力和带动力,推动中小企业实现"专精特新"发展,形成产业链上下游、大中小企业协同创新、融合发展格局。建立优质预制菜企业培育库,培育一批在全国乃至全球有影响力的预制菜龙头企业和单项冠军,发挥龙头企业的示范引领作用。推动预制菜生产企业数字化、智能化、绿色化转型发展,支持企业实施智能车间、智能工厂改造,提升核心生产设备和关键工序的数字化水平。筑牢产业基地优势,引导各地根据地域特色、资源禀赋、产

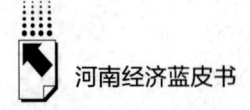

业现状，进一步谋划全产业链发展，科学布局原料基地、特色园区、专业平台，精准延链补链强链。

（三）坚持全面发力，夯实预制菜产业要素支撑

坚持遵循规律、分类施策，进一步完善预制菜产业扶持政策，加强冷链物流基础设施建设，降低企业经营成本。加强企业创新，着力构建产学研用一体化高水平研发体系，开展关键核心技术联合攻关，提高产品还原度，提升预制菜质量品质。加强资金支持，引导银行加大支持力度，畅通企业融资渠道，降低信贷成本，提高信贷额度。加强人才引育，大力培育和引进预制菜领域高层次研发人才，打造一批重点研发团队。鼓励高校设置预制菜相关专业，通过校企合作、产教融合等方式，建立预制菜人才实训基地，培养一批预制菜研发、管理、营销等产业人才。

（四）坚持品牌塑造，推进"豫"制菜成规模赢口碑

坚持立足特色、打造优势，充分挖掘河南特色资源，推动传统菜肴、地方特色食品与现代化、标准化生产技术结合，开发地域特色鲜明、市场认可度高的"豫"制菜明星产品。在品牌塑造上下狠功夫，推动"老字号"传承升级，打造一批制造能力强、单品销售额超过1亿元的卓越品牌企业，联合行业协会、同品类企业等打造预制菜区域品牌。大力开展品牌宣传，推动预制菜销售模式创新，深度布局餐饮、商超、电商等渠道，举办各类预制菜产销对接会，促进"豫"制菜品牌传播和形象塑造。加强科普宣传和正确引导，通过群众进企业、产品进社区等形式，倡导预制菜餐饮新风尚，营造预制菜产业发展的良好社会环境。

B.31 河南省科技金融发展现状及对策研究

张云定 薛原 赵建晔 张凯英 郝宇萌*

摘 要： 近年来，全省相关部门和金融机构围绕加快实施创新驱动、科教兴省、人才强省战略，积极破解科技型企业融资难题，推动科技与金融深度融合，取得了初步成效。本文通过对全省科技金融发展的现状、问题进行梳理，从加强领导、提升能力、充实产品、健全机制等九个方面提出了支持科技金融高质量发展的对策建议，以期进一步完善全省金融支持科技创新体系，推动更多金融资源投向实体经济和创新领域。

关键词： 科技金融 金融机构 创新驱动 科技型企业

一 河南省科技金融发展情况

近年来，按照省委省政府决策部署，河南省相关部门和金融机构锚定"两个确保"，聚焦服务创新驱动、科教兴省、人才强省战略，着力破解科技型企业融资难题，加快建设科技金融服务体系，推动科技与金融深度融合，持续为经济发展注入新动能。

（一）政策引领支持不断强化

省级层面，先后出台了《实施创新驱动科教兴省人才强省战略工作方

---

* 张云定，河南省地方金融监督管理局党组成员、副局长；薛原，河南省地方金融监督管理局政策法规处处长；赵建晔，河南省地方金融监督管理局政策法规处副处长；张凯英，河南省地方金融监督管理局政策法规处三级主任科员；郝宇萌，河南省地方金融监督管理局政策法规处四级主任科员。

案》《河南省创新发展综合配套改革方案》等文件，就政策性科创金融、科技型企业上市融资、科技信贷、科技担保、政府投资基金等科技金融政策措施进行了系统安排部署。为加强科技金融工作统筹，河南省已建立起由省科技厅、省财政厅、人行郑州中心支行等11个单位组成的省科技金融联席会议制度，统筹推进全省科技金融工作。国家金融监督管理总局河南监管局等6部门出台《银行业保险业支持科技型中小企业高质量发展的指导意见》，推动完善多层次、专业化、特色化科技金融体系。全省银行机构共设立科技支行26家，组建了2300余人的科技金融服务队伍。

（二）财政风险分担机制持续完善

为破解科技型中小企业因实物资产少而导致的贷款难问题，河南省科技厅主导推出"科技贷"，省财政出资2.8亿元设立科技信贷准备金，累计为近1800家（次）科技型中小企业和高新技术企业争取信贷资金超过100亿元。河南省工业和信息化厅主导推出"专精特新贷"，统筹使用2亿元省级融资担保代偿补偿资金池，用于"专精特新"企业风险补偿，自"专精特新贷"平台正式运行以来，已注册认证企业超3000家，累计放款超80亿元。河南省知识产权局设立省级知识产权质押融资风险补偿资金池，首期规模1000万元。各地市根据自身特点和实际情况，积极探索各具特色的科技金融新模式。郑州市推出了"郑科贷"产品，累计投放贷款超60亿元。洛阳市"科技贷"、开封市"汴科贷"等信贷产品相继推出。鹤壁市对"科技贷"按照实际贷款利息的50%进行财政补贴。

（三）全周期信贷产品体系逐步健全

全省银行业金融机构针对科技型企业"三高一轻"（高科技、高风险、高收益、轻资产）的特点，在产品设计与服务模式上专业专为，逐渐从"资金流"向"技术流"转变，更加注重对科技型企业科研、市场转化等科创属性进行综合评价。例如，建设银行河南省分行推出善新贷、科技云贷专门服务起步期、初创期科技型企业；推出科技支持贷、科技转化贷、网络供应链业务，专门服务成长期科技型企业；通过与建行集团子公司或其他非银行金融机构合作，运用投贷联动、基金、发债等综合融资方式支持成熟期科技型企业。

（四）地方法人银行开展科技金融探索

郑州银行成立政策性科创金融事业部，建立了"三专五单独"专门机制（专营机构、专职团队、专注科创，单独建账、单独绩效考核、单独风险容忍、单独客户准入和单独授信审批），为科技型企业提供"长周期、低利率、弱担保"的金融服务。中原银行设立科创双碳金融服务中心，立足科技型企业全生命周期，构建综合化服务体系，推出包括融资贷款、支付结算、资本市场对接、非金融服务等50类产品，满足不同成长阶段的科技型企业差异化融资需求。

（五）保险分散科技创新风险作用逐步发挥

河南省制定出台《支持科技创新发展若干财政政策措施》，明确科技型企业投保研发责任保险、关键研发设备保险、科技成果转化费用损失保险、"揭榜险"等科技保险的，按实际保费支出的30%给予不超过20万元补助。人保财险河南省分公司推广"保险+科技+服务+理赔"全产业链风险解决方案，成功落地全省首单知识产权海外侵权责任保险；太平洋财险河南分公司成立"科创保"项目团队，推出知识产权申请、保有和应用等不同环节的保障产品；国寿财险河南省分公司针对科技型小微企业融资难题，推出小额贷款保证保险。

（六）政府性融资担保持续助力科技型企业

针对科技型企业"融资难、担保难"的问题，河南省设立了中原再担保集团科技融资担保有限公司（以下简称"省科技担保"），专注服务于省内高新技术中小微企业、"双创"和战略性新兴产业。省科技担保深度参与省工信厅"专精特新贷"产品，为1200多家科技型企业提供全流程融资担

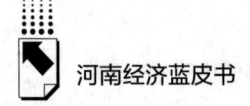

保贷款22亿元；联合银行、税务部门推出"云税融保"线上担保产品，为诚信纳税的科技型小微企业提供最高金额300万元的普惠担保服务。省科技担保已累计为全省数万家小微、科创经营主体提供担保贷款130多亿元。

（七）政府投资基金、私募股权基金不断发力

针对全省金融市场早中期项目和战略新兴产业培育资金供给少的特点，河南省先后设立了河南省科技创新风险投资基金、郑洛新自创区科技成果转化引导基金和郑洛新自创区创新创业发展基金3支投向不同发展阶段的政府投资基金，对初创、成长到战略发展阶段的科技型企业提供连续性、差异化的资金扶持，已累计投资106个项目，投资额16.67亿元，形成了股权投资阶梯式的资金供给链。郑州市设立郑州高新区科技广场，开展一站式基金招商和"募投管退"全流程服务。目前，科技金融广场集聚股权基金及基金管理机构160家，各类私募股权基金累计投资高新区141家企业，资金额约82亿元。

（八）科技型企业上市融资稳步推进

全省积极助推"个转企、小升规、规改股、股上市"，通过建立上市后备资源库、推进企业股份制改造、落实上市挂牌"绿色通道"制度等，主动对接国家级专精特新"小巨人""隐形冠军"等科技型企业，推动加快登陆资本市场。2021年以来，全省在科创板、创业板、北交所上市科技型企业25家，其中在北交所上市企业数量13家，位列全国第6、中部六省第1，13家北交所上市企业均为科技型企业，其中国家级专精特新"小巨人"企业9家、省级"专精特新"企业2家。

二 河南省科技金融存在的问题

总体来看，科技金融有力支持了全省科技创新工作，为推动全省创新驱动、科教兴省、人才强省战略实施提供了金融支撑。但在全省经济发展加速

向创新驱动转型的形势下，科技金融工作在组织保障、政策集成、产品供给等方面，还需要进一步发力。

（一）科技金融组织领导体系有待完善

省级层面虽然已设立了科技金融联席会议制度，但科技金融支持政策仍由多个部门分别制定，顶层设计和统筹部署不足，部门之间的信息壁垒和工作交流还有待完善。一是科技型企业认定标准尚不明确。按照科技、工信等部门认定标准，科技型企业包括高新技术企业、科技型中小企业、省级"专精特新"企业、创新型中小企业、专精特新"小巨人"企业、制造业单项冠军企业、国家技术创新示范企业等，认定标准不统一，企业信息较为分散，金融机构对企业贷款营销尽调成本较高，难度较大。二是科技型企业全口径融资统计体系不健全。目前，人民银行仅统计高新技术企业和科技型中小企业两类企业的贷款情况。科技型企业私募股权融资情况、科技保险风险保障情况、政府性融资担保体系服务科技型企业情况等均没有统计机制。三是科技金融风险分担补偿机制不健全。全省已设立"科技贷""专精特新贷"等风险补偿基金，但数量有限、准备金不足。如"科技贷"信贷准备金的杠杆效应已达20倍以上，其风险分担、补偿能力与全省科技企业数量及市场需求不匹配。

（二）金融机构服务科技型企业的专业能力欠缺

全省金融机构对科技型中小企业的支持服务还不到位，全省科技型中小企业获贷率低于全国水平近5个百分点。一是专营机构、专业团队力量较为薄弱。全省具有金融许可证的科技支行（分理处）26家，数量在主要经济大省中居末位。其中，广东137家、江苏63家、山东51家、浙江74家。部分银行机构已设立科技事业部或科技支行，但单列信贷计划和单独考核机制、单独客户准入和单独授信管理机制、单独风险定价和单独风险容忍机制还不够完善，具有科技、金融复合专业背景的人才储备不足，服务质效难以满足全省科创贷款业务需求。二是信贷产品体系仍不适应科技型企业特点。

全省科技型企业贷款多以短期、流动性信贷支持为主，匹配科技型企业研发周期长、融资需求期限长的信贷产品不足。现有信贷产品设计仍脱离不了抵押，对科技型企业评价能力不足，纯信用贷款投放较少，多数仍需追加抵押担保，甚至需要创业者个人提供资产抵押或保证。知识产权价值评估、抵质押办理和处置等方面的政策法规仍不完善，银行机构难以将知识产权抵质押作为贷款担保的主要方式或增信措施，全省知识产权质押融资规模仅占全国的1%左右。三是"股贷债保"联动的综合金融服务有待完善。全省"银担合作""投贷联动""贷款+外部直投""贷款+认股期权"等业务模式还不够成熟，商业银行仅发挥信用中介功能，撮合创投机构与科技型企业的能力欠缺。科技担保力量较为薄弱，目前全省仅有1家科技担保专营机构，实缴资本金5亿元，而安徽省有近10家科技担保专营机构，注册资金超过25亿元。四是科技保险创新供给不足。科技型企业对科技保险的需求集中于研发过程中以高风险为标的保险，对保险公司在险种、覆盖面、专业性和创新能力方面提出更高要求。目前，科技保险产品不够丰富、覆盖面不广，未能搭建起涵盖科技企业研发、生产、创业保障、人才保障的产品体系。2022年全省首次组织了科技保险补贴工作，累计补贴金额仅为60万元。

（三）股权融资能力不足

一是私募基金总体规模不大、竞争力不强。全省现有私募基金管理人159家，居全国第21位，数量不到深圳市（3532家）的5%，基金规模长期在千亿元左右徘徊，相当于浙江省（18408亿元）的5%、四川省（2516亿元）的1/4，难以满足科技型企业资金需求。省级未设立天使投资母基金，尚未形成天使投资生态，对种子期、初创期科技型企业缺少天使资金和创新资源注入。二是政府投资基金引导能力不强。全省仅有22只省级政府投资基金，引导社会资本投向科技领域的力度不够。相比之下，安徽省有74只省级政府投资基金且有国家级产业引导基金投资。全省政府投资基金主要来源为财政资金，撬动社会资本的能力偏弱，各基金分散运作，难以统筹管理、协同运作，不利于提升承载重大科研项目。政府投资基金缺乏科学有效的运作机制和容错评价考核机制，对本身风险较高的科创领域普遍存在不敢投、不愿投的现象。三是科技型企业上市融资规模较小。全省境内上市公司 111 家，融资总额 4925 亿元，全国排名分别为第 12、第 13，落后于安徽（176 家，4925 亿元）、湖北（147 家，5768 亿元）等中部省份。

三　推动科技金融高质量发展的对策建议

紧紧围绕创新驱动、科教兴省、人才强省战略实施，持续完善全省金融支持科技创新体系，实现科技、产业、金融紧密耦合、良性循环，推动金融资源更多投向实体经济和创新领域，为初创期、成长期、成熟期科技型企业提供更为精准、优质、高效的全周期金融服务。

（一）健全完善科技金融组织领导体系

加快省级层面科技金融工作组织领导，强化顶层设计和统筹协同，定期召开工作会议，推进政策落实，密切监测和防范相关金融风险。建立包括高新技术企业、科技型中小企业、"专精特新"企业等科技型企业的综合名录，建立相应的科技金融综合统计体系。

（二）提升银行业金融机构服务科技型企业的专业能力

支持引导银行业金融机构根据全省区域协同创新总体布局，新设、改设科技特色支行。推进银行业金融机构规范科技分支机构建设，加快培育科技金融专业团队，在信贷资源和绩效考评方面给予政策倾斜，适当下放授信审批、利率定价等业务权限，推进银行业金融机构围绕服务科技型企业，加快建立完善单列信贷计划和单独考核机制、单独客户准入和单独授信管理机制、单独风险定价和单独风险容忍机制。

（三）充实科技型企业融资产品工具箱

探索编制科技信贷业务和服务标准指引，支持引导银行业金融机构建立以知识产权、人力资本为核心的企业科技创新能力评价体系，构建适应科技型企业特点的信贷审批流程和信用评价模型。制定重点支持科技型企业初创起步期信用贷款服务的专项措施。用好再贷款等货币政策工具，鼓励引导金融机构加大对科技型企业的支持力度。支持银行业金融机构发展"科技人才贷"、"创新积分贷"、供应链金融等业务。加快完善知识产权评估、担保、登记、贷款、质物管理和处置变现等服务体系，搭建"互联网+金融+知识产权"平台，积极发展知识产权质押融资，健全知识产权融资机制，探索发行知识产权证券化等金融产品。支持保险机构开发科技创新、成果转化等保险产品，完善科技保险补贴机制。

（四）推动地方法人银行做专做精科技金融

支持中原银行、郑州银行发行创新创业金融债。推动中原银行制定专项工作方案，探索创建河南省科创金融联盟，打造符合省情需求的"科创金融孵化器"，提升科技型企业信贷规模和首贷户数。指导郑州银行建立标准化科创企业授信评价模式，开发推广"研发贷""贷款+认股期权"等新模式、新产品，促进科技型企业融资增量、扩面、降价。支持郑州银行打造链接科研院所、天使风投创投、保险、融资担保等的"科创朋友圈"，实现信息共享、优势互补、深度合作。

（五）健全科技型企业融资风险分担和补偿机制

用好各类信贷风险补偿资金池等财政政策，优化省"科技贷""专精特新贷""知识产权质押融资"运行机制，降低信贷门槛，减少融资成本，提高服务效能，撬动相关信贷业务规模实现倍增。市县政府结合实际建立科技型中小企业信贷风险补偿资金池，发挥财政资金的引导和放大作用。探索建立以中原科技担保为龙头、政府性担保机构组成的科技融资担保体系，建立科技融资担保统计考核机制，推动中原科技担保专注服务科技型企业，开发应收账款质押融资、中长期研发融资、知识产权质押融资等担保产品，创新科技型企业"见保即贷"产品，探索"投保联动"业务模式，提升科技融资担保规模。

（六）完善科技型企业多维评价体系

打通政府、金融机构和企业数据，加强科技公共信息共享、知识产权评估交易等配套支撑，充分考虑科研创新能力及科研人员等因素对企业价值的贡献，从知识产权数量、研发组织管理水平、科技成果转化能力等指标层面，构建科技型企业多维评价模型，让更多科技型企业能享受到更精准的金融服务、政策服务和市场服务。

（七）加速科创基金集聚发展

优化整合省级政府投资基金，建立省市县协同联动机制，充分发挥创业投资引导基金作用，带动更多社会资本"投早、投小、投科技"。建立适应国有创业投资机构的考核评价体系，完善尽职免责、激励容错机制，释放国有创业投资机构活力。支持产业链核心企业联合资本发起设立"链主"型基金，助力链主企业"补链强链"。推动设立河南省创业投资行业协会，举办创投峰会、论坛等系列活动，开展典型投资案例、优秀投资机构评选活动，打造本土优秀创投品牌。实施"基金入豫"，引进市场化知名头部基金机构。在风险可控的前提下，扩大全省合格境外有限合伙人（QFLP）试点范围。探索设立创业投资二级市场基金，支持中原股权交易中心申请私募基金份额转让试点。

（八）推动科技型企业上市发债

持续推进企业上市五年"倍增"行动，支持具有"硬科技"核心技术或者符合"三创四新"条件的企业在科创板、创业板上市，鼓励科技型中小企业在"新三板"、区域性股权交易中心挂牌。定期遴选科技型企业纳入上市后备资源库重点培养。畅通"绿色通道"，及时解决科创企业上市问题。依托沪深北交易所河南基地，开展"豫见科创"等系列培训活动。建立科技型企业发债需求清单，完善科技型企业债务融资增信机制，鼓励符合条件的科技型企业发行短期融资券、中期票据、公司债等各类债务融资工具，扩大"双创债"融资规模。

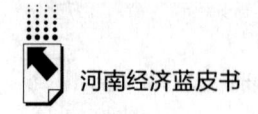

（九）强化金融科技赋能

依托全国一体化融资信用综合服务平台网络全面归集科技型企业公共信用信息数据、政策措施等信息资源，建设覆盖科技型企业全生命周期的主题数据库，为金融机构对科技型企业精准画像、有效增信提供数据支撑。优化完善省一体化融资信用综合服务平台功能，加快推进与省金融服务共享平台、科技金融在线服务平台、"专精特新贷融资服务平台"等实现信息共享和服务协同，形成融资信用服务合力。探索建设省金融服务共享平台科创金融专区，全面引入银行、保险、天使风投创投、融资担保等金融机构，开设常态化征集科技型企业有效融资需求栏目，组织科技型企业发布融资需求，对接金融机构。

B.32
河南种粮主体利益保障情况调研报告

陈建设 樊福顺 郑凯 朱松涛 洪曼绮 石磊*

摘　要： 为了解河南种粮主体收益保障现状、机制、效果以及存在的问题，国家统计局河南调查总队组成专题调研组，赴尉氏、永城、扶沟、郾城、西平等十多个产粮大县开展实地调研，实地考察高标准农田建设项目、农业社会化服务组织、粮食流通和加工企业等，访谈新型农业经营主体负责人、一般农户、乡村干部等；并在产粮大市开封、安阳、南阳、商丘、信阳、驻马店6地市抽取197个新型农业经营主体、347个普通农户，开展了问卷调查。最后提出完善种粮主体利益保障的对策建议：健全种粮主体收益保障政策；运用粮食价格杠杆，保障种粮主体利益；强化社会化服务和技术支持；完善农业保险政策；加大对新型种粮主体的政策支持力度。

关键词： 粮食生产　种粮主体　规模化经营　利益保障机制

一　河南种粮主体利益保障情况

种粮主体是指种粮农户、家庭农场、专业合作社、种粮专业户和农业企业等。在河南，5500万农民承担着全省粮食种植的重任，是粮食生产和保

---

* 陈建设，国家统计局河南调查总队副总队长；樊福顺，国家统计局河南调查总队农业调查处一级调研员；郑凯，国家统计局河南调查总队农业调查处处长；朱松涛，国家统计局河南调查总队农业调查处副处长；洪曼绮，国家统计局河南调查总队农业调查处二级主任科员；石磊，国家统计局河南调查总队农业调查处三级主任科员。

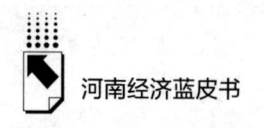

障粮食安全的主力军。

为保障种粮主体收益，中央出台了一系列普惠性增收政策，大致可以分为直接补贴、价格保障、风险保障3类（见表1），河南坚决贯彻落实中央政策，保障种粮主体利益。直接补贴类，主要是对农民直接发放补贴，以增加农民收入，包括耕地地力保护补贴、稻谷目标价格补贴、实际种粮主体一次性补贴。2021年中央财政下达河南耕地地力保护补贴资金106.41亿元，实际种粮主体一次性补贴资金19.37亿元。价格保障类，主要是国家出台的最低收购保护价政策，包括小麦最低收购价政策、稻谷最低收购价政策。风险保障类，主要是实施政策性农业保险，降低自然灾害对种粮主体收入的冲击，目前，小麦、水稻、玉米三大主粮都已被纳入农业保险。

表1 河南种粮主体收益保障的主要政策

类型	名称	具体内容	2021年资金规模
直接补贴类	耕地地力保护补贴	补贴对象为拥有土地承包权的农民,平均补贴标准约为97元/(亩·年)	106.41亿元
	稻谷目标价格补贴	分配到22个稻谷主产县,主要补贴给稻谷生产者,平均标准为48元/(亩·年)	4.71亿元
	实际种粮主体一次性补贴	目的是弥补因农资价格上涨给农民收入造成的影响。2021年以来已连续发放两年,发给实际种粮主体	19.37亿元
价格保障类	小麦最低收购价政策	2006年,国家在河南省开始实施小麦最低收购价政策。国标三等小麦最低收购价由2006年的0.71元/斤提高到2022年的1.15元/斤。其中价格有涨有落	2006~2021年,河南以最低收购价收购小麦3100多亿斤,由农发行提供贷款
	稻谷最低收购价政策	2017年以来,河南稻谷最低收购价执行区域主要是信阳市、南阳市和驻马店市的部分县,分别于2017年、2018年、2019年和2021年启动,国标三等稻谷最低收购价格维持在1.26元/斤至1.36元/斤,2022年稻谷最低收购价格为1.29元/斤	2017~2021年,河南以最低收购价收购稻谷84.11亿斤,由农发行提供贷款
风险保障类	农业保险政策	2007年,河南开始试点政策性农业保险。2021年10月,河南开始在全省范围内实施小麦、玉米、水稻完全成本保险	2021年冬小麦共承保6180.61万亩,中央负担保费7亿元

二 河南落实种粮主体利益保障的主要做法

河南贯彻落实国家农业政策，稳固河南农业大省地位，促进农业强省，围绕落实种粮主体利益保障主要做了以下几个方面工作。

（一）认真执行中央财政支持政策

一是完善财政资金直达机制。及时将中央资金下拨县市，不折不扣落实中央各项强农惠农政策，调动县级政府抓粮和农民种粮积极性。2018年以来，全省累计对产粮大县发放奖补资金180多亿元，发放农机购置补贴82亿元。二是规范农民补贴发放。确定补贴对象，开展公示公告，加强事中事后监管，及时将耕地地力保护补贴、实际种粮主体一次性补贴等资金发放到农民手中。2018年以来，累计向农民发放耕地地力保护补贴534.3亿元，2021年以来累计发放实际种粮主体一次性补贴46.6亿元。

（二）大力实施藏粮于地、藏粮于技战略

坚持增数量、提质量并重，大力开展高标准农田建设，加大中低产田改造力度，同步发展高效节水灌溉，着力打造全国重要粮食生产核心区，累计建成高标准农田7580万亩，高标准农田建设为种粮主体提高种粮收益奠定了坚实基础；同时不断提升农业科技水平，启动良种攻关项目，打造以种业为突出特征的农业创新高地和农业科技新城"中原农谷"；全省主要农作物良种覆盖率超过97%；小麦生产基本实现全程机械化，农业科技进步贡献率在60%以上。这些都为粮食增产增收、种粮主体利益保障打下了坚实的基础。

（三）实施好粮食生产保障措施

一是推动小麦重大病虫害防治全覆盖。利用好中央财政资金，推动市县加大财政支持力度，开展大规模统防统治和群防群治。2022年河南各级财政安排资金5.8亿元用于小麦"一喷三防"，完成喷防面积8523万亩，基

本实现全省小麦全覆盖。二是提高农业保险保障水平。河南进一步完善粮食保险政策，特别是在非产粮大县推行完全成本保险、省级财政承担70%的保费，实现了小麦、玉米、水稻三大粮食作物完全成本保险政策全覆盖、种植收入保险政策产粮大县全覆盖，两项保险的保障水平最高均可达80%。三是探索粮食储备新模式。河南统筹部分商品粮大省奖励资金，成立粮油企业深加工扶持基金、粮食收购担保基金等，推动民间资本发展粮食产业。建立"龙头加工企业+国有仓储企业+政策性金融机构"联合体开展地方粮食调控收购，保障种粮主体的利益。

（四）强化粮食产业"三链同构"

坚持以"粮头食尾""农头工尾"为抓手，围绕粮食延伸产业链、提升价值链、打造供应链，促进种业、粮食、食品聚合发展，大力发展农产品精深加工业，让越来越多的河南优质农产品走进"国人厨房"、走上"世界餐桌"，拉长农业产业链条，保障种粮主体种粮收益提档升级。

三 存在的主要问题

（一）保障政策有待优化

1. 种粮主体收益保障政策覆盖面窄

一是耕地深松项目资金覆盖面小。2021年，国家下达河南耕地深松任务1300万亩，覆盖面小，预计8年左右才能对全省耕地轮作一遍；安排补助资金1.9亿元，亩均补贴为实际成本的一半左右。二是对新型农业经营主体政策支持少。中央支持新型农业经营主体的专项资金总量少、覆盖面小，大部分经营主体获得感不强。调查显示，2021年，河南利用中央财政资金7200万元支持农民专业合作社、2000万元支持家庭农场，仅有0.8%的农民专业合作社和0.6%的家庭农场获得支持。据抽样调查，规模种植户、家庭农场、农民合作社和农业服务企业的经营资金中，70.56%的来自"亲戚朋友的借款"，"申请政策性补贴和帮扶资金"的只占21.92%。三是粮食保险的实际覆盖面有待提高。按照河南农业保险政策，农户每亩小麦需要缴纳约8元保费。普通农户投保积极性不高，小麦投保率为70.0%左右。

2. 保障政策力度小

一是耕地地力保护补贴金额小，激励作用减弱。耕地地力保护补贴对象是有家庭承包经营权的农民，亩均约100元，但因土地流转而实际不种地的农户仍享受此项补贴，造成"耕地地力保护"名不副实，难以体现引导农户提升耕地地力、发展粮食生产的政策初衷。二是实际种粮主体一次性补贴数额小。河南2022年该项补贴亩均不足25元，而化肥、农药、柴油价格上涨都在50%以上，补贴与农民因农资上涨增加的支出相比远远不够。三是病虫害防治资金规模小。2021年，河南利用中央财政资金1.06亿元用于病虫害防控，每亩平均不到1元，补助力度小。且拨付时间不同、使用要求不一，有时资金下拨与农时不同步。

3. 政策落实缓慢

一是高标准农田"建""管"不同步。一些高标准农田投资标准偏低、建设水平不高，加之水位下降、水井废弃和日常管护不到位等综合因素影响，基础工程老化、配套设施不完善等问题较为普遍。二是农机购置审批复杂，落实缓慢。2021年中央财政安排河南农机购置补贴13.82亿元，其中近六成资金需用于填补2020年7.5亿元的资金缺口，2022年资金缺口预计达10亿元。

（二）对粮食生产支持不够精准

从2004年开始，国家对种粮农民普遍实行三项补贴：良种补贴、种粮农民直接补贴与农资综合补贴。但随着农业农村发展形势发生深刻变化，农业"三项补贴"政策所起的积极作用越来越小。调查数据显示，86.71%的普通农户表示"享受过种粮优惠政策和相关补贴"，而只有71.57%的规模户表示"享受过国家种粮补贴或相关政策扶持"，新型农业经营主体和普通农户在享受相关种粮优惠政策上存在差别。

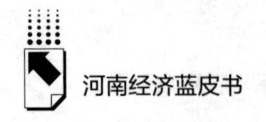

（三）适度规模化经营进展慢

目前，适度规模化经营进展慢，耕地流转不畅。据抽样调查，普通农户中64.55%的没有进行过耕地流转。没有耕地流转的主要原因为"自有耕地能够满足种植需求，耕地不需要流转"。同时，耕地流转过程中也存在着一些问题，一是部分农民思想认识有偏差，还存在土地是"命根子"的恋地情结，不愿进行土地流转。二是土地流转价格指导机制、信息发布机制不完善，流转行为不规范。例如，流转时没有签订流转合同，只有口头协议，导致纠纷；流转后打破土地界线，使得土地恢复原状困难；经营者不按时支付流转费用等。三是部分农民对土地流转有顾虑，怕失去土地，老无所依，怕国家政策调整，失去既得利益，怕纠纷不断。因此，很大一部分农民在从事非农产业经营后，宁可粗放经营，也不愿转出承包地（见图1）。

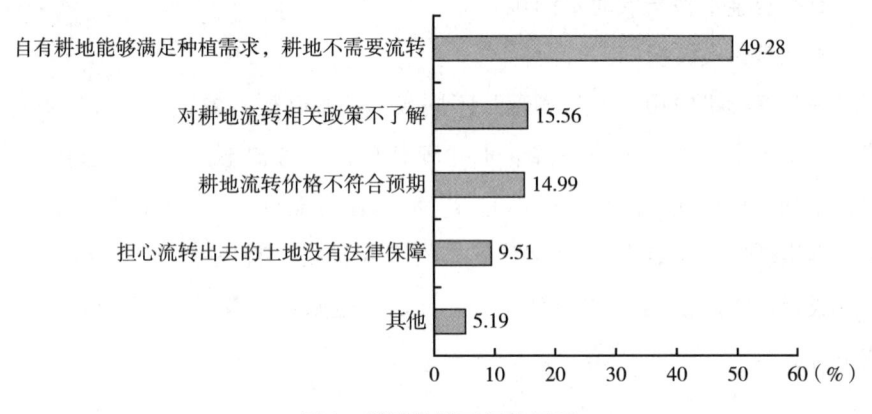

原因	百分比(%)
自有耕地能够满足种植需求，耕地不需要流转	49.28
对耕地流转相关政策不了解	15.56
耕地流转价格不符合预期	14.99
担心流转出去的土地没有法律保障	9.51
其他	5.19

图1　耕地流转不畅的原因

（四）社会化服务还不尽完善

目前，小规模家庭经营仍然是农业生产经营的主体，要把它们引入现代农业发展的轨道，最重要的就是要健全农业社会化服务体系。通过培育各类农业服务组织，依托土地股份合作、土地托管、代耕代种、联耕联种、病虫害统防统治、秧苗统育统供等服务，为普通农户开展专业化市场化服务，帮助解决生产过程中面临的共性问题,把一家一户小生产融入农业现代化大生产之中,实现小农户生产与现代生产要素的有机结合,是引领小农户走向现代农业的重要途径,也是保障种粮主体利益的重要体现。调查发现,37.18%的普通农户在粮食生产"耕、种、防、管、收"各环节采用过农业社会化服务,不采用社会化服务的最主要原因是"对农业社会化服务了解不多,不愿意尝试",其次是"当地提供农业社会化服务的主体较少,对小农户开展的农业社会化服务不到位"。社会化服务主要体现在"病虫害防治""机耕、机插、育秧、施肥等生产种植服务",有七成的新型农业经营主体认为在采用农业社会化服务后平均每亩地可节省成本,相对增加收益。对采用的社会化服务的满意程度达到62.5%。

从图2可以看出,在粮食种植社会化服务方面存在的最主要的问题是"农业社会化服务类型较少",其次是"农业社会化服务价格偏高",再次是"农业社会化服务主体数量不足"。分析农业社会化服务不完善的原因,一是服务主体整体实力较弱。服务上万亩耕地的服务公司还是占少数,大部分服务主体规模不大、实力不足、抵御市场风险的能力较弱、服务带动能力不强。二是服务对象"重大轻小"。土地集中连片的规模经营主体,成为各类农业服务主体争相服务的重点,而直接面向小农户的服务供给严重不足。三是服务领域拓展不够。目前,农业社会化服务主要集中在粮食等大田作物的产中环节,农产品初加工、冷链物流以及配套的金融保险等服务还极其薄弱。

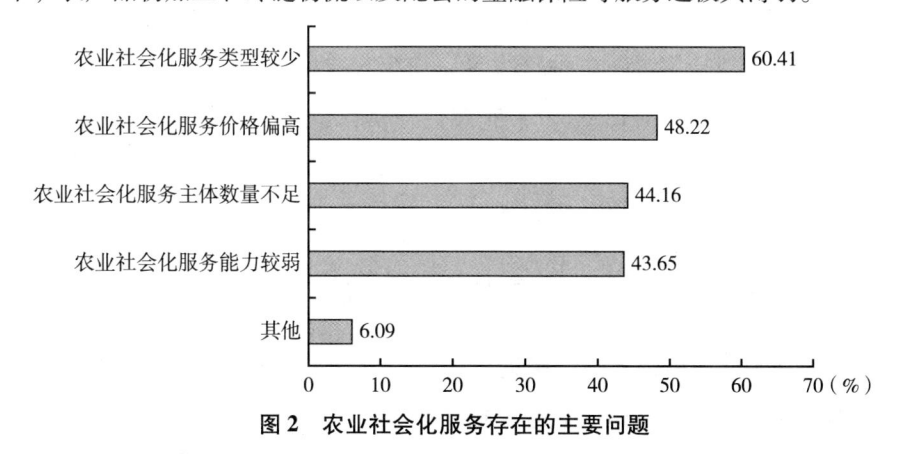

图2 农业社会化服务存在的主要问题

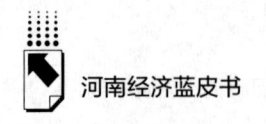

（五）种粮成本攀升挤压种粮收益

以化肥价格为例。2021年为2600元/吨，2022年上涨至3800元/吨，涨幅达46.2%。以种植小麦为例，2022年种植成本为16200元/公顷，较2019年上涨4275元/公顷，涨幅为35.85%。小麦纯收益约10000元/公顷，而花生可达到15000元/公顷。调查问卷显示，认为当前粮食种植成本高的新型农业经营主体占比达95.24%，其中认为非常高的占比40.48%，认为比较高的占比54.76%。对于新型农业经营主体来说，除了土地租金外，认为化肥、种子、人工推动种植成本增加的分别占比100%、45.24%、35.71%。

四 完善种粮主体利益保障的几点思考

完善种粮主体利益保障，需要坚持目标导向，就是要保障国家粮食安全，促进种粮主体增收，促进区域协调发展。要统筹兼顾、务求实效，坚持种粮贡献与利益补偿相一致。

（一）要正视"农民种粮比较收益低"的现实

据抽样调查，2021年河南小麦亩均纯收益417.2元、玉米289.6元，种粮主体亩均纯收益706.8元，按人均耕地1.57亩计算，农民种粮收入仅占农村居民人均可支配收入17533元的6.3%。种粮收益明显低于种植经济作物收益。调查资料显示，种植蔬菜亩均纯收益可达2900元左右，种植粮食收益与种植蔬菜收益比在1∶4左右。种粮收益大幅低于务工收入，国家统计局农民工监测调查报告显示，2021年农民工月均工资4432元，农民种植一亩粮食的纯收益，仅相当于外出务工5天的收入。

（二）开展适度规模经营是提高种粮收益的重要途径

随着工业化、城镇化持续推进，农村劳动力大量进城务工，种粮主体数量变少、年龄变老的趋势越来越明显；加之农业机械不断推广应用，农村土地流转和土地托管面积持续增加,粮食生产规模化和农村人口城镇化、农业生产机械化同向推进、互促共进,粮食生产的经营方式的明显特点就是生产规模化,同时土地托管服务也快速发展。目前,河南土地流转率已经连续8年稳定在30%左右,土地托管面积快速增加,2021年粮食生产托管面积1.51亿亩次。开展适度规模经营,实现了粮食产量有保障、农民收入有增加的良好局面。

(三)持续优化种粮主体结构

据河南调查总队2021年底抽样调查,河南普通农户占全部农业经营主体的99.0%,规模户(单季种植50亩以上农户)、农民专业合作社、农业产业化龙头企业合计占比1.0%;普通农户经营的耕地占全部耕地的72.9%,规模户等其他主体占比27.1%。就普通农户来说,它们在数量上仍占绝对优势,但老龄化严重、兼业化普遍,种粮收入占比小,对国家政策不敏感。问卷调查显示,种粮农户的主要劳动力中,18~29岁的农民占比3.0%,30~49岁的占比40.0%,50岁及以上的占比57.0%,其中60岁及以上的占比14.0%;种粮农民的文化程度普遍不高,47.0%的农民为初中及以下学历,44.4%的农民为高中及中专学历。要充分考虑粮食生产主体的特殊性和复杂性,充分考虑"现在谁在种粮""将来谁来种粮"等趋势性问题。

五 完善种粮主体利益保障的几点建议

要以保障国家粮食安全、促进种粮主体增收、推进区域协调发展为目标,构建以政策扶持、种粮主体收益保障、粮食生产促进、产业发展支持等政策为框架支撑,对象精准、务实管用、长短相济的政策体系。

据抽样调查,种粮农民对提高种粮主体的收益保障有什么建议,七成农户选择了"健全完善农民种粮收益保障机制,稳步提高粮食最低收购价格和种粮补贴标准"。同时"提高农业机械化水平,加强田间管理和技术指导,不断提升粮食产量""稳定农资产品价格,降低生产成本",也是农户的期盼的扶助政策(见图3)。

建议	比例(%)
健全完善农民种粮收益保障机制，稳步提高粮食最低收购价格和种粮补贴标准	74.35
提高农业机械化水平，加强田间管理和技术指导，不断提升粮食产量	42.65
稳定农资产品价格，降低生产成本	40.06
加强高标准农田和基础设施建设	37.18
加大良种研发投入	20.75
提升粮食产品附加值，提高粮食产品价格	17.29
推动种粮农民生产经营方式转型，推广灵活多样托管服务	15.56
大力推广完善各类粮食种植保险	4.90
大力发展土地集中连片种粮机制	4.61
延伸产业链，产供销一体化全方位发展	1.44

图3 种粮农民对提高种粮主体收益保障的建议

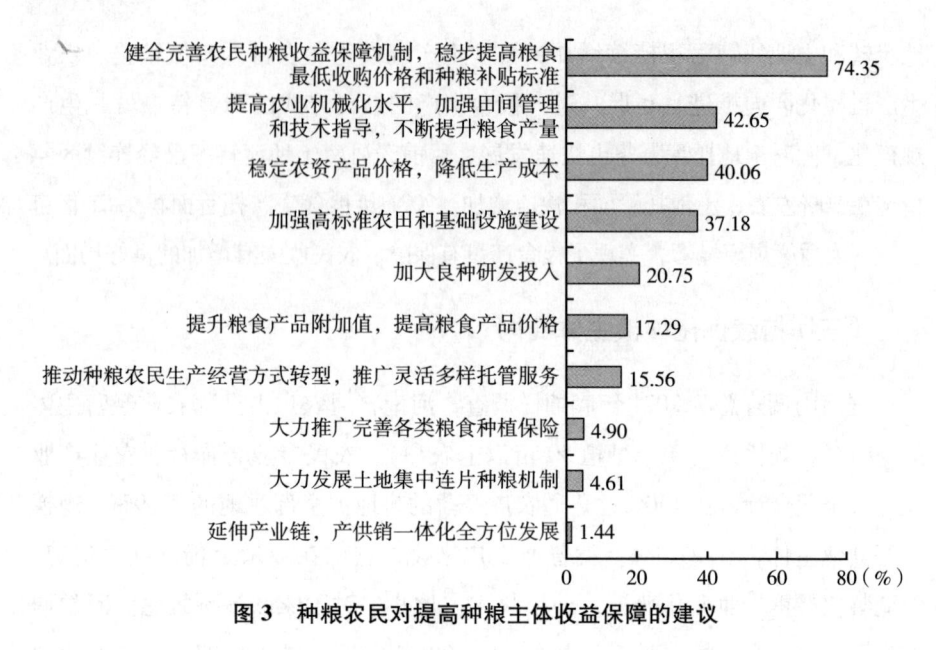

（一）健全种粮主体收益保障政策

一是稳定耕地地力保护补贴。此项补贴已经实行多年，群众接受度高，看得见、摸得着，已经成为国家给予农民的普惠性、福利性待遇，建议稳定补贴规模。二是调整实际种粮主体一次性补贴。鉴于现行补贴政策实施成本高，建议将此项资金统筹用于支持良种推广、重点病虫害统防统治、农业保险等关键环节，变"增加农户收入"为"减少农户支出"，达到对冲农资价格上涨、降低农民种粮成本的目的。三是提高耕地深松深翻资金的补贴规模和补贴标准。据测算，采取耕地深松措施，粮食亩产能提高100斤左右，建议提高耕地深松深翻资金的补贴规模和补贴标准。四是完善农机补贴政策。建议适时调整农机补贴范围和标准，向科技含量高、智能复合型的农机倾斜，向烘干机、打捆机、植保无人机等新型农机倾斜。

（二）运用粮食价格杠杆，保障种粮主体利益

粮食价格一头连着农民，一头连着消费者，两头都要兼顾，既要保

障粮食供给又要保护农民收益。粮食最低收购保护价是为了保障农民种粮最低收益，也就是粮价在不断下跌的同时，国家必须制定最低收购托底保护价来保障农民的种粮收入。通过提高粮食收购价格、相对降低农业生产成本等政策扶持措施，让农民愿意种粮、种好粮，提高农民种粮积极性。

（三）强化社会化服务和技术支持

推动农业社会化服务持续健康发展，要坚持市场化导向，充分利用市场机制推动资源要素向农业社会化服务领域优化配置；要坚持服务小农户，着力解决小农户生产现代化难题；针对市场需求，引导种粮主体选择适宜的粮食品种和规模，通过加强种植技术培训、提供技术咨询服务等措施，帮助种粮主体提高生产效率，降低生产成本，增加收益，加大对农业生产社会化服务组织政策支持的精准性，着力破解新技术、资金等的制约，促进规模经营健康发展，提高其种粮的积极性。

（四）完善农业保险政策

农业保险作为分散农业生产经营风险的重要手段，在保障国家粮食安全、促进特色农业产业快速发展、保障农民收益等方面，发挥着重要作用。建议中央财政承担农民自付的保费部分，减轻农民支出和降低保险公司收缴成本；优化农业保险承保手续，允许种粮主体集体投保；加强农业保险经营监管工作，对于长期处于较低赔付率的产品可以在科学测算的基础上，适当降低费率水平；通过培训、媒体宣传等多种方式，每年定期向全社会宣传农业保险的作用，向投保主体宣传农业保险支持政策。

（五）加大对新型种粮主体的政策支持力度

新型种粮主体是粮食生产的生力军。建议对新型种粮主体涉粮贷款进行贴息，支持金融机构创新推出适合新型农业经营主体需求的金融产品，充分发挥农业信贷担保机构作用，加大信用贷款力度；合理确定一定比例的粮食

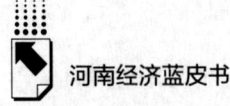

仓储、农机具存放等农业设施用地，保障新型农业经营主体合理的用地需求；通过发展订单农业、合作社、股份制、股份合作社等紧密利益联结方式，构建"产购储加销"全产业链发展经营模式，通过一二三产业融合发展促进新型种粮主体不断壮大。

B.33
推进河南省新型储能产业链高质量发展研究

范磊 王宁 范翔 陈玲 孟恩超*

摘　要： 新型储能是当前最受关注的战略新兴产业风口之一，产业环境优越，政策支持力度空前，社会资本参与积极。河南省产业呈现突破发展态势，局部优势突出，部分领域处于国内领先地位，但存在龙头企业辐射带动能力不强、技术应用及发展模式待创新、多元化应用步伐需加快等问题。面对机遇，河南应强化协同发展，提升核心竞争力，推动规模化应用，加速产业化进程。

关键词： 新型储能　碳达峰碳中和　新能源　河南

一　新型储能产业环境和发展趋势

新型储能是指除抽水蓄能以外，以输出电力为主，并对外提供服务的储能技术，包括电化学储能、机械储能和氢储能等类型，是构建新型电力系统的重要技术和基础装备，也是催生国内能源新业态、抢占国际战略新高地的重要领域，产业发展超出预期。

（一）新型储能产业发展背景

在碳达峰碳中和背景下，中国能源格局正在发生历史性变化，国家能源

---

* 范磊，河南省发展和改革委员会能源局综合处处长；王宁，河南省发展和改革委员会能源局综合处干部；范翔，河南省发展战略和产业创新研究院部门主任；陈玲，河南省发展战略和产业创新研究院高级经济师；孟恩超，华能河南分公司规划部前期管理事务员。

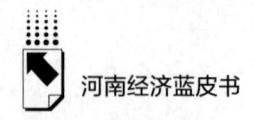

局发布的数据显示，截至2023年6月底，中国可再生能源装机超过煤电，达到13.22亿千瓦，约占全国总装机的48.8%，其中增长最大的风电，在中国可再生能源最大发电能力中占比已达14.4%，光伏占比达17.3%，已与传统水电的15.4%占比相当。但风光等新能源发电具有波动性、随机性和间歇性等缺点，大规模的并网带来电网供需平衡及安全问题。新型储能通过和电源侧、电网侧、用户侧系统深度协同，充当发电侧和用电侧之间的"缓冲垫"，可以减少弃电、削峰填谷、电网调频、平滑输出，调峰调频安全稳定保障电网运行，为新型电力系统建设提供有效支撑。同时，户用、工商用等多场景应用深化发展，能有效缓解能源价格高企、电价高增等问题，深刻改变未来能源生产与消费格局。

（二）技术路线日渐成熟，产业链逐步完善

技术进步及安全保障是新型储能的核心支撑，各类储能技术路线百花齐放，渐趋成熟。目前国内以锂离子电池储能为主，压缩空气储能、液流电池储能等也在加速发展，钠离子电池储能、重力储能等新技术陆续开展示范应用，储能技术多元化发展态势明显。未来，包括集成技术、调度控制技术、构网型逆变器技术等在内的储能与电网交互技术将是储能在新型电力系统中规模化应用的关键支撑。目前具备一定产业规模的技术路线是锂电、全钒液流和压缩空气技术，产业链上游材料、中游核心部件制造、下游不同应用场景均发展迅猛，涌现出宁德时代、比亚迪等众多大型生产商，带动上、下游厂商的发展，已形成了较为完备的产业链。

（三）产业规模快速扩张，应用场景不断扩展

在政策和市场刺激下，新型储能产业规模和应用场景近几年扩张迅速。《关于加快推动新型储能发展的指导意见》提出到2025年新型储能装机规模达3000万千瓦以上，预计到2030年装机100吉瓦，而各省份已经发布的规划大大超前，"十四五"期间新型储能装机合计已超过了50吉瓦。实际装机规模也增长迅速，根据CNESA全球储能项目库不完全统计，2021年中

国新型储能累计装机规模达到5729.7兆瓦，同比增长75%，2022年达到12.7吉瓦。2023年上半年，国内新投运新型储能装机规模已超8吉瓦。新型储能应用场景也不断拓展，调峰调频是储能参与电力市场的主要领域，共享储能有望成为主流发展模式，随着电价市场化改革的推进，用户侧储能在虚拟聚合、数据中心、5G基站、港口岸电等场景的需求大幅提升。

（四）社会资本参与积极，热点领域竞争激烈

在良好的市场环境下，央企、国企纷纷切入储能产业链，热点领域呈现激烈竞争态势。以国家电网、南方电网、国家能源集团等为代表的央企，不断加强储能技术储备和储能业务培育，和储能技术企业开展深度战略合作，实现优势互补、协同开发。民营资本对储能企业的关注也持续升温，抢跑储能赛道，从区域看，主要分布在沿海地区，广东有亿纬锂能、古瑞瓦特、鹏辉能源等企业，福建有宁德时代与科华数能等。战略投资方也持续看好前瞻性储能技术，增加对钠离子电池、液流电池、压缩空气储能等技术领域的投资。中电联联合毕马威发布的行业研究报告显示，2022年国内成立了3.8万家储能相关企业，是2021年的5.8倍，注册储能系统集成商就有上万家。

（五）政策支持力度空前，产业发展环境优越

国内已初步形成支撑新型储能发展的政策体系，为新型储能产业发展创造了良好的政策环境。《关于加快推动新型储能发展的指导意见》明确了储能发展目标与重点任务，《新型储能项目管理规范（暂行）》建立储能全生命周期、全流程的管理体系，新版《电力并网运行管理规定》和《电力辅助服务管理办法》明确了储能的市场主体地位，为储能开拓了市场获益空间，《中共中央 国务院关于完整准确全面贯彻新发展理念做好碳达峰碳中和工作的意见》提出了加快形成以储能和调峰能力为基础支撑的新增电力装机发展机制。未来储能产业将保持快速增长态势，预计到2030年储能将会迎来一个万亿级别市场。

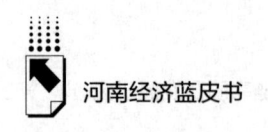

二 河南省新型储能产业发展现状

近年来河南省新型储能产业发展进入快车道，新型储能产业呈现突破发展态势。

（一）锂电产业蓬勃发展

锂电产业呈现全产业链协同发展之势，产业链基本形成。郑州、洛阳、焦作、新乡、驻马店、三门峡等地发展步伐加快，产品涵盖正负极材料、隔膜、电解液、相关辅材等电池材料，及电芯、模组与集成设备等。拥有宁德时代（洛阳）、中航锂电（洛阳）、多氟多、龙佰集团、鹏辉能源、中创新航、洛阳大生等一批龙头企业和专精特新"小巨人"企业。形成了洛阳、焦作、新乡、驻马店、三门峡等以锂电为重点的新型储能产业集群，集群化趋势逐步显现。

（二）氢能产业布局加快

氢能是来源广、能量密度高、零排放的二次能源，是未来能源体系的重要组成部分。《河南省氢能产业发展中长期规划（2022~2035年）》和《郑汴洛濮氢走廊规划建设工作方案》对氢能作为分布式能源场景的探索应用作出了部署，到2025年，河南氢能产业总产值预计将突破1000亿元，打造成为国家级千亿级氢能先进制造业集群。郑州、洛阳、新乡、开封、濮阳等地相继制定了支持氢能产业的发展政策，积极引导产业发展。

（三）科技创新能力不断增强

河南储能企业科技创新能力不断提升，已形成以企业为主体的创新体系。中航锂电（洛阳）是国家级企业技术中心，拥有超高倍率电池、超低温电池等一大批关键核心技术，研发实力行业领先。多氟多是中国氟硅行业领军企业、国家科技创新示范企业、国家创新型试点企业。许继电科是河南省电化学储能技术工程研究中心，拥有储能变流器系统、升压系统、电池开发、储能电站监控、系统平台开发等储能全域技术研发能力，核心产品EMS、PCS、BMS系统处于国际领先水平。企业科技创新已成为河南省储能产业高质量发展的动力源。

（四）新型储能多场景应用方兴未艾

河南省相继出台了一系列支持新型储能发展的政策，进一步明确了新能源配置储能配比方案，支持社会资源投资储能设施，鼓励电源侧、电网侧和用户侧建设新型储能设施，2022年以来，已发布了两批38个新型储能示范建设项目。氢能在可再生能源消纳、电网调峰等应用场景示范已经开展。积极利用矿井、盐穴、退出煤矿场区等建设压缩空气储能，平顶山市叶县20万千瓦盐穴先进压缩空气储能电站已开工，盐穴压缩空气储能工程进入重要实施阶段。

三　优劣势及问题分析

河南省新型储能产业近几年发展迅速，但整体上看仍处于初期阶段，在国内优劣势也比较明显。

（一）主要优势

全产业链均有布局。目前河南企业在新型储能全产业链均有涉足，产业链上、中、下游企业门类齐全，部分生产领域处于全国领先地位。多氟多是中国储能电池20强企业，龙佰集团的正极材料和负极材料、天力锂能的三元正极材料等享誉国内，许昌许继电科储能有限公司实现除电芯外的所有设备自主可控，还有即将投产的宁德时代（洛阳）、新近落户郑州的比亚迪，这些头部企业具有链主的潜力和条件，可围绕其打造产业集群，形成区域产业生态，进一步带动上游材料和下游集成设备向河南集聚，将大大促进河南省储能全产业链发展。

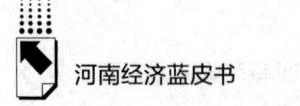

资源、区位优势明显。河南新型储能原料资源相对丰富，有众多的原材料加工企业，锂电池正极、负极材料以及电解液等产能均位于全国前列。仅焦作一地，就有多氟多、龙佰集团、和兴化学、法恩莱特等企业，全市锂离子电池新材料产业集群规模以上企业达到52家，亿元以上龙头骨干企业超20家，产值达到300亿元。新型储能大多细分领域产品生产组织有很强的区域性限制，如预制仓，其运输按危险化学品管理，只能汽车运输；电解液的运输要求也很苛刻，运输半径通常在300公里以内，否则成本将大大增加，河南地处中原，有突出的区位优势。

部分领域处于国内领先地位。河南在全钒液流、压缩空气、氢储能等新兴储能领域布局较早，处于全国领先位置。开封时代新能源科技有限公司已完全掌握新一代全钒液流电池技术，打破传统电堆装配模式，大大提高了电堆的可靠性及装配自动化程度，2022年该公司已搭建6条石墨烯导热膜生产线，预计2025年将实现年产120万平方米的产能。平顶山利用矿井、盐穴、退出煤矿场区等建设压缩空气储能也在积极探索，叶县中国首座20万千瓦盐穴压缩空气储能工程进入重要实施阶段，平顶山高新区纽维新能源20万千瓦/80万千瓦时压缩空气储能项目也在推进之中。在氢储能方面，郑汴洛濮氢能产业走廊正在加快建设，在工业领域的应用已经展开。

（二）劣势和问题

总体上看，河南省新型储能产业处于产业变革和新技术、新模式、新业态的探索之中，与发达地区相比，还存在着一定的劣势，发展面临一些矛盾和难题。

优势互补、协同共享的产业生态尚未形成。河南省新型储能虽然全产业链都有企业参与，但大部分企业规模小，小巨人、单项冠军、隐形冠军企业少，拳头产品少，布局较分散，互相创新协同、产能共享不足，产业链供应链互通的新型产业生态尚未形成。特别是信息发布不充分，沟通渠道未有效建立，同时由于缺乏规划和引导，企业大多各自发展，没有形成合力，甚至出现有同质化竞争的不好苗头。

龙头企业辐射带动能力待提升。河南省新型储能产业发展呈点状突破之势，但在国内外有影响力的"链主"企业和生态主导型企业少，市场主体培育亟待加强。如许昌许继电科储能有限公司储能系统集成电芯选用厂家有宁德、比亚迪、亿纬等，BMS选用厂家有高特、华思，产品主要销售去向为国家电网、南方电网、三峡集团、华润电力等能源电力头部企业，造成其议价及供货保障能力不足，电池采购价格和供货周期严重受制于供应商，对本地产业的辐射带动能力弱，集群效应没有显现。

技术应用能力弱，发展模式待创新突破。河南省新型储能产业大部分集中在上游材料生产环节，全产业链集聚化程度低，产学研用协同示范基地和规模化实证基地建设亟待发展，锂电池制造、关键材料、系统集成及装备制造亟须优化。钠离子储能电池技术研发和生产处于初期阶段，压缩空气、飞轮储能等其他新型储能技术的应用和发展模式亟待突破。在氢储能方面，在工业、分布式能源、储能等领域的应用仍在探索，风/光发电+氢储能一体化应用落地仍需时日。

多元化应用步伐需加快。河南省新型储能设施建设缓慢，主要是由成本高、收益低、商业模式不成熟、利用率较低，参与电力市场机制和电网调度运行机制不完善，储能标准规范不健全，加上长期运行存在安全风险等因素造成。已发布的两批储能示范项目，尚处于建设阶段，还没有形成产能。同时，源网荷储一体化、多能互补、虚拟电厂等试点示范建设缓慢，新型储能与大数据中心、5G基站、数字电网等新型基础设施融合困难，与智慧城市、乡村振兴、智慧交通等领域的跨界融合亟待突破。

四 产业发展重点和对策建议

未来5~10年是中国新型储能发展的关键窗口期，河南省《关于加快新型储能发展的实施意见》提出到2025年新型储能规模力争达到600万千瓦。据行业平均水平测算，建设600万千瓦储能项目将会拉动储能电站项目直接投资255亿元，间接拉动配套风光等新能源企业投资1056亿元，这将极大

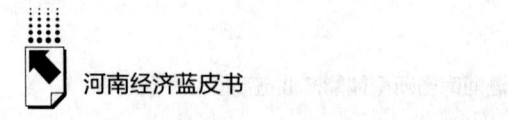

地推动产业链上下游企业发展壮大，也有利于相关配套产业集聚发展，对河南经济发展有着巨大的拉动作用。全省应抢抓机遇，占领产业制高点和发展前沿，将新型储能产业打造成为引领型未来产业和支柱型战略产业。

（一）强化协同发展，促进产业链提升

依托具有自主知识产权和核心竞争力的骨干企业，培育和延伸新型储能上下游产业，鼓励强强联合，促进协同创新，大力提升产业链整合能力，打造链主企业引领、单项冠军企业攻坚、"专精特新"企业铸基的新型储能战略性新兴产业集群。围绕新型储能产业链编制招商图谱和路线图，重点引进新型储能头部企业，积极引进一批产业辐射带动能力强的重大产业项目。支持郑州、洛阳、新乡、焦作等地做大做强以锂离子电池为核心产业，建设全国重要的储能电池及材料研发生产基地；支持开封、许昌、三门峡、南阳、驻马店等地立足产业基础差异化发展，打造储能电池特色产业集群。

（二）加强技术研发，提升核心竞争力

积极开展前瞻性、系统性、战略性新型储能关键技术研发，加速实现核心技术自主化，推动产学研用各环节有机融合，加快创新成果转化，提升新型储能产业创新能力。重点开展钠离子电池、液流电池、压缩空气、氢（氨）储能等新型储能关键核心技术攻关。支持产学研用体系和平台建设，调动企业、高校、科研院所等各方面力量，依托龙头企业整合行业优质创新资源，布局建设省级重点实验室、工程研究中心等创新平台，鼓励地方政府、企业、金融机构、技术机构等联合组建新型储能发展基金和创新联盟，优化创新资源分配，打造核心竞争力。

（三）多元场景应用，推动规模化发展

结合各地区资源禀赋、地质条件差异、负荷特性、供需形势等，制定差异化支持政策，聚焦各类不同应用场景。在新能源消纳受限、资源条件较好的地区，推进煤电、新型储能与新能源发电联合调度运行、优化组合，促进

传统能源和新能源协调发展，加快濮阳豫能、商丘国能、焦作华润、信阳华豫、新乡华电等市级风光火储一体化项目和鲁山县级多能互补项目实施。依托增量配电业务试点，合理配置储能和分布式电源，建设消纳高比例新能源的源网荷储一体化项目。结合新型基础设施建设，将新型储能与智慧城市、乡村振兴、智慧交通等领域跨界融合。

（四）推进试点示范，加速产业化进程

发挥比较优势，重点关注多元化技术路线，推动大容量液流电池、压缩空气、氢储能技术试点示范项目落地。加快开封液流电池项目建设，开展安阳林州、南阳鸭河工区、平顶山鲁山等压缩空气储能项目示范应用，开展许昌襄城新能源制氢、商丘宁陵新能源制氢（氨）等可再生能源制氢储能技术示范，推进焦作、鹤壁、济源、永城等利用废弃矿井（洞）建设储能示范项目，探索成本更低、更加绿色安全、可持续的储能技术路线，推动多种储能技术联合应用，开展复合型储能技术应用示范，从而加速新型储能产业化进程。

（五）创新商业模式，加快市场化步伐

支持新型储能作为独立市场主体参与各类电力市场交易，加快推进新型储能商业模式创新，推动新型储能的市场化发展。探索推广共享储能模式，鼓励新能源电站以自建、租用或购买等形式配置储能，支持新型储能"众筹共建、集群共享"，建设共享储能交易平台和运营监控系统，充分发挥储能"一站多用"的共享作用。鼓励各类型投资主体通过开展项目合作、股权合作、技术合作、签订战略协议等方式，合作开发大型独立储能项目，鼓励通过市场化方式探索形成共享储能可持续发展的商业模式。

参考文献

国家发展改革委、国家能源局：《"十四五"现代能源体系规划》，2022年1月

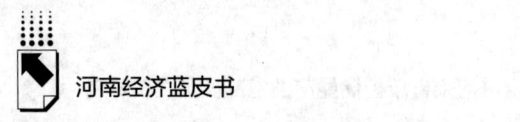

19日。

河南省人民政府：《河南省人民政府办公厅关于加快新型储能发展的实施意见》，2023年6月11日。

河南省人民政府：《河南省人民政府办公厅关于印发河南省氢能产业发展中长期规划（2022~2035年）和郑汴洛濮氢走廊规划建设工作方案的通知》，2022年8月26日。

河南省发展改革委：《河南省"十四五"新型储能实施方案》，2022年8月21日。

崔磊磊等：《以农村能源革命推动区域崛起》，《能源评论》2022年第8期。

俞容江、陈致远、尹建兵等：《第三方投资共享储能电站商业模式及其经济性评价》，《南方电网技术》2022年第4期。

B.34
深化与RCEP国家合作　推动河南融入共建"一带一路"高质量发展研究

穆穆　王宗凯　孟晓慧　王利飞　张勇　张霄*

摘　要： 本研究围绕RCEP实施契机、助力河南深度融入共建"一带一路"，在深入分析RCEP为河南融入共建"一带一路"带来的新变化，以及当前河南融入RCEP和"一带一路"面临突出问题的基础上，提出提升与RCEP国家贸易投资水平、持续提升开放通道优势、加快提升开放平台能级、高标准推动制度型开放等深化与RCEP国家合作，推动河南融入共建"一带一路"高质量发展的对策建议。

关键词： RCEP　"一带一路"　高质量发展　河南

党的二十大报告强调要推进高水平对外开放，推动共建"一带一路"高质量发展，扩大面向全球的高标准自由贸易区网络，推动建设开放型世界经济，更好惠及各国人民。习近平主席在第三届"一带一路"国际合作高峰论坛开幕式上的主旨演讲中，宣布中国支持高质量共建"一带一路"的八项行动，为"一带一路"明确了新方向、开辟了新愿景、注入了新动力。如今，共建"一带一路"已成为深受欢迎的国际公共产品和国际合作平台，是推动更高水平对外开放和构建人类命运共同体的有效实践。我国与东盟十

---

* 穆穆，河南省发展和改革委员会区域开放处处长；王宗凯，河南省发展和改革委员会区域开放处副处长；孟晓慧，河南省发展和改革委员会区域开放处四级调研员；王利飞，河南省发展和改革委员会区域开放处一级主任科员；张勇，河南省发展和改革委员会区域开放处二级主任科员；张霄，河南省发展和改革委员会区域开放处二级主任科员。

国、日本、韩国、澳大利亚、新西兰签署的全球最大自贸区 RCEP（《区域全面经济伙伴关系协定》）正式生效以来，初步释放了区域内经济增长红利，是共建"一带一路"在亚太地区不断深化经贸合作的重要体现。未来，对缔约国具有约束力的 RCEP 与开放性的"一带一路"倡议将进一步相辅相成，相得益彰，充分释放"1+1>2"的共同发展新动能，对我国实现更高水平对外开放、区域内实现疫后经济增长复苏以及构建人类命运共同体具有重要意义。

一 RCEP 为河南融入共建"一带一路"带来新变化

河南地处中原腹地，承东启西，区位居中，在推动共建"一带一路"中发挥着内陆腹地战略支撑作用。"一带一路"倡议提出十年来，河南以做优做强物流枢纽为突破口，着力畅通开放通道、高质量建设开放平台，以"一带一路"建设为统领，积极构建内陆开放高地，形成了以郑州—卢森堡"空中丝绸之路"为引领，空中、陆上、网上、海上四条丝绸之路协同发展的开放格局，走出了一条内陆地区开放发展的新路子。十年来，全省外贸进出口总额连续跨过 4000 亿元、5000 亿元、6000 亿元、7000 亿元、8000 亿元五个台阶，一跃进入全国第一方阵；郑州机场国际地区货运量由 11.3 万吨提升至 54.5 万吨，中欧班列（中豫号）累计开行已突破 1 万列，全省跨境电商进出口额从 2014 年的不足 1 亿元跃升至 2022 年的 2209.2 亿元，周口中心港、信阳淮滨港先后开通 20 多条国际、国内集装箱航线；在豫世界 500 强企业达到 198 家、中国 500 强企业达到 178 家，600 余家河南企业走进了 100 多个国家和地区。RCEP 的签署和实施，降低了疫情的负面影响和"逆全球化"的冲击效应，为东亚地区实现区域化大发展带来重大机遇，也为河南深度参与共建"一带一路"、促进国际经贸合作带来更多机遇，有利于促进河南更高水平对外开放。RCEP 地区是河南对外开放的重要市场，如东盟、韩国、日本分别是河南第 2、第 5、第 6 大贸易市场，在河南对外贸易中占据重要份额。自《河南省落实〈区域全面经济伙伴关系协定〉行动方案》出台以来，河南高质量实施RCEP取得了明显成效。2023年1~11月河南对RCEP成员国进出口额达2236.1亿元，占比达到30.4%，同比增加0.4个百分点。深化与RCEP国家合作，对于推动河南融入共建"一带一路"高质量发展、加快建设开放强省具有重要意义。

（一）RCEP实现区域合作关键性突破

一是开放领域广、程度高、基础好。RCEP区域涵盖全球约30%的人口、30%的经济总量和30%的对外贸易，是当前全世界人口数量最多、经济和贸易规模最大的自由贸易区，也是成员结构最多元、发展潜力最大的自由贸易区。RCEP的目标是短时间内实现所有货物贸易自由化，部分货物立刻降税到零，还有部分货物10年内降税到零，直至90%以上的货物贸易实现零关税。

二是相关各国产业呈现高强度互补性。RCEP的实施不仅有利于成员国之间扩大贸易规模和相互投资，带来更多的贸易创造，而且有利于RCEP成员国吸引更多区域外企业的投资，可以更好地融入共建"一带一路"。作为RCEP中的发达国家，澳大利亚在教育、医疗、工程等领域有着行业优势，而东盟的印尼、越南和泰国有着世界上人数增长最快的中产群体。

三是RCEP推动亚洲地区产业链供应链合作机制重构。根据"区域价值成分计算"规则，货物在所有缔约方的价值累积至40%即可免税。区域价值成分累积规则将促进企业使用RCEP缔约方的中间产品，促进区域内资金、人员、研发成果等要素更加便捷地自由流动，完善成员间在全产业链上的分工合作机制，形成规模更大、层级更广的区域消费市场，推动产业链供应链在亚洲地区特别是在周边范围内的"一带一路"共建国家不断融合重构。

（二）RCEP为河南参与共建"一带一路"带来一定挑战

一是国内市场将面临较大冲击。随着开放程度的提高和区域统一大市场的形成，中国产品在走出去的同时，RCEP缔约国的产品也会走进来，冲击不可避免。近年来，河南劳动力、土地等要素成本的比较优势明显下降，而RCEP成员国中大部分国家和地区因拥有较低的要素成本，呈现出比较优势上升态势，在RCEP关税逐步降低的状态下，市场份额竞争将进一步加剧，从而对河南缺乏国际竞争力的产业造成一定冲击。

二是劳动密集型产业加速转移。与中国相比，东盟拥有劳动力成本方面的比较优势，RCEP的实施将导致我国部分劳动密集型产业加速向东盟各国转移，同时导致我国低端劳动力群体承受更大的就业压力，存在低端产业转移后经济空心化风险。河南与东盟地区的产业结构具有一定的趋同性，越来越多的生产商驱动供应链参与企业存在向RCEP所构建的"东亚+东南亚+大洋洲"区域产业链分散布局的可能，也会致使部分产业向RCEP成员国进行转移。

三是国内相关规则与RCEP规则的适应程度有待提升。我国在市场准入、知识产权保护、服务贸易、投资和贸易便利化等方面的规则与RCEP规则仍不完全适应，在一定程度上削弱了RCEP的促进作用。如负面清单制度实施的范围和程度、知识产权保护的方式及适用的国际规则等，都与RCEP相关规则存在差距，为河南统筹落实相关规则带来挑战。

二 当前河南融入RCEP和"一带一路"面临的突出问题

（一）外向型经济体系薄弱

一是出口产品结构有待优化。河南出口产品结构呈现"头大腰细脚轻"的状态，手机的贡献率占据高新技术产品的绝大多数，但剔除富士康企业的贡献，新技术产品的出口量仍占比较小，出口产品主要集中在农产品、速冻食品、服装箱包等传统劳动密集型产品，这些劳动密集型产业处于生产链的低端，技术含量、附加值不高。

二是河南省融资能力不强。境内外上市企业较少、市值较小，直接融资能力较弱。部分"走出去"企业尤其是中小企业缺少多样化的融资渠道，融资成本和融资风险较高。

三是企业产业转型压力较大。RCEP 中关于"零关税"和原产地累积规则的规定能够有效推动区域产业链、价值链、供应链的深度融合，使得区域内要素流通更为便利，但是也将导致河南企业面临来自日韩等国优质消费品的竞争性冲击，倒逼河南企业必须加快转型升级步伐，从而在短时间内带来较大的转型压力，一定程度上影响河南企业参与共建"一带一路"的步伐。

（二）国际交通枢纽门户地位有待加强

一是一体化运输水平亟待提升。国际性跨国物流运行主体相对缺乏，国际中转能力和集聚辐射功能不足。一体化运输组织水平不高，跨行业标准规则、运输单据和运载装备不统一，多式联运信息服务平台建设仍处在起步阶段，企业信息资源互联共享水平较低，多式联运国际物流数据标准需加快探索建立。具有公、铁、水联运功能的综合货运枢纽（物流园区）不足，不同运输方式之间基础设施衔接不畅、联运装备不完备，铁海联运规模较小。郑州机场国际货源 90% 以上靠外地集疏，自主可控的大型物流集成商和主基地航空公司缺乏。

二是物流成本相对较高。河南物流业规模较大，但大型物流企业数量不多，5A 级物流企业尤为匮乏，仅为 14 家。此外，河南物流行业智慧度不高，交通覆盖率低，社会物流总费用中运输费用、保管费用占比较高，距离高效物流仍存在一定差距。

三是开放通道能力仍需加强。"空中丝路"对货源和航空公司的吸引力不足；"陆上丝路"运营面临国内外双重困境，多式联运水平不高；"网上丝路"贸易额的增长势头变缓，创新能力和"卖全球"的能力有待提升；"海上丝路"的连接广度不够，连接点拓展缓慢。

（三）制度型开放水平亟待提升

一是对接高标准国际经贸规则存在差距。河南制度型开放主要围绕货物贸易展开，制度创新以程序创新和便利措施创新为主，贸易和投资管理体制的改革力度不足，在对接高标准国际经贸规则上还处于探索和试点阶段，打造国际化营商环境的力度仍需加大，跨部门、跨领域、跨层级的系统性改革偏少，一些关键性政策的吸引力不强、落实不到位，开放规则机制创新的整体氛围仍需进一步营造。RCEP在竞争政策、劳工权益、知识产权、跨境服务贸易、商务人员临时入境、金融服务、电信、电子商务等制度体系方面有较高要求，河南在相关领域的规则对接上仍需进行深入的适应性探索。

二是RCEP经贸规则前瞻性研究不深不透。对RCEP等国际经贸规则前瞻性研究不够，与开放工作实践联系不够紧密。推动制度型开放工作谋划还不系统、不全面，重点还不突出，缺乏有效的抓手，办法不多、主动性不够。对既有的制度设计和创新成果重视程度不够、落实不到位，配套实施细则没有出台，或操作性不强，市场主体获得感不强，推广示范作用发挥不到位。自贸试验区制度创新溢出效应不足，首创性改革、集成式创新能力有待加强。对RCEP业务指导有待加强，对RCEP的解读以及应用说明暂未实现全面普及，多数外贸企业还处在自我学习与消化阶段。据调研，部分地市70%以上的企业不了解其进出口产品是否在关税减让清单内。企业对RCEP的关注点更多放在关税减免上，对原产地累积规则等重要优惠政策尚未实现深入掌握、熟练运用，难以提升政策获得感。

三 深化与RCEP国家合作推动河南融入共建"一带一路"高质量发展的对策建议

（一）提升与RCEP国家贸易投资水平

一是加强贸易合作。深化货物贸易合作，加快优势出口产品扩量提质，充分利用RCEP原产地累积规则，加大河南对RCEP国家现有主要出口产品，如手机、铝材、食用菌、电气设备、化工产品、家具、纺织品、机械设备等的出口，提升产品竞争力。引导外贸企业优化产业链布局，多元化拓展贸易市场和营销网络，巩固对RCEP国家的出口竞争力。扩大重点产品进口规模，扩大汽车及关键零部件、成套设备、高新技术产品等在RCEP市场的进口规模，探索建立关键零部件进口的绿色通道。支持铁矿石、煤炭、铜矿石、铝矿等矿产资源进口，打造大宗产品进口龙头企业。拓展服务贸易合作，挖掘服务贸易发展潜力，培育一批面向RCEP市场的省级服务贸易基地和重点企业，进一步加强与RCEP成员国在科技服务、现代物流、数字经济、中医药服务、文化旅游、服务外包等服务领域的合作。推进与其他RCEP国家高等教育机构合作，开展学术交流、学分互认、中外合作办学等项目。加快跨境电商业高质量发展，加强对中小企业参与跨境电子商务的政策支持和引导培育，拓展跨境电商与航空枢纽、郑欧班列、邮政快递等的合作，创新运营模式。支持企业在国内及RCEP成员国跨境电商平台开设店铺或建立独立站，推动河南特色产品出口。积极招引RCEP区域第三方跨境电商平台来豫设立服务点和集货仓。

二是深化双向投资合作。积极吸引外资，加大招商引资力度，开展靶向招商，针对产业短板补链延链强链铸链，建立针对RCEP国家尤其是面向日韩澳新的外资招商项目库，制订年度招引计划，主动关注日、韩、澳等国的世界500强、行业龙头企业和大型贸易企业的投资动向，推动战略性新兴产业落地河南，培育生物医药、新能源汽车、智能装备、信息通信、机械制造、新材料等高端产业增长点。利用商贸协会拓宽招引渠道，探索建立常态化、市场化、专业化的委托招商合作机制。加强对外投资，针对RCEP国家产业优势与减税范围，定期发布重点国别产业投资合作指南。鼓励有条件的内外贸企业以跨国并购、技术合作、投资设厂等对外投资形式参与亚太产业链重构，优化生产布局，提高国际竞争力，进而推动河南内外贸一体化发展。

（二）持续提升开放通道优势

一是增强"空中丝绸之路"辐射力。加快郑州机场三期工程建设，增强货运设施保障能力。拓展郑州与新加坡、吉隆坡、曼谷、金边等机场的合作，打造面向RCEP区域的航空货运中转枢纽，引进更多定期国际货运航线，织密面向RCEP的航线网络布局。加大市场主体引育力度，培育壮大本土货运航空公司、引进国际知名航空公司，加快大型物流集成商落地。引导现有运营航空公司加大运力投放，吸引国航、东航、南航等国内重点航司在郑布局区域枢纽，研究组建本土基地客运航空公司，提升航空运力自主可控能力。

二是加快"陆上丝绸之路"扩量提质。高水平建设中欧班列郑州集结中心示范工程，高标准建设中欧班列郑州集结中心新址，拓展中欧班列（中豫号）东盟国际干线物流通道。着力拓宽RCEP业务网络，拓展东盟班列覆盖范围，推动郑州至越南（河内）班列陆上通道提质增量。在陆海新通道"RCEP—北部湾港—河南"海铁联运班列常态化运营的基础上，进一步优化拓展铁路连接通道布局，加强班列省际合作。

三是实现"网上丝绸之路"创新突破。全面评估并推动实现跨境电商零售进口药品试点业务实质性运作，完善跨境电商进出口退换货管理，争取获批更多跨境电商综合试验区，在RCEP国家布局建设一批双向贸易平台和海外仓。加强与国内电商领先地区的对接合作，探索与包括RCEP国家在内的"一带一路"共建国家开展国际合作，积极发展"丝路电商"等。

四是推进"海上丝绸之路"无缝衔接。积极建设以向东、向南为主的铁海联运国际通道，加快周口中心港、信阳淮滨港等内河港口申建保税物流中心，深化与中远海、中外运等船运公司和货代企业的合作。根据货运需求，培育面向RCEP国家的集装箱航线。强化内河铁路海运连通节点建设，完善通海"五定班列"合作机制，拓展并加密至主要港口的海铁联运班列。

（三）加快提升开放平台能级

一是探索打造"空中丝绸之路"高质量发展先行区。依托郑州航空港经济综合实验区，探索建设"空中丝绸之路"高质量发展先行区。先行探索航空经济制度型开放，做大做强中欧互联互通的"空中桥梁"，高质量链接中欧产业链供应链，打造现代化国际化世界级航空物流枢纽，成为引领中部地区高水平对外开放的先导区，更好地提升郑州—卢森堡"空中丝绸之路"的辐射力、影响力,为"一带一路"高质量发展提供河南典范。

二是升级优化河南自贸试验区。推动河南自贸试验区整体性提升,在更大范围、更深层次、更宽领域深化改革创新、扩大开放。突出制度型开放,对标国际高标准经贸规则,深化与 RCEP 成员国地方经贸合作,在期货市场国际化、基金业开放、知识产权证券化、离岸贸易、涉外法律服务等方面深化创新,为河南实施制度型开放战略探索实践经验。围绕"两体系、一枢纽"战略定位,拓展多式联运、航空物流、跨境电商等领域改革试点。

三是建立多层次开放平台体系。推动口岸高水平发展,加快口岸、综保区等资源整合、功能集成,积极申建海关特殊监督区、功能性口岸等,进一步提升通关便利化水平,推动口岸、枢纽和产业协调联动。积极推荐有条件的开发区晋升国家级,支持开发区与国外发达地区、优势产业、高等院校合作共建产业园区,探索"双国双园"合作。

四是打造 RCEP 高效合作平台和"一站式"服务平台。高质量推动 RCEP 示范区建设工作,高标准试点 RCEP 协定中的鼓励性条款,为用足用好 RCEP 各领域政策措施形成示范。建立政府主导、市场化运作的 RCEP "一站式"服务平台,在进出口许可证办理、商事认证、企业出口退税以及原产地证书申领辅助服务、协定解读、优惠关税智能查询等方面提供一站式服务。

(四)高标准推动制度型开放

一是推动高标准规则先行先试。对标国际高标准经贸规则,深化重点领域"边境后措施"改革,落实准入后国民待遇。争取国家支持在金融、增值电信、数据跨境流动、教育、医疗、文化等服务领域开展先行先试,积极开展重点领域制度创新。立足自身特点和优势,在跨境电商、陆上贸易、数字贸易等领域深化制度创新,强化规则探索,争取国际规则和标准体系制定话语权。

二是建设完善的高标准市场体系。全面实施外商投资准入前国民待遇加负面清单管理制度,建立健全与负面清单管理方式相适应的事中事后监管制

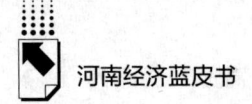

度。设立国际投资"单一窗口",全面推行极简审批投资制度,探索"标准制+承诺制"改革,完善企业全生命周期服务体系。推动信用建设,建立区域信用政策法规制度和标准体系,推动信用信息开放共享。加强调解仲裁机构合作,建立国际商事纠纷多元化解决平台。

三是加强 RCEP 一体化保障。强化 RCEP 工作落实情况考核激励,完善跟踪落实机制。统筹推动各地市及省直相关部门出台具体行动计划,及时总结推广各地典型做法,合力推动 RCEP 落地见效。分地区、分领域、分行业多层次开展 RCEP 相关培训,多渠道普及 RCEP 原产地规则、原产地证书申领程序、关税减免、业务流程、投资与服务开放承诺等,提高企业应用 RCEP 规则能力。

四是拓展共建合作区域。拓展与 RCEP 成员国合作,培育一批面向 RCEP 市场的省级服务贸易基地和重点企业,加强与 RCEP 成员国在服务领域的合作。借助 RCEP 规则,探索深化与柬埔寨、菲律宾、马来西亚等 RCEP 成员国在航空运输、基础设施建设、农业科技等领域的合作。

B.35 乡村振兴视域下河南农村地区劳动力就业问题研究

陈建设　赵宝　张燕杰　宗瑞生　任焱丽　孙少卿　张琳颖*

摘　要： 农村劳动力是乡村振兴的重要支柱力量，了解掌握农村地区劳动力就业状况有助于更好推进乡村振兴发展进程。劳动力调查样本数据显示，2023年河南农村地区劳动力就业形势趋稳转好，第一产业是就业主渠道，非农就业主要集中于制造业、建筑业，周工作时长呈现季节性波动；农村地区劳动力老龄化、劳动者综合素质与乡村人才振兴需求存在差异、公共服务能力有待提升等问题仍需关注。最后提出促进就业市场扩容提质、健全就业公共服务体系、完善重点群体就业支持、加大就业权益保障力度等解决农村地区劳动力就业问题的对策建议。

关键词： 乡村振兴　农村地区劳动力　就业创业

民族要复兴，乡村必振兴。实施乡村振兴战略是以习近平同志为核心的党中央作出的重大决策部署，是新时期做好"三农"工作的重要遵循。党的二十大报告指出，要全面推进乡村振兴，扎实推动乡村产业、人才、文化、生态、组织振兴。人才是实施乡村振兴战略的基础支撑，农村劳动力既是就

---

* 陈建设，国家统计局河南调查总队副总队长；赵宝，国家统计局河南调查总队劳动力调查处处长；张燕杰，国家统计局河南调查总队劳动力调查处副处长；宗瑞生，国家统计局河南调查总队劳动力调查处一级调研员；任焱丽，国家统计局河南调查总队劳动力调查处三级调研员；孙少卿，国家统计局河南调查总队劳动力调查处三级主任科员；张琳颖，国家统计局河南调查总队劳动力调查处四级主任科员。

业领域重点关注的群体，也是乡村振兴的重要支柱力量。随着城镇化和工业化进程加快推进，农村劳动力就业从"离土不离乡"到"离土又离乡"、从农村"单栖"到城乡"两栖"转变。农村富余劳动力由农业向第二、第三产业流动迁移，为经济持续增长提供了强大动力。研究农村地区劳动力就业问题，对于促进农村经济发展和社会稳定、加快推进乡村振兴具有十分重要的意义。

一 研究背景

国内专家学者在乡村振兴及农村劳动力就业方面已有丰富的研究成果。周晓光认为人才振兴是乡村振兴战略实施的根本，是推进乡村振兴战略实施的首要任务与核心要义，必须创新乡村人才管理体制机制，实现以人才振兴推进乡村全面振兴。[1] 文丰安发现乡村人口向城市和非农产业流动是社会发展的必然趋势，要推进转移劳动力"市民化"，促进城镇化进程，也要合理积极引导劳动力回流，实现乡村振兴。[2] 向晶、钟甫宁从产业发展、人力资本投入、制度保障等角度提出了提高农村劳动力就业质量的具体建议。[3] 何勤英等研究发现互联网使用可以通过增大信息匹配强度、提高个体自身人力资本水平两种渠道影响农村劳动力的非农就业。[4]

总的来看，现有关于农村劳动力就业的相关研究较为丰富，且多使用宏观数据对农村劳动力就业的特征和趋势变化进行分析，较少从微观层面探讨。因此，本研究使用微观数据，从乡村振兴视域下探讨农村地区就业形势，明晰当前农村劳动力就业面临的问题和难点，为促进农民就业增收、乡村振兴发展提供启示。本研究使用的数据来源于河南劳动力调查，该调查采用分层、二阶段、与住房单元数多少成比例和随机等距相结合的抽样方法，

---

[1] 周晓光：《实施乡村振兴战略的人才瓶颈及对策建议》，《世界农业》2019年第4期。
[2] 文丰安：《乡村振兴战略背景下农村劳动力回流与治理》，《农村经济》2021年第5期。
[3] 向晶、钟甫宁：《农村人口转移、工业化和城镇化》，《农业经济问题》2018年第12期。
[4] 何勤英、刘国庆、邹小园：《互联网使用对农村劳动力就业选择的影响——基于正规和非正规就业的实证研究》，《农林经济管理学报》2022年第4期。

抽取初级抽样单元和住房单元。河南省每月抽选约1.6万户城乡样本开展劳动力调查，样本具有较高代表性。本研究使用2023年1~9月河南劳动力调查样本数据，从中识别出农村地区约7万个劳动力样本进行研究。

二 河南农村地区劳动力就业特点

（一）农村地区劳动力市场趋稳转好

劳动力调查样本数据显示，2023年前三季度河南农村地区劳动参与率稳步回升，1~9月分别为73.0%、74.5%、76.0%、76.8%、76.7%、78.7%、78.2%、77.2%、77.2%，劳动力市场活跃度趋稳转好。分阶段来看，第一季度随着疫情高峰顺利渡过，经济恢复态势趋好，春节过后劳动参与率稳步回升；第二季度进入传统的农忙时节，农业生产活动较多，劳动参与率继续上升，6月达到2023年以来最高水平；第三季度随着经济持续恢复向好，叠加秋作物播种生产，农村地区劳动参与率总体保持在较高水平。

（二）第一产业是农村地区劳动力就业主渠道

河南省是农业大省、粮食生产大省，从农村地区就业人员的产业结构分布来看，2023年前三季度全省从事第一产业的就业人员占比54.6%，第二产业的就业人员占比24.8%，第三产业的就业人员占比20.6%。从单位或生产经营活动类型来看，农村地区有52.6%的就业人口经营农村家庭承包地。河南农村地区劳动力总体处于从事第一产业为主、经营农村家庭承包地的传统生产经营模式。

（三）非农就业主要集中于制造业、建筑业

在农村地区非农就业人员当中，2023年前三季度从事制造业的就业人员占比28.9%，从事建筑业的就业人员占比23.7%，二者合计占比超五成。制造业和建筑业作为国民经济支柱产业，为经济社会发展、城乡建设和民生

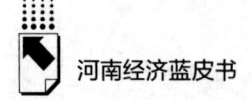

改善作出了重要贡献，同时也是吸纳农村地区劳动力的重要行业。某村民反映，村庄附近有一个雨伞加工企业，该村有部分劳动力在雨伞厂做零活，有订单时前往工厂从事雨伞伞骨加工，每把伞骨3~4元加工费，在从事农业生产经营活动的同时有额外收入可以贴补家用，同时能够兼顾家庭，满足了村民的就近就业需求。

（四）周平均工作时长增加且呈现季节性波动态势

2023年前三季度全省农村地区就业人员周平均工作时长为38.4小时。分月来看，1~9月分别为35.2、34.7、38.5、39.2、39.9、41.5、38.9、38.0、39.2小时。1月受疫情高峰影响，周工作时长相对处于较低水平；2月受春节影响，周平均工作时长有所减少；3月疫情及春节节日因素消退，周平均工作时长明显增加；4~6月受农忙季节因素影响，周平均工作时长持续增长；7~9月周平均工作时长小幅下降但仍维持在较高水平。整体来看，周平均工作时长与劳动参与率走势基本一致，且反映出农村地区和农业领域就业人员的季节性特征。

三 农村地区就业问题对乡村振兴的影响

乡村振兴能够促进农村地区劳动者致富增收，而劳动者也是乡村振兴的重要支柱力量，农村地区劳动力就业存在问题，既会制约劳动者增收致富，同时也会成为牵制乡村振兴高质量发展的潜在因素。

（一）劳动者综合素质与乡村人才振兴需求存在差异

从乡村人才需求看，随着乡村振兴战略的稳步实施，产业兴旺成为农村经济发展的重要保障之一，随着互联网技术的快速发展，乡村游、特色农产品产销、电子商务等新兴产业应运而生，但部分产业发展需求与农村地区劳动力所掌握的就业技能并不匹配，存在"人岗不适"现象。某以旅游业为主要产业的乡村中，一名民宿经营者表示，前台接待人员需要熟练操作电脑系统，运营人员需要熟悉各种短视频营销方式，在乡镇内难以招聘到合适的人员，仅有保洁、厨师等技术含量相对较低的岗位从本地招聘员工。从劳动者综合素质看，在本地区就业的农村劳动力人口当中高学历人才占比偏低，多数劳动者受教育程度为初中及以下。留在本地就业的农村劳动力受教育程度总体不高，技能水平不足，成为制约劳动力高质量就业的重要因素，也与乡村振兴战略人才需求存在不平衡。

（二）农村地区劳动力结构呈现老龄化趋势

从年龄结构来看，农村地区超五成劳动力年龄在50岁以上，劳动力结构趋于老龄化。其中，20.1%的劳动力年龄在65岁及以上，8.3%的劳动力年龄在60~64岁，14.0%的劳动力年龄在55~59岁，13.3%的劳动力年龄在50~54岁。30岁以下的劳动力占比仅10.4%。中老年劳动者作为主要劳动生产力时，体力、健康、受教育程度等方面存在一定劣势，大多从事体力劳动，高技能、高知识的从业者相对较少。

随着城镇化和工业化进程的不断推进，农村地区青壮年进城务工获得的薪资水平相对更高、工作前景相对较好、发展机遇更加丰富，外出务工在缓解家庭经济负担的同时，青壮年劳动力也获得了更加广阔的发展空间。某村一名老人反映，村庄以农业生产为主，没有能够增收致富的支柱产业，青壮年大多在外打工挣钱。一些村庄中年轻人留不下、老年人离不开，形成老龄化严重使得村庄失去发展活力，村庄发展不好青年人不愿留下的恶性循环。青年劳动力外流一方面限制了农村生产力水平的进一步提高，也造成了农村人口、产业、空间形态上的空心分布。

（三）农村地区就业保障和就业稳定性仍需加强

"稳就业"是经济工作的重要目标，农村地区劳动力的就业稳定至关重要，工作岗位不稳定、劳动关系不和谐会对乡村振兴形成牵制。一方面，农村地区劳动合同签订率偏低。从雇员与用人单位或雇主的劳动合同签订情况来看，仅有22.3%的雇员签订了劳动合同。农村地区的雇员劳动合同签订率低于全省平均水平，更低于城镇地区，对农村地区劳动力的就业稳定性造成一定影响。在签订了劳动合同的雇员当中，有34.6%的就业人口未缴纳社保，劳动者权益未得到充分保障。另一方面，部分行业的就业人员工作稳定性较差。农村地区劳动力失业时间平均为2.8个月。有29.1%的失业人口因为上份工作任务完成（包括打零工）而失业。从农村劳动力失业前所在行业分类看，失业前从事制造业、建筑业的劳动力占全部失业人口的比重为56.7%。建筑业等流动性较大的就业人员和打零工谋生的灵活就业人员退出劳动力市场后，寻找下一份工作往往需要花费一定的时间，摩擦性失业时有发生。

（四）农村地区就业创业公共服务水平有待进一步提升

从寻找工作的渠道来看，委托亲戚朋友介绍是农村劳动力寻找工作的主要途径，占比53.2%；通过就业服务机构、参加招聘会寻找工作的比例分别仅为1.2%、1.7%，农村地区劳动力市场缺乏畅通有效的供需对接渠道。

从劳动者创业积极性来看，已就业劳动者当中，仅有3.2%的是自主创业。从创业人员的行业门类看，33.2%的创业者选择批发零售业，14.5%的创业者选择制造业，11.9%的创业者选择住宿和餐饮业，11.1%的创业者选择农林牧渔业，7.6%的创业者选择建筑业。某村庄一名受访者表示，计划自主创业，承包村中土地种植果树、蔬菜，已经签署土地承包合同，但购买树苗、雇佣人员均需要资金支持，前往银行贷款时获批额度相对较小，仍存在一定的创业资金缺口，同时缺乏果树种植专家提供技术指导。可以看出，农村就业创业公共服务水平与劳动者需求之间尚存一定差距，也是促进农村劳动力高质量充分就业面临的难点之一。

四 通过就业带动乡村振兴的着力点

（一）从需求侧看，进一步缩短农村地区劳动力的就业半径，增加农村周边区域对劳动力的需求

一是扩展农业就业空间。推动小农户与现代农业发展有机衔接，引导农

产品深度加工产业向县域集聚、向产地下沉,打造区域内农产业生产、加工全链条产业结构,促进农业与第二、第三产业深度融合。二是稳定第二产业就业规模。制造业、建筑业等是农村劳动力转移就业的重要渠道,稳定第二产业的就业人员需求,防范化解规模性失业风险。三是促进现代服务业发展。农村地区消费市场潜力巨大,要加快激活农村市场、改善农村消费环境、释放农村消费潜力、推动农村电商高质量发展,进一步发挥服务业在农村地区的"就业蓄水池"作用。同时,继续完善农村三产融合发展体系,培育发展特色优势产业,丰富农村经济业态,不断拓宽农村地区就业形态。

(二)从供给端看,提升农村劳动力人力资本水平,增强劳动力的就业竞争力

一是加大农村地区的教育投入。推进"互联网+农村教育"发展,加快发展面向农村的职业教育,多渠道增加优质教育资源的供给,提升农村地区劳动者的受教育水平,扩大高中及以上劳动者占比。二是落实好对就业创业重点群体的就业技能培训。开展培训需求调查,了解就业群体培训需求,实现供需对接,增强职业技能培训的系统性和针对性,在农村地区培养出一支适应新形势、新岗位的高素质劳动者队伍。三是挖掘农村地区劳动力潜能。一方面,目前农村地区劳动力就业不充分,部分劳动者希望延长工作时长来增加收入,尤其是从事第一产业的就业人员。从事农林牧渔的就业人员周平均工作时长为28.2小时,显著低于二三产业就业人员,54.6%的人愿意延长工作时间以增加收入。另一方面,部分人员因照顾家庭等原因暂时退出劳动力市场,但有较强的工作意愿。某村庄一名女性受访者表示,因需要赡养老人、照顾孩子,家中生活压力较大,希望有机会在照顾家庭的同时增加收入。推动劳动力就地、就近就业,有助于在不耽误照料家庭的同时,充分挖掘农村潜在劳动力。

(三)从匹配端来看,消除劳动要素畅通流动的制度壁垒

完善劳动力供需匹配体制机制建设,充分发挥市场对提升人力资本要素

配置效率的积极作用，推动劳动力人才和就业岗位实现短期调整、长期匹配的动态平衡，统筹区域间、城乡间和部门间劳动要素配置，降低劳动力市场匹配中的摩擦成本，减少摩擦性失业发生。精准把握劳动力市场供需动态变化，引导劳动力调整就业预期、优化就业能力与转变就业方式，使劳动者综合素质更加贴合就业市场需求。构建统一的劳动力市场公共服务保障体系，着力完善财政转移支付制度，实现各类劳动群体在居住地享受到基本公共服务待遇，在进一步推动进城农民工有序市民化的同时，发挥"以城带乡、城乡融合"的政策优势。

五 对策建议

（一）促进就业市场扩容提质

强化就业优先政策，努力创造更多高质量就业岗位。第一产业是当前农村地区劳动力就业的主渠道，要加强农业产业现代化建设，推进农业与第二、第三产业融合发展，助力农民就业增收。民营企业是稳定和扩大就业的重要支撑，通过落实对中小微企业的减负稳岗政策，加大金融、税收等政策支持力度，推动民营企业高质量发展，不断扩大就业市场容量。同时，培育灵活就业和新型业态，进一步拓宽就业渠道。

（二）健全就业公共服务体系

拓展就业服务覆盖面，推动农村地区就业服务平台建设，健全劳动力市场信息监测机制，加强就业政策解读，及时发布用工信息，做好劳动者求职登记，搭建供需双方对接"桥梁"，促进农村地区劳动力有序流动、高效匹配，破除摩擦性失业困境。通过在农村地区开展"人人持证、技能河南"建设，加强职业技能培训，增加就业创业本领，提升就业创业质量，缓解技能型人才供需结构矛盾。

（三）完善重点群体就业支持

推动巩固拓展脱贫攻坚成果与乡村振兴有效衔接，做好农村脱贫人口就业帮扶，关注易返贫致贫人口的就业状况，提升就业帮扶的针对性、有效性。关注大龄农民工、低收入群体等重点群体的就业监测，通过职业指导、资源对接、跟踪扶持等就业服务，切实保障重点群体就业。完善创业扶持体系，对于返乡创业的群体，加大金融政策支持力度，为乡村振兴注入源头活水。

（四）加大就业权益保障力度

农村地区打零工等部分灵活就业人员面临着无劳动合同、无社会保障的困境，影响劳动力市场健康发展，要不断完善劳动就业法律法规，加强新就业形态劳动者权益保障，健全完善平台就业劳动保障政策。指导和督促企业依法用工，引导企业规范用工行为、履行用工责任，维护好农村地区劳动者的合法权益。

参考文献

蔡昉：《农业劳动力转移潜力耗尽了吗？》，《中国农村经济》2018年第9期。

周晓光：《实施乡村振兴战略的人才瓶颈及对策建议》，《世界农业》2019年第4期。

文丰安：《乡村振兴战略背景下农村劳动力回流与治理》，《农村经济》2021年第5期。

向晶、钟甫宁：《农村人口转移、工业化和城镇化》，《农业经济问题》2018年第12期。

何勤英、刘国庆、邹小园：《互联网使用对农村劳动力就业选择的影响——基于正规和非正规就业的实证研究》，《农林经济管理学报》2022年第4期。

高鸣：《促进农村劳动力高质量充分就业：方向目标与政策优化》，《华中农业大学学报》（社会科学版）（录用定稿），网络首发时间：2023年3月31日。

刘赛特、陈子云：《乡村振兴背景下农民工返乡创业环境优化问题研究》，《经济纵横》2023年第6期。

韩广富、辛远：《乡村振兴背景下农民农村实现共同富裕路径研究》，《贵州师范大学学报》（社会科学版）2023年第4期。

杨玉敬：《乡村振兴视阈下农村居民收入差异分析》，《农业经济》2023年第4期。

石永会、邢明强、王峰：《农村转移劳动力就业质量实证研究——基于河北省的实证分析》，《经济与管理》2015年第1期。

骆永民、骆熙、汪卢俊：《农村基础设施、工农业劳动生产率差距与非农就业》，《管理世界》2020年第12期。

河南高校毕业生就业及流向分析研究

陈建设 赵宝 张燕杰 宗瑞生 任焱丽 孙少卿 张琳颖*

摘 要： 高校毕业生是宝贵的人才资源。为全面了解河南高校毕业生就业状况及流向，国家统计局河南调查总队在全省开展了专题调研。结果显示，薪资水平、家乡所在地和地区经济发展水平等是影响高校毕业生就业流向的主要因素，河南高校毕业生省内就业向省会集中、省外就业向东部集中的特征较为明显，河南政策比较优势不足、人才外流等问题值得关注。建议在增强综合实力、引才回乡等方面做实做优，增强人才吸引力，为河南高质量发展注入活力。

关键词： 高校毕业生 就业流向 人才政策 河南

高校毕业生是国家宝贵的人才资源，是现代化建设的生力军。党中央、国务院高度重视人才和就业工作，党的二十大报告强调，要深入实施人才强国战略，完善人才战略布局，用好用活各类人才；要实施就业优先战略，健全就业促进机制，促进高质量充分就业。河南是教育大省、人力资源大省，高校毕业生规模连创新高，科教兴省、人才强省战略是现代化河南建设的"十大战略"之一。为全面了解河南高校毕业生就业状况、人才流向及期盼诉求，2023年9月，国家统计局河南调查总队通过在线问卷、走访座谈相结合的方式在全省开展了专题调研。

---

* 陈建设，国家统计局河南调查总队副总队长；赵宝，国家统计局河南调查总队劳动力调查处处长；张燕杰，国家统计局河南调查总队劳动力调查处副处长；宗瑞生，国家统计局河南调查总队劳动力调查处一级调研员；任焱丽，国家统计局河南调查总队劳动力调查处三级调研员；孙少卿，国家统计局河南调查总队劳动力调查处三级主任科员；张琳颖，国家统计局河南调查总队劳动力调查处四级主任科员。

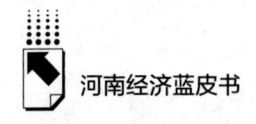

调研结果显示，高校毕业生落实就业是一个持续过程，薪资水平、家乡所在地和地区经济发展水平等是影响高校毕业生就业流向的主要因素；河南高校毕业生省内就业向省会集中、省外就业向东部集中的特征较为明显；河南人才政策比较优势不足、高校毕业生外流、对人才的吸引力不强等问题值得关注。建议在增强综合实力、改善营商环境、优化人才政策以及调动故乡情、引才回乡等方面做实做优，不断增强河南对人才的吸引力，为河南高质量发展注入活力。

一 调研基本情况

（一）调研对象

本次调研对象包括在河南省高校就读的毕业生以及在省外高校就读的河南籍毕业生，涵盖应届毕业生和往届毕业生，共计18484名。从毕业年份看，2023年应届毕业生占比45.0%，2022届占比21.1%，2021届占比15.8%，2020届占比7.1%，2019届及以前的占比11.0%。从受教育程度看，专科生占比22.2%，本科生占比55.5%，硕士研究生占比20.6%，博士研究生占比1.7%。从就读学校所在地看，河南省内就读的高校毕业生占比83.8%，省外就读的占比16.2%。从入学前户籍所在地看，河南户籍的高校毕业生占比87.3%，省外户籍的占比12.7%。在问卷调研的基础上，调研组还走访了河南省17所高校，其中，国家"双一流"建设高校2所、普通本科院校10所、专科院校5所。

（二）调研对象就业状况

参加调研的应届和往届高校毕业生中，截至调研时，56.5%的受访者已就业或已达成就业意向，20.2%的受访者已落实升学去向，14.0%的受访者正在寻找工作（包括准备公务员、事业单位、国企考试），6.5%的正在准备专升本、研究生复试、出国留学等继续深造，0.9%的正在准备创业，还有1.9%的受访者表示既不准备升学/考公，暂时也没有其他就业计划。从毕业年份看，2023届毕业的受访者中近七成已有明确去向（包含就业、升学，不含参军入伍），2022届为81.7%，2021届为81.8%，2020届为91.0%，2019届及以前的为92.7%。可以看出，高校毕业生落实就业或继续深造是一个持续过程，随着毕业时间推移，高校毕业生就业、升学等有明确去向的学生占比呈显著上升趋势。

从已落实就业受访者的就业情况看，从事教育、卫生和社会工作的受访者占比26.0%，制造业的占比12.3%，公共管理、社会保障和社会组织的占比10.2%，信息传输、软件和信息技术服务业的占比8.6%，其他行业的人员较为分散。从职业类型看，专业技术人员（从事科学研究和专业技术工作的人员）占比44.2%，办事人员占比17.4%，社会生产服务和生活服务人员占比10.8%，生产制造、农业及其他职业共占比27.6%。从专业与岗位匹配度看，所学专业完全符合岗位要求的占比37.0%，所学专业与岗位要求相近的占比38.9%，合计75.9%的受访者所学专业与岗位相关。从收入情况看，税前月薪或经营收入在2999元及以下的占比18.6%，3000~4999元的占比29.7%，5000~7999元的占比26.0%，8000~9999元的占比10.5%，1万元及以上的占比15.2%。

二 河南高校毕业生的就业流向及地区满意度

参与调研的已就业受访者中，目前在河南就业的占比57.7%，到省外就业的占比42.3%。其中，省内主要流入省会城市，省外主要流入东部地区，且较多进入私营企业和国有及国有控股企业。已落实就业去向的受访者中，近半数对当前工作地区满意。

（一）省外就业主要流向东部发达地区

省外就业主要向广东、浙江、江苏、上海、北京等东部经济发达省份集中。调研结果显示，省外就业受访者中，70.3%的在东部地区（北京、天津、河北、上海、江苏、浙江、福建、山东、广东、海南）就业，

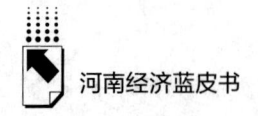

29.7%的分散在中部地区（不含河南）、西部地区、东北地区、港澳台及海外。省外就业的受访者中，流向东部地区的高校毕业生是其他4个地区的2.4倍，反映出东部发达地区对高校毕业生的强大吸引力。对东部地区进一步分析发现，12.9%的省外就业受访者在广东工作，12.7%的在浙江，11.9%的在江苏，10.4%的在上海，8.8%的在北京，五大省市是主要集中地。

（二）省内就业主要向省会集中

在河南省内，郑州作为省会城市，经济发展水平和潜力相较其他省辖市优势明显，就业吸引力最强。调研结果显示，省内就业的受访者中，37.6%的在郑州就业，12.1%的在洛阳，到其他地市就业的占比均不超过7.0%。从地市之间的流入流出情况看，郑州是省内最大的高校毕业生就业净流入地，在郑州就业的受访者占比（就业地占比）高于郑州户籍的受访者占比（户籍地占比）22.8个百分点；洛阳和新乡的就业地占比略高于户籍地占比0.1个百分点，总体表现为人员流入；济源基本持平；其余地市就业地占比均低于户籍地占比，是高校毕业生就业净流出地。从收入水平看，郑州的工资水平显著高于省内其他地区。在郑州就业的受访者月收入水平在5000~9999元的占比46.2%，高于全省平均水平7.1个百分点；收入水平在1万元及以上的占比25.6%，高于全省平均水平10.8个百分点。

（三）省外就业者到私营企业和国有及国有控股企业的占比较高

从高校毕业生所在工作单位类型看，省外就业高校毕业生到私营企业和国有及国有控股企业的比例相对较高，省内就业高校毕业生到机关团体事业单位的比例相对较高。省外就业的受访者中，到私营企业的占比42.1%，占比最高；其次是国有及国有控股企业，占比22.9%；机关团体事业单位、自由职业/灵活就业、个体经营户、外商及港澳台投资企业等其他单位的共占比35.0%。省内就业的高校毕业生中，39.5%的在机关团体事业单位，27.7%的在私营企业，13.0%的在国有及国有控股企业、自由职业/灵活就业、个体经营户、外商及港澳台投资企业等其他单位的共占比19.7%。

(四)近半数受访者对当前工作地区表示满意

调研结果显示,已落实就业去向的受访者中,对当前工作地区满意的占比48.9%,认为当前工作地区一般的占比43.9%,对当前工作地区不满意的占比7.2%。分地区看,在家乡或学校所在地等熟悉地区工作的高校毕业生,对工作地区的满意度更高。其中,工作地是学校所在地区的受访者满意度相对最高,为55.1%;其次是工作地是家乡所在地区的受访者,满意度为52.3%;工作地是其他地区的受访者满意度不足五成,为43.5%。

三 影响高校毕业生就业流向的因素

(一)个人选择很大程度上决定了高校毕业生工作地

随着社会开放程度越来越高,人口流动加速,高校毕业生择业的自主程度不断升高,主动选择就业地区的占比明显高于其他被动方式。已落实就业去向的高校毕业生中,在选择工作地区时,72.5%的受访者表示是个人自主选择,17.7%的受访者表示受父母或亲戚朋友影响较大,而学校推荐、企业宣讲、政府引导以及其他因素的影响总体较小,占比分别为3.4%、2.6%、2.5%和1.3%。正在找工作的高校毕业生中,67.9%的受访者表示将自主确定就业地区,19.0%的表示父母或亲戚朋友将会帮助选择,6.3%的表示会考虑政府引导,选择其他影响因素的占比6.8%。

(二)薪资水平是高校毕业生选择工作地的首要因素

调研结果显示,有48.7%的受访者选择工作地区时主要考虑工作地区的薪资水平,希望到薪资水平较高的地区就业。从不同收入水平受访者对当前工作地区的满意度看,税前月薪或经营收入在2999元及以下的受访者对

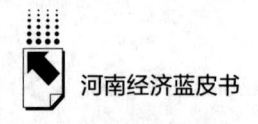

当前工作地区的满意度为43.3%，3000~4999元的满意度为45.8%，5000~7999元的满意度为49.2%，8000~9999元的满意度为51.0%，1万元及以上的满意度为60.3%，地区满意度随收入提高而逐步上升。而对工作地区不满意或感觉一般的受访者中，60.2%的受访者表示对工作地区薪资水平不满意。

（三）回家乡是影响高校毕业生选择工作地的重要因素

调研结果显示，家乡是高校毕业生选择就业地区着重考虑的因素之一，有40.8%的受访者希望回家乡工作。在已落实就业去向的受访者中，63.3%的受访者在家乡所在省份工作；其中，38.6%的受访者在家乡所在城市工作。已经在家乡工作的受访者表示，对家乡比较熟悉，工作、生活等多方面压力较小。正在寻找工作和准备创业的受访者中，有48.3%的希望回到家乡就业。已确定国内升学或出国留学和正在准备专升本、研究生复试、出国留学等继续深造的受访者中，30.2%的希望今后回家乡就业。

（四）地区发展前景是高校毕业生选择工作地的重要参考

调研结果显示，36.9%的受访者选择工作地区时主要考虑工作地区发展前景。地区发展前景好、潜力大，就业机会多，能带动个人职业发展，进而吸引更多高校毕业生。当被问及期望工作地区时，在不考虑回家乡工作的受访者中，52.5%的受访者期望到东部地区就业。而对工作地区不满意或认为一般的受访者中，有34.0%的认为工作地区经济发展相对落后、个人发展前景有限。

四 需关注的问题

（一）河南对人才的整体吸引力不强

调研结果显示，64.2%的受访者认为河南对人才的吸引力一般，19.4%

的受访者认为河南能吸引人才但留不住人才，仅有 16.4% 的受访者认为河南能吸引人才且能留住人才。有受访者反映，河南人才政策在住房和生活补贴、科研启动经费等方面与其他省份存在一定差距，在省与省之间的抢人大战中，河南政策与相同等级省份相比缺乏吸引力。部分高校反映，部分人才政策受众面不大，有年龄或毕业时间的限制，作用发挥受限。进一步了解发现，已在河南就业的受访者中，对当前工作地区表示满意的占比 49.3%，感觉一般的占比 43.2%，不满意的占比 7.5%。感觉一般或不满意的原因主要是对薪资水平不满意（67.7%）和认为工作地区经济发展相对落后、个人发展前景有限（43.9%）。可见，河南人才政策比较优势不足，薪资水平等方面竞争力不够强。

（二）河南高校毕业生就业存在外流风险

本次调研对象中，目前在河南就业的受访者占比 57.7%，既低于河南省内就读的人员占比，也低于河南户籍的人员占比，说明高校毕业生正在向省外流出。分类看，省内高校培养的毕业生中，30.8% 的河南户籍受访者到外省就业，只有 12.2% 的省外户籍受访者留在河南；在省外高校就读的河南籍高校毕业生中，只有 43.8% 的受访者回到河南就业，56.2% 的留在省外就业；已在河南就业但对当前工作地区不满意或认为一般的受访者中，70.5% 的人有更换工作地区的打算，51.8% 的人期望工作地区是省外。可见，不仅河南省内培养的高校毕业生流向省外，省外的河南户籍高校毕业生回乡积极性也不高；并且，即使已在省内就业的高校毕业生，仍有外流风险。

（三）高校毕业生就业"求稳"有余，"求新、求变"不足

调研结果显示，当被问到期望的工作单位类型时，62.6% 的受访者期望到机关团体事业单位，60.6% 的期望到国有及国有控股企业，期望到私营企业就业的仅为 26.6%。近几年，河南高校毕业生规模屡创新高，就业压力有增无减，叠加三年疫情影响，私营企业等市场主体遇到较大考验，稳定就业成为当前形势下高校毕业生的"最佳选择"，带动考公考编热度居高不

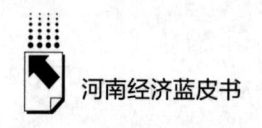

下,其他就业方式受到冷落。以创业为例,问卷数据显示,准备创业的受访者占比仅为0.9%。从走访的17所高校情况看,近两年高校毕业生创业积极性不高,高校毕业生创业比例总体较低。

五 提高河南人才竞争力的意见建议

现代化河南建设离不开人才支撑,河南培养的高校毕业生规模庞大,但最终留在河南、参与建设河南的人才仍显不足。需进一步增强河南对人才的吸引力,不仅把河南培养的人才留下来,还要把河南户籍的人才引回来,把省外的人才引进来。

(一)不断提升综合实力,增强河南竞争力

61.9%的受访者认为河南需要大力发展经济、增强综合实力,才能更好地吸引人才、留住人才。建议立足河南实际,统筹长远和当前,在将人力资源禀赋和比较优势转化为发展质量上做细做实,加快经济结构调整,加强重大项目建设,持续改善经济环境,不断扩大河南经济规模、综合实力。同时,加强城市环境建设,提升公共服务水平,创造宜居环境,增加人才留豫就业创业的归属感和幸福感。

(二)持续改善营商环境,拓展优质就业岗位

54.5%的受访者认为河南需要不断改善营商环境,创造更多就业机会,才能吸引人才、留住人才。建议充分发挥河南区位交通、市场规模、要素保障、开放通道等优势,推动新技术、新产业、新业态发展,吸引更多优质公司、企业落户河南,拓展更多就业创业空间,创造更多优质就业岗位和实践机会,为人才职业发展提供更加有利的条件。

(三)出台更优惠的人才政策,确保落实到位

52.4%的受访者希望河南能够出台更优惠的人才政策。建议制定完善精

准管用的引才政策，立足河南需求，突出人才引进针对性、层次性。在落户、购房、各类补贴等政策上提高标准，妥善解决人才住房需求等"关键事"，放宽申领条件，切实提高各类人才的获得感。进一步完善创业支持政策，做好场地支持、租金减免、税费优惠、创业补贴、培训补贴等扶持。同时，强化政策执行和跟踪问效，简化申领流程，提升政策效能。

（四）加大培养力度，做大做强河南人才蓄水池

走好人才自主培养之路，发挥高校特别是"双一流"大学培养人才的主力军作用，优化高校学科专业布局，增强专业设置快速响应需求能力，培养更多专业性、技术性的高层次人才，着力提升河南高校整体人才培养质量和学术声誉。深入推进"人人持证、技能河南"建设，增强培训针对性、实用性，推动技能人才培养与产业转型升级深度融合。同时，做好娘家人，调动故乡情，既留住河南培养的人才，又吸引更多河南籍学子回乡发展、贡献力量。

B.37 河南迎峰度夏大负荷期间负荷检视与管理研究

赵新民 杨雷 倪凡 李旭 倪琳哲 李俊楠*

摘　要： 截至2023年9月，全省全社会用电户数4775.58万户，用电装机容量4.47亿千瓦，用电量3083.74亿千瓦时；发电装机容量1.36亿千瓦，省外来电通道极限能力1761万千瓦。总的来看，正常情况下，全省电力供应可以满足需求。但在度夏度冬和极端天气下，调温负荷增长较快，大负荷期间供需平衡吃紧，可能存在供电缺口。负荷管理在促进电力平衡中扮演着重要角色、发挥着保底作用。基于此背景，本研究对河南度夏期间全省用电负荷特征进行全面分析，围绕降温负荷、尖峰电价政策影响等方面开展多维度、精细化的测算研究，深度剖析河南电力保供难点问题，并针对性提出完善需求侧管理机制、激发需求侧资源调控潜力、强化系统支撑建设、营造节约用电浓厚氛围、打造需求侧管理新格局等负荷管理措施建议，以期全方位提升河南电力保供能力，为政府决策提供参考，为全国能源保供作出河南贡献。

关键词： 电力保供　负荷管理　负荷分析

一　负荷管理研究背景及形势

近年来，党中央、国务院高度重视能源安全保障工作，习近平总书记多

---

* 赵新民，河南省发展和改革委员会经济运行调节局局长；杨雷，国网河南营销服务中心副主任；倪凡，河南省发展和改革委员会经济运行调节局三级主任科员；李旭，河南省发展战略和产业创新研究院高级经济师；倪琳哲，河南省发展和改革委员会经济运行调节局三级主任科员；李俊楠，国网河南营销服务中心负荷管理中心主任。

次强调，能源保障和安全事关国计民生，是须臾不可忽视的"国之大者"。为切实做好新形势下的电力供应保障工作，满足人民群众对美好生活的用电需要，助力经济社会高质量发展，2022年以来，结合全国电力负荷管理工作面临的新形势、新要求、新内涵，国家发展改革委、国家能源局等部门发布《电力需求侧管理办法（2023年版）》《电力负荷管理办法（2023年版）》。两个办法充分结合能源电力安全保供新要求，明确了负荷管理内涵，保障了电力负荷管理的科学性和规范性。同时，提出要加大电力保供力度，加强电力需求侧管理，运用市场化方式引导各类用户错峰用电，确保民生及重要用户用电不受影响。完善分级用电负荷管理，做深做实有序用电方案，紧盯重点区域、重点时段、重点领域，提升负荷管理能力建设，确保全社会电力平稳供应。

2023年度夏期间，受经济回暖和多轮持续高温影响，我国多地最高气温突破40℃，全国用电负荷特别是居民用电负荷急剧攀升，用电负荷"双峰"特征日益突出，全国电力供需总体紧平衡，南方、华东、华中区域用电高峰时段电力供需偏紧，存在电力缺口。另外，极端天气频发，可再生能源大规模接入电网对电力系统的稳定性带来新的挑战，对电力保供工作提出了更高要求。

在"双碳"背景下，负荷管理已成为供电短缺情况下保证全社会电力资源合理调配的重要手段，投入少、见效快、可持续。因此，深度挖掘河南全社会柔性可调节负荷潜力，合理利用全省负荷侧资源，科学制定负荷管理方案，既能有效缓解电力保供压力，又不会进一步压减现有煤电机组的发电小时，也不会加大春秋季新能源消纳的压力，是推动河南能源清洁低碳安全高效利用，促进全省经济运行高质量发展的重要保障。

二 河南省迎峰度夏负荷管理成效

2023年度夏期间，相关部门、企业坚持底线思维、问题导向和目标导向，针对可能出现的供电缺口，创新开展季节性需求响应，提升应急保障能力，开展负荷波动情况监测，"一企一策"科学合理编制Ⅰ～Ⅵ级有序用电方案。全省未发生电力设备过载停运事件，未发生停电个案舆情事件，3年来首次未启动有序用电，电力供应量足价稳，圆满完成迎峰度夏任务，为全国能源保供作出了河南贡献。

一是优化落实保障措施。深化政企协同，创新开展季节性需求响应，逐户落实错避峰检修计划，落实尖峰电价等需求侧管理保障措施，降低高峰基础负荷150万千瓦，成功应对全网负荷13天破7000万、两创新高、午晚峰首次双创纪录的严峻考验。

二是大力实施节约用电。许昌创新开展"低碳莲城盛夏季"等节约用电推广活动，鹤壁、濮阳、开封等地将节约用电纳入精神文明单位考核体系，安阳、驻马店等多地发出节约用电倡议书，全省居民累计参与节约用电活动130万户次，参与度高于国网要求4.3个百分点。

三是持续开展负荷资源精细排查。以用户为最小单元构建负荷管理标签，形成需求响应、有序用电、空调负荷管理等不同措施、不同缺口时的"一户一策"调控策略。不断推进全省空调负荷管理，通过节能型避峰、柔性调节实现空调负荷分类管理和精准调节，建成全省空调负荷可调控资源数据库。

四是协调外电入豫。针对度夏外电交易成本过高问题加大外电量价协调力度。2023年4月以来，赴新疆、甘肃、青海等送电省份协商增购中长协外电事宜。省发展改革委和省电力公司多次参加国家发展改革委、能源局、国家电网、华中电网度夏座谈会，商讨外电和华中电网错峰互济事宜。2023年夏季晚高峰时段中长期签约电力较2022年大幅提升，中长期签约创历史最多。

五是构建行业降温负荷测算模型。聚焦农林牧渔、房地产两个行业，通过实地调研走访、行业交流，精准剖析影响因素，构建基于细分行业特征的多维耦合降温负荷测算模型。精准选取基础负荷曲线，在参考日选取中引入节假日、是否降雨、二十四节气等影响因素，形成按细分行业、影响因素类别的基础负荷曲线。

三　河南省度夏用电负荷情况

（一）度夏温度与用电负荷概况

河南日用电负荷呈现午晚双峰特点，度夏期间负荷高峰出现在晚高峰和午高峰的天数分别为46天和47天，电网紧平衡状态下日最大负荷更多集中在晚峰。从供电能力看，晚峰供电能力低于午峰，考虑到河南光伏最高出力叠加青豫直流外电情况，度夏期间河南晚峰时段新能源平均出力较午峰时段低约1000万千瓦，同时晚峰中长协外电低于午峰300万千瓦。综合考虑，保供压力主要存在于晚峰。

受高温影响，2022年全省6~8月出现4次负荷高峰时期，2023年7月上旬与8月上旬有两次负荷高峰时期。度夏以来，全省共经历三轮高温天气。7月5日~11日，河南迎来第一轮持续高温天气，强度大、持续时间长，平均最高温度为37.6℃，相比2022年同期增加3.9℃，北中部部分地区连续4日最高气温在40度以上，全网最高负荷6天上涨近2000万千瓦，7月电量创年内新高。综合来看，2023年度夏期间，河南用电负荷快速攀升，整体呈现"负荷尖峰高、高峰时间长、供电紧平衡、气象转换快"的突出特点。

度夏时期全省负荷增长迅猛，从日最大负荷来看，度夏期间负荷整体稳定，省网最大负荷出现在8月4日晚高峰时段，同比2022年增长5.8%。

2023年夏季气温整体较2022年同期略有下降。其中，6月最高气温整体达到36.99℃，较上年同期偏低2.8℃；7月最高气温整体达到37.97℃，较上年同期偏高2.8℃；8月最高气温整体达到35.53℃，较上年同期偏低0.1℃。

分地域看，7月上旬豫北地区平均气温高于豫南地区（豫北平均气温为35℃，豫南平均气温为31℃），豫北地区降温负荷占全省降温负荷的65.0%，豫南地区降温负荷占全省降温负荷的35%。8月上旬豫北地区平均气温与豫南

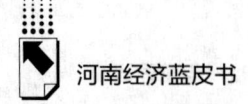

地区相近（豫北平均气温为33℃，豫南平均气温为33℃），豫北地区降温负荷占全省降温负荷的61.5%，豫南地区占全省降温负荷的38.5%。

（二）分行业负荷变化情况

从行业负荷分布来看，在省网最大负荷发生时刻下，受社会生产运转规律影响，十一大产业[①]中最大负荷占比前三的为工业、公共服务及管理组织业、批发和零售业。

从行业负荷增长来看，与疫情影响密切相关的行业持续恢复，负荷同比增长最快的三大行业分别是批发和零售业、租赁和商务服务业、住宿和餐饮业。受房地产形势及2022年极端高温天气的因素影响，同比下降明显的三大行业分别是建筑业、金融业及信息传输、软件和信息技术服务业。

四 河南省度夏降温负荷分析

持续高温拉动用电负荷快速增加、负荷峰谷差加大，双高峰特征日趋明显，夏季降温负荷占全省负荷比重逐渐增大，因此加强对降温负荷的分析研究，针对不同行业提出调节策略，可有效缓解供需压力。

（一）全省降温负荷概况

2023年度夏期间降温负荷增长迅速，各产业及居民降温负荷均同比增加。降温负荷最大值出现在8月4日，占当天最大负荷的48.4%。

分时段看，降温负荷存在午高峰和晚高峰，8月4日午高峰降温负荷2976万千瓦，晚高峰降温负荷3312万千瓦。晚高峰降温负荷较大，夏季的日最高气温出现在中午，三产降温负荷加大叠加居民午休空调负荷后，促使午高峰出现在13：00左右，晚高峰在21：30左右主要为居民空调制冷。

[①] 十一大产业：1.农、林、牧、渔业；2.工业；3.建筑业；4.交通运输、仓储和邮政业；5.信息传输、软件和信息技术服务业；6.批发和零售业；7.住宿和餐饮业；8.金融业；9.房地产业；10.租赁和商务服务业；11.公共服务及管理组织。

分地市看，降温负荷较高的地市为郑州（降温负荷占比52.3%）、南阳（降温负荷占比65.5%）、周口（降温负荷占比77.2%）。主要原因为该地区人口多、居民负荷占比大（郑州经济发展快，第三产业服务业蓬勃发展，叠加居民负荷是导致降温负荷占比最大的重要原因）。

分行业看，降温负荷需求较大的三个行业为公共服务及管理组织业（占全行业降温负荷的24.0%）、房地产业（占全行业降温负荷的19.9%）、批发和零售业（占全行业降温负荷的15.4%）。

全量商超用户负荷特性：降温负荷白天夜间稳定，停止营业前1小时内负荷迅速下降。7：30后商超逐渐开始营业，负荷增长迅速，白天负荷基本保持稳定，并伴有小幅度波动。夏季大型商场停止营业时间普遍在22：00~22：30，经调研大型商场基本在停止营业前的1小时即21：00~21：30陆续关停空调设施，负荷迅速下降。并在结束营业的22：00之后，夜间因少部分的制冷需求，降温负荷稳定在较低水平。

公共机构用户负荷特性：降温负荷呈"M型"双高峰。公共机构专项排查用户与全量公共机构用户负荷特性一致，由于该类用户降温负荷在18：00前就开始迅速下降，至20：00基本就已达到较低稳定值。

餐饮住宿业负荷特性：降温负荷全天较稳定，峰谷差较小。因酒店多为24小时运营，负荷整体在12：00~21：30维持在较高水平，受住店旅客活动影响，有小幅波动，21：30之后晚间气温降低，负荷有所下降，并在次日6：00之前稳定在较低水平。

（二）降温负荷调节策略分析

分地市开展降温负荷调节。利用皮尔逊相关系数法[1]对各地市降温负荷增长率与温度敏感性进行分析。全省各地市中，濮阳（0.82）、信阳（0.81）、郑州（0.81）降温负荷增长率与温度强相关，是后续应对高温天气需要重点关注的地区（见表1）。

---

[1] 皮尔逊相关系数用于度量两个变量之间的线性相关程度，为学术方面通用算法。

表1　2023年度夏期间河南省各地市降温负荷与温度相关性

地市	平均温度（℃）	相关系数	地市	平均温度（℃）	相关系数
济　源	37.4	0.272	商　丘	34.9	0.736
洛　阳	36.4	0.443	安　阳	35.5	0.762
三门峡	36.3	0.561	南　阳	36.8	0.762
开　封	36.0	0.605	周　口	36.6	0.789
新　乡	35.8	0.667	驻马店	36.7	0.795
焦　作	37.0	0.677	鹤　壁	34.8	0.803
许　昌	34.9	0.707	郑　州	36.7	0.808
平顶山	35.5	0.712	信　阳	37.0	0.814
漯　河	37.5	0.725	濮　阳	35.1	0.817

分行业开展降温负荷调节。十一大行业中，建筑业（0.91）、批发零售业（0.86）、房地产业（0.84）降温负荷增长率与温度强相关。温度敏感型行业是开展节能宣传、政策约束的重点关注行业，空调温度设定"夏季不低于26度、冬季不高于20度"是降低降温负荷的有效措施。批发零售业空调负荷呈现"n型早9晚9"负荷特点，与省网晚峰最大负荷发生时刻21～22时基本重合，经实地调研部分企业，通过刚性控制提前半小时关闭空调，可以实现节能型避峰，在不影响客户购物体验的前提下，既能降低企业用能成本，又能有效错峰。公共机构空调负荷呈"M型早9晚6"，在下午6点后迅速下降，晚峰几乎无调节空间。餐饮住宿业空调负荷全天较为稳定，可通过柔性调节降低空调负荷。

五　河南省尖峰电价政策对工业负荷的影响分析

工业负荷作为基础负荷占用比例较大，与降温负荷同是柔性负荷管理的关键环节。因此，在省网大负荷时段对工业午晚峰负荷结构、用户错峰负荷能力及时长进行评估分析，有助于通过执行尖峰电价，进一步提升错峰能力、响应率和负荷变化速率，有效缓解电力供需平衡压力。

（一）午晚峰负荷结构分析

工业负荷在晚峰段有所降低但处于较高水平。2023年8月4日，全网晚高峰最大负荷创晚高峰历史新高。从用户侧负荷看，同一时刻居民负荷占比最高，且与省网负荷曲线变化趋势一致，居民降温负荷是导致晚高峰大负荷出现在21~22时的主要影响因素；第二产业负荷呈"w"型，午晚高峰时段内负荷均有下降，在21时左右负荷再次增长，是导致晚高峰大负荷出现在21~22时的次要影响因素。

工业用户负荷在午间处于全天中相对较低水平。8月5日，全网午高峰最大负荷创历史新高。从用户侧负荷看，负荷曲线趋势、占比情况与晚峰时段基本一致。

（二）执行新尖峰电价对午晚高峰负荷影响

1. 价格对午晚高峰负荷影响情况分析

用户错峰负荷能力与价格呈正相关，其中尖峰段较同时段峰段错峰效果明显。通过对比6月5日与8月5日（午高峰时段，电价1.64倍平价升高至1.71倍平价；午尖峰时段，电价1.64倍平价升高至1.968倍平价），午晚峰时段，8月5日尖段较6月5日同时段负荷错峰能力提升。

2. 持续时长对午晚高峰负荷影响情况分析

执行2小时尖峰电价的负荷错峰情况优于执行1小时尖峰电价。选取8月4日作为典型日（此时高峰电价按1.71倍平价、尖峰电价按1.968倍平价执行，并且午尖峰执行2小时、晚尖峰执行1小时），午峰时段尖峰电价持续2小时，负荷错峰响应率为9.4%，负荷变化速率为-65.3%，晚峰时段尖峰电价持续1小时，负荷错峰响应率为7.6%，负荷变化速率为-11.2%。综合考虑午晚峰负荷变化情况，午峰错峰能力、响应率与负荷变化速率均强于晚峰，错峰效果差异的主要原因为大多数企业因考虑生产工艺流程及设备情况，难以在1小时内对生产时序进行调整。

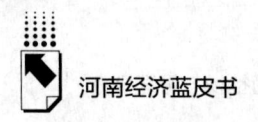

3.尖峰时段对午晚高峰负荷影响情况分析

尖峰电价执行时段影响晚高峰最大负荷发生时刻。聚焦电网处于紧平衡状态下，午尖峰电价执行时段全覆盖午峰最大负荷发生时段，但晚尖峰电价执行时段未覆盖晚高峰最大负荷发生时刻。从大负荷时刻看，当前午高峰大负荷发生时刻基本都在午峰（尖）执行时段内（10~14时），晚高峰大负荷发生时（21~22时）大多在晚高（尖）峰执行时段后（17~21时）1小时内的平段。

综合来看，结合河南光伏装机规模和出力情况，叠加青豫直流外电、季节影响新能源出力情况，建议将午峰时段平段。考虑到居民降温负荷不断攀升叠加晚峰新能源出力不足，及工业负荷"避峰用谷"特点，考虑不同时段间负荷变化速率，可将夏季晚尖峰执行时间延后1个小时（延长至22点），22~23点调整为晚高峰，降低21：00~22：00时间段内负荷恢复变化速率，促进峰时段负荷向谷时段转移，有效实现负荷削峰填谷和晚峰时段高峰电价全覆盖，更有利于企业调整生产计划，减缓负荷恢复速率，确保削峰效果，降低电网安全保供压力。

六 提升河南省负荷管理能力的对策分析

随着国家"双碳"目标战略深入实施及新型电力系统纵深演进，叠加极端天气频发，对进一步提升负荷管理能力提出更高要求。在度夏期间用电负荷、降温负荷及尖峰电价政策分析的基础上，结合河南现状，以健全机制、强化支撑、培育市场等方面为着力点，充分挖掘河南负荷资源潜力，持续提升负荷管理能力，有效保障电网供需平衡。

（一）完善需求侧管理机制

政府推动建立分时电价动态调整机制，适时调整目录分时电价时段划分、浮动比例，健全省级需求响应政策，加大经济杠杆的调节作用。进一步深入开展细分行业负荷特性研究，提高可调节负荷评估的精准度。推动负荷实时监测能力建设，通过全行业、全天候负荷动态跟踪，提升全社会负荷灵活调节能力。

（二）激发需求侧资源调控潜力

提升电力系统灵活性。一方面，需求响应主体范围较广，包括各类经营性电力用户、非经营性电力用户等，通过扩大参与主体范围，更好地调动需求侧资源的潜力；另一方面，通过经济激励等手段，引导电力用户自主优化调节负荷，满足电力系统稳定运行的需求，例如，以价格激励形式，向可调资源发布邀约，激励用户在电力供应紧张时错避峰用电，保障电力系统的灵活性。

（三）强化系统支撑建设

推动新型电力负荷管理系统的升级与应用。加强系统建设，强化对电力用户、负荷聚合商、虚拟电厂等负荷信息采集、分析预测及服务，提高对负荷的精确测量、监控和预测能力，提升负荷更精细化、灵活化的调节能力，保障电力供应的稳定性。

（四）营造节约用电浓厚氛围

科学合理利用电力资源是保障经济持续发展和响应国家节能减排政策的重要环节，特别是在负荷高峰期，动员各级企事业单位合理错避峰、居民控制空调温度，促进全民养成节电习惯。

（五）打造需求侧管理新格局

立足电力供需现状，以市场需求为导向，在终端能源消费环节实施双替代措施的同时，从需求侧发力，持续拓展负荷管理的范围和深度，有效降低对煤炭和石油等传统能源的用能需求，响应国家节能减排的号召。同时，通过强化柔性负荷管理，促进电力供需协同互动，在减少能源消耗和碳排放的同时，提高需求侧能效水平，实现节能减排降碳协同增效。

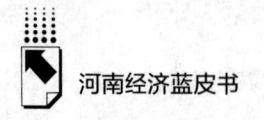

参考文献

国家发展和改革委员会：《电力负荷管理办法（2023年版）》，2023年9月7日。

国家发展和改革委员会：《电力需求侧管理办法（2023年版）》，2023年9月15日。

赵新民、付红军、孙冉、王建波：《新型电力系统背景下河南电网面临的挑战和应对思考》，2022。

赵新民、王晓冬、赵睿、张巍、任申等：《新型电力系统下河南工业领域典型行业柔性负荷特性研究》，2022年度河南社科联优秀成果奖。

赵新民、田珂、李旭、兰图等：《季节性用电柔性负荷管理调查研究报告》，2023。

B.38 提升河南装备制造业行业整体竞争力的对策研究

陈建设 石晓芳 卫艳青 张怡方 肖康康*

摘 要： 本文在对装备制造业相关数据指标开展研究的基础上，围绕河南省装备制造业主要指标状况及影响因素，对省内21家规模以上装备制造业企业开展调研。研究发现，河南装备制造业已成为全省工业经济领头羊，但面临主要指标在全国占比不高、产业分工地位偏低、经营效益一般、自主创新能力不强等难题。在此基础上，本文分析研究了近年来河南装备制造业发展的积极成效与主要问题，就如何提升河南装备制造业行业整体竞争力展开研究，并提出发挥优势强项，补齐弱项短板，促进装备制造业发展规模逐步壮大；推动装备制造业与生产性服务业的融合，促进装备制造业结构升级；提高自主创新能力，为装备制造业实现产业升级提供核心技术支持；以装备制造业高效化、服务化、高端化发展实现产业转型和技术升级，提升装备制造业全球价值链引领能力等对策建议。

关键词： 装备制造业 产业转型 自主创新 竞争力

一 装备制造业的概念及范畴

"装备制造业"是为经济生产提供核心技术设备的制造业的总称，被称

---

* 陈建设，国家统计局河南调查总队副总队长；石晓芳，国家统计局河南调查总队分析研究处处长；卫艳青，国家统计局河南调查总队分析研究处四级主任科员；张怡方，国家统计局河南调查总队分析研究处四级主任科员；肖康康，国家统计局河南调查总队。

为"工业的心脏"和"国民经济的生命线",是制造业的基础和核心,是衡量一国经济实力和科技水平的重要标志,对推动经济发展、加快工业化进程起到重要作用。与制造业的其他行业相比,装备制造业具有以下特征。首先,装备制造业具有资本技术密集、产业关联度高、产品附加值大的特点,装备制造业内部的多个行业拥有其他制造业行业无法比拟的重要地位,其中,高端装备制造业被列为国家战略性新兴产业之一,航空航天器制造业,计算机、通信和其他电子设备制造业,仪器仪表制造业等被列为高技术产业。其次,从总体来看,装备制造业的产业附加值较高,其发展过程中需要投入大量的技术、知识、资金、人力资本等要素作为支撑,以促进其持续发展。最后,装备制造业为国民经济各部门的生产活动提供工作母机,具有较强的产业关联效应和产业扩散效应,其生产效率和现代化程度对国民经济的整体发展起决定性作用。

关于装备制造业的具体范围,从相关统计年鉴中可以发现,2012年以前对装备制造业7个细分行业进行了数据统计,2012年及以后的数据统计,将原来的交通运输设备制造业进一步细化分为两个行业,按照国民经济行业划分(GB/T 4754-2017),其范围具体包括8个行业大类,如表1所示。

表1 装备制造业类别名称及行业代码

类别名称	行业代码
金属制品业	33
通用设备制造业	34
专用设备制造业	35
汽车制造业	36
铁路、船舶、航空航天和其他运输设备制造业	37
电气机械和器材制造业	38
计算机、通信和其他电子设备制造业	39
仪器仪表制造业	40

二 河南装备制造业发展状况分析

装备制造业作为河南的传统优势产业,基础雄厚,电力装备、盾构装备、农机装备、矿山装备、起重机械等优势突出,具有良好的产业基础,经过多年发展取得了一定成效,结合《中国统计年鉴2022》《河南统计年鉴2022》《河南统计年鉴2012》相关指标数据分析如下。

(一)河南装备制造业基础雄厚,优势突出,但在全国占比不高

年鉴数据分析显示,河南装备制造业在全国主要指标占比较为均衡,在省内具有重要地位,发展活力较高,人力资源较为充沛,计算机、通信和其他电子设备制造业,专用设备制造业,电气机械和器材制造业处于优势位置。但是,河南装备制造业在全国占比不高,产业水平较低,对人力依赖程度较高。

1. 河南在全国的占比情况

表2中筛选了统计年鉴中河南规模以上工业企业中装备制造业主要指标。其中,占比相对较高的是平均用工人数、营业成本和营业收入,分别占比4.12%、3.85%和3.64%;占比相对较低的是利润总额、流动资产合计和资产总计,分别占比2.73%、2.90%和2.91%。数据对比显示,虽然河南装备制造业在全国整体占比较低,但主要指标在全国占比较为均衡。

表2 2021年河南规模以上工业企业中装备制造业主要指标全国占比情况

	单位数(个)	平均用工人数(万人)	资产总计(亿元)	流动资产合计(亿元)	负债合计(亿元)	营业收入(亿元)	营业成本(亿元)	利润总额(亿元)
全国	169007	3383.30	524804.70	343884.90	298183.10	486003.90	410179.80	30170.10
河南	5873	139.35	15295.47	9984.42	8682.13	17678.78	15779.23	822.15
河南占比(%)	3.48	4.12	2.91	2.90	2.91	3.64	3.85	2.73

2. 河南装备制造业发展及占比分析

表3中筛选了统计年鉴中2011年与2021年河南规模以上工业企业中装备制造业主要指标，整体看来，除利润总额有小幅下降，各项指标均有较大幅度增长。数据对比显示，2011年到2021年十年间，河南装备制造业整体处于发展上升时期，取得较好成绩。

表3 2011年与2021年河南规模以上工业企业中装备制造业主要指标对比情况

	单位数（个）	平均用工人数（万人）	资产总计（亿元）	流动资产合计（亿元）	负债合计（亿元）	营业收入（亿元）	营业成本（亿元）	利润总额（亿元）
2011年	4313	125.65	5499.86	3142.44	2763.06	9502.42	8001.15	855.01
2021年	5873	139.35	15295.47	9984.42	8682.13	17678.78	15779.23	822.15
2021年比2011年增长（%）	36.17	10.90	178.11	217.73	214.22	86.05	97.21	-3.84

表4中筛选了统计年鉴中河南规模以上工业企业中装备制造业部分主要指标。其中，占比相对较高的是流动资产合计、营业成本和平均用工人数，分别占比35.82%、31.69%和31.55%；占比相对较低的是负债合计、资产总计和单位数，分别占比26.07%、26.34%和27.07%。数据对比显示，河南装备制造业在规模以上工业企业中具有重要地位，主要指标占比较为均衡。

表4 2021年河南规模以上工业企业中装备制造业主要指标占比情况

行业	单位数（个）	平均用工人数（万人）	资产总计（亿元）	流动资产合计（亿元）	负债合计（亿元）	营业收入（亿元）	营业成本（亿元）	利润总额（亿元）
规模以上工业企业	21697	441.73	58079.97	27871.27	33307.08	57263.51	49785.24	2933.52
装备制造业	5873	139.35	15295.47	9984.42	8682.13	17678.78	15779.23	822.15
占比（%）	27.07	31.55	26.34	35.82	26.07	30.87	31.69	28.03

3. 河南装备制造业行业结构分析

表5中筛选了统计年鉴中河南规模以上工业企业中装备制造业各行业主要指标。其中，单位数方面，占比前3的分别是通用设备制造业、专用设备制造业、金属制品业，分别占比21.11%、19.29%、18.46%；平均用工人数方面，占比前3的分别是计算机、通信和其他电子设备制造业，通用设备制造业，专用设备制造业，分别占比31.83%、14.09%、13.38%；资产总计方面，占比前3的分别是计算机、通信和其他电子设备制造业，专用设备制造业，电气机械和器材制造业，分别占比29.49%、15.41%、14.77%；流动资产合计方面，占比前3的分别是计算机、通信和其他电子设备制造业，专用设备制造业，电气机械和器材制造业，分别占比37.28%、14.31%、12.75%；负债合计方面，占比前3的分别是计算机、通信和其他电子设备制造业，专用设备制造业，电气机械和器材制造业，分别占比36.37%、14.04%、13.99%；营业收入方面，占比前3的分别是计算机、通信和其他电子设备制造业，电气机械和器材制造业，汽车制造业，分别占比39.82%、14.27%、11.99%；营业成本方面，占比前3的分别是计算机、通信和其他电子设备制造业，电气机械和器材制造业，汽车制造业，分别占比42.73%、12.73%、11.74%；利润总额方面，占比前3的分别是计算机、通信和其他电子设备制造业，专用设备制造业，电气机械和器材制造业，分别占比22.57%、15.82%、15.28%。数据对比显示，计算机、通信和其他电子设备制造业，专用设备制造业，电气机械和器材制造业主要指标居前，在河南装备制造业中处于优势位置。

表5 2021年河南规模以上工业企业中装备制造业各行业主要指标构成

序号	行业	单位数（个）	平均用工人数（万人）	资产总计（亿元）	流动资产合计（亿元）	负债合计（亿元）	营业收入（亿元）	营业成本（亿元）	利润总额（亿元）
	总计	5873	139.35	15295.47	9984.42	8682.13	17678.78	15779.23	822.15
1	金属制品业	1084	14.84	1302.91	683.54	560.79	1674.01	1454.24	89.18
2	通用设备制造业	1240	19.64	2002.87	1247.83	987.84	1910.70	1599.71	121.60

续表

序号	行业	单位数（个）	平均用工人数（万人）	资产总计（亿元）	流动资产合计（亿元）	负债合计（亿元）	营业收入（亿元）	营业成本（亿元）	利润总额（亿元）
3	专用设备制造业	1133	18.64	2356.33	1428.59	1218.78	1908.74	1560.21	130.05
4	汽车制造业	654	14.75	1955.27	1082.46	1158.99	2119.02	1852.71	105.49
5	铁路、船舶、航空航天和其他运输设备制造业	180	4.94	461.38	268.68	207.73	370.97	309.56	26.95
6	电气机械和器材制造业	952	17.26	2259.61	1273.41	1215.03	2251.42	1930.20	125.61
7	计算机、通信和其他电子设备制造业	371	44.36	4511.15	3722.66	3157.94	7039.31	6742.46	185.58
8	仪器仪表制造业	259	4.92	445.95	277.25	175.03	404.61	330.14	37.69

（二）出台一系列文件，提供平台支撑，河南装备制造业发展方向明确

近年来，河南相继编制了一系列装备制造业转型升级规划和方案，落实一系列举措，进一步明确了河南推动装备制造业向成套化、低碳化、智能化转变，加大装备制造业的智能化研发力度，推动大型化、智能化、服务化、国际化转型，为打造一批"大国重器"明确了发展方向和具体实施方案，提供了有力支撑。

2016年2月印发的《中国制造2025河南行动纲要》，从贯彻落实《中国制造2025》，深入实施《河南省全面建成小康社会加快现代化建设战略纲要》，适应和引领新常态，加快制造业创新转型、提质增效，建设制造强省的角度出发，明确总体要求，聚焦重点领域，提出主要任务，制定保障措施,为建设制造强省创造良好的社会环境和舆论氛围。2021年12月印发的《河南省"十四五"制造业高质量发展规划》,以前瞻30年格局视野为站位,以高质量发展为主攻方向,明确发展新目标,构建产业新体系,提出"九高"新任务,以强化"五个保障"为重点推动规划落实。2022年1月印发的《河南省人民政府办公厅关于印发河南省加快传统产业提质发展行动方案等三个方案的通知》,进一步明确总体要求、主要任务、重点工程和保障措施,确保传统产业提质发展。

调研显示,河南陆续组建的重点实验室、中试基地、制造业创新中心、产业研究院为装备制造发展提供了平台支撑。截至2021年,河南成功创建国家级农机装备创新中心,培育省级制造业创新中心19个,创建国家级技术创新示范企业8家、省级97家,创建全国质量标杆企业15个、省级167个,创建国家级制造业单项冠军23家、"专精特新"企业92家,建成国家级工业设计中心4个、省级44个。建成智能工厂和智能车间571个,创建制造业与互联网融合发展、服务型制造、信息消费等国家级试点示范62个,建成工业互联网平台25个,推动企业上云10万余家,数字经济规模达1.25万亿元。2023年4月印发的《河南省制造业创新中心建设工作实施方案》,围绕"传统产业转型升级、新兴产业重点培育、未来产业谋篇布局"的重大需求,聚焦主导产业,兼顾其他领域,充分发挥现有国家和省级制造业创新中心的引领示范作用,加快关键技术创新体系和供给机制建设,目标是到2025年,建成25家左右省级创新中心,争创2~3家国家级创新中心,构建比较完善的制造业创新体系,为制造业强省建设提供有效支撑。

(三)河南装备制造业企业门类齐全,专用设备制造业优势突出,科技研发人力资源丰富

数据分析显示,河南装备制造业门类齐全,规模以上工业企业中装备制造业在工业经济中占比高。本次在郑州、洛阳、焦作、新乡、安阳5市的21家不同行业的规模以上装备制造业企业调研中,对其营业收入、用工人数、国内市场占有率等指标的分析显示,河南装备制造业企业具有较强的行业竞争力。

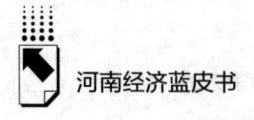

1.门类齐全，行业龙头企业市场占有率高

经过多年发展，河南省已经形成了一批各具特色的国内行业龙头企业，在国际国内市场具有较强竞争力。如郑州煤矿机械集团股份有限公司业务涉及煤矿机械、汽车零部件、投资三个业务板块，拥有28个生产研发销售基地，遍布全球18个国家和地区，员工17000余名，2022年实现营业收入320.43亿元，2022年国内相关市场占所有率约为28%。河南柴油机重工有限责任公司是我国"一五"期间156项重点项目之一、新中国第一个船用高速柴油机厂、中国船舶行业唯一的舰船用高速大功率柴油机专业制造厂，2022年国内相关市场占有率约为62%。

2.专用设备制造业优势突出，科技型装备制造业发展良好

专用设备制造业方面，以2022年国内市场占有率为例，恒天重工股份有限公司核心主业的纺机业务中，水刺非织造布设备、涤纶短纤设备、粘胶短纤设备、莱赛尔设备、浆纱设备分别占比58%、55%、80%、50%、50%；卫华集团有限公司生产的桥门式起重机、港机、矿机、单梁、电动葫芦等2022年国内市场占有率为32.24%。科技型装备制造业方面，如中航光电科技股份有限公司，近年来营业收入和利润总额持续增长，2022年和2019年数据对比分析显示，企业营业收入增长72.9%，研发人员数量增长143.5%，发展势头良好。

3.重视科技研发，科技研发人力资源和专利成果丰富

调研显示，相关企业对科技研发在构筑"以传统产业为基础、新兴产业为支柱、未来产业为先导"的先进制造业体系中的重要作用有清醒认识。调研显示，21家不同行业的规模以上装备制造业企业2022年用工人数合计约为10.8万人，2022年和2019年数据对比分析显示，企业研发人员和专利数量方面，21家企业2022年研发人员人数合计约为1.8万人，增长约6.5%；专利数量6886项，增长约40.8%。如卫华集团聚集了以马玉山、李培根、张铁岗三名院士为带头人的千人科研团队，拥有国家地方联合工程研究中心、国家工业设计中心、国家认定企业技术中心、博士后科研工作站等6个国家级、27个省级研发平台。

三　河南装备制造业行业整体竞争力
提升制约因素分析

以上分析显示，河南装备制造业行业基础完备，部署明确，发展思路清晰，优势产业占据领军位置，高技术装备制造业发展迅速，企业研发投入的资金和人力投入明显提高，已经成为全省工业经济的领头羊。但河南装备制造业主要指标在全国占比不高，产业分工地位偏低，部分行业竞争优势下降，自主创新能力不强等不利因素实际存在，制约了河南装备制造业行业整体竞争力的提升。

（一）河南装备制造业主要指标在全国占比不高，产业分工地位偏低

从表2数据分析可以得出，河南装备制造业主要指标在全国占比不高，其中占比相对较高的平均用工人数、营业成本和营业收入等指标表明其对人力的依赖和经营成本偏高。从表5数据分析可以得出，2021年河南装备制造业企业单位中，数量占比前3的分别是通用设备制造业、专用设备制造业、金属制品业，合计占比58.56%，其从业人员数量合计占比38.1%，利润总额占比41.5%，在河南装备制造业中占有重要位置，但也反映出河南装备制造业产业分工地位整体偏低。

（二）经营效益一般，部分行业竞争优势下滑

从表2数据分析可以得出，2021年河南装备制造业企业利润总额在营业收入中占比约4.7%，低于全国6.2%约1.5个百分点。调研显示，调研的21家装备制造业企业中，2022年亏损企业占比28.6%，盈利企业中利润总额在营业收入中占比普遍不高。如卫华集团2022年利润总额在营业收入中占比约4%，明泰铝业2022年利润总额在营业收入中占比约1.5%。竞争优势下滑方面，以宇通客车股份有限公司为例，宇通客车是全球规模最大的客车企业，产品面向公交、客运、旅游、团体、校车及专用出行等细分市场。调研显示，宇通客车虽然保持着行业领先地位，但受多因素影响，2022

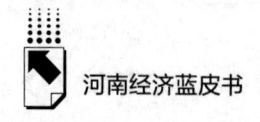

年和2019年数据对比分析显示，营业收入下降约28.5%，利润总额下降约66.0%，国内市场占有率下降7.4个百分点，企业竞争优势下滑明显。

（三）自主创新能力不强，产业科技创新不足以支撑装备制造业快速发展

自主创新能力是提升装备制造业竞争力的源泉，是影响装备制造业高效化、服务化、高端化发展的关键性因素。近年来，河南装备制造业的自主创新能力虽然大有提升，但仍不足以支撑装备制造业快速发展。一是企业自主创新能力不强、动力不足。调研显示，企业自主创新的成本高、风险大，研发活动具有难度高、周期长的特性，制约了企业自主研发积极性。二是政府对企业自主创新的支持力度不足。调研发现，为加快装备制造业企业技术水平和研发能力的提高，政府积极出台相关政策，但是仍然存在着政策支持力度不足和政策落实不到位的问题。三是知识产权保护制度不完善。当前我国知识产权保护制度尚不完善，侵权行为的法律成本较低，不利于企业自主创新意识的形成。

四 提升河南装备制造业行业整体竞争力的对策分析

结合河南装备制造业发展实际，建议通过装备制造业优势产业的深度培育，强优势补短板，融合生产性服务业，提高自主创新能力，高效化、服务化、高端化发展以及国际竞争力的提升等，加快高端装备制造、新材料、新能源和节能环保等产业的发展，调整重大技术装备进口政策等，为装备制造业高质量发展注入强劲动力，全力推进装备制造业发展，促进河南装备制造业行业整体竞争力的有效提升。

（一）发挥优势强项，补齐弱项短板，促进装备制造业发展规模逐步壮大

综合相关分析，虽然河南装备制造业发展还面临着影响整体竞争力提升的相关问题，但也应看到，河南具有的区位优势、市场优势、农产品资源优势、交通优势、成本优势等，是河南装备制造业整体竞争力快速提升的有利因素。河南应在现有发展框架内，完善落实相关政策，持续深化区域合作、部省合作、产学研合作、产融合作，承接重点优质项目，争取省外资金，大力扶持优势产业和骨干型企业发展。

（二）推动装备制造业与生产性服务业的融合，促进装备制造业结构升级

装备制造业与生产性服务业的融合有利于促进我国装备制造业结构升级。从企业视角来看，生产性服务业是知识密集型产业，其内含的技术、知识、信息等高级生产要素可以引导装备制造业企业进行技术变革和产品创新，加快企业由低技术装备制造业价值链向高技术装备制造业价值链攀升。特别是信息技术服务在与装备制造业融合的过程中，将互联网、大数据等技术应用到生产中，极大地提高了装备制造业生产效率，提升柔性化智能化制造水平。从产业视角来看，装备制造业与生产性服务业的融合有效降低了产业升级的转换成本，提高了装备制造业结构中高技术装备制造业的比重。

（三）提高自主创新能力，为装备制造业实现产业升级提供核心技术支持

如果不能在核心技术上有所突破，提高自主创新能力，难以实现装备制造业的功能升级和链条升级。建议从企业人力资本积累和政府支持等方面入手，为装备制造业实现产业升级提供核心技术支持。企业层面，应加快企业人力资本积累，在装备制造业服务化升级过程中，对高层次创新型人才的使用是装备制造业企业服务化升级的基础和必要条件。政府层面，应积极出台相关政策，加大对企业自主创新的扶持力度，进一步完善知识产权保护制度，使企业享受到自主创新带来的竞争优势。

（四）以装备制造业高效化、服务化、高端化发展实现产业转型和技术升级，提升装备制造业全球价值链引领能力

建议政府从提升全球价值链引领能力出发，通过规划调整制造业产业结

构、大力发展先进制造业，培育发展战略性新兴产业，提升装备制造业在全球产业分工中的地位。装备制造业的高效化、服务化、高端化发展，是装备制造业升级的可行路径，三者是相互关联、相互促进的关系。装备制造业高效化是实现服务化和高端化的基础，装备制造业服务化有助于加快高效化与高端化进程，装备制造业高端化会进一步带动装备制造业高效化和服务化。同时，位于高端装备制造业价值链上的企业有着更强的功能升级动力，有利于装备制造业在产业国际分工中地位的提升。

参考文献

国家统计局：《中国统计年鉴2022》，中国统计出版社，2022。

河南省统计局、国家统计局河南调查总队：《河南统计年鉴2022》，中国统计出版社，2022。

河南省统计局、国家统计局河南调查总队：《河南统计年鉴2012》，中国统计出版社，2012。

张维今：《我国装备制造业与生产性服务业融合研究》，博士学位论文，东北大学，2018。

万岩岩：《河北省装备制造业全要素生产率评价及影响因素研究》，硕士学位论文，河北大学，2020。

顾海艳：《河南省物流业与装备制造业联动发展研究》，硕士学位论文，河南工业大学，2021。

孙军娜、雷宏振、兰娟丽：《基于区位商方法研究陕西省装备制造业集群竞争力》，《渭南师范学院学报》2016年第24期。

曲卉：《装备制造业价值链、产业链与核心竞争力研究》，博士学位论文，西北大学，2018。

石宇飞：《中国装备制造业发展及国际竞争力研究》，博士学位论文，吉林大学，2020。

张青山、刘丽娜、刘成浩、徐伟：《新工业革命与辽宁装备制造业转型升级》，《沈阳工业大学学报》2016年第2期。

袁月：《数字经济对我国装备制造业高质量发展的影响研究》，硕士学位论文，辽宁大学，2022。

B.39
河南高速公路高质量投资问题研究

顾俊龙　姜兴国　周翠萍[*]

摘　要： 河南高速公路事业发展，对加快河南产业建设，加强经济交流及沿线产业建设具有重要的推进作用，同时对提升全国区域间物流产业发展效率、加快国内产业发展，具有重要意义。随着河南省高速公路"13445 工程"的大力开建，到 2025 年底，河南省高速公路通车里程将达到 1 万公里以上，新增通车里程 3000 公里以上，河南省高速公路发展已处于全国前列，高速公路的高质量发展成为更需关注的问题。

关键词： 高速公路　交通运输　高质量发展　河南

河南省地处中原，具有便捷联系东西、顺畅沟通南北的区位优势，素有"九州腹地、十省通衢"之称。"十四五"期间，河南省认真贯彻落实党的二十大精神和习近平总书记视察河南重要讲话精神，锚定"两个确保"、全面实施"十大战略"，基本建成连通省内外、辐射东中西的高速公路网络体系，交通区位优势更加凸显，构筑了河南区域发展的新优势。

一　河南省高速公路发展历程

根据交通部门提供的资料，河南省高速公路发展分为四个阶段。

发展起步期（2003 年之前）。1994 年，河南省第一条高速公路——

---

[*] 顾俊龙，博士，河南省统计局二级巡视员、固定资产投资统计处处长；姜兴国，河南省统计局固定资产投资统计处四级主任科员；周翠萍，荥阳市统计局高级统计师。

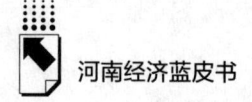

郑州至开封高速公路建成通车，开启了河南省高速公路从无到有、由段到线、连线成网的发展历程。这一时期，河南省高速公路完成了从无到有的跨越发展。京港澳高速和连霍高速两条共1418公里的国道主干线基本建成，在郑州实现了高速公路"十"字形路网结构，对发挥河南省交通区位优势，巩固提升全国交通枢纽地位，服务全国交通运输大局起到了重要作用。

快速发展期（2003~2013年）。2003年河南省人民政府出台了《关于深化交通建设管理体制改革的通知》，全面放开高速公路投融资市场，将高速公路建设主体责任下放至省辖市政府，极大地调动了地方政府和社会资本的积极性，河南省高速公路进入了快速发展阶段，2003~2013年建成高速公路4441公里，平均每年通车444公里。2006~2013年通车里程连续8年位居全国第一，河南省高速公路骨架网络基本形成。

平稳发展期（2014~2019年）。这一时期，河南省高速公路投资和发展速度放缓，主要采用BOT、PPP、专项债、与央企合作等模式融资建设，共建成高速公路1108公里，平均每年通车222公里。截至2019年底，河南省建成通车6967公里，通车里程和路网密度分别居于全国第5位和第8位。

路网完善期（2020年至今）。为保持交通基础设施投资强度，支撑河南省经济社会发展，做好"六稳"工作，落实"六保"任务，2020年8月26日，河南省印发《河南省高速公路网规划（2021~2035年）》和《关于加快高速公路建设的意见》，全面启动实施高速公路"13445工程"，规划到2025年底，河南全省的高速公路通车里程达到1万公里以上，新增通车里程达到3000公里以上，完成投资4000亿元以上，力争通车里程居全国第4位以及路网密度居全国第5位。

截至2022年底，河南全省高速公路通车里程达8009公里，居全国第8位。其中国家级高速公路4270公里，占比53%，省级高速公路3739公里，占比47%，形成了"6纵11横5条放射线"覆盖全省的高速公路网。高速公路项目的大量建设有效提高了高速公路路网密度，河南省高速公路规划目标为"市市有环线、县县双高速、乡镇全覆盖"。其中，郑州都市圈及周边地区高速公路规划平均间距为10~20公里，郑州都市圈及周边地区车辆均可实现20分钟内上高速。全省180个产业集聚区、115个主要物流园区20分钟可上高速。随着高速公路陆续建成，将进一步带动"十"字黄金走廊带内经济发展，完善河南省"米+井+人"字形综合运输通道布局，进一步推动河南省交通区位优势向枢纽经济优势的转变。

二 河南省高速公路投资带动经济发展情况

（一）高速公路投资大幅提升

"十四五"期间，河南省高速公路建设投资额整体呈增长态势。高速公路稳步发展，投资规模不断扩大。2021~2022年，全省新开工高速公路项目44个，建设里程2537公里，计划总投资3897亿元。2022年，高速公路固定资产投资完成额比上年增长91.6%，占道路运输业完成投资的比重从2021年的26.3%提高至46.0%。投资的大幅增长助力高速路网建设提速。"十四五"期间，沿太行高速新乡段等19个902公里项目建成通车。目前，河南在建高速公路项目总数达47个，总里程2848公里，计划总投资4372亿元，2023年计划完成投资1120亿元，通车项目4个，新增里程312公里，"十四五"末全省高速公路通车里程有望突破1万公里。

（二）高速公路投资有力带动了经济发展

高速公路建设涉及众多行业，包括建筑业、工业、农业、制造业、运输业、旅游业等，在建设过程中拉动投资、助力经济增长，创造大量就业机会，建成后又方便物流人流快速移动，带动物流业发展，促进就业和城镇化，提升企业生产效率。2023年春运期间高速公路出口流量达7209.1万辆，比2022年增长58.1%，比2019年疫情前上升11.6%。高速公路建设在提高物流效率、产业发展、人员信息交流、就业率等方面对经济发展有明显的促进作用。根据投入产出方法初步测算，与高速公路投资建设密切相关的行业，如土木工程建筑、建筑安装、道路运输对经济的拉动效应系数分别达到了2.323、2.365、1.598（见表1）。

表1 高速公路投资建设活动拉动主要相关行业效应系数

行业	土木工程建筑	行业	建筑安装	行业	道路运输
专业技术服务	0.2160	专业技术服务	0.1259	燃气生产和供应	0.1500
电力、热力生产和供应	0.1444	电力、热力生产和供应	0.1131	汽车零部件及配件	0.1348
货币金融和其他金融服务	0.1137	货币金融和其他金融服务	0.1113	石油和天然气开采产品	0.1283
钢压延产品	0.1094	建筑装饰、装修和其他建筑服务	0.1065	道路运输	0.0905
煤炭开采和洗选产品	0.1003	输配电及控制设备	0.0975	精炼石油和核燃料加工品	0.0856
砖瓦、石材等建筑材料	0.0974	租赁	0.0941	货币金融和其他金融服务	0.0813
水泥、石灰和石膏	0.0902	金属制品	0.0873	电力、热力生产和供应	0.0718
精炼石油和核燃料加工品	0.0813	钢压延产品	0.0858	其他运输、装卸搬运和仓储	0.0686
商务服务	0.0759	电线、电缆、光缆及电工器材	0.0788	商务服务	0.0655
金属制品	0.0677	商务服务	0.0754	零售	0.0472

一是拉动了建筑业发展。高速公路建设与建筑行业密切相关，公路工程建设需要用到大量钢筋、水泥、沥青等建筑材料，能有效拉动相关建材行业的发展，最大限度地刺激当地建材行业快速扩张，进一步扩大建筑建材行业经营规模。在高速公路的快速发展期，河南省建筑业总产值从2003年的634.52亿元增加到2013年的7003.20亿元，与高速公路的快速发展有较大的耦合性。

二是促进了工业的发展。高速公路极大地加强了区域联系，提高效率，改善投资环境，工业企业以此向专业化、规模化的方向发展，促进工业产销、扩大生产、增加效益。同时，高速公路的大规模建设带动了汽车需求的提升，为汽车行业提供了巨大的商机，2022年比亚迪汽车工业有限公司在河南省郑州市航空港区投资建厂，为河南汽车工业发展注入了强劲动力。

三是促进第三产业和旅游业发展。高速公路为旅游业提供了快捷、舒适、优质的客运服务，提高了旅游服务的质量。许信高速周南至沪陕段沿途有嵖岈山、金顶山、薄山湖等众多引人入胜的自然风景区，郑西高速双西段则串联起西峡寺山国家森林公园、灌河漂流风景区、伏牛山地下河等风景区，沿太行新乡段串联起了八里沟、关山、宝泉、云台山等多个景区。近年来河南省全面实施旅游公路示范工程，成功塑造"黄河古都""太行天路""生态伏牛""红色大别""四大一号"等旅游公路品牌。

（三）高速公路带动了乡村振兴进程

乡村振兴的首要和关键就是实现产业振兴，而高速公路丰富和完善的路网为各种农产品特别是高附加值的优质农产品提供了快速走向市场的通道，为地处深山和偏远地区农产品销售、乡村旅游业发展提供了极大便利，加快了农产品产销信息的交流互通，有力地推动了农产品的商品化和农业现代化。建成通车的安罗高速上蔡至罗山段途经的上蔡，濮卫高速途经的滑县和濮阳县，正在建设的兰太高速途经的杞县和太康，阳新高速途经的鹿邑和郸城，以上各县均为百万人口级别的大县，高速建成后将极大地便利广大县域地区人民群众上下高速，更好地带动县域经济的发展。2022年，河南省印发《河南省推进县域城乡交通运输一体化实施方案》，禹州被命名为"全国城乡交通运输一体化示范县"，卢氏、西华等4地获评交通运输部第三批农村物流服务品牌，许多深山区、偏远地区优秀农产品走出深山、走向市场、出现在全国各地，增加了农民收入。

三 河南省高速公路投资建设面临的问题

（一）高速项目投资体量大，融资环境不佳

高速公路项目投资巨大。2022年河南省在库高速公路项目个数占全部

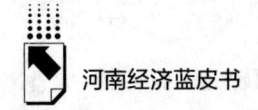

道路运输业项目总数的10.3%，完成投资却占到全部道路运输业投资的46.0%，其中沿大别山高速公路明港至鸡公山段项目、沿黄高速公路武陟至济源段项目、栾川至卢氏高速公路项目计划总投资均超过100亿元，本年完成投资合计超过70亿元。

资金缺口较大，融资风险高。受建设任务、建设成本、政策变化等因素影响，高速公路行业投融资风险大，财政资金投入不足，但相应的投融资体系并不十分完善，融资渠道单一、方式不够灵活，资金利用效率不高，而且政府贷款资金占比过高，截至2021年底，河南省政府高速公路还贷公路年末债务余额已达1709.77亿元。我国对高速公路项目的特许经营法律、法规和政策尚不够完善，且高速公路项目是资金技术密集型投资，规模宏大、建设周期长、涉及面广、时间跨度大，所面临的风险多。

（二）过度依赖政府投资，政府还贷压力增加

政府投资仍占主体地位。2022年河南省高速公路项目完成投资额中，国有（政府）投资占比达69.1%，私人投资占比仅为30.9%，政府仍是高速公路项目的投资主体。从政府还贷公路建设投资情况来看，截至2021年底，河南省政府还贷公路里程2950.70公里，累计建设投资总额1701.15亿元，全部为高速公路项目投资。还贷公路年末债务余额1709.77亿元，全部为高速公路债务余额。从政府还贷高速公路收入方面看，高速公路仍不能达到收支平衡。2021年度，政府还贷高速公路通行费收入165.96亿元，支出总额为435.30亿元，收支缺口269.34亿元。

（三）高速路网发展不均衡

从全国范围来看，截至2022年底，河南全省高速公路通车里程达8009公里，居全国第8位，在中部六省中居第1位，处于全国前列，高速公路的总体发展已超过全国平均水平并领先。从河南省内各地区的路网密度来看，各地区路网密度存在较大的差距，路网结构尚不完善。截至2022年底，豫东、豫中、豫西、豫南、豫北各地区高速公路网密度存在较明显的差异。豫中地区

高速公路路网密度为 6.60 公里/百平方公里，远高于全省平均水平；而豫南地区仅为 3.84 公里/百平方公里。此外，超过全省高速公路路网密度的省辖市共有 8 个，其中郑州市、开封市分别为 8.43、7.41 公里/百平方公里，而路网密度较低的省辖市中，南阳市和信阳市分别为 3.35、3.24 公里/百平方公里。

（四）高速公路投资对 GDP 的带动作用明显减弱

根据高速公路投资对国民经济发展的边际效应系数计算，近年来高速公路投资带动国民经济发展的边际效应系数持续减弱，从 2018 年的 3.5 下降至 2022 年的 0.4，河南省高速公路对国民经济发展的拉动力持续下降，高速公路投资对 GDP 的带动作用明显减弱（见表2）。

表2 2018~2022 年河南省高速公路投资边际效应系数

年份	高速公路完成投资额（亿元）	道路运输业增加值增量（亿元）	边际效应系数
2018	147.95	515.62	3.5
2019	221.90	173.95	0.8
2020	351.18	-162.39	-0.5
2021	361.97	427.22	1.2
2022	693.57	297.21	0.4

四 建议

（一）根据要求和流量确定高速公路投资规模，加快现有饱和路段扩容改造

当前高速公路里程已不再是制约河南国民经济发展的最主要因素，高速公路投资对 GDP 的带动作用明显减弱，大规模的高速公路投资建设应更加慎重。一是对现有高速公路拥堵、交通流量饱和路段进行扩容改造。早期建设的一些高速公路主干道已经不能在质量与技术上满足要求，应对时常拥堵或交通流量巨大、异常繁忙的路段扩容改造，提升通行能力，缓解交通压

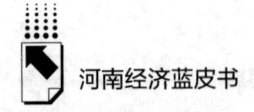

力，如大广高速、宁洛高速、郑民高速、郑少高速等需要拓宽来增加通行能力，提高通行效率。根据省政府印发的《河南省高速公路网规划（2021~2035年）》，京港澳高速新乡至郑州段已被纳入规划扩容改造路线。二是对部分通行能力差的路段进行提升改造。如对限速80~100公里/小时的路段进行改造，如灵宝至卢氏路段限速80公里/小时，可通过改造来提升通行能力。三是对高速易堵路段进行疏通改造。四是对高速落后服务设施进行升级改造。如增加充换电设施，启用已建成未使用的停车区，改造成充换电、加油、休息等一体化的服务区域。

（二）优化高速投资结构，补齐发展短板

社会资本参与度不足、积极性不高、渠道不畅是制约高速公路投资建设的因素之一，通过投资政策引导，重点推进高速公路网的完善。应加快"断头路"和"瓶颈"路段建设，解决高速公路"结构不优"和"大而不强"的突出问题，让"短板"尽快长起来，实现速度、规模、质量和效益相统一。尤其在省际边界地区，着力解决高速公路出行盲点问题，保障群众出行。一是强化政策支撑，为高速公路发展投资提供"强后盾"。应充分发挥国有资本主力军作用，通过发行企业债券、申请银行贷款、资产证券化等市场化方式融资，鼓励金融机构加强信贷资金支持。创新投融资体制机制，建立多元化投融资模式，鼓励多渠道筹措资金，有效破解资金制约难题。二是争取政策性金融工具。积极响应国家层面工作部署，全力推进重大交通项目建设，配合省有关部门申请并承接国家政策性、开发性金融工具，在减轻全省出资压力的同时，推动政策性、开发性金融工具有效运用，为稳住经济大盘提供坚实保障。三是不断优化行业项目建设环境。深化"放管服效"改革，加强放权事项指导，着力解决在项目立项、用地手续办理、项目投资主体落实等方面面临的问题。

（三）注重高速高质量发展

面对交通投资效益下降、要素保障更加困难、产业融合发展不足等诸多

挑战，更应注重高速公路的高质量发展，彻底改变长期以来主要依靠规模扩张和资源消耗的传统路径，走出一条符合高速发展规律的质量效益型发展道路。一是加快高速公路发展转型升级。充分发挥地方区位优势，根据所在地方经济条件、文化特色、美食特色及旅游资源等，结合实际运营特点，将传统公路建设运营模式逐步转变为重在丰富业态，不断增强高速公路发展的全面性、协调性和可持续性，深度嵌入现代经济体系。二是注重高速公路的智能化建设。随着现代信息通信技术的不断迭代升级，高速公路总里程的持续增加，以及维护、升级改造的需求上升，高速公路智能化行业市场规模不断扩大。高速公路的智能化建设，是适应社会发展的必然要求，也是高速公路实现自身发展的必然路径。三是坚持高速公路的绿色低碳发展。高速公路发展应践行"绿水青山就是金山银山"理念，坚持低能源消耗、低资源占用、低环境污染发展导向，将生态环保理念贯穿高速公路的设计、建设、运营和维护的全过程，走发展与保护的"双赢"道路。

B.40
河南省城乡融合发展水平测度研究

海向阳　常伟杰　蔡雪月　董佳彬*

摘　要： 城乡融合是实现全体人民共同富裕的前提，是一项长期任务。本研究以新发展理念为指引，结合河南省情，从创新融合、社会经济协调、生产生活融合、空间开放、共建共享5个维度建立评价指标体系，对河南省2012~2021年城乡融合发展水平进行测度，探讨融合发展演进路径并提出相关政策建议。结果表明，2012~2021年河南省城乡融合发展的总体态势以及五大维度均呈现持续上升趋势且逐渐趋向均衡，经历"发展起步—探索前进—综合提升"三个阶段，且"共建共享"及"空间开放"的融合度对河南省城乡融合发展起主导作用。

关键词： 共同富裕　城乡融合　乡村振兴　河南

共同富裕是社会主义的本质要求，其目标是满足人民日益增长的美好生活需要，消除贫富差别、区域差别和城乡差别，最终实现所有发展成果人人共享。新时代，党中央高度重视我国发展不平衡不充分问题，习近平总书记指出，促进共同富裕，最艰巨最繁重的任务仍然在农村。显然，城乡融合与共同富裕的目标紧密联系。城乡融合是基于空间布局优化和制度供给创新的经济、社会、环境全面融合的发展，其目标是城市与乡村在资源利用、产业发展、基础设施、公共服务、社会治理等方面形成彼此协同、相互促进、共建共享的融合发展格局，同时实现城乡社会居民的共同发展。

---

* 海向阳，河南省统计能力建设中心主任；常伟杰，河南省统计能力建设中心副主任；蔡雪月，河南省统计能力建设中心助理统计师；董佳彬，河南省统计能力建设中心技术员。

一 河南省城乡融合发展的基本情况

进入21世纪以来，河南省委省政府坚决贯彻落实党中央、国务院决策部署，全面落实在中部地区崛起中奋勇争先，坚持贯彻新发展理念推进城乡高质量融合发展，加快完善城乡发展一体化体制机制，持续推动城镇化建设和城乡要素流动，经济发展水平和综合实力显著提升，虽然与全国总体水平仍有差距，但已实现从乡村型社会向城市型社会的历史转变。

（一）政策机制建设推进城乡深度融合发展

印发《2022年河南省新型城镇化和城乡融合发展重点任务》，研究制定河南省建立健全城乡融合发展体制机制和政策体系的实施意见，全面推进城乡深度融合发展，许昌市入选国家城乡融合发展试验区。

（二）乡村振兴战略深入实施

全省编制实施乡村振兴战略规划，推进城乡规划一体化，统筹产业发展和生态功能全域布局；提升农业规模化、产业化、集约化水平，坚决扛稳粮食安全重任。

（三）新型城镇化建设加快推进

2022年末，全省常住人口城镇化率为57.07%，较2021年末提高0.62个百分点，与全国平均水平差距进一步缩小；农村居民收入增速自2010年以来连续12年高于城镇，2022年全省居民人均可支配收入28222元，同比增长5.3%。

（四）城乡发展差距不断缩小

主要表现在城乡公共服务、水电路网厕气房等城乡基础设施建设、城乡居民收入、城乡居民养老和医疗保险制度等方面，如城乡居民收入差距

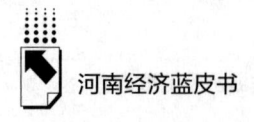

连年缩小，2022年城乡居民收入倍差为2.058，在全国排名第5，较2021年减小2.9%。

（五）富裕水平不高，仍有较大发展空间

河南经济总量大，城乡融合发展成效显著，但要清醒地看到存在的短板，人均经济水平仍较低，且富裕程度不高。2022年河南人均GDP为62106元，在全国居于第22位，比全国平均水平低23627元，长期处于中后水平；全省富裕程度指数为3.07%，在全国居于第25位，地区富裕程度指数为7.10%，在全国居于第27位，中部六省中居末位，这和生活中河南人民普遍感受到的富裕水平保持一致，和河南作为农业大省、人口大省的省情实际相匹配。

二 河南省城乡融合发展水平的评价指标体系构建

综合考虑河南省城乡融合发展的现实依据与内涵，从新发展理念的"创新、协调、绿色、开放、共享"五大维度进行衡量。

创新融合是实现城乡融合发展的第一生产力。主要体现在科学技术的更新迭代与经济社会的改革创新，"创新驱动战略"作为河南省"十大战略"之一，对加快转变经济社会发展方式、提高城乡经济增长质效、解决城乡融合深层次矛盾具有重要意义。

社会经济协调是城乡融合发展的基础和重要途径。重点在城乡人口结构的优化协调和地区经济发展的融合协调，同时收入水平、消费能力、市场结构等都影响着地区经济水平和富裕程度。

生产生活融合是城乡融合的重要载体和关键环节。生产方式与生活方式的融合是改善农村人居环境、实施乡村振兴的新体现，对推动城乡深度融合具有重要的现实意义。

空间开放是城乡融合的重要桥梁。河南区位优势显著，统筹整合沿线信息载体利用、交通建设与资源开发，提升信息开放和交通开放程度对城乡融合发展有支撑服务作用。

共建共享是城乡融合的总体目标。城乡土地规划管理制度、二元化户籍制度、当前的财政分配制度等易造成城乡间要素分配、收入待遇等多方面差距和不对称，而城乡融合发展的实质在于促进土地、收入、教育、医疗、社会服务和保障等各类资源要素自由流动、合理配置及充分利用。

综上，本研究选取了2012~2021年相关数据，主要源自《河南省统计年鉴》《中国统计年鉴》《中国城市统计年鉴》，构建了包含5个一级指标、11个二级指标和34个三级指标的河南省城乡融合发展水平指标体系。

体现创新融合时，科技创新指标从产业结构、科技创新的资金投入产出效率和工作成效综合反映，其中，R&D劳动效率即R&D人员占比；政策创新由劳动力转移自由度体现，是农村劳动力向城镇转移的比率，在一定程度上能够反映户籍、城乡结构等政策制度改革创新进程中农村剩余劳动力从农业转移至非农的特征。

体现生产生活融合时，考虑到河南农业大省、产粮大省实际，特别选取农用化肥使用折纯量、农用塑料薄膜使用量、农药使用强度3个指标衡量农业的绿色生产方式；选取工业固体废物综合利用率来衡量工业的绿色生产方式。考虑河南还是人口大省且农村人口数量庞大，选取建成区绿化覆盖率、生活用水占比、生活垃圾无害化处理率来衡量城乡融合中绿色生活方式的发展，又特别选取了农村卫生厕所普及率指标衡量厕改对融合农村绿色生活的影响。

三 河南省城乡融合发展水平统计测度

（一）河南省城乡融合发展评价指标体系的权重分析

通过熵值法计算出2012~2021年河南省城乡融合发展评价指标体系中各指标所占权重（见表1）。

由表1可知，"共建共享"和"空间开放"是影响2012~2021年河南省城乡融合发展水平的主导性因素，"生产生活融合""社会经济协调""创新融合"三个维度的影响程度依次削弱，对河南省城乡融合发展的推动作用相对较小。

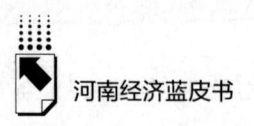

表1　2012~2021年河南省城乡融合发展评价指标体系中各指标所占权重

一级指标	二级指标	三级指标	指标属性	三级权重	二级权重	一级权重
创新融合	科技创新	第三产业贡献率	正向指标	0.033	0.093	0.127
		R&D经费支出占比	正向指标	0.041		
		R&D劳动效率	正向指标	0.019		
	政策创新	劳动力转移自由度	正向指标	0.034	0.034	
社会经济协调	人口结构	城镇登记失业率	逆向指标	0.034	0.068	0.154
		常住人口城镇化率	正向指标	0.034		
	经济发展	城乡消费水平比	逆向指标	0.029	0.086	
		城乡恩格尔系数	逆向指标	0.029		
		城乡收支结构差异	逆向指标	0.028		
生产生活融合	生产方式	工业固体废物综合利用率	正向指标	0.044	0.092	0.196
		农药使用强度	逆向指标	0.016		
		农用化肥使用折纯量	逆向指标	0.016		
		农用塑料薄膜使用量	逆向指标	0.016		
	生活方式	建成区绿化覆盖率	正向指标	0.019	0.104	
		农村卫生厕所普及率	正向指标	0.016		
		生活用水占比	逆向指标	0.037		
		生活垃圾无害化处理率	正向指标	0.016		
		人均公园绿地面积	正向指标	0.016		
空间开放	交通运输	旅客周转量	正向指标	0.018	0.057	0.221
		货物周转量	正向指标	0.039		
	信息通信	设有局所的乡（镇）比重	正向指标	0.029	0.164	
		每百人平均函件量	正向指标	0.029		
		电话普及率	正向指标	0.029		
		互联网普及率	正向指标	0.041		
		城乡拥有家用电脑台数比	逆向指标	0.036		
共建共享	物质共享	地方财政支农占比	正向指标	0.034	0.094	0.302
		城乡人均收入比	逆向指标	0.031		
		人均生产总值	正向指标	0.029		
	要素共享	人均拥有公共图书馆藏书量	正向指标	0.037	0.117	
		普通高等学校招生数	正向指标	0.041		
		每千人口拥有在校大学生数	正向指标	0.039		
	制度共享	每千人口拥有医疗床位数	正向指标	0.035	0.091	
		养老保险覆盖率	正向指标	0.037		
		房价与居民人均可支配收入比	逆向指标	0.019		

"共建共享"权重为0.302,占比最高,且"要素共享"权重为0.117,起重要作用,这归因于河南省不断完善城乡融合政策机制,保障资源要素在城乡间、群体间充分流动,成为推动共同富裕、推进城乡融合的首要动力。其次是"空间开放"权重为0.221,且信息通信开放程度为主导力量,这是由于近年来河南省大力推行数字技术、信创产业、互联互通等政策,且区位优势明显,交通运输业发达程度较高,依托郑州都市圈、县域治理"三起来"等措施高质量推进城乡融合发展。然而,河南虽非常注重创新能力提升,持续坚持绿色发展理念,但"生产生活融合""社会经济协调""创新融合"三个维度的权重相对较低,各自产生的影响及推动作用依次减小,且融合效果在短期内不显著。因此,在未来城乡高质量融合中更要注重对"生产生活融合""社会经济协调""创新融合"的价值引领和政策导向,倡导绿色生产生活,推进制度重塑,加大城乡创新投入,提高科技创新水平,不断推动创新驱动发展、社会经济协调发展和绿色可持续发展。

(二)河南省城乡融合发展水平的整体分析

城乡融合发展水平的综合得分计算公式为:

$$S_i = \sum_{j=1}^{m} w_j \times p_{ij}, i = 1,2,3,\cdots,n$$

得分越高,说明城乡融合发展水平越高(见表2)。

整体来看,2012~2021年河南省城乡融合发展水平总体呈逐年上升趋势,城乡融合发展综合得分增幅较大,提高3.2倍,且未来仍有较大发展潜力。尤其是在2015年新发展理念提出后,自2016年起河南省城乡融合发展水平及五大维度融合水平都表现为持续性显著增长,说明新发展理念为实现共同富裕下城乡融合提供了强大的推动作用。"创新融合、社会经济协调、生产生活融合、空间开放、共建共享"各项评分大致表现为上升总趋势,河南省把谋求省域共同富裕与城乡融合发展紧密联系,以期更好地实现两大战略叠加效应。

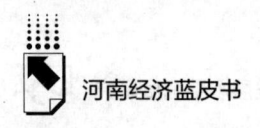

表2 2012~2021年河南省城乡融合发展水平及五个维度综合得分

年份	城乡融合发展综合得分	创新融合得分	社会经济协调得分	生产生活融合得分	空间开放得分	共建共享得分
2012	0.052	0.019	0.003	0.007	0.013	0.006
2013	0.070	0.015	0.005	0.008	0.017	0.021
2014	0.082	0.017	0.008	0.008	0.015	0.019
2015	0.084	0.014	0.011	0.007	0.019	0.021
2016	0.094	0.012	0.014	0.011	0.023	0.029
2017	0.096	0.019	0.016	0.012	0.022	0.027
2018	0.098	0.021	0.020	0.018	0.025	0.028
2019	0.119	0.024	0.023	0.019	0.033	0.032
2020	0.145	0.026	0.025	0.023	0.034	0.033
2021	0.216	0.028	0.027	0.026	0.036	0.037

从发展速度看，创新融合水平增长0.009，社会经济协调水平增长0.024，生产生活融合水平提高了2.7倍，空间开放水平增长0.023，共建共享水平提高了5.2倍，五个维度得分都明显提升，且"共建共享"指标增长0.031，上升幅度最高，发展速度最快，说明物质、要素和制度的共建共享对河南走向共同富裕、促进城乡融合都至关重要。一方面，打通要素流动通道为促进农村发展、群众致富，提高农村教育、公共服务水平等创造更加包容、公平、共建、共享的条件；另一方面，建立科学的共享机制，完善城乡收入分配、医疗、住房、教育、养老等制度体系，为实现共同富裕下城乡融合发展成果的公平普惠提供了重要保障。

从均衡发展看，河南省从2012年城乡融合发展五大维度综合得分差距较大的高度不均衡状态，演进至2021年各维度得分差距逐渐减小并趋于均衡。由此可见，河南省城乡融合发展整体上趋于共同发展的均衡模式。以新发展理念、共同富裕目标指导城乡融合的实践，有利于促进城乡资源再分配，实现城乡间政策制度、经济发展、人口结构、生产生活、医疗、教育、要素资源等各方面深入融合与共同繁荣，这正是共同富裕在城乡生产力和生产关系上的真实反映。

（三）河南省城乡融合发展的均衡性分析

为了更深入探索河南省城乡融合发展特点，选取 2012 年、2016 年和 2021 年河南省城乡融合发展五个维度得分作横截面对比，直观反映河南省城乡融合发展的均衡性变化（见图 1、图 2、图 3）。

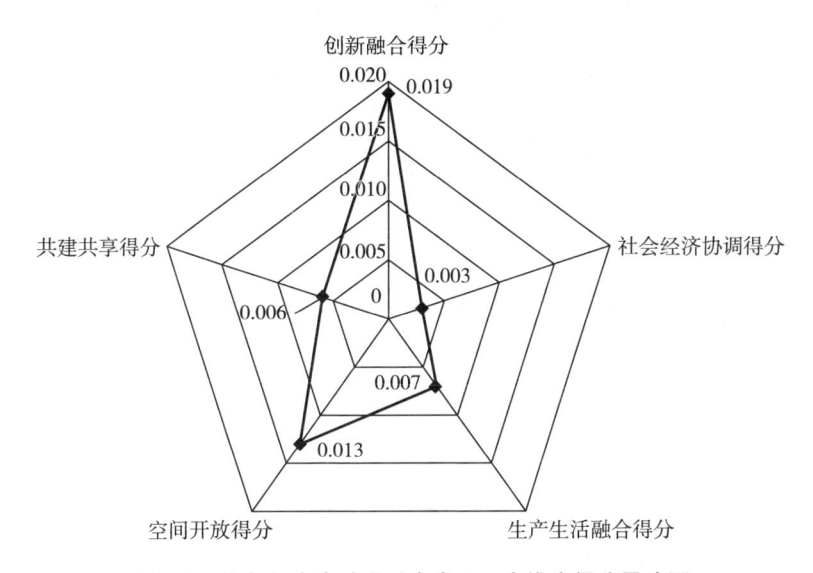

图 1　2012 年河南省城乡融合发展五大维度得分雷达图

由图 1、图 2、图 3 雷达变化样式直观看出，2012 年雷达图五边延伸形状很不规则，说明"创新融合""社会经济协调""生产生活融合""空间开放""共建共享"五大维度发展水平非常不均衡，且创新融合、空间开放相对形成两个发展极点。结合现实背景，当时新发展理念还未提出，河南省脱贫攻坚任务十分艰巨，农村发展相对落后，与实现城乡高质量融合有很大现实差距。2016 年雷达图变化较大，初步呈现五边形样式，开始有均衡性发展苗头，"共建共享"发展水平最好，也说明河南省加大对物质、要素、制度等层面共建共享的重视程度。2021 年雷达图基本趋向正五边形，城乡融合发展水平明显提升并趋向均衡，"共建共享"发展水平仍占比最高。总的来说，近年来河南省城乡融合的均衡性发展水平线性增长，"创新融合、

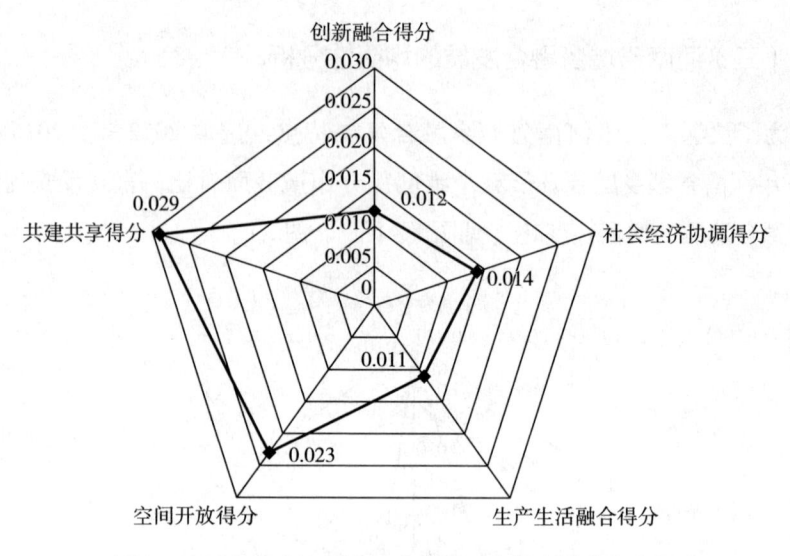

图 2　2016 年河南省城乡融合发展五大维度得分雷达图

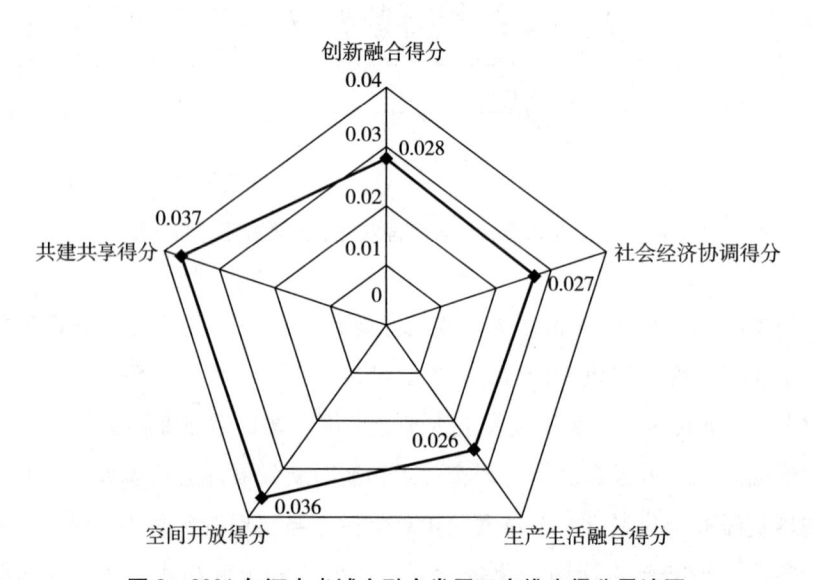

图 3　2021 年河南省城乡融合发展五大维度得分雷达图

社会经济协调、生产生活融合、空间开放、共建共享"发展水平逐渐趋向均衡，在贯彻新发展理念、注重共同富裕的价值理念引领下，河南省城乡融合发展实现新成效。

四 河南省城乡融合发展的演进分析

为了更直观地分析近年来河南省城乡融合发展的总体演进过程，对表2综合得分绘制折线图（见图4、图5）。

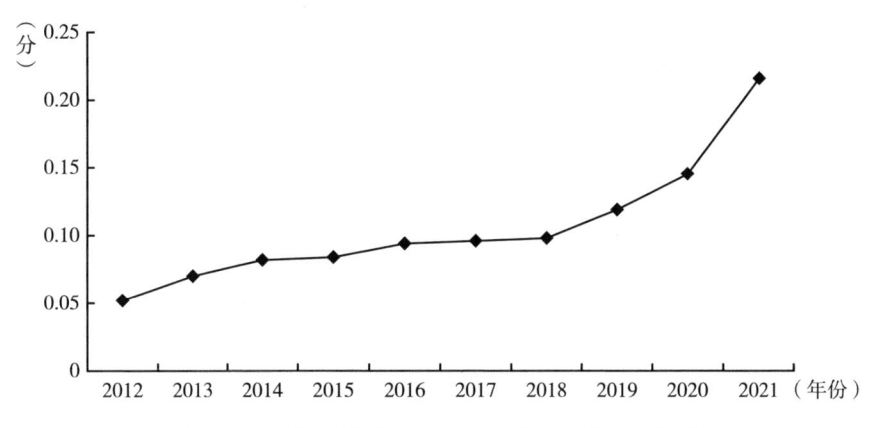

图4 2012~2021年河南省城乡融合发展综合得分折线图

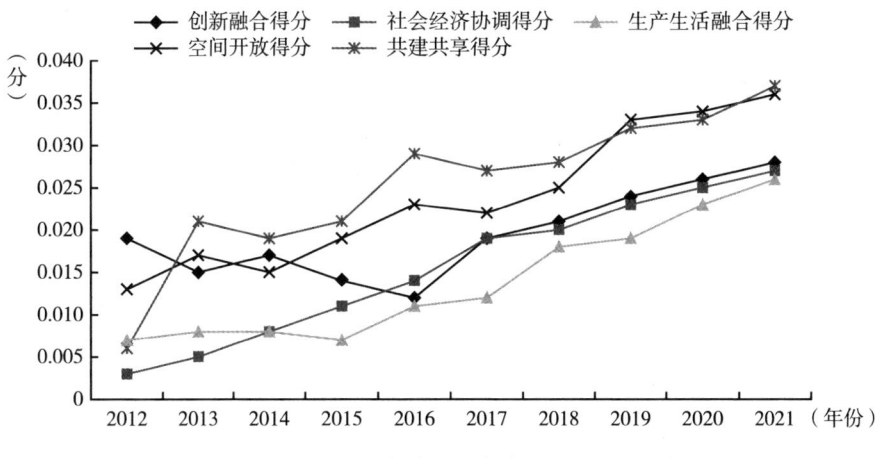

图5 2012~2021年河南省城乡融合发展五大维度得分折线图

总体演进过程大致分为三个阶段。第一阶段为发展起步（2012~2015年），整体发展水平稳步提升，得益于党的十八大以来我国实施"以城带乡、城乡一体、良性互动、共同发展"的城乡发展新模式，河南开始重视城乡经济的融合发展，以经济建设为中心，提速农村发展。第二阶段为探索前进（2015~2018年），整体上升趋势变平缓，受新发展理念提出的影响，河南重视经济社会发展质量高于速度。第三阶段为综合提升（2018~2021年），发展水平较之前快速攀升，考虑是2017年乡村振兴战略提出后，河南坚持农业农村优先原则，城乡融合发展综合水平显著提高，特别是疫情后经济社会复苏。由此预测，在新发展理念和实现共同富裕的价值理念引领下，未来河南省城乡融合发展水平将会以均衡式、高质量发展模式不断提升，五大维度会进一步协调。

由图5可知，2012~2021年河南省城乡融合发展五大维度得分总体呈上升态势。"创新融合"经历了"短暂下降—上升—下降—再上升"变化，2016年起呈逐年稳定上升态，因为新发展理念体现了缩小城乡差距、逐步实现共同富裕的要求，河南贯彻落实新发展理念，推进科技创新、政策创新促进要素融合，实现创新体系整体功能。"空间开放"经历了"上升—下降—快速上升—缓慢下降—上升"的螺旋式、波浪式变化，河南大力支持农村交通运输、信息通信建设，加强"四好农村路"和乡村振兴实施，构建分布均匀、便捷可及、功能完善的信息交通设施体系，对城乡资源流动和融合发展起重要作用。"社会经济协调"呈持续快速上升趋势，由于河南省快速推进城镇化进程，重点解决城乡居民就业、降低城乡收支差距及消费差距等问题，人口结构优化和经济水平提高为社会经济协调发展奠定基础。"生产生活融合"水平除2015年小幅下降外持续上升且2016年后明显提速，说明新发展理念下，河南逐渐重视生产方式和生活方式的绿色发展，如开展厕所革命、生态农业，积极转变农村生产、生活方式。"共建共享"整体上升趋势中有"平缓下降—快速上升"的变化特点，在2013年、2016年和2021年分别达到阶段性峰值。因为"共建共享"是以资源高效配置、人与社会全面发展为遵循，有利于削弱城乡二元化、财政分配、土地规划管理等制度造成的收入分配、文化生活、教育、医疗、住房等方面差异，属于城乡融合的顶层设计。

五　政策建议

坚持创新驱动，提升创新融合水平。科技创新力是促进经济增长和城乡融合发展的主要支撑，河南要坚持实施科技兴省战略，加大科研投入力度，支持科技创新和成果转化，推进新一代信息技术、生物技术与农业产业交叉渗透和整合集成，不断促进省域科技进步和产业结构优化升级，为城乡产业融合注入新活力。

坚持新发展理念，建立城乡经济协调发展新模式。要强化城乡区域协同发展理念，统筹城乡空间布局，推动公共资源均衡配置，加强城乡人口集聚区域的基础设施建设与公共服务保障，从经济、制度、要素、空间、环境等方面加强协调发展，缩小城乡差距，实现均衡性发展。

坚持绿色生产生活方式，实现可持续环境生态。加强绿色生活宣传引导，提高农业化肥使用效率及生活垃圾无害化处理率，鼓励企业改进工业固体废物综合利用技术，减少农药、固体废物残留和环境污染；坚持绿色化、生态化发展方式化解矛盾，促进要素优化配置，提高资源利用率，提升建成区绿化覆盖率，优化城乡生态环境。

坚持因地制宜，提高河南对内对外开放水平。注重依据自身比较优势，搭建城乡协同发展平台，通过对内自身建设、对外开放以及向外融合扩张相结合方式，促进河南城乡要素优化配置、资金流入、人才引进、技术更新以及产业转型升级，加快构建农村开放的发展制度环境，促进城乡间制度、交通和信息的开放融合。河南作为人口大省、农业大省，还应充分发挥成熟城市群集聚人口的功能，搭建农产品主产区，建设生产基地、加工中心、物流中心等，对外构建开放的发展环境，提升互联互通水平，促进制度开放、产业集聚、收益共享，不断促进城乡间要素优化配置及制度、交通和信息的开放融合。

坚持共建共享，实现城乡融合发展成果公平普惠。要合理提高地方财政支农力度，缩小城乡居民人均收入差距，清除阻碍公共服务下乡的制度壁垒及各种障碍，提升城乡基础设施的互联互通水平，如建设公共图书馆、扩大招生数、提高教育水平等，不断促进城乡间物质共享。河南尤其还应关注人口老龄化问题，通过完善城乡公共服务制度保障、提高养老保险覆盖率、增加医院床位数等具体措施，促进城乡间制度共建，逐步实现发展成果共享。

B.41
问需纾困解难题　精准施策助发展
——促进河南省个体工商户发展研究报告

王燕青[*]

摘　要： 个体工商户是社会主义市场经济的重要组成部分，在促进市场经济发展中发挥着不可替代的作用，但也存在着政策获得感不强、经营成本居高不下、资金需求难以满足等现实困难和问题，影响和制约了个体工商户的进一步发展和提升。本报告从河南省个体工商户的发展现状、发展特点、发展困境等方面进行了初步探析，并提出提升自身经营能力、发挥政策红利优势、提升中心服务效能等政策建议，为相关部门做好个体工商户纾困解难、精准帮扶工作提供参考。

关键词： 个体工商户　个体经济　营商环境　河南

　　个体工商户是我国社会主义市场经济的创新实践，深具中国的独特性。在改革开放政策指引下，个体工商户实现了从"拾遗补缺"到"必要的有益补充"，再到"社会主义市场经济重要组成部分"和"我国经济社会发展的重要基础"。个体工商户的发展，为市场经济注入了生命力，孵化了市场运行的"毛细血管"，拓展和深化了中国市场经济，使中国经济的步伐更加稳健有力。

　　2023年以来，受国内外市场需求偏弱等因素影响，个体工商户等经营主体仍然面临订单减少、利润降低、发展困难等问题。调查显示，63.1%的中小微经营主体反映遭遇订单荒。这迫切需要我们围绕各类经营主体需求，

---

[*] 王燕青，河南省个体私营经济发展指导中心组联科科长，中级经济师。

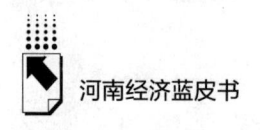

把脉问诊、精准施策，帮助其解难题、渡难关、复元气、增活力。河南省个体私营经济发展指导中心（以下简称"中心"）致力于推动个体工商户高质量发展，把这一目标纳入研究调查的重要议题。通过网络调查以及实地走访周口、许昌、漯河及郑州4个城市与5县（区）的多家个体工商户，全面了解它们的运营状况、面临的困难问题和意见建议。在这项研究中，不仅关注"高楼大厦"，也关注"背阴胡同"，既看"大个体"，也访"小商户"，务求翔实了解情况，准确查找问题，并提出具体有效的解决方案，以此推动个体工商户持续健康发展。

一 发展现状

近三年来，受疫情反复及河南水灾影响，河南个体工商户受到较大冲击，普遍存在市场低迷、资金链紧张、供应链不协调、订单履行难等问题。在省委省政府以及各地区和各部门推出的一系列精准帮扶政策，如方便快捷的市场准入、融资扶持、税费减免、创业就业支持等政策指引下，广大个体工商户积极调整商业策略、创新经营模式、拓宽销售路径，以提升适应能力和商业弹性。在全面抗疫背景下，2022年河南新注册量稳中有增，逆势而上，展示出经济基本盘的强劲韧性。

到2023年10月底，河南个体工商户数量达到754.9万户，占据市场主体的70.5%，带动近3000万人就业。注册数量与2012年相比增长3.4倍，与2002年相比增长6.8倍，与1992年相比增幅更是达到9.6倍。在第三产业中，个体工商户占比接近90%，主要集中在批发零售、食宿服务及民生服务等行业，向民众提供了最直接、最便利的服务。

二 发展特点

（一）登记数量稳步增加

从改革开放至今，除了1999年到2004年有所下降，河南个体工商户数量一直保持持续增长。

2022年河南省市场监管局推出个体工商户智能审批新模式，在手机上操作就能随时随地、轻松办结，只需10分钟左右就能完成注册登记，当年河南新注册个体工商户208.7万家，摘得全国新增量桂冠；增速方面，2022年全省同比增长104.2%，规模实现翻倍扩张。个体工商户注册量的快速增加，在展现地区经济活跃度的同时，也反映出各级政府促进个体工商户发展举措的高效性。

（二）经营规模持续扩大

以资金投入为衡量标准，已从初期的几亿元增长到至今的数万亿元；从就业人数来考量，增长速度更为显著，全省大约30%的人口直接或间接参与到与个体经济相关的行业。那些起初只有几人的个人经营模式，已逐渐扩张为数十人乃至数百人的私营企业，经营规模在持续增大，经营领域也日益广泛，涵盖了诸如零售、服务、餐饮和制造等多个领域。

（三）发展环境更加优化

跨越36年，从《城乡个体工商户管理暂行条例》到《个体工商户条例》再到《促进个体工商户发展条例》，个体工商户在经过数次法律法规的调整后，其法律地位以及相关权益保障日臻完善和稳定。2023年颁布的《中共中央国务院关于促进民营经济发展壮大的意见》，推出了31条有针对性的措施，其中6处提到了个体工商户，分别从优化"个转企"政策、健全信用评级和评价体系等6个方面作出了政策安排。从河南来看，2021年《河南省优化营商环境条例》颁布实施，8个方面为个私企业发展"硬核"护航，营商环境明显改善。2023年11月《河南省促进个体工商户发展若干措施》出台28条举措，给予个体工商户更多关心和关爱，必将更好鼓励、支持和引导河南个体经济健康发展。

（四）社会贡献不断增加

当前，个体私营等民营经济在经济社会发展中举足轻重，提供了超过一

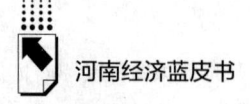

半的税收、占比超过60%的GDP、超过七成的科技创新成果，提供了80%以上的就业机会，占据全省企业总数的90%以上。这一系列的数据充分揭示了广大个体工商户、私营企业对我国社会经济进步所作出的重大贡献，验证了其在确保经济的稳定增长、催生创新、提高就业率、改善民生等领域所扮演的重要角色，印证了其作为保持经济发展稳定器、国家税收主渠道、技术创新主力军、金融发展推动者的显著地位。

（五）集聚作用日益凸显

一是从繁荣经济发展来看，个体工商户作为产业链供应链的"毛细血管"和市场的"神经末梢"，对经济结构进行了改善，引入了新的势头，让经济运转更加灵活。已有近30%的人融入了"四个新"的经济领域，新技术、新产业、新业态、新模式为河南经济增添了新的活力。二是从带动就业增收来看，每个个体工商户平均从业人数为2.68人，目前已经向河南3000万人提供了就业机会，不仅为劳动者提供了稳定的收入，也解决了千百万家庭的生计问题。三是从方便群众生活来看，超过90%的个体工商户从事第三产业，它们以个人和家庭的形式直接开展经营，机动灵活、便捷高效、反应迅速，满足和创造消费需求，实现人民对美好生活的向往。

三 发展困境

（一）政策获得感不强

通过调查发现，不少个体工商户认为有的政策缺乏针对性、"隔靴搔痒"。通过网络等媒体看到的各级扶持个体经济发展的政策多，实际使用的少，且部分政策门槛高、商户受益难；部分政策宣传少、商户不知晓；部分政策兑现手续麻烦、兑现时间长。有四成商户反映不了解政策，近六成商户表示没有享受或者不知道是否享受了优惠政策，它们更期盼"好政策"的精准推送和"接地气"的解疑释惑。

（二）市场走势依然低迷

疫情防控转段时期，不少商户反映生意依然难做，有的甚至反映更难，市场的"冰山"仍未融化。近八成商户尚未盈利，处于持平或亏损状态，其中亏损户达五成。具体到餐饮业来说，小店经济影响不大，小饭店生意基本恢复到疫情前的七八成，而具有一定规模的酒店效益普遍不好，入住率和就餐率较低。

（三）资金需求难以满足

金融部门虽然出台了针对商户的经营贷、信用贷，但门槛高、限制多、额度低、手续杂、程序繁。走访中，80%的商家表示申请过资金需求，但仅有20.1%的商家通过抵押或担保从银行拿到贷款。另外，一些政府的补贴政策并不直接下发，商户需要先垫支部分资金，使得政策优惠的意义大打折扣。

（四）经营成本居高不下

受访商户一致反馈，房租是当前经营成本占比较高的硬性大项支出。同时，商户还承担较高的水电气等费用。据一家老字号超市反映，当前经营的毛利率为16.5%，而工资、房租、水电费、免费塑料袋等费用占比就达17%，开一个店每年都要赔进去几十万元，难以为继。酒店类行业承担的水电气等经营成本高，叫苦不迭。

（五）招工难用工贵普遍

生产类商户反映，疫情结束后，生产订单有所增多，用工需求大，急需专业人才，酒店行业也表示急需酒店管理人才。数据显示，一方面大学生就业难，2023年高校毕业生达1500万左右，创历史新高；另一方面个体工商户及小微企业用工需求大，吸引力却不强。人才市场供需的不平衡、信息不对称，造成就业难、招工难"两难"局面。同时，高校毕业生到小微企业就

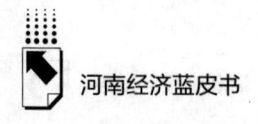

业的意愿低，认为"高能低就"，愿意到个体工商户就业的更是屈指可数。商户普遍反映招工难、用工贵，不但专业人才紧缺，连普通工人也难招。

（六）社会保险急需优化

目前商户及员工都具有一定的社保意识，但在实施过程中，却存在较多问题。对餐饮业来说，员工交工伤险就必须强制捆绑购买"三险"，即失业、养老、工伤要一起购买。餐饮业员工流动性大，干几个月辞职走人的现象比比皆是，如果员工辞职，交过的保险就等于白交，白白增加商户的负担。超市商户也反映，商业超市属于劳动密集型行业，员工多、利润薄，能保证工资按时足额发放已属不易，几乎无力负担社保，同样员工流动性也大，来来走走很普遍，如何给随时可能跳槽的员工交保险成为一个现实难题。

四 对策建议

个体工商户是中国特色社会主义市场经济的重要组成部分。它们当中既有微利经营、维持生计的"小商户"，也有规模较大、实力较强的"大个体"，都在为经济增长、就业稳定、创新推进、生活便捷等方面发挥着"经济微循环"的关键作用。当前，个体工商户面临着国际形势复杂多变、国内需求不足、经济回升内生动力不强等诸多不利因素，除了需要努力提升自身经营能力外，相关部门和单位也要采取有效举措，实施精准帮扶，支持鼓励引导个体工商户持续健康发展。

（一）提升自身经营能力

一是创造需求。针对消费者需求的多样化、个性化，积极创造需求、创造市场，通过产品升级满足人们的消费升级需求。二是创新升级。通过技术创新和商业模式升级，实现质量增进和成本优势的双重提升。三是开拓市场。找准"新技术、新产业、新模式、新业态"等"四新"经济的契合点，积极发展线上经营，拓宽买方市场；积极融入产业链、供应链，寻求上下游合作，盘活供需市场。四是开阔眼界。采取走出去和引进来的方式，加强对经营形势的研判，学习相关法律法规和经营知识，提升管理能力，积蓄发展和转型能量。

（二）发挥政策红利优势

一是强化政策扶持。发挥扶持个体工商户发展厅际联席会议作用，对事关个体工商户发展事项进行统筹规划，实时跟踪其生存发展变化，持续优化发展政策，协调处理相关事宜。二是强化政策宣传。相关部门要利用传统宣传阵地和新兴媒体，多渠道、多形式进行政策解读和宣传释义，提高政策的知晓度和满意度；利用各类涉企平台进行政策推送，提高政策宣传的精准性和有效性；开展"送政策、送法律"活动，发动基层工作力量，提高宣传工作的引导力和影响力。三是强化政策落地。相关部门要围绕《中共中央国务院关于促进民营经济发展壮大的意见》《河南省促进个体工商户发展若干措施》等政策法规，出台更具体、更精细的配套举措，促进个体工商户发展壮大。四是强化政策落实。梳理和落实减负降本和纾困强企政策，早兑快兑、落地落细、见实见效，让个体工商户有更多实实在在的获得感，以政策的"实"和"效"助推发展的"稳"和"进"。《促进个体工商户发展条例》（以下简称《条例》）明确了个体工商户的法律地位和作用，加大了个体工商户合法权益保护力度，相关部门一要做好宣传贯彻。利用自媒体、多媒体与新媒体扩大《条例》的宣传范围，利用座谈、培训与展览等方式加强对《条例》的诠释力度，借助专题宣讲、知识竞赛、宣传材料等推广活动，进一步提高《条例》的普及效果。二要加强党建工作指导。强化"小个专"党建工作，充分发挥党组织的战斗堡垒作用和党员先锋模范作用，团结带领广大个体工商户诚信经营、携手发展、共同致富。三要分型分类精准帮扶。采取试点先行、重点突破、全域推进、整体提升的方式方法，结合调查摸底和行业类型、经营规模、经营特点等要素，将全省700余万个体工商户划分为"生存型""成长型""发展型"三个型态，选择一批"名特优

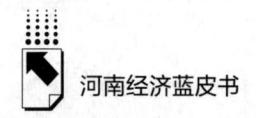

新"类重点对象，采取统筹推进"放管服"和数字化改革、实行常态化发展监测、强化分型分类动态管理、建立精准帮扶机制、搭建综合信息服务平台等"组合拳"，形成"主体、市场、部门和政府"之间的全新需求与供给关系，实现主体需求、市场资源和政策供给有效匹配，不断提升个体工商户稳定经营的能力，实现高质量发展。

（三）提升中心服务效能

由成立39年的个体劳动者协会更名而来的"个体私营经济发展指导中心"，要继续当好个体工商户、私营企业的"娘家人"，既要"鼓"与"呼"，更要"起"而"行"，着力为全省个私企业发展创造有利条件、营造良好环境。一是发挥政治引领作用，强化思想教育，倡导"两个健康"，引导广大个私企业从业人员坚定不移跟党走，持续推进"小微企业、个体工商户、专业市场"党建工作，构建起服务党群建设的职能架构。二是发挥服务发展作用，搭建宣传教育平台，推动政策措施落地落细落实；搭建创业就业平台，解决个私企业用工需要，促进劳动力就业；搭建金融服务平台、解决"融资难""融资贵"难题；搭建商贸合作平台，促进产业转移、要素流动和商品营销；搭建法律维权平台，维护个私企业合法权益；搭建信息交流平台，提供多功能、全方位的信息服务，构建起服务个私企业发展的职能架构。三是发挥协同治理作用，参与社会管理，勇担社会责任，持续开展"迎新春、送温暖""学雷锋、树新风""守法纪、重诚信""献关爱、构和谐"四大主题活动，构建起服务社会和谐的职能架构，努力谱写河南个体私营经济发展指导工作新篇章，为促进河南个体私营经济高质量发展作出积极贡献。

B.42
以信用监管为基础积极推进信用河南建设研究

靳清仁*

摘　要： 信用监管作为"放管服"改革进程中市场监管领域的体制机制创新，对新时代市场监管效能的提升发挥着重要作用。为解答信用监管如何促进市场监管效能、助力经济高质量发展这一问题，本研究从河南省信用监管建设历史、目前工作情况以及当前形势等角度分析，继而针对河南信用监管工作堵点提出健全信用监管法律法规体系、促进信用监管平台统一化、加强企业信用风险分类结果应用、加强部门协同监管等解决建议，以期为河南经济高质量发展提供参考。

关键词： 信用监管　信用建设　信用风险　市场主体

商事制度改革以来，随着市场监管形势的变化，以批代管、全覆盖、巡查式、人盯人、保姆式的传统监管方式，失去了实践的基础，效果大打折扣。在不断完善社会主义市场经济体制的大背景下，信用监管作为一种新型监管手段应运而生。信用监管是商事制度改革加强事中事后监管的制度创新，是政府对市场的监管从以行政审批、行政处罚为主的强干预向注重信息公示、信用约束等柔性管理转变的基础性、长效性制度。近年来，在省委省政府的正确领导下，省市场监管局认真贯彻落实党中央、国务院关于加强社会信用体系建设的部署要求，以建设"信用河南"为牵引，创新举措、担

---

* 靳清仁，河南省市场监督管理局信用监管处副处长。

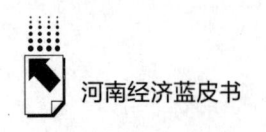

当实干，着力构建以信用为基础的新型监管机制，为推进社会信用体系建设、服务全省高质量发展作出了积极贡献。

一 河南新型市场监管机制基本情况

河南省的市场主体信用建设起步在 2001 年，在当年出台的河南省第十个五年计划纲要"治理和改善经济环境"中明确提出，开展诚实守信教育，规范财产关系、信用关系和契约关系。2006 年，河南省政府提出建设"信用河南"的战略决策，并出台了《河南省人民政府关于加强全省社会信用体系建设的指导意见》，要求加强以政府信用建设、企业信用建设、个人信用建设为主要任务的全省社会信用体系建设。同时，积极试点，重点突破，选择郑州、焦作、许昌和漯河 4 个市进行区域性社会信用体系建设试点等。在"信用河南"的体系框架下，全省用 5 年左右的时间，基本建立起信用信息技术支撑体系、信用服务行业监管体系和失信惩戒机制。"信用河南"的建设，在河南"十一五"计划纲要中进一步被强调，"加大信用监督和失信惩戒力度，提高全社会诚信意识，建设诚信河南"。在 2011 年河南"十二五"规划纲要中，则进一步提出要"建立健全企业信用体系和中小企业信用担保体系"。2016 年河南"十三五"规划纲要则明确提出了全省要构建以信用为核心的新型市场监管机制。2021 年出台的河南"十四五"规划纲要中，要求要推广以信用为基础的新型监管，完善信用承诺制度，全面建立市场主体信用记录，开展市场主体公共信用综合评价和分级分类监管。经过近 20 年的实践与发展，河南的市场主体信用监管顶层设计日臻完善，"诚信河南"的品牌得到不断加强和巩固，这些都为市场主体的信用监管工作夯下了坚实的基础。

2014 年 2 月 18 日出台的《国务院关于印发注册资本登记制度改革方案的通知》（以下简称《方案》）提出，在放宽注册资本等准入条件的同时，严格市场主体监督管理，依法维护市场秩序。《方案》要求，构建市场主体信用信息公示系统，完善市场主体信用信息公示制度，完善信用约束机制，建立经营异常名录制度，进一步推进"黑名单"管理应用，建立联动响应机制，形成"一处违法、处处受限"的局面。自此，商事制度改革的大幕徐徐拉开，河南省市场监管部门积极响应中央要求，通过政策支撑、制度规范、先行先试、监管创新，在"放"与"管"两轮驱动上下功夫，积极推动企业信息公示、企业公示信息抽查、企业信用约束、企业信用修复和部门联动响应机制的工作探索。经过9年多的实践与探索，以"双随机、一公开"为基本手段、以重点监管为补充、以信用监管为基础的新型市场监管机制已基本建立并不断得到完善，信用监管各项政策措施进入长效化运行轨道，信用监管工作实现了"从无到有"的创新性转变。

（一）市场主体信用监管的制度框架初步形成

自2015年起河南省相继出台了《河南省人民政府办公厅关于贯彻落实〈企业信息公示暂行条例〉的实施意见》《河南省人民政府办公厅关于印发河南省推广随机抽查规范事中事后监管实施方案的通知》《河南省人民政府关于印发河南省企业信用信息公示监管警示系统信息归集和运用管理暂行办法的通知》《河南省人民政府办公厅关于印发河南省全面推行"双随机一公开"监管工作实施方案的通知》等，进一步推动企业信息公示制度，实现企业信息的社会共享，形成覆盖全省企业的信用信息公示系统，建立健全了企业信用约束、信用监督、守信激励和失信惩戒联动响应机制，逐步增强企业信用意识，为加快中原崛起、河南振兴、富民强省创造了良好的社会诚信环境。为维护公平竞争的市场秩序，进一步强化市场主体责任，加强对市场主体的监督管理，省市场监管局先后出台了《企业经营异常名录管理办法》《企业信用信息归集公示管理暂行办法》《关于认真开展"双随机、一公开"监管工作的通知》《企业年报工作考核办法》《关于健全信用修复机制的实施意见》等，为河南建立以信用为基础的新型监管机制提供了制度保障。

（二）国家企业信用信息公示系统（河南）得到广泛应用

建设国家企业信用信息公示系统是深化商事制度改革的重要任务，也是建立新型市场监管制度的有力支撑。自2015年起，根据国务院和国家市场监管总局的部署，河南省市场监管部门按照"高起点、高标准、高质量、一体化"的要求，强力推进"国家企业信用信息公示系统（河南）"建设，成为全国第7个通过验收的省份。目前，国家企业信用信息公示系统已成为市场主体年报和信息公示的法定平台，在商事制度改革中有力支撑了信息公示、信息归集、信用约束、联合惩戒、"双随机、一公开"抽查、企业信用风险分类等各项制度实施。系统自上线运行以来，已归集1905.79万户市场主体登记信息、行政许可、行政处罚、经营异常名录和严重违法失信名单等涉企信息并向社会开放公示，累计访问量达到110亿人次。信用信息公示系统运行平稳，社会关注度不断提高，系统访问查询量高速增长，成为社会各界查询企业信用信息的重要渠道和对企业实行社会监督的基础平台，企业信息的社会服务功能得到了充分的发挥，对降低市场交易风险和社会交易成本、提高经济运行效率发挥了重要作用。

（三）"双随机、一公开"抽查在市场监管领域各部门得到深入推进

一是建立和完善了长效工作机制。省政府发布了《河南省人民政府关于在市场监管领域全面推行部门联合"双随机、一公开"监管的实施意见》，为河南在市场监管领域全面推行部门联合"双随机、一公开"监管工作奠定了制度基础。建立了部门联合"双随机、一公开"监管工作联席会议制度，将联席会议成员由在国务院层面确定的市场监管领域16个部门的基础上，扩展至河南市场监管领域的27个部门。全省各地都建立了"双随机、一公开"监管工作联席会议制度，从而形成了"政府领导、市场监管部门牵头、部门推进、市县落实"的"双随机、一公开"监管工作领导机制，为全省市场监管领域全面推行部门联合"双随机、一公开"监管工作提供了组织保障。

二是建立和完善全省统一的抽查平台。以国家企业信用信息公示系统（河南）为依托，建设了全省统一的"双随机、一公开"监管工作平台（以下简称省级平台），并纳入"互联网+监管"系统运行，实现与河南省信用

信息共享平台对接，为全省市场监管领域各级各部门实施"双随机"监管提供了技术支撑。该平台具有建立检查对象库、执法检查人员名录库，公告抽查计划与任务，抽取检查对象和检查人员，公示抽查结果，统计抽查进度，实现双随机抽查全流程整合，确保全程留痕、责任可追溯等功能。同时，要求各地、各部门已经建设并使用的抽查工作平台要与省级平台整合融合，避免数据重复录入、多头报送。

三是完善了"一单两库一细则"。建立和完善抽查事项清单，印发了《河南省市场监管领域部门联合抽查事项清单（第二版）》，涉及31个抽查领域69个抽查事项，每个抽查事项均明确了检查对象、发起部门和配合部门，为切实提高监管效能、优化监管成本、减少对市场主体的干扰提供了操作依据。建立健全检查对象名录库和执法检查人员名录库。全省各地、各领域相关部门按照"谁审批、谁监管，谁主管、谁监管"的原则，以监管事项检查清单中的监管对象为基础，通过分类标注、批量导入等方式，在省级平台建立与部门职责相对应的检查对象名录库；同时，建立了包括相关的行政执法类公务员、具有行政执法资格的工作人员和从事日常监管工作的人员等在内的执法检查人员名录库，并按照执法资质、业务专长等对执法检查人员进行分类标注，完善信息项目标准、分类条件，提高抽查检查专业性。截至2023年，全省各级市场监管领域共有4758个相关单位使用抽查平台，累计建立检查对象库93445个，录入执法检查人员140868名。建立和完善抽查细则，印发了《"双随机、一公开"抽查工作指引》和《河南省市场监管领域全面推行部门联合"双随机、一公开"抽查实施细则》，明确了部门联合"双随机、一公开"监管的实施原则、抽查事项清单和抽查计划制定、检查对象名录库和执法检查人员名录库建立、抽查实施、抽查后续结果处理和应用等内容，为部门联合"双随机、一公开"监管提供了行为规范。

四是积极实施部门联合监管，构建联合抽查工作常态化模式。早在2017年，原省工商局在本系统内部实施"双随机"抽查的基础上，先后指导漯河、开封、商丘、洛阳等市开展了跨部门"双随机"抽查工作，为全省普遍实施跨部门"双随机"抽查检查提供了经验。机构改革完成后，河

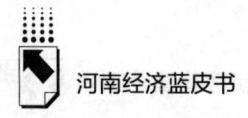

南省各级各部门在省委省政府统一领导下，充分发挥部门联合"双随机、一公开"监管工作联席会议的作用，积极推进部门联合"双随机、一公开"监管工作。自系统上线以来，全省利用省级抽查平台组织双随机抽查36853次，共抽取检查对象36.34万个；组织跨部门"双随机、一公开"抽查17431次，共抽取检查对象71605个。

（四）信用约束和失信惩戒震慑力显著提升

加强经营异常名录和严重违法失信名单管理工作。截至目前，全省被列入经营异常名录174.33万户，列入严重违法失信名单14.04万户，累计限制失信被执行人64514人次。印发《关于开展经营主体严重违法失信行为专项治理行动的通知》，明确了专项治理行动的指导思想、工作原则、主要目标、重点任务、实施步骤，成立了河南省市场监督管理局开展经营主体严重违法失信行为专项治理行动工作专班，由党组书记、局长景劲松同志任组长，党组成员任副组长，相关处室负责人为成员。专项行动开展以来，全省因行政处罚案件被列入严重违法失信名单143户。2018年9月，河南省市场监督管理局在全国率先开展了严重违法失信企业信用修复工作，鼓励企业自我承诺、主动纠错、重塑信用，成为市场监管领域改革和放管服创新融合的一个亮点，受到了省委深改办的通报表扬。2021年，制定下发《关于健全信用修复机制的实施意见》，按照"谁决定、谁修复，谁认定、谁修复，谁处罚、谁修复"的原则，做好信用修复管理工作。截至目前，已累计通过信用修复机制移出严重违法失信名单企业8480户，移出经营异常名录企业15.4万户。

（五）企业积累自身信用的意识不断增强

市场监管部门将市场主体的违法违规行为置于信用管理之中，使市场主体在违反法律的时候，不仅要受到经济和行政制裁，还会在信用记录上产生失信记录，对其正常经营产生了深刻的影响。通过对市场主体进行信用监管，增加了市场主体的违法成本，迫使其必须对自身行为加以约束，尽可能减少对他人合法权益的侵害，从而有效维护市场的平稳、健康、有序发展。同时，信用监管也促使更多市场主体提高信息公示的主动性，自觉开展年报公示。企业年检改为年报，是商事制度改革的重要内容之一。2014年10月1日施行的《企业信息公示暂行条例》明确规定，企业应通过企业信用信息公示系统报送上一年度年度报告，并向社会公示。自2016年开始，河南的企业年报率始终保持在92%以上，一方面体现了市场监管部门在年报宣传、告知工作方面取得的成绩，另一方面也说明河南企业履行年报公示义务的主体责任意识不断增强，通过年报公示积累自身社会信用的意识不断增强。经过多年的努力，年报公示制度的知晓率、认可度显著提升，其信用导向约束作用日渐显现。

二 当前形势分析

国务院和省政府"十四五"市场监管现代化规划明确提出，"十四五"时期要健全信用监管长效机制，促进信用赋能市场监管加快落地见效，进一步发挥信用监管基础性作用。经过近几年的努力与发展，尤其是2022年全国市场监管工作会议突出强调要将"三个监管"（法治监管、信用监管、智慧监管）作为市场监管工作着力点之一，信用监管作为一种基础性的新型监管方式，已经逐步深入政府监管和企业经营的方方面面，在提升监管效能、推动高质量发展方面发挥着重要作用。

当前，百年变局加速演进，世界进入新的动荡变革期，全球经济复苏势头还有很多不确定性，除了国际上的地缘政治和大国博弈发生深刻变化以外，经济层面也面临着深刻的变革。要开辟新道路促进发展，盘活存量、优化增量，就要向技术红利、制度红利，特别是信用红利要发展、要动力，通过搞好信用建设释放经济活力。随着我国经济进入高质量发展阶段，市场在资源配置中的决定性作用进一步发挥，企业经营的自主性显著增强，以"惩戒"为主的信用监管理念正向"惩戒"与"激励"同向发力的信用建设理念转变。通过加强经营主体信用体系建设，持续优化稳定

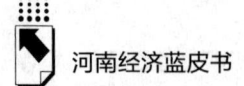

公平透明可预期的市场信用环境,充分激发民营经济生机活力,持续助力经营主体纾困解难,着力提高市场整体诚信水平,筑牢高质量发展的信用基础。

从机遇方面看,信用监管体系化构建逐渐成形,信用监管平台建设日趋成熟,重点领域信用监管效果显著,信用监管服务发展能力不断提升。从挑战方面看,尽管信用监管制度建设取得了积极成效,对塑造市场主体行为和市场环境的影响力逐渐显现,但随着市场主体大幅增长和新兴业态不断出现,市场监管面临的形势更加复杂,信用监管在助力市场监管高质量发展、推动建设高标准市场体系方面,还存在不匹配、不协调、不适应等问题。

三 意见建议

信用是市场经济的"基石"。完善以信用为核心的新型市场监管体系,是完善社会主义市场经济体制的基础性工程,是发挥市场在资源配置中的决定性作用、规范市场秩序、降低交易成本、增强经济社会活动可预期性和效率的必然要求,也是国家治理体系和治理能力现代化的重要内容。

(一)健全信用监管法律法规体系

一是加快立法,夯实信用监管的法治基础。建立以信用为核心的市场监管机制,必须运用法治思维和法治方式有序推进。加快信用立法进程,研究制定专项法律法规,明确信息归集共享、信息公示、信用评价、信息安全、奖惩机制等基本规定,确定监管部门、信用主体、信用服务机构等职责和义务。二是强化顶层设计,建立科学的信用监管体系。建立以信用为核心的市场监管机制,是一项复杂的系统工程,必须加强顶层设计,统筹推进。要在规范市场监管领域各部门职责、建立信用信息平台、统一信用评价标准、强化信用联合惩戒、培育和规范信用服务市场等方面做出部署和安排。

（二）促进信用监管平台统一化

数据作为一种重要的生产要素，广泛存在于社会生活和政府各项职能工作的各个领域。在新的市场主体如雨后春笋般出现，大数据、云计算等技术不断更新迭代的时代下，建立统一的市场主体信用监管平台，实现业务办理、承诺公示、信息查询、公共服务的一站式管理，有利于解决好数据过于分散、数据多头归集、数据标准不统一等问题，是一项十分必要且亟须解决的工作。政府部门收集、整理和分析经济活动所产生的信用数据，一是综合各类注册登记、行政许可、行政指导、执法监管等，适时连接法院诉讼、合同履约等数据；二是获取金融公司、电商平台、行业协会等社会机构资源；三是筛选、分析网络网页抓取的企业信息，并将数据分析的结果作为市场监管和社会管理的重要依据。

（三）加强企业信用风险分类结果应用

市场监管部门对企业进行信用风险分类管理，可以更加准确地判断特定企业的信用风险状况，科学合理地配置监管资源。一是要加强分类结果与"双随机、一公开"监管有机融合，根据企业信用风险分类结果，合理确定、动态调整抽查比例和频次，实施差异化监管。二是实现分类结果与专业领域风险防控有效结合。针对食品、药品、特种设备等直接涉及公共安全和人民生命健康等特殊重点领域，根据企业信用风险分类的结果，实施重点检查和控制。三是要探索分类结果与包容审慎监管相结合的机制。针对新技术、新产业、新业态的模式，分别针对低风险和高风险的企业实施差异化监管，对低风险企业给予更加充分的发展空间；对信用风险高的企业实施重点管理，有针对性地采取严格监管措施，防止风险扩散。四是拓展企业风险分类结果运用。市场监管部门通过实施企业信用风险分类管理，提高"双随机、一公开"等监管工作的效能，加强与企业沟通，适时进行风险提醒，引导企业加强自我管理、自我约束，依法诚信经营。五是企业信用风险监测预警和处置。结合企

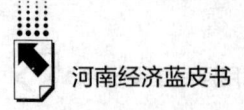

业的风险分类状况，及时有效地监测预警、研判处置企业风险，提高风险管理的可预见性。

（四）加强部门协同监管

一是按照"谁审批、谁监管""谁主管、谁监管"的原则，进一步明晰职责边界。同时，坚持"管行业就要管信用、管业务就要管信用"的基本原则，在信用监管中做到各司其职、各尽其责，主动作为、主动担当，实现信用赋能市场监管，提高监管效能水平。二是明确监管部门的信息归集责任，提升信息归集水平。按照"谁产生、谁录入、谁负责"的原则，确保信息归集工作的规范有序、高质高效，切实增强监管能力。三是以跨部门联合抽查为重点，加强"双随机、一公开"监管工作的共同推进和协作配合。积极开展跨部门联合抽查，实现对市场主体的联合监管，有效解决传统监管方式中监管权力的失衡和不公平问题。

社会科学文献出版社

皮 书
智库成果出版与传播平台

❖ 皮书定义 ❖

皮书是对中国与世界发展状况和热点问题进行年度监测，以专业的角度、专家的视野和实证研究方法，针对某一领域或区域现状与发展态势展开分析和预测，具备前沿性、原创性、实证性、连续性、时效性等特点的公开出版物，由一系列权威研究报告组成。

❖ 皮书作者 ❖

皮书系列报告作者以国内外一流研究机构、知名高校等重点智库的研究人员为主，多为相关领域一流专家学者，他们的观点代表了当下学界对中国与世界的现实和未来最高水平的解读与分析。

❖ 皮书荣誉 ❖

皮书作为中国社会科学院基础理论研究与应用对策研究融合发展的代表性成果，不仅是哲学社会科学工作者服务中国特色社会主义现代化建设的重要成果，更是助力中国特色新型智库建设、构建中国特色哲学社会科学"三大体系"的重要平台。皮书系列先后被列入"十二五""十三五""十四五"时期国家重点出版物出版专项规划项目；自2013年起，重点皮书被列入中国社会科学院国家哲学社会科学创新工程项目。

权威报告·连续出版·独家资源

皮书数据库
ANNUAL REPORT(YEARBOOK) DATABASE

分析解读当下中国发展变迁的高端智库平台

所获荣誉

- 2022年，入选技术赋能"新闻+"推荐案例
- 2020年，入选全国新闻出版深度融合发展创新案例
- 2019年，入选国家新闻出版署数字出版精品遴选推荐计划
- 2016年，入选"十三五"国家重点电子出版物出版规划骨干工程
- 2013年，荣获"中国出版政府奖·网络出版物奖"提名奖

皮书数据库　　"社科数托邦"微信公众号

成为用户

登录网址www.pishu.com.cn访问皮书数据库网站或下载皮书数据库APP，通过手机号码验证或邮箱验证即可成为皮书数据库用户。

用户福利

- 已注册用户购书后可免费获赠100元皮书数据库充值卡。刮开充值卡涂层获取充值密码，登录并进入"会员中心"—"在线充值"—"充值卡充值"，充值成功即可购买和查看数据库内容。
- 用户福利最终解释权归社会科学文献出版社所有。

社会科学文献出版社　皮书系列
卡号：961314829294
密码：

数据库服务热线：010-59367265
数据库服务QQ：2475522410
数据库服务邮箱：database@ssap.cn
图书销售热线：010-59367070/7028
图书服务QQ：1265056568
图书服务邮箱：duzhe@ssap.cn

法律声明

"皮书系列"（含蓝皮书、绿皮书、黄皮书）之品牌由社会科学文献出版社最早使用并持续至今，现已被中国图书行业所熟知。"皮书系列"的相关商标已在国家商标管理部门商标局注册，包括但不限于LOGO（ ）、皮书、Pishu、经济蓝皮书、社会蓝皮书等。"皮书系列"图书的注册商标专用权及封面设计、版式设计的著作权均为社会科学文献出版社所有。未经社会科学文献出版社书面授权许可，任何使用与"皮书系列"图书注册商标、封面设计、版式设计相同或者近似的文字、图形或其组合的行为均系侵权行为。

经作者授权，本书的专有出版权及信息网络传播权等为社会科学文献出版社享有。未经社会科学文献出版社书面授权许可，任何就本书内容的复制、发行或以数字形式进行网络传播的行为均系侵权行为。

社会科学文献出版社将通过法律途径追究上述侵权行为的法律责任，维护自身合法权益。

欢迎社会各界人士对侵犯社会科学文献出版社上述权利的侵权行为进行举报。电话：010-59367121，电子邮箱：fawubu@ssap.cn。

社会科学文献出版社